语用修辞学

能力与失误

莆田学院学术专著出版资助项目

侯国金 著

上海交通大学出版社
SHANGHAI JIAO TONG UNIVERSITY PRESS

内容提要

本书构建"语用修辞学"，提出并阐释其"语用修辞原则"及其"语用修辞分析模式"。这是对积极修辞和消极修辞传统研究范式的革新。本书介绍了一百多个语用修辞案例，剖析英汉言语和非言语行为实例、英汉翻译实例、英汉语篇实例的语用修辞高效或低效，旨在帮助读者提高语用修辞能力并避免语用修辞失误。本书的重点是理论探讨，并证以诸多例句和上百案例的语用修辞分析，可供语用和修辞研究者以及大学生研读、参考、欣赏。

图书在版编目(CIP)数据

语用修辞学：能力与失误／侯国金著. --上海：
上海交通大学出版社，2024.9
　　ISBN 978－7－313－30650－0

　　Ⅰ.①语…　　Ⅱ.①侯…　　Ⅲ.①修辞学－研究　　Ⅳ.
①H05

中国国家版本馆 CIP 数据核字(2024)第 086917 号

语用修辞学：能力与失误

YUYONG XIUCIXUE：NENGLI YU SHIWU

著　　者：侯国金
出版发行：上海交通大学出版社　　　　　　地　　址：上海市番禺路 951 号
邮政编码：200030　　　　　　　　　　　　电　　话：021－64071208
印　　制：上海景条印刷有限公司　　　　　经　　销：全国新华书店
开　　本：710 mm×1000 mm　1/16　　　　印　　张：26
字　　数：394 千字
版　　次：2024 年 9 月第 1 版　　　　　　　印　　次：2024 年 9 月第 1 次印刷
书　　号：ISBN 978－7－313－30650－0
定　　价：98.00 元

国家社科项目："构式语法的语用修辞学研究"

（18BYY216）

莆田学院学术专著出版资助项目

语用之妙，妙在修辞

——读《语用修辞学：能力与失误》有感（代序）

　　侯国金教授又完成了一项国家社科课题，其结项书稿发来，嘱我作序，我踌躇再三，左右为难。不记得在什么地方见过侯兄的昵称"猴哥"。这一昵称我觉得挺符合侯兄的秉性和禀赋。我读过侯兄的不少著述，包括他自己创作的汉语诗歌和他人汉语诗歌的英译，对侯兄的汉语文笔和英译文笔，我的总体感觉是"猴气"十足，这"猴气"是指他文本所飘逸的一种灵气，一种可激发学术创意的灵气。面对这部语法、语用和修辞互动为文的作品，我先睹为快，获益良多，可书稿目录中赫赫然"名家序言"令我"欲言又止"——几次打开电脑想完成"作业"，几番踌躇后又"转境"到其他文字活去，因为你的"名家"置我于为学为人的困境，你的"猴气"让我接受任务便认领了名不副实的头衔。或许你的"名家序言"不止一篇，可能两三篇？那么我与名副其实的名家并列，他们将做何感想？如果说文本的词语顺序是线性的，那么"名家队伍"的意象却是立体的，我位列其中，要么我踮起脚跟，要么他们俯首，尽可能形成不那么高低悬殊的矩阵。要不干脆给侯兄来个"谢绝"？可这么一来，多年的学友情分可能烟消云散，甚至我还可能陷入"不识抬举"的困境。

　　以上心理活动与读者所读过的绝大多数序言的开篇形式和内容可能大相迥异，似乎跑题偏题十万八千里。不，"名家序言"似可视为作者语用修辞学的具体用例之一，从语用学的"语力"（illocution 及其 pragmatic force）来看，它似乎言有所为，"迫你就范"；从修辞学的"诉诸"（rhetorical appeal）来看，它诉诸情感（appeal to pathos）——"我"将你归队入列"名家"，你可以为难，但你不大可能因此而断绝老友旧情吧！

　　语用与修辞就这么个难解难分。以上是我面对"名家序言"心理活动的真情表白。读者如果将我这一表达主体作为语境要素之一，对"名家序言"进行另类解读，是读者的权利，是读者作为修辞接受者的语用学之言后行为。

既然语用与修辞都涉及动态中的语境要素，那么与传统的静态语法分析必然有所不同，可是开口说话与下笔行文，又不能不顾及语法结构，因而这部专著必然需要梳理语法、语用与修辞的关联与区别，这就形成了构式语法的语用修辞学研究。

大概作者认为语法问题和语法分析，读者都比较熟悉，而语用与修辞相结合的语法结构研究属于颇具创意的新尝试，因此该书布局先对语用学和修辞学的古今中外发展脉络进行梳理，而后提出语用修辞原则和语用修辞学的分析模式，既探讨语用修辞能力，又探究语用修辞失误，最后将语用修辞学理论应用于翻译和语篇分析。

小序行文至此，我想到了美国跨文化交际理论家怀斯曼和霍恩/Wiseman & Horn［见 R. L. Wiseman（ed.），*Intercultural Communication Theory*，CA：Sage，1996，pp. 3 – 5］所阐述的理论五大功能，包括理论的解释性、理论的预测性、理论的控制性、理论的启示性和理论的刺激性。在我个人看来，这也是评析一部专著学术性和理论性的五大标准。其中理论的启示性和刺激性尤其值得凸显——

理论的启示性：如果说一种理论具有一定的解释力、预测力和控制力，那么，这一理论就有一定的启发力，能够引发新思考、新探索，引发出这一理论原创者之外的他人所做的种种验证乃至质疑；启示性越强，学术性就越强。

理论的刺激性：如果一种理论能够解开扑朔迷离的重大疑团，能够解决人类面临的重大问题，那么，这一理论就有一定的魅力，能够吸引和激励他人进行科学研究，激励他人参与"整顿"看起来似乎处于一片混沌的世界；问题越重要，"谜底"越难猜，答案的刺激性就越强，魅力就越大。

如此看来，我个人觉得这部大作的启示性与刺激性尤其突出，其中各种概念、研究方法、研究对象、研究视角等都带有作者的"工作定义"（working definition），读者或许给予再定义后，这部大作的收官之处，可能是不少读者后续研究的新起点，也可能进一步验证了语用之妙，妙在修辞！

林大津

2024 年 1 月 1 日于榕城

目 录

1. 语用修辞学的孕育：本书结构

以往的语言学分析缺乏或需要什么？人们的言语行为和非言语行为有没有语用修辞失误？如何减少或避免这些失误？或者说，如何提高语用修辞意识和语用修辞能力，从而确保小至言语行为和非言语行为、中至整个交际语篇或事件、大至整个工作或人生的成功？

2022 年 10 月 1—3 日中央电视台体育频道的广告语是"国庆看国球"，这句话对不对？好不好？为什么？显然"国庆"不是传统语法的主语，可以理解为隐含时间，相当于"在国庆节期间"。谁"看"？省略了号召的"你们"或"（让）我们"。但这个广告美在简洁和"国"字的反复，大概也算修辞中的同字或同异。较之无标记的"在国庆节期间让我们一起在电视上看乒乓球世界杯比赛节目吧"，上述广告语的语用修辞价值跃然纸上。

朋友陈雪从伦敦地铁站给我拍了一首叫"Wish You Were Here"的诗，正文是

I open the window to let you in,

rain, and your forceful breath

startles the curtain, smelling of moss,

forming droplets on my lips.

我索要作者姓名，陈雪给我拍了模糊的作者和英语译者信息，后来我发现作者是波兰女诗人菲多尔丘克(Fiedorczuk)，英语译者是约翰斯顿(Johnston)。当然我要告诉陈雪，随后把我的汉语译文发给了她：

愿你同在

推开窗户放进你

雨呀　你铿锵的气息

惊愕了帘子　淡淡的苔味

凝成弄湿我唇的滴滴

陈雪的疑问如下：① 英国人为什么放一首诗在这里（为何不是一则招商广告）？② 为什么不用英国著名诗人而用外国诗人的诗歌？③ 此种公共空间十分金贵，为什么还交代作者、译者信息（虽然模糊不清），以及"2017 年得到某出版社的允许得以印制"的说明？④ 为什么不进行波英对照？⑤ 为什么是一首关于"雨"的诗歌？

我跟她交流了我的看法。其实该诗是菲多尔丘克的一首生态诗（她以几本生态诗诗集著称），所写的确是雨。但此处的雨不是一般的雨，如暴雨、大雨、中雨、小雨，也许是英国典型或非典型的、似下非下的毛毛细雨，犹如湿气或带着潮气的风。作者用"你"来拟人化雨，他有"铿锵的气息"，他身上还有"淡淡的苔味"，他的来访是和我幽会，给叙述者"我"的双唇一个湿吻。这样的雨，或者说这样的雨诗，是和谐自然生态、和谐语言与人间生态的融合。乘客若能驻足一览，仿佛经历了一场和霏霏丝雨的浪漫约会，岂能不热爱充满情趣的伦敦地铁和诗情画意的生活方式？至于交代附加信息，实为英国式的版权尊重。而诗歌的语用修辞美，不必有"着相"的国别分别见，应景就好。

语用修辞学不仅可以丰富传统的语言分析（语法分析、修辞分析、风格分析、语用分析等），还能提高人们的语用修辞意识和能力，减少或避免语用修辞失误。

本章简述结构。第 2 章和第 3 章分别讨论语用学和修辞学的学科属性。我们能否从诸多定义中窥斑见豹？本书分别梳理以上学科在西方和中国的发展（迷你）史，为它们的当下"把脉"。

第 4 章剖析语用学和修辞学的学科困惑，分析其异同以及人们对二者关系的误解，展望其未来。

第 5 章建立"语用修辞原则"及其"语用修辞分析模式"。一是受过程哲学、和谐生态哲学以及和顺原则的启发，二是基于既有语用原则和修辞原则。这里讨论建立界面研究语用修辞学的可能性，并设计语用修辞学的蓝图。语用修辞学也就有了自己的原则和分析框架，即"语用修辞原则""语用修辞分析模式"。

第 6 章阐述消极修辞的语用修辞学研究。先讨论反对者的咒语,主要介绍消极修辞者的阵容以及消极修辞。本章介绍 20 余种消极修辞的传统研究,尤其是经典研究范式。

第 7 章是语用修辞学批评。本章先区分和阐释语用修辞能力和语用修辞失误,论述何以提高语用修辞能力并避免语用修辞失误。随后开展翻译的语用修辞学批评:首先,拟构"语用修辞学翻译原则"(丰富了语用翻译学);其次,以此进行尝试性语用修辞学译评。最后,讨论语篇的语用修辞学分析。

从目录和正文的英汉例句可以看出,本书试图打通东西方的鸿沟、古今的鸿沟、汉语界和外语界的鸿沟、文学界和语言学界的鸿沟、修辞学和其他语言学学科的鸿沟,揭去了上述 5 个方面的"两张皮"。

2. 语用学的学科定义及其迷你史

"你吃了吗?""我叫你吃,我叫你吃,我叫你吃!""我去!""你别打我的主意了。""你要死了找我。""碎碎平安,碎碎平安!"《咏雪》《任何人住在多咋地的城里》等,其语法分析或多或少都涉及语用和修辞。与其叫语法分析,还不如叫语言分析;而与其叫语言分析,还不如叫语言的语法—语用—修辞分析,简称"语用修辞分析"。

话说物理学(力学)有一个理论称作"复杂动态系统理论"(complexity dynamic system theory,简称 CDST[①]),由美国麻省理工学院的福雷斯特(Forrester)教授于 1956 年吸收系统论和控制论而提出的"系统动力学"(system dynamics)发展而来。根据 CDST,一个系统必然有 4 个特征:① 初始状态敏感性(sensitivity to initial conditions),② 非线性(non-linearity),③ 动态性(dynamics),④ 自组织和适应性(self-organisation and adaption)。一个系统的全部资源和要素处于变化运动状态,互相作用,取长补短,其共同作用的合动力决定着系统或整个事件的性质和发展过程。后来,该理论被广泛用于经济学、数学、人口学、化学、社会学,也用于语言学研究,如弗里曼(Freeman)的多篇双语习得研究论文[②]。我们认为,语言也是复杂动态系统,也具有上述四大特征(虽然语句本身一般被描述成具有线性特征的,但我们也要考虑非言语交际、视觉隐喻、非/超文本信息等多模态)。那么,语言分析不会只有或只是语法分析,而音、形、义等的分析,或多或少都要落到语用和修辞。鉴

---

① 别名"混沌理论"(chaos theory)、"动态系统论"(dynamic system theory)。
② Larsen-Freeman. On the complementarity of chaos/complexity theory and dynamic systems theory in understanding the second language acquisition process. *Bilingualism*,1956,10 (1): 35 - 37.

于语用和修辞的紧密联系,语法分析自然也就获得了语用修辞(或修辞语用)的取向或转向。

因此,语用修辞视域下的语法或语言分析,或语法与语言分析的语用修辞复合模式,是一个类似上述"复杂动态系统理论"的"语言学复杂动态系统理论"。

下面梳理语用学和修辞学相关理论及其大致发展脉络,阐述建立语用修辞学的可能性,直至其原则、框架和蓝图。

2.1 以语用定义之"斑"窥语用之"豹"

《牛津英语词典》①没有 pragmatics,但有 pragmatic、pragmatical(ly)、pragmaticalness、pragmaticist、pragmatize、pragmatizer 等。

pragmatic,源于希腊语的 πραγματικόs,意思是"善于经商以及其他事务",到拉丁语成了 pragmaticus,意思同上,随后是德语的 pragmatisch 和法语的 pragmatique。其义项分别为:① "有关公共事务的"。② "忙碌积极,尤其是积极地干涉他人的事务"(等于 pragmatical)。③ "自负,刚愎自用,固执己见"。④ "处理历史事务井然有序,深谙历史事件的因果关系"。⑤ "实用、实际,实事求是"。⑥ "属于哲学流派实用主义,涉及实际结果或价值;在政治或社会事务方面倾向于实用主义的解释"。⑦ "有关语用(学)的"。⑧ "首领颁布的法令或条例"。⑨ "精通商务的人;商务谈判的代表"。⑩ "好管闲事之人;刚愎自用之人"。⑪ "涉及语言符号和使用者关系及其行为的语言学研究;语用学"。例句源于莫里斯(Morris, 1938)的"逻辑实证主义"(logical positivism):"分析表明,语言符号维持三种关系(同语言其他符号的关系、同所表事物的关系、同语言使用者和理解者的关系),这些关系阐明三个维度的意义,这些维度的意义分别为符号关系学、语义学和语用学的考察对象"②。比较重要的例句是

---

① 英语全称为"*Oxford English Dictionary*",第四版。下文不加注者都指该版。
② Analysis reveals that linguistic signs sustain three types of relations (to other signs of the language, to objects that are signified, to persons by whom they are used and understood) which define three dimensions of meaning. These dimensions in turn are objects of investigation by syntactics, semantics, and *pragmatics*. (原文)

"语言的语法（学）包括语音规则，描写拼缀语音成语词的方式；其次包括句法规则，描述连词成句的方式；再次是语义规则，描述解释词义和句义的方式；最后是语用规则，描述参与会话的方式，联句成篇的方式，预测言者信息内容的方式。"[①]

pragmati 的派生形式有：① pragmatical(ly)，就是上述 pragmatic 的意思，ly 后缀表示其副词属性（语用地）。② pragmaticalness，就是上述 pragmatic 的名词形式（语用性）。③ pragmaticist，意为"实用的人、大忙人、实用主义的信徒、历史实用主义的信徒"；（形容词）"有关或根据实用主义的"。④ pragmatize，意为"把想象或主观的事物演变为真实；将神话物化或理性化；按照实用主义教条生活处事"。最后为 pragmatizer，意为实用主义者。

《牛津英语词典》虽然没有 pragmatics 这个词条，但在 pragmatic 第 12 条释义解释了 pragmatics 的学科属性。这个例子明确说明了音位学、句法学、语义学和语用学的区别。即"语用学（规则）"管辖或描写的是"how to participate in a conversation，how to sequence sentences and how to anticipate the information needed by an interlocutor"，译成汉语是"（描写）如何参与会话，如何联句成篇，如何预测言语者需要或期待的信息"。也就是说，该词典的 pragmatic 释义中与"语用"关联最密者是第 12 条（语用学）和相应的第 7 条（语用学的）。另外，其他词条如 pragmatical(ly)、pragmaticalness、pragmaticist、pragmatize、pragmatizer 等，在这里都不重要。

我们再看几条"pragmatics（语用学）"的定义。先是英语定义，再是汉语定义。

（1）the branch of linguistics dealing with language in use and the contexts in which it is used，including such matters as deixis，the taking of turns in conversation，text organization，presupposition，and implicature.[②]语言学的一个分支，处理语言使用和使用语言的语境，包括指别、话轮转换、语篇

---

① The grammar of language includes rules of phonology, which describe how to put sounds together to form words; rules of syntax, which describe how to put words together to form sentences; rules of semantics, which describe how to interpret the meaning of words and sentences; and rules of *pragmatics*, which describe how to participate in a conversation, how to sequence sentences and how to anticipate the information needed by an interlocutor. (源于杂志 *Scientific American*, Nov. 82/2, 1978)

② 以下均为本书作者翻译，下同，不再出注。

构造、预设和含义。

（2）Pragmatics, the study of how people make sense of each other linguistically. 语用学，即研究人们如何用语言互相交往和理解的学科。

（3）Pragmatics is the study of how people use language. It describes the connection between language and human life. An important feature of language is that the meaning of a sentence is more than a combination of the meaning of the words it contains: to understand fully, we also use information from the situation where the sentence is used. 语用学研究人们如何使用语言，描写语言和人类生活之间的联系。语言的重要特征是，语句的意义不是语词意义的相叠，要正确理解话语，常常有必要使用话语运用的语境信息。

（4）Pragmatics addresses expression at the level of utterances, which can range from one word (e. g., "Oh!" as a reaction of dismay or pleasant surprise) to a lengthy discourse (e. g., a heated political debate). What is important is the communicative function the utterance plays in interaction with others, so pragmatics operates at the level of meaning (and how others understand those meanings). 语用学解释话语层面的表达式，从单字、语词（如惊愕或兴奋的"哦/啊!"），到冗长的语篇（如热烈的政治辩论）。重要的是话语在和他人互动中实施的交际功能，因此语用学常用于语义层次（以解释听者、读者如何理解意义）。

（5）Simply put, pragmatics is the study of the use of language in context. It is a subfield of linguistics which studies how people comprehend and produce communicative acts in real world speech situations, usually a conversation. It considers the participants' knowledge about such things as social distance, social status between the speakers, cultural knowledge such as politeness, and both their explicit and implicit linguistic knowledge. The ability to comprehend and produce a communicative act is referred to as pragmatic competence. Pragmatics, then, examines the factors that influence our choice of language in social interactions and the effects our choices have on others. 简言之,语用学是研究语境中的语言使用的学科。作为语言学研究的分支,语用学专门考察人们在真实世界的语境(如会话)中如何实施交际行为而又如何被理解的。它常常要考虑参与者关于交际双方的社会距离、社会地位、文化水平(如礼貌、或显或隐的语言信息)等知识。上述实施交际行为和理解交际行为的能力就是语用能力。语用学关注的是人们在社会互动中影响语词选择的因素,以及这些选择如何作用于听者、读者。

(6) The study of those aspects of language that cannot be considered in isolation from its use; the study of the relation between symbols and those who use them. 研究语词的那些孤立地看而难以看到的意义;研究语言符号和使用者之间的关系。

(7) the study of the use of language in a social context. 研究社会语境中的语言使用。

(8) the study of how words and phrases are used with special meanings in particular situations(*Longman*). 研究语词和短语如何在特定语境中用以表达特别意义(朗文词典)。

(9) Pragmatics is a subfield of linguistics and semiotics that studies the ways in which context contributes to meaning(*Longman*). 语用学是语言学和符号学的分支学科,专门研究语境作用于意义的方式(朗文词典)。

(10) Pragmatics studies the factors that govern our choice of language in social interaction and the effects of our choice on others. (David Crystal)语用学研究影响我们在社会交往中选择语词的种种因素以及语词选择对他人的影响。(大卫·克里斯托)

(11) Pragmatics is all about the meanings between the lexis and the grammar and the phonology ... Meanings are implied and the rules being followed are unspoken, unwritten ones. (George Keith) 语用学研究词汇、语法和语音之间的意义……人们的隐含意义,而隐含意义的规则是不成文的规则。(乔治·基思)

(12) Pragmatics is a way of investigating how sense can be made of certain texts even when, from a semantic viewpoint, the text seems to be

either incomplete or to have a different meaning to what is really intended…
Pragmatics allows us to investigate how this "meaning beyond the words" can
be understood without ambiguity. (Steve Campsall) 语用学研究一些语篇即使
在语义学角度显得不完整或者所表之意不是意欲表达之意的情况下是如何达
意的……语用学让我们考察这种"话外之音""话中有话"是如何准确被听者理
解的。(史蒂夫·坎普赛尔)

（13）Pragmatics is an important area of study for your course. A
simplified way of thinking about pragmatics is to recognise, for example, that
language needs to be kept interesting — a speaker or writer does not want to
bore a listener or reader, for example, by being over-long or tedious. So,
humans strive to find linguistic means to make a text, perhaps, shorter,
more interesting, more relevant, more purposeful or more personal.
Pragmatics allows this. (Steve Campsall) 语用学是语言研究的重要领域。简
单地说,语用学就是要使得语言表达生动有趣——说写者不希望让听读者因接
收烦冗沉闷的话语而生厌。因此,人类致力于寻找语言手段以使语篇更短小、
更有趣、更关联主题、更有目的性或更有个性。语用学就做这个。(史蒂夫·坎
普赛尔)

（14）Pragmatics is a systematic way of explaining language use in
context. It seeks to explain aspects of meaning which cannot be found in the
plain sense of words or structures, as explained by semantics. 语用学系统研
究在语境中使用语言的情况。它试图解释语词或结构的那些超出语义学范畴
的意义因素。

（15）a branch of semiotics that deals with the relation between signs or
linguistic expressions and their users; a branch of linguistics that is concerned
with the relationship of sentences to the environment in which they occur. 符
号学里处理符号或语言表达式和使用者的关系的一个分支;语言学里处理语句
与所在环境的关系的一个分支。

（16）the study of how language is affected by the situation in which it is
used, of how language is used to get things or perform actions, and of how

words can express things that are different from what they appear to mean. (*Cambridge Dictionary*)研究语言如何受到语境的影响,研究语言如何用来达成实物或行动的目标,研究语言意会如何有别于言传。（剑桥词典）

（17）Pragmatics is the study of the relations between language and context that are basic to an account of language understanding. 语用学研究有助于解释语言理解的语言和语境之间的关系(李发根,1995：19[①])。

严格地说,不存在"语用学"的汉语定义,所谓的汉语定义绝大多数无非是pragmatics 英语定义的汉译和翻版。如：

（18）"语用学是对在一种语言的结构中被语法化或编码的那些语言和语境之间的关系的研究"［莱文森(Levinson),1983/2001：9；译文出自何兆熊等,2000：7］。

（19）"语用学是对所有那些未能纳入语义理论的意义侧面的研究"（莱文森：12；译文出自何兆熊等,2000：7）。

（20）"语用学是对语言和语境之间于解释语言理解而言十分基本的那些关系的研究"［莱文森(Levinson)：21；译文出自何兆熊等,2000：7］。

（21）"语用学是对语言使用者把句子和使这些句子得以合适的语境相匹配的能力的研究"［莱文森(Levinson)：24；译文出自何兆熊等,2000：7］。

（22）"语用学是对指示(至少是其中一部分)、含义、前提、言语行为以及话语结构等各个侧面的研究"［莱文森(Levinson)：27；译文出自何兆熊等,2000：7］。但"语用学的课题不能封顶"(钱冠连,1997b：26)。这个含义就是钱锺书所说的"言外意、空外音""于象外见意""曲包余味,秀溢目前""呈前逗外,虚实相生"(摘自钱冠连,1997b：21)。

（23）"语用学是对语言行为以及实施这些行为的语境所作的研究"［斯托纳克尔(Stalnaker),1972：383；译文出自何兆熊等,2000：8］。

（24）"语用学是一种旨在描述说话人如何使用一种语言的句子来达到成功的交际的理论"［肯普森(Kempson),1975：85；译文出自何兆熊等,2000：8］。

（25）"语用学是对语言的使用和语言交际进行的研究"［阿卡马吉安等

---

① 本书出处按"人名,年份：页码"的格式括注,详见参考文献相关条目。

(Akmajian et al.),1979：267；译文出自何兆熊等,2000：8]。

(26)"作为学科的 pragmatics 是对作为现象的 pragmatics,即语言运用或其规律的研究"(姜望琪,2003b：273)。

(27)"语用学是一门研究人们使用语言的学问"(毛利可信,2009：7)。

(28)"语用学是对话语①怎样在情景中获得意义的研究"[利奇(Leech),1983：x;译文出自何兆熊等,2000：9]。

(29)语用学是从使用者的角度出发去进行研究的语言科学。语用意义涉及说话人要表达某种意义的愿望,这种意义可能在字面上表明,也可能不在字面上表明(侯国金,2014a：2)。

(30)"语用学研究互动意义(meaning in interaction)或交际意义"[托马斯(Thomas),1995/2010：22;译文出自何兆熊等,2000：9]②。

(31)"语用学所关心的是说话人(或写作者)所传递的和听者(或读者)所理解的意义"[尤尔(Yule),2011：3;译文出自何兆熊等,2000：9]③。

(32)"语用学研究说话人意义或言者意义(speaker meaning)"[尤尔(Yule),2011：3;译文出自何兆熊等,2000：9]④。

(33)"语用学研究如何在字面表述之外传递更多的意义"[尤尔(Yule),2011：3;译文出自何兆熊等,2000：9]⑤。

(34)"语用学研究交际者相对距离的表达"[尤尔(Yule),2011：3]⑥。

(35)"语用学是对语言以各种形式在各种情景中使用的各种情况,从认知、社会和文化各方面进行的综观研究"[维索尔伦(Verschueren),1999/2000：7]⑦。

(36)"对在一定语境中所使用的语言的意义的研究"(李发根,1995：19)。

(37)"一门专门研究语境在交际中的作用的科学"(李发根,1995：19)。

(38)钱冠连(1997b：10-11)提供的"窄式语用学定义":"语用学是一种语

---

① 就是"语境句",相对于"零语境句/语法句"(钱冠连,1997b：108)。
② Pragmatics is the study of meaning in interaction. (原文)
③ Pragmatics is concerned with the study of meaning as communicated by a speaker (or writer) and interpreted by a listener (or reader). (原文)
④ Pragmatics is the study of speaker meaning. (原文)
⑤ Pragmatics is the study of how more gets communicated than is said. (原文)
⑥ Pragmatics is the study of the expression of relative distance. (原文)
⑦ 据此,钱冠连(1997b：27)认为语用学是"对语言任何一个方面的功能性综观"。

言功能理论，它研究语言使用人是如何在附着于人的符号束、语境和智力的参与和干涉之下对多于话语（字面）的含义做出解释的。"其"宽式语用学定义"为："语用学是一种语言功能理论，它研究语言使用人是如何在附着符号束、语境和智力的参与和干涉之下理解并运用话语的。"①

语用学者在编写语用学教材时往往要评论一下前人的"语用学"定义，例如伯尔纳（Birner，2013：1-4），卡尔佩珀和哈夫（Culpeper & Haugh，2014：xii，7），莱文森（1983/2001：5-35），何兆熊等（2000：7-12），侯国金（2014a：2-7）。语用学定义多而杂，说明"没有一个为人们公认的定义"，也说明语用学具有"多面性"（李发根，1995：19）。俞东明（1993：105）认为，学者们说语用学是"语境意义"（meaning in context）的研究或对"使用中的语言/意义"的研究（study of language/meaning in use），作为定义"显然是太笼统和概括了"。莱文森（Levinson，1983/2001：6-27）所列举的9个定义都是类似于此，可归为两类：说语用学［以"社会方法"（social approach）］研究"言者意义"（speaker meaning），或者［以"认知方法"（cognitive approach）］研究"话语意义"（utterance meaning，即"sentence-context pairing②"）或"话语理解"（utterance interpretation），"都不十分令人满意"，既因为语用分析往往触及诸多意义层次（levels of meaning）：抽象意义（abstract meaning）、语境意义（contextual meaning）或话语意义（utterance meaning）、语力（illocutionary point）或语势（pragmatic force③，俞东明，1993：105），又因为研究"言者意义"（speaker meaning）的定义忽略了受众，而"话语理解"的定义又忽略了言者（俞东明，1993：109）。俞东明认为，若想给"语用学"下一个好定义，就必须克服上述两个"缺陷"，因此赞同托马斯（Thomas，1995）的定义："语用学是对互动意义的研究"（study of meaning in interaction），因为兼顾了交际双方（俞东明，1993：109-110）。

---

① 因此钱冠连（1997b：106）说，"凡是在语境的干涉、附着符号束的参与、智力推理参与之下产生的附加信息理应算在语用学里"。

② 语出盖士达（Gazdar，1979），转引自俞东明（1993：108）。

③ 俞东明（1993：108）使用的是"话语之力"（force of an utterance）。他指的是"说话人的意图"（intention），若如此，就应该是话语意图或语力。语势是指同样的语力（如指令）的气势、力度、魄力，如老师对学生说的"请把作业给老师看看。""把作业给我看看好不好？""把作业拿来看看。""作业拿来看！快点！"都是指令类的语力，语势却越来越强。

李发根(1995：20)力挺利奇(Leech，1983)的定义(是对话语怎样在情景中获得意义的研究)，认为它抓住了"三个特点"：① 准确地概括了语用学的特征，既确定了研究的具体对象，又强调了描写范畴。② 考虑到了语言和使用者的关系，而不是笼统的语境或意义。③ 既适合句法关系领域里的研究，也适合语篇领域里的研究。

我们在讨论定义之前，先看看利奇(Leech，1983：320)的观点，语言学中对意义的讨论只要涉及下面一条，便进入了语用学：① 是否涉及交际者。② 是否涉及说话人的意图或听者的理解。③ 是否涉及语境。④ 是否涉及通过使用语言所实施的行为(参见何兆熊等，2000：13)。我们加上两条：⑤ 是否涉及（加工）心力（processing efforts）。⑥ 是否涉及语用或语境效果（pragmatic/contextual effects）。不妨把上述 6 条看作"语用学研究的定义性条件"。换句话说，凡是语用学研究都应该至少涉及其中之一(多多益善)，而且任何"pragmatics(语用学)"定义无论优劣，都必须和其中之一有关(多多益善)。若如此，请看上述定义所涉及的"定义性条件"(见表 2-1)：

表 2-1 语用学定义表

涉及语用学研究的定义性条件	"pragmatics/语用学"定义目次
1 是否涉及交际者	(6)，(15)，(24)，(29)，(30)，(31)，(34)，(38)
2 是否涉及说话人的意图或听者的理解	(2)，(3)，(4)，(5)，(12)，(13)，(16)，(17)，(20)，(21)，(31)，(32)，(33)，(38)
3 是否涉及语境	(1)，(3)，(5)，(7)，(8)，(9)，(14)，(15)，(16)，(17)，(18)，(20)，(21)，(23)，(28)，(35)，(36)，(37)，(38)
4 是否涉及通过使用语言所实施的行为(语为)	(16)，(22)，(23)
5 是否涉及(加工)心力	(16)
6 是否涉及语(用/境)效(果)	(10)，(13)，(24)
其他	(19)，(25)，(26)，(27)

可以看出，第一，涉及语境(措辞不同)的定义为数最多，共有 19 条。第二，涉及说话人的意图或听者的理解，共有 14 条定义。第三，是涉及交际者(一方

或双方、言者和听者、作者和读者），共有 8 条定义。涉及语为的有 3 条定义，涉及心力的只有 1 条，当然也可以说或多或少同条件 2 弥合。涉及语效的有 3 条，另有"其他"定义 4 条。

根据上述分析，这些"不沾边"的定义就是最差的定义，而涉及面最广（涉及 3 个条件）的定义（16）和定义（38）权且看作最好的定义。

俞东明（1993：109 - 110）赞同的定义（30）隐含上述条件 1（交际者，因为"互动"必然预设交际的两个方面，都是人），而李发根"力挺"的定义（28）涉及上述的条件 3（语境）。本书不认为这些是最好的定义。

其中，定义（19）是减法定义，"语用学是对所有那些未能纳入语义理论的意义侧面的研究"，这是不合适的定义，因为语义学没有纳入的研究对象和内容可谓多如牛毛。定义（25）"语用学是对语言的使用和语言交际进行的研究"，定义（26）"作为学科的 pragmatics 是对作为现象的 pragmatics，即语言运用或其规律的研究"，定义（27）"语用学是一门研究人们使用语言的学问"，都过于宽泛，把传播学和修辞学都囊括了。这些定义如同《现代汉语词典》（2016，下同）的"语用学"定义："语言学的一个分支，研究语言的使用及其规律。"李发根（1995：19）说得对，诸如"语用学是研究语言使用"的学科，这个定义既好又糟，"好"在"高度概括了语用学的特征"，"糟"在看不出语用学要"描写什么"。

此外，虽然定义（22）"语用学是对指示（至少是其中一部分）、含义、前提、言语行为以及话语结构等各个侧面的研究"涉及条件 4 的语为，但该定义只提供了一个研究清单，而定义不能采用清单形式，何况随着语用学（其实也适用于任何学科）的发展，"语用学的课题不能封顶"（钱冠连，1997b：26），岂能被一个定义清单或清单定义定住？

本书设想这么一个定义，有机地涉及上述 6 个条件（见表 2 - 1）：

（39）语用学作为研究意义的学科，其研究对象为交际者在真实语境中通过言语和非言语符号与对方进行社会互动，以及在互动中如何实施和表达语为、如何阐释言者意义和语效，语用学兼顾参与互动的听者和读者（的解读和反应）。

换言之，就是：

（40）作为语义学的姊妹学科，语用学侧重研究语境化话语的意义，尤其是超出字面解读的意义和语效,涉及说写者意义的生成、语为之实施、语效之取得,以及听读者意义、语为和语效的解析和攫取。

纵观最近三四十年的研究史,语用学分为"微观语用学"(micro-pragmatics)和"宏观语用学"(macro-pragmatics)。微观语用学基本上是英美流派[如莱文森、托马斯、黄衍(Huang)等]的传统研究,是从语用角度研究语言的各个层面,如前指、指别、预设、词语、语句、语篇等,也叫作"语用语言学"(pragmalinguistics)。宏观语用学(如维索尔伦、托马斯、俞斯)是从社会、文化、民俗等方面进行的研究,包括社会语用学(social pragmatics/sociopragmatics)、(跨)文化语用学(cultural pragmatics)等的研究视域和成果。由此可知,语用学不仅具有哲学传统,还具有社会学倾向、人类(文化)学传统和认知心理学基础。

2.2 语用学的传统

何为语用学? 根据语用学的权威杂志《语用学杂志》1977 年创刊号的社论——由两个主编即哈贝兰德(Haberland)和梅伊(Mey)撰写,语用学是研究语言使用的科学,是"语言的语用学"。这样的"语用学"就有别于符号学的"符号语用学"(简称"符用学"),更有别于(语言)哲学的"哲学语用学",可简称"实用学"①(参见姜望琪,2003b:292-293)。

语用学实际上内指"语言使用的具体条件",指"语言的具体使用及其使用者"(胡壮麟,1980:6)。因此,语用学是研究语言实践(使用和使用者)的条件的科学,其宗旨是探讨语言使用的种种制约因素,可称为"语用制约",例如一句话在达意时的语境条件、前提(预设条件)等(见高万云,1993:6;张龙、朱全红,2008:72)。

论历史由来,语用学的产生首先得力于德国逻辑学家弗雷格(Frege)启动的哲学的"语用学转向"(pragmatic turn),它为语用学的产生做了铺垫。20 世

---

① 上述"符用学"可看成哲学领域的 pragmatics(实用学)的一分支/分子。

纪前半期，奥地利语言哲学家维特根斯坦（Wittgenstein，前期）、德裔美籍语言哲学家卡尔纳普（Carnap）等引发了哲学的"语言学转向"（linguistic turn），初步形成语义哲学。而20世纪60—70年代，以英国语言哲学家奥斯汀（Austin）、美国语言哲学家塞尔（Searle）等为代表的语言哲学家，催生了哲学的语用学转向，滋生了语用（学）哲学。

从名称上看，"语用学"（pragmatics）源于美国哲学家莫里斯（Morris）的符号学三分，最早被当作符号学（semiotics）的一个分支，可译为"符号运用学、符用学"，同符号关系学（syntactics）、语义学/符号义学（semantics）一样隶属于符号学，所研究的是符号和符号解释者的关系。上述"符用学"可看成哲学领域的pragmatics（语用学）的一分支（姜望琪，2003b：292-293）。

后来，语言学界借用这三分，形成语言学研究的"三分天下"（侯国金，2014a：1-2）：① 句法学：研究语言或LF（逻辑式）形式本身、组词成句的方式和规则。② 语义学：研究语言或LF的形式意义[①]、静态意义、系统意义、语句意义、语义（学）意义、认知意义。③ 语用学：研究语言或LF的语境意义[②]、动态意义（也可叫"互动意义、洽商意义"）、话语意义、言者意义、语用意义。

互联网对此有丰富的介绍，譬如：

Syntax refers to the rules that govern how words are put together (especially word order) in a sentence to convey meaning. 译文：句法（学）指的是管辖语词（特别是通过语序）组合成句并表达意义的规则。

请看下例：

(1) a. My dog likes to eat baby food.

b. My baby likes to eat dog food.

词语几乎一样，排列方式不同，a句说"我的狗喜欢吃儿童食物"，而b句说"我的小宝贝喜欢吃狗食"，句法使然。

什么是语义（学）呢？同一网页显示：

Semantics refers to the rules that govern the meanings of words and word

---

① 还可以叫作"理论意义、分析意义、语言—结构意义"等。

② 还可以叫作"经验意义、社会意义、情景意义"等。

groups, as well as phrases, sentences, paragraphs, etc., within a language. 译文：语义学指的是管辖特定语言里的语词意义、词组意义、短语意义、语句意义、语段意义乃至篇章意义的种种规则。

也有人说语义(学)指"语言中语词的意义和语词在语句中的意义"，因此语义学研究的是无语境或去语境的意义。那么什么是语用学呢？根据上一篇网文的介绍：

Pragmatics refers to the rules that govern the manner in which we use language. 译文：语用(学)指的是管辖人们使用语言各种方式的规则。

随后该文介绍说，根据美国言语—语言听力协会(American Speech-Language-Hearing Association，简称 ASHA)，语用(学)涉及三类技巧：第一，使用语言以实现不同目的。第二，根据受众需要或不同的语境改变语言。第三，遵守会话和叙事的规则。

语言学领域的 pragmatics，作为"linguistic pragmatics"，才是地道的"语用学"，是"语言语用学"的简称(姜望琪，2003b：292 - 293)。虽然有上述的句法、语义和语用三分，意义或语言问题有时是三者共同的兴趣，因此，有时候语义、句法和语用是"你中有我、我中有你"的难舍难分的关系。

2.3 语用学的基本议题和基本思想

如上述定义(22)所示，"语用学是对指示(至少是其中一部分)、含义、前提、言语行为以及话语结构等各个侧面的研究"，这个清单正好说明了传统语用学的议题。

莱文森(Levinson, 1983/2001)的《语用学》(*Pragmatics*)是最早的语用学图书之一，可以看作教材，虽然是教师难教、学生难学的教材。其目录涉及：① 语用学的范围，② 指别语，③ 会话含义，④ 预设，⑤ 言语行为，⑥ 会话结构，⑦ 结论。这一目录和上述"清单"式的定义正好互相旁证。这本书长期以来都是语用学学习者和研究者的难读但必读之书。何兆熊在该书再版《导读》中称其"全面""写得好"，是"必读书、必备参考书""至今仍不陈旧""依然具有很大的参考价值"(F24)。当然，正如何兆熊在《导读》结尾所言，最近几十年语用学发生了诸多变化，而莱文森的这本书自然就没有预测也没有涵盖诸如礼貌问题、跨文化交际的语用问题、新格赖斯语用学(思想)、关联理论、认知语用学，以及语用学的诸多界面研究等课题、议题、问题或语用学分支。

梅伊(Mey，1993/2001)的《语用学引论》(*Pragmatics: An Introduction*)可以说就是克服上述"双难"的语用学教材，其目录大致如此：第一部分是"基本观念"，包括：① 引言。② 语用学何为？③ 语用学的定义。④ 语用原则。第二部分是"微观语用学"，包括：⑤ 指称与隐含。⑥ 言语行为。⑦ 施为动词与间接言语行为。⑧ 言语行为分类。第三部分是宏观语用学，包括：⑨ 宏观语用学引介。⑩ 会话分析：基本概念。⑪ 会话分析之一。⑫ 会话分析之二。⑬ 元语用学。⑭ 社会语用学。较之莱文森的《语用学》，梅伊的《语用学引论》结构更加清晰，师生可先处理语用学的基础观念和概念，再处理微观语用学，即语用学视角下的语言问题，如音、形、义等各方面的语用问题，最后才研究宏观语用学，即话语(语篇)的语用学分析途径和方法，语用学的学术属性以及它和其他学科的关系问题，还有社会文化等方面的语用问题。可见梅伊之作比莱文森的教材多了宏观语用学和元语用学，也更适合师生教学。

格林(Green，1989)的《语用学与自然语言理解》(*Pragmatics and Natural Language Understanding*)的目录大意是：① 何为语用学？② 指别和前指别问题。③ 指称和意义模糊。④ 非真实条件语义问题。⑤ 隐含。⑥ 语用和句法。⑦ 会话互动。⑧ 面面观(结论)。可以看出，②③章有重叠，都涉及语用和句法的界面之争，以及会话的互动性。

托马斯(Thomas，1995/2010)的《互动意义：语用学引论》(*Meaning in Interaction: An Introduction to Pragmatics*)又如何呢？其内容包括：① 何为语用学？② 言语行为。③ 会话含义。④ 语用学的研究方法。⑤ 语用学与间接性。⑥ 礼貌理论。⑦ 语义结构。各章节强调了交际言语的"互动性"，算是对格林(Green，1989)的继承和发展，新推出的有"语用学的研究方法"，其他方面也是在莱文森和梅伊二著的基础上重述和阐发。

黄衍(Huang，2007)的《语用学》(*Pragmatics*)目录如下：① 引言。② 含义。③ 预设。④ 言语行为。⑤ 指别(以上为第一部分：语用学的核心话题)。

⑥ 语用与认知：关联理论。⑦ 语用学和语义学。⑧ 语用学和句法学（以上为第二部分：语用学的界面）。其特性是，论述了语用学和两大至亲即语义学和句法学的关系问题，而且论述中适量地借用了英语之外的语言如汉语的现象和例句。

伯尔纳（Briner，2013）的《语用学导论》（*Introduction to Pragmatics*）涉及：① 定义语用学。② 格赖斯含义。③ 格赖斯之后的含义处理。④ 指称。⑤ 预设。⑥ 言语行为。⑦ 信息结构。⑧ 推理关系。⑨ 动态语义学和话语表征。⑩ 结论。可见，伯尔纳不同于莱文森的就是多出的⑦信息结构和⑨动态语义学和话语表征，而⑦和⑨的内容其实就是话语的语义表征及其结构特征。

再看更新的语用学教材，卡尔佩珀和哈夫（Culpeper & Haugh，2014）的《语用学与英语语言》（*Pragmatics and the English Language*）目录大致如下：① 引言。② 指称语用学（指称语用问题）。③ 信息语用学（信息结构语用问题）。④ 语用意义一。⑤ 语用意义二。⑥ 语用行为（语为）。⑦ 人际语用学。⑧ 元语用学。⑨ 结论。如题目所示，所涉不仅有语用学，还有英语语言的语用透视。

我国出版的语用学教材大抵仿效了西方诸多教材的目录和议题（截至相关书籍的出版时间）。例如，何自然（1988）的《语用学》，何兆熊（1989）的《语用学概要》、何兆熊等（2000）的《新编语用学概要》、姜望琪（2000）的《语用学——理论及应用》、姜望琪（2003b）的《当代语用学》、熊学亮（2008）的《简明语用学教程》等。

也有些教材出现了"与时俱进"的新东西，如，何自然（2003）的《语用学讲稿》涉及语言的模糊性（得力于模糊语言学，有利于"模糊语用学"的兴起）、语用学与翻译（学）的关系（受益于也有利于语用翻译学的兴起和发展）。何自然、陈新仁（2004）涉及语用习得（pragmatic acquisition）、语用学与翻译、语用学与外语教学。

至于非教材类的语用学图书，所涉及的语用学论题，除了上述这些以外，还有下列议题乃至分支学科：顺应性（adaptability），顺应论（adaptation theory），信道（channel），突显（salience），移情（empathy），共同注意（joint attention），交际风格，会话类型，韵律，引述话语（reported speech），话语系列，口语话语的转写系统，态度，衔接，连贯，修辞，文体，幽默，互文性，叙事，语用标记，公共话语，真实性（authenticity），电脑交际（computer-mediated communication），强调（emphasis），语言与法律，读写/识字（literacy），多媒体，手语（sign language），语用学的共时和历时视角，命题逻辑，谓词逻辑，语力逻辑，潜预设，缺省逻辑，实验语用学（experimental pragmatics），互动语用学（pragmatics of interaction），民族志方法论（ethnomethodology），话语语用学（discursive pragmatics），实用语用学（pragmatics in practice），语言生态（学）（language ecology），历史语用学（historical pragmatics），语用学和二语习得（pragmatics and second language acquisition），语用学和计算语言学（pragmatics and computational linguistics），极性、对立和否定的语用问题/研究（pragmatics of polarity，opposition and negation），形式语用学（formal pragmatics）等［见齐恩科夫斯基等（Zienkowski et al.），2011］。

2.4 格赖斯语用学[①]

2.4.1 格赖斯语用学的悖论性

"格赖斯语用学"（Gricean Pragmatics）这个短语具有一定的悖论（paradox/paradoxicality），即似是而非或似非而是，因为它有以下预设：第一，英国语言哲学家格赖斯（Grice，1913—1988）是语用学家（其实是语言哲学家）；第二，存在一种有别于大家熟知的语用学（如言语语用学、社会语用学、认知语用学、网络语用学、人际语用学等）的语用学；第三，所谓的"格赖斯语用学"是"格赖斯（创造）的语用学""格赖斯写的语用学（论著）""格赖斯式（的）语用学"等。语用学不属于格赖斯，格赖斯却属于语用学。格赖斯本属（语言）哲学（日常语言学派），被认为是"西方哲学界语言转向的终结"（姜望琪，2020：1），但在语用学文献中，格赖斯其人其名其思想无疑都是经典和现代语用学的永恒"热词"。显然格赖斯被语用学界划为自家"财产"，而在哲学界却没有这么要

---

① 本小节初稿收入陈新仁主编《语用学术语手册》（清华大学出版社，即出）。

紧。关于第二个虚假预设，"格赖斯语用学"这个短语自然有别于其他带有标签的"语用学"。暂不论狭义的格赖斯语用学（预设三，以及下述内容），语用学界广为人知的事实是广义的格赖斯语用学实际上无所不包，几乎囊括了经典语用学和现代语用学的一切，即格赖斯（Grice，1975）问世以来的一切语用学大小思想，因为一切皆源于或关联于格赖斯及其上述论文（以及格赖斯的其他论述）。

2.4.2　何谓狭义格赖斯语用学？

狭义"格赖斯语用学"指的是格赖斯（Grice，1975）的"会话"和"原则"宏论。人类如何会话的问题，包括电话对话、课堂师生对话、相声、小品、法庭诉讼方和辩护方的对话等等，应该是语言哲学的经典问题，至今仍是语言哲学、语用学、句法学、社会语言学、话语分析等学科的难题。格赖斯所关注的是根本性问题，即为何不论是标准语言的庙堂话语还是酒肆闲聊，不论是真诚话语还是非真诚话语，也不论是机构性还是非机构性话语，交际双方都能一句一句、一个话轮一个话轮、一个话题一个话题顺畅和谐地推演下去，直至会话结束。

格赖斯所关注的是"自然语言"（natural language）中"非自然意义"（unnatural meaning）的表达和推理，尤其是有别于数学算式类的部分（例如日常会话）的表达和推理，我们将如何解释？这是格赖斯语用学的出发点。进而关涉人们如何顺利和谐地交流，言者如何生成以及受众如何推理不同类型的含义［如规约含义、非规约含义尤其是特殊会话含义（particularized conversational implicature）］，以及隐喻、弱陈、反讽等（其实就是修辞格）产生和推理的运作机制，还涉及会话含义的特点、言说（所言）和含义（所含/所隐）的关系。

格赖斯从德国哲学家康德（Kant）关于物质存在的四个参数（即量、质、关系及方式）的提法受到启发，并以此为四大参数提出并阐释了如今学界（何止语言哲学界和语用学界）著名的"合作原则"（cooperative principle，简称CP）：第一是数量准则（maxim of quantity），包括：① 话语信息量满足目前交谈需要。② 不要提供过量信息。第二是质量准则（maxim of quality），包括：① 不说自己信以为假的话语。② 不说无凭无据的话语。第三是关联准则（maxim of relation），即说话要关联。第四是方式准则（maxim of manner），包括：① 避免言词晦涩。② 避免模棱两可。③ 要简洁而非冗长。④ 要有条不紊。

合作原则的要义无非是：量准则要求话语的信息足量即具有"信息差"，但不能过多也不能过少，质准则要求话语所言说之事为真，至少信以为真，关系准则要求话语同上下文话语、语境、目的等有密切关系，而不能风马牛不相及，方式准则要求话语清楚明白而非冗余啰唆（参见侯国金，2006：6）。格赖斯以此解释正常话语以及偏离某准则的一般语例，轻车熟路。如娜娜发微信问我健康长寿之道，我的回复只有一个字"迷"。娜娜不解而问，我答曰："走一走，爬一爬，好歹活到八十八。"所谓"米"寿，源于这个"米"字形似"八十八"，兼有"走之边"的意义。后来她以"谜"回复他人，含义（implicature，也译"含意、涵义、寓意、言外之意"等）是"走走路，说说话，好歹活到八十八"。上例是偏离方式准则所产生的含义。

在无标记交际事件中，合作属无标记，非/不合作属有标记，非/不合作意味着不同程度的偏离，遵守一个准则未必不遵守其他准则，偏离则同理（侯国金，2006：7）。格赖斯没有考虑而我们应该考虑各种社会情景中有血有肉的个性化交际者的"社会经济利益、社会身份、社会和情景权力、对交际活动的期待"、语言使用的各种可能的变体[萨朗吉和斯莱姆布鲁克（Sarangi & Slembrouck），1997：117]，考虑逻辑式中的"未表述成分"（unarticulated constituent）[黄衍（Huang），2018]，考虑各种常规关系及其规约理解，考虑必需的各种语用充实（pragmatic enrichment）[卡斯顿（Carston），2017：517]，从而"更加接近交际和解释的认知现实"[卡斯顿（Carston），2017：536]。格氏的论述比较粗犷，具有"明显的短板"[卡斯顿（Carston），2017：536]，没有或不能说明含义的推理，遑论如何攫取话语的语用修辞效果。

2.4.3 何谓广义格赖斯语用学？

从广义上讲，格赖斯语用学涵盖坚信人类交际的意向性（intentionality）表达和推理的一切语用学理论，包括：① 霍恩（Horn，1984，1988）的"二原则"（量原则、关系准则——互为条件）。② 莱文森（Levinson，1987）的"三原则"（信息量原则、关系准则、方式准则）。③ 斯波伯和威尔逊（Sperber & Wilson，1986/2001 等）的"一原则"即"关联原则"（relevance principle）。④ 利奇（Leech，1983）的"礼貌原则"（politeness principle）。⑤ 雷卡纳蒂（Récanati，2004a，b）

的"最简原则"（minimalist principle）、"可利用原则"（availability principle）、
"独立原则"（independence principle）、"范围原则"（scope principle）。进而言
之，包括中国学者的若干原则，如⑥ 钱冠连（1987a,b;1989;1997b：167－182）
的"目的—意图原则"（purpose-intention principle）。⑦ 廖美珍（2004,2005a,
b,c）的"目的原则"（goal principle）。⑧ 刘亚猛、朱纯深（Liu & Zhu,2011）的
"非合作原则"（non-cooperative principle）①。⑨ 侯国金的"语用标记等效原
则"（2005b,pragma-markedness equivalence principle），（术语翻译的）"系统—
可辨性原则"（systematicity-distinguishability principle,2009a）。上述以及难
以穷举的各"原则"都是基于意向性表达和推理的阐述，因此多多少少带有语用
属性（pragmaticity），也因此不同程度地隶属于或者说就是广义的格赖斯语用
学，毫无例外地是狭义格赖斯语用学的发展和（跨）学科延伸，或者说是对"标准
格赖斯模式"的延伸［西蒙斯（Simons），2017：489］。

那么广义"格赖斯语用学"的研究内容就十分广泛和丰富了，宏观上涵盖语
境化话语意向性表达和推理的一切研究，微观上囊括语境论、含义论、推理论
（含误解论）、关联论、常规关系论、指别论、合作论、互动论、礼貌论（含面子论、
失礼论）、顺应论、语为论（即言语行为的经典和最新论述，含间接言语行为论、
普遍语用学）、语用能力论、（语用）优选论、（语用）模因论、语用预设论、语用充
实论、语用标记论、语用距离论、语用身份论等，以及语用学的界面研究所（能）
触及的任何兴趣、论题和模式。

请看一例：

（2）（嘉陵江对长江）"我先干了，你随意。"

在无标记情况下，这是在酒桌上甲对乙敬酒的惯用语，因为中国人相信"先
干为敬"（给人积极面子）、"不强加于人"（给人消极面子）类礼貌。但该例出自
两年前的某文，说重庆的嘉陵江对长江说话。合作原则何以解释？格赖斯会

---

① 廖美珍（2004：44）自认为其原则比 CP"具有更大的应用价值"。刘亚猛和朱纯深（Liu & Zhu,
2011：3408）认为其"非合作原则"可作为修辞学的重要原则，它和语用学的 CP 既有可比拟性又有
不可协调性，可作为 CP 的"孪生修辞原则"。二者的"非合作、不合作"创意其实可溯源到钱冠连
（1987a,b;1989）的"不合作（现象）"，此乃钱先生最早的 CP 挽救尝试；钱冠连（1987b）的"会话不合
作选择"（non-cooperative choice,简称 NCC），认为"具有原则性"的 CP 和"具有顽强（地）参与要求"
的 NCC"相辅相成"，其根本是"合作不必是原则"（见钱冠连，1997b：167－182）。关于对挑战 CP 的
各个中国学者的补救原则的评论，参见侯国金和蒋庆胜（Hou & Jiang,2019）。

说,这是对合作原则的偏离,因为使用了拟人辞格(小江向大江敬酒)。但有何含义和效果? 根据刘亚猛、朱纯深(Liu & Zhu,2011)的"非合作原则"等,论话语方式,其语用修辞标记性越强,所能取得的语用修辞效果就越大[条件是关联性(根据关联论),关联于无标记的敬酒行为、中国的敬酒文化和习俗、2022 年7—8月全国许久的干旱炎热、重庆朝天门两江汇合、嘉陵江比长江更短、更小、更浅等]。该例以拟人手法逼真夸张地感叹近来的恶劣气候,其语用修辞效果远胜无标记或"更合作"的"最近两个月好热呀! 连江河都快干涸了"。

刘、朱二君也许受到上述挑战 CP 的中国人以及萨朗吉和斯莱姆布鲁克(Sarangi & Slembrouck,1997)等怀疑派的影响,甚至认为此类修辞性话语和正常话语相反,遵守的是"非合作原则"。我们同意刘姬(2002)的观点,合作(性)(cooperativeness/cooperativity)是人类交际的必需,没有违反的可能,只有微调和偏离的空间。在格赖斯看来,就算"违反"一条准则也是遵守整个合作原则,文字游戏类和撒谎行骗类也要遵守,除非交际者刻意不合作或退出合作的"会话程序"(姜望琪,2020:7)。当然,我们要看到合作中的偏离和偏离中的合作,即似乎不合作的合作和似乎合作的不合作,这些都是有标记的合作(遵守)。甲要求乙以答非所问的方式回答 3 个问题:前两个问题都是答非所问,第三个问题是"这是第几个问题?"乙回答说:"第三个。"该例乙的第三个回答是遵守地偏离或偏离地遵守。而依据关联理论,这个回答无论答非所问或答是所问,都是与问题相关的,天下人的理性交流原则上没有不关联的话语。

再请看下例/图:

(3)

这是我在成都航空飞机上拍到的商标/徽标,何意? 上述商标服务于其周边的文字广告:"潜心酿造茅台一样好的酒""为天下人健康无忧而酿酒""共建共享无忧美好家园　铸就茅台镇第二传奇",尤其是该商标左边的"无忧"和右边的"酒业"字样。广告商设计这个商标时是否遵守了合作原则(量、质、关系、

方式准则)？格赖斯恐怕会认为有所偏离,补充如信息量不足(也不可能足),无所谓真假,跟广告的无忧酒业有关(因为附近还有无忧酒业的其他介绍,见下),方式既特别又不特别(特别和不特别,都因为商标一般使用有别于自然语言的符号)。简言之,格赖斯会认为因为其偏离而产生了含义,但难以说明产生的具体含义。根据刘、朱二君的"非合作原则"或"修辞原则",该商标就关联于无忧酒业以及语言文本,关联于中国人对类似商标和汉字在商标上的演绎期待。总之,该例为有标记的合作(遵守)。

由此可知,上述商标的含义(效果)包括: ① 整体上它像汉字"心",印证上述的"潜心……"以及"有心、用心、专心、细心、苦心、良心、初心、知心、热心、实心、小心、耐心、雄心"等,以及消费者的"开心、安心、舒心、放心、留心、动心、痴心、信心"等。② 商标左侧是"示"字边,意为"天垂象,见吉凶,所以示人也"(《说文解字》),这里隐含"礼",一是礼貌,二是古今祭祀之所需。隐含"无忧酒"是请客送礼、祭祀庆典的必需品。商标右侧是"心"之一部,像英语的 U 或 V,也像典型的酒坛子、酒瓮、酒缸类。更为有趣的是,左边的"示"字边还像一个弯腰之人,上边的一点是脑袋,他正在往酒坛深处看,俨然醉鬼"白日放歌须纵酒""会须一饮三百杯"(分别为杜甫、李白的诗句)。此外,右边草书的 U/V,右上出头的连笔仿佛酒坛倾斜,酒溢满地,香飘十里。以上种种推理所得之含义也罢,效果也罢,不是绝对或恒定的,但足以解释该商标包含的质和量的信息,以及一定的关联性,为有标记形式。当然,若施加些许语用修辞批评,该商标的语用修辞失误至少在于上述 4 个字的繁简结合:若为了繁体字的正字法和谐原则及其"老字号"隐含原则,"业"便要改为其繁体形式"業"。

2.4.4 格赖斯的"原则"是非

格赖斯的"合作原则"存在诸多是非:

第一,合作原则是规定性还是描写性的? 也即,该原则是否用来规定交际主体如此交际? 如果大家应该且实际上如此交际,合作原则又有何用? 还是用来描写本就如此交际的交际主体的实况? 本书倾向其双重性,即规定性与描写性并存。

第二,如果合作原则必须遵守,那么我们何以遵守? 在多大程度上遵守?

有没有例外和松动的空间？或者说,既然有合作或遵守合作原则的四准则,又何来"蔑视"(flouting),即一些人笔下的"违反"(violation)或者我们主张的"偏离"(deviation)？也就是说,合作和非合作,合作和不合作,合作的偏离,偏离的合作,等等,凡此衍生表达均有些许悖论性,构成了合作原则的是是非非,这也就部分解释了格赖斯(Grice,1975)之后如雨后春笋般出现的"后(新)格赖斯语用学"。格赖斯既承认合作性之必要性,又指出交际者实际话语中常常"蔑视"某个准则而产生"特殊会话含义"(particularized conversational implicature),受众可以推理该含义及其他意义(词汇意义、语句的字面意义、显义、语法意义、逻辑意义等)。虽然格赖斯举例分别论证各条准则的蔑视情况,但他没有也无法解释以下问题：① 为什么"蔑视"？② 为什么在某情景中"蔑视"甲准则而非乙、丙、丁准则？③ 遵守也罢,合作也罢,哪条准则优先考虑？④ 这种优选性的考量如遇冲突又当如何？难怪利奇的礼貌原则论述中先说其原则是从属于合作原则的派生原则,都服务于人际修辞(interpersonal rhetoric)和语篇/话语修辞(textual rhetoric),随后补充说,人们为什么有时偏离质准则即不说真话而采用间接绕弯表达式或虚假信息表达式,因为在质和方式的考量和角逐中,考虑到社会人的(积极面子)礼貌的需要,方式准则就会压倒质准则。例如太太问丈夫对她穿新裙子的看法,丈夫若要严守质准则就要说"难看!"类消极话语,而面子需要的考虑让方式准则胜出,结果是说"漂亮!"(假话)或"啊,这条呀! 穿这条不错不差不坏,我本外行,任何人都挑不出毛病"(冗长模糊)。

第三,人们一方面依赖和引用格赖斯的高论,另一方面又要批评和修补,甚至代之以自己新的似乎更好的原则。上述的"二原则、三原则、一原则"以及上述的钱、廖、刘、朱等的原则莫不如此。

第四,合作原则的四准则为何如此排序？有何含义？四条之间有何理性关联？对每条准则的追加解释为何多的多少的少,例如解释量准则用两句对称的语句,解释方式准则多达四句,而解释关系准则只有区区一句"Be relevant",而且什么和什么在什么程度上关联？关联理论弃四求一,也即放弃了合作原则的4 条准则(认为不需要 4 条),而只保留 1 条(第三条),且改"关系"为"关联",改"准则"为"原则"。斯波伯和威尔逊(Sperber & Wilson,1986/2001)以此为诟病的噱头,认为 1 条足矣,一切都是关联,连话语的量、质、方式也是关联的,关联上下文语境、情景语境、社会文化语境等。关联意味着意向性明示(ostensive)表达和意向性明示推理,常常是两步、三步乃至多步的由明示前提(explicit premise)经由需要推理的隐含前提(implicit premise)抵达需要推理的隐含结论(implicit conclusion)的明示—显映交际,同经典格赖斯语用学一样,也是"推理模式"(inference model),而非格赖斯之前广为信奉的"语码模式"(code model)。

第五,言说和隐含,孰先孰后? 孰重孰轻? 此乃"格赖斯循环"(Grice's circle)[莱文森(Levinson),2000:186 - 187],指的是格赖斯(Grice, 1975)的如下观点和困境:一方面,受众要想理解会话含义就必须弄清语者的言说内容即真值条件(truth-conditions)和字面意义;另一方面,受众若要理解言说内容,又不得不弄清其隐含内容。在格赖斯看来,言说(saying)和隐含(implicating)分别负责话语不需要推理的"真值条件"即显义和需要付出一定心力推导的"含义"[卡斯顿(Carston),2017:517]。其实二者连同半隐义(implicature)都需要一定的推理,只是程度有别罢了。关于如何"消解""格赖斯循环",学者们各献其策,如巴奇(Bach,2002,2004)、莱文森(Levinson, 2000),关键在于区分字面意义、显义、常规含义、会话含义、半隐义、语句型意义(sentence-type meaning)、话语型意义(utterance-type/token meaning)等。

若换一个作者,合作原则可能不会、其实也大可不必以康德的四维精神为语用参数,论述合作完全可以从社会学、文化学、心理学、传播学、哲学逻辑、形式语义学、话语分析、语用学、修辞学等的任何一个学科和侧面进行阐述。诚如此,也就不一定是这 4 条准则,也即若有 1000 个合作原则的拟构者,就有 1000 个各不相同但都似乎有理的合作原则。

2.4.5　格赖斯语用学之后及之外:格赖斯语用学的意义

格赖斯的构想是以哲学或语用干预来协助传统的真值—条件/组合语义学(truth-conditional/compositional semantics)的解释,旨在解释理性人话语何以表达与理解非自然意义,也即理性人通过自然语言手段进行一定的言说和隐含(而这种隐含要么是一般会话含义,要么是特殊会话含义)。结果成了语用学的经典模式，引来不少争鸣、争议、拓展、引申。卡舍尔(Kasher,1977：232)说它"既站得住脚又不堪一击"，萨多克(Sadock,1978)说"合作原则只是含义推导的必要条件而非充分条件"(引自周巧玲、刘亚猛,2012：88)，而关联理论对此批评更甚(见斯波伯和威尔逊等的诸多论著)。其实，包括关联理论的新(后)格赖斯语用学也不是无懈可击[见特纳(Turner),2004]。因此，在评论格赖斯时须"考虑其理论全貌"，注意"概念性分析和实证性分析"之间的差异，对"乱开枪式""逻辑性错误"要慎之又慎[特纳(Turner),2004：262-263]。

格赖斯语用学之后及之外，即上述新(后)格赖斯语用学以及与此关联度大小不一的各种语用学思想以及和语用学关联度大小不一的语言学分支学科的流派、理论、范式、模式等。其中不少自觉与格赖斯语用学渐行渐远甚至毫无关联，究其本质，它们在不同程度上都归功于格赖斯语用学的学术营养。语言哲学的"貔貅"格赖斯养活了无数语言哲学、语用学、修辞学、社会学、传播学、逻辑学等研究的"狐狸、刺猬"①。

换言之，从格赖斯语用学或经典语用学到新格赖斯语用学或现代语用学以及后格赖斯语用学或后现代语用学，语用学的主体框架虽然有不少旧论(如指别语研究、语境论、言语行为论等老语用传统)和不少新论[如哈贝马斯语用学或普遍语用学(universal pragmatics)、礼貌和失礼理论、博弈论、优选论、语用模因论等以及林林总总的跨学科研究，如认知语用学、实验语用学、文学语用学、语料库语用学、网络语用学等]，但若要"寻根"，那么或多或少都要以格赖斯语用学为祖。夸张地说，格赖斯之前没有语用学，格赖斯之后的语用学都是(泛)格赖斯语用学。

2.5 语用学在中国

我国的语用学研究肇始于胡壮麟(1980)的介绍以及程雨民(1983)、何自然

---

① 貔貅喻指饱学少写的学者[格赖斯是"完美主义者"(姜望琪,2020：8)，发表较少，且据说都是在弟子斯特劳森(Strawson)等的敦促下才投稿]，狐狸喻指聪明好学的多面手研究者，刺猬则喻指执着于一隅的"一面手"研究者。

(1988)、何兆熊(1989)[①]、沈家煊(1990)[②]的引介。具体来讲，老一辈做过“译介”的有许国璋[③]、戚雨村、王宗炎、胡壮麟、赵世开、陆国强、赵斌、张家骅、庄和诚、王志、常宝儒、袁义、赵斌、黄家修、谢宝瑜、黄金琪、林书武、适存、盛建元等，做过“引介”的有徐盛桓、何自然、何兆熊、钱冠连、陈治安、黄金棋、吕公礼、黄次栋、邓旭东、倪波、刘润清、黄宏熙、刘保山、彭兴中、杨性义、花永年等。他们一方面发表了高数量、高质量的论文，另一方面培养出一大批语用学者。

中老年和青年语用学者更是数不胜数[④]，他们积极参会(如语用学研讨会)，教书育人，发表论文，乃我国语用学的中坚力量。

我们可以看到一幅中国语用学剪影：一大批中国语用学者除了在汉语杂志发文章，还跻身国际杂志。如束定芳(汉语文化语用现象，如歇后语的认知语用解释)，吴义诚(汉语词汇—语法—语义界面)，陈新仁(汉语文化语用现象，尤其是汉语礼貌和幽默)，向明友(语用原则“新经济原则”)，姚俊等(汉语文化语用现象和双语教学)，刘亚猛、朱纯深(语用修辞)、韩东红(语用标记)，彭宣维(语用预设)，

---

① 语用学界俗称“(中国)二何”。况新华、谢华(2002：7)称之为“语用学的引进和研究方面”的“中流砥柱”。

② 沈家煊从1985—1991年多次通过当时的《国外语言学》译介国外的语用学文献。

③ 早在1979年，许国璋就翻译了奥斯汀的“论言有所为”，并发表于《语言学译丛》第一辑，算起来比胡壮麟引介语用学还要早一年。

④ 如曹春春、曹进、蔡新东、蔡新乐、陈春华、陈东东、陈国华、陈海庆、陈建东、陈开举、陈厦芳、陈淑芳、陈同文、陈香兰、仇云龙、褚修伟、代树兰、戴炜华、董文兰、董晓红、杜世洪、段开诚、段伶俐、樊玲、樊明明、范文芳、冯德兵、冯江鸿、冯梅、冯炜、符其武、付鸿军、高航、高先田、高一虹、戈玲玲、龚卫东、关世民、郭纯洁、韩戈玲、韩芸、韩仲谦、何安平、何春燕、何刚、何莲珍、何玲、何雪林、洪岗、侯涛、胡庚申、黄建新、黄清贵、黄文玲、霍永寿、贾巍巍、贾玉新、江晓红、姜晖、姜可立、姜占好、蒋澄生、蒋庆胜、蒋艳梅、焦爱梅、金江、鞠玉梅、况新华、蓝纯、李海辉、李洪儒、李华东、李吉全、李洁红、李捷、李经伟、李军、李美霞、李民、李瑞华、李绍山、李淑静、李毅、李勇忠、李源、李悦娥、李占喜、李志君、连燕华、廉洁、梁晓波、梁镛、廖开洪、廖美珍、廖巧云、廖荣、林大津、林少华、林燕华、刘承宇、刘东虹、刘风光、刘国辉、刘红艳、刘宏刚、刘家荣、刘建达、刘建刚、刘君红、刘莉华、刘莉莉、刘龙根、刘娜、刘乃实、刘秦亮、刘清荣、刘森林、刘绍忠、刘铁生、刘小红、刘洋、刘伊俐、刘英凯、刘颖、刘宇红、刘忠、龙桃先、龙志华、卢加伟、罗迪江、罗燕、马登阁、马文、马箫、马应聪、毛封林、毛浩然、毛延生、梅美莲、孟梅、苗兴伟、莫爱屏、莫莉莉、倪波、牛保义、潘永梁、彭庆华、彭兴中、钱高垠、钱厚生、邱天河、屈延平、曲卫国、任爱殊、任绍曾、任育新、厦蓓洁、申智奇、沈艳萍、盛永生、宋杰、宋振琴、苏杭、孙崇飞、孙飞凤、孙国军、孙建荣、孙莉、孙淑芳、孙亚、孙毅、孙玉、索玉柱、唐瑞梁、藤延江、田爱国、田学军、王爱华、王传经、王翠霞、王得杏、王宏军、王建国、王建华、王江汉、王俊华、王琼、王胜利、王松年、王相锋、王小红、王欣、王新谦、王雪松、王雪瑜、王扬、王育英、王振华、王志军、魏薇、魏伟华、魏玉兰、魏在江、文旭、文亚光、翁依秦、吴炳章、吴春容、吴东英、吴格奇、吴建新、吴莉、吴平、五庆新、席玉虎、夏登山、项成东、肖俊洪、晓明、谢朝群、谢华、谢结果、谢应光、辛斌、邢晓宇、熊学亮、徐海铭、徐李洁、徐章宏、许余龙、闫涛、严敏芬、严世清、阎庄、杨朝军、杨敏、杨平、杨清、杨文秀、杨先顺、杨晓军、杨信彰、杨永建、杨忠、姚晓东、叶慧君、易仲良、于善志、余全有、余苏、俞东明、俞如珍、袁杰、袁周敏、詹全旺、曾文雄、曾衍桃、张春龙、张辉、张慧珍、张巨文、张俊、张克定、张权、张韧弦、张荣根、张新红、张亚非、张延飞、张勇、张源中、张泽兴、赵晓寰、赵艳芳、钟百超、周桂芝、周红辉、周建安、周漓云、周凌、周领顺、周榕、朱金华、朱小美、卓萍、卓新贤、邹为诚等。

张绍杰(礼貌和话语标记)，刘思(言语行为)，刘萍(元语用话语)，杨子(医患对话的话轮分配)，苏杭(言语行为)，于国栋、吴亚欣(汉语邀请行为)[①]，谢朝群、童颖(文化多样性与认知共通性，中国传媒之间的关系)，都为中国语用学，或者说为中国语用学界融入国际语用学的"主流"(钱冠连，2001：7)，打下了中国烙印，争得了中国语用学话语权。

钱冠连(1987a，b；1989)针对格赖斯的"合作原则"提出"不合作现象"，并尝试以"不合作原则"弥补(另见钱冠连，1997b：167 - 174)。钱冠连(1997a)的《翻译的语用观——以〈红楼梦〉英译本为案例》是语用翻译学的尝试。钱冠连(1997b)的《汉语文化语用学》是让语用学扎根汉语文化土壤后结出的新果子。钱冠连《语言全息论》(2002)和《语言：人类最后的家园——人类基本生存状态的哲学与语用学研究》(2005)则发出了语用学哲学研究的中国声音。

冉永平(2002)的"论关联理论的社会维度"拓展了"关联论"，使之走进"社会维度"。冉永平(2004)的《言语交际的顺应—关联性分析》链接了语用学的两个理论，为"关联—顺应模式"(杨平，2001；侯国金，2020b：40 - 45，117 - 124)提供了基础。冉永平(2005)的《词汇语用学及语用充实》，发出了中国人的"词汇语用学"声音。冉永平的《语用学：现象与分析》(2006)是重视语用分析的语用学教材。冉永平(2010)等发起了礼貌研究的中国失礼(冲突话语)研究和"人际语用学"的热潮。值得一提的是，他还以英语撰文，发表于国际刊物，论述"元语用否定的人际和谐手段""话语理解的语境充实：以英汉语为例"等。此外还和他人合写论文，发表于国际刊物，为中国语用学走入国际"主流"做出了贡献。

值得推崇的是顾曰国的语用学作为。他在国内刊物发表多篇论文，如《什

① 有些人以英文名发表论文，但笔者不认识也不知道其汉语姓名：如 Yonghe Liu(2009，称谓语)，Shaojun Ji(2000，面子研究)，Jian Tao Lü(Lü et al.，2011，信息处理)，Ming Wei(Wei，2011，语用标记和英语学习)，Ting Jing(Jing-Schmidt & Jing，2011，媒体话语的同情和移情)，Dongmei Cheng(Cheng，2011，称赞和应答的英汉对比)，Xudong Wu(Zhu & Wu，2011，英汉是非问句)，Xiangping Jiang(2012，汉语动词构式)，Lin He & Chunmei Hu(Chen et al. 2013，中日美三国的请求)，Binmei Liu(2013，二语习得中的话语标记)，Yingli Yang(2013，英汉科技话语的模糊语)，Wei Zhang(& Cheris Kramarae，2014，媒体话语)，Cihua Xu(& Yicheng Wu，2014，隐喻学)，Jun Xu(2014，互动与身份)，Huaxin Huang & Xiaolong Yang(2014，隐喻和认知)，Yuan-shan Chen(2015，中国的英语学习者能力)，Huijun Chen(Rundblad & Chen，2015，天气预报的忠告)，Hongyin Tao(2016，汉语记忆或忘记表达法)，Xiaodong Yang & Martina Wiltschko(2016，汉语话语标记)，Man Zhang et al.(2017，口语元话语标记)，Jiajun Chen(2017，汉语话语标记)，Lei Kong & Hongwu Qin(2017，英汉话语标记的语法化、语用化和词汇化)，Xianbing Ke(2018，法律话语的语用话轮)，Wenjuan Qin & Poala Uccelli(2019，元话语变异)，Wuxi Zheng(2019，方言研究)等。

么是会话修辞学?》《西方古典修辞学与新修辞学》《礼貌、语用与文化》《用 John Searle 的言语行为理论：评判与借鉴》,不乏创新。此外,他还在国际刊物发表文章,论述"现代汉语的礼貌现象""言后行为的死胡同""言者、听者和实际使用者"等①。顾曰国在语用学以及话语分析、语料库语言学、修辞学和英语教育方面进行了创新研究。

就语用学写作与发表而言,我国年轻有为的语用学者当推任伟。除了2015 年的专著《访学留学语境的二语习得语用发展》以及汉语论文,他还发表外语论文几十篇,值得我国语用学界师生学习,如论述"外语教学与测试的语用学考察述评""墨西哥和美国的礼貌问题综述"等主题的论文②。因篇幅限制,此处没有介绍他和他人合写的多篇文章。可见任伟的语用学研究是跨学科的多点开花,主要涉及二语习得的语用问题,尤其是访学留学语境的语用能力习得、各种现代真实语境中的话语礼貌和失礼的分析、多语交际(接触)的社会语用问题。

笔者从事语用学学习和研究有近 20 年,致力于语用学界面研究：认知语用学、语用翻译学、语用修辞学。在认知语用学方面,除了专著《词汇—构式语用学》,笔者及其团队还发表了一些论文③。在语用翻译学方面,笔者及其团

---

① 还有以下论述："语用与修辞：会话的协作方式""处理便盆的五种方式""语境化话语分析模式构拟""如何理解工作单位话语""多重目的的新格赖斯思想""多模态语篇分析：语境话语的语料库方法""从现实语境到视频流数据搜寻""重温现代汉语礼貌""语境话语的中国权力：从经验到模化""汉语以言行事、情感和韵律的概念模型"等。他还主编并合编了《人类语言资源和语言类型学》《劳特利奇语用学手册》《汉语语言和语言学百科》等。

② 还有"留学访学对国际拒绝修饰的语用能力的影响""访学留学的二语认知过程的长线调查""变异语用学的社会语用变异性：中国大陆和台湾汉语对比""中国大学生防止或修补理解问题的外语电邮的策略""中国研究生的英语电邮的礼貌和语用问题""投诉电话的广播回应的身份构建""汉语再现消费评述的调停"等。

③ 如:《语用含糊的标记等级和元语用意识》《言语合作性的语用标记关联模式——兼评新老格赖斯主义》《语用象似论》《"非字词"的语用理据和语用条件》《语法化和语用化的认知—语用和语用—翻译考察》《从"大哥大"的死到"恐龙"的生——"网络方言"刍议》《冗余否定的语用条件——以"差一点＋(没)V、小心＋(别)V"为例》《模因宿主的元语用意识和模因变异》《语用肯定的焦点和隐性 BE》《元语的层级性和语用标记性》《"某 V 某的 N"构式的认知语用研究》《"来"的语用化刍议》《"N₁ 死了 N₂"构式的语用解释——兼评移位观、话题观和糅合观》《"V 他＋数量名"构式之语用观》《对构式语法八大弱点的诟病》《话语真伪语用观：从句式和语力到寓意言谈》《从格赖斯循环到显含义之争——语义—语用分水岭问题》《"的时候"误用的词汇语用批评》《语义学和语用学,得一可安意义之天下? ——小议互补主义和语用学的跨学科潮流》《构式语法的现状和前景》《构式语法到底优在何处?》《词汇语用学的七属性和相应的"七原则"》《语用制约/压制假说》《构式语法的内外互补》《词汇学和构式语法的语用性及其三个学科过渡》《涉身调变致使动词构式的词汇—构式语用学分析》《"不可推导性"作为标准的虚妄：兼评"修辞构式观"》《也说他一说:"他"的虚化和"他"构式的语用化》《认知互补性:语言库藏类型学与构式语法》《英语中缀三分法：词汇—构式语用学路径》《生成语法和构式语法互治之可能：以词汇—构式语用学视域的反义歧义分析为例》等。

队出版了《语用标记价值论的微观探索》《语用标记理论与应用：翻译评估的新方法》《语用学大是非和语用翻译学之路》《语用翻译学：寓意言谈翻译研究》，还发表了一些论文①。在语用和修辞的界面研究方面，笔者及其团队也有些许成果②。

　　然而，诚如冉永平(2005：410-411)所云，我国语用学研究有如下"弊端"：① 介绍多，原创少。② 难以或不愿吸收国外语用学新思想而"闭门造车"。③ 保持汉语界和外语界"两张皮"的"老死不相往来"。钱冠连(2001：7)认为我国的语用学研究(截至2001年)"没有产生出重大的理论创造"，在原创性、视野、方法、选题、语料、语用学发展史等各方面"尚未加入国际主流"，"尚未形成力量、气候、主流"(2001：11,13)，处于"依傍国外""洋奶"的"哺乳期"(2001：14)，在世界语用学界没有"位置"。有鉴于此，钱冠连提出4条相应的建议：① 处理好引介和创新的关系，正确分配力量于二者。② 查找缺乏原创力的原因。③ 研究生要利用自己的优势，在母语的语用学研究方面做点文章。④ 把时间花在建立理论意识、扩大学术视野、促进方法论和语种选择的多样化等方面。在另一篇文章里，钱冠连教导我们进行"文化传统反思"③，"鼓励创新意识"，开展"博士冲击"④等，研究过程中不妨尝试语用学研究的"交叉触发点"，从语言和语言学之外借力，"让事实冲击先验"，培养"美学眼光"，以"中药店原理"立足⑤——质言之，只有这样才能"向世界贡献出原本没有的东西"(钱冠连,2000a：10)。

---

① 如：《语用标记等效值》《浅论语用标记等效原则》《语用标记价值假说与语用标记等效翻译假说》《语言学术语翻译的系统—可辨性原则——兼评姜望琪(2005)》《拈连的语用修辞学解读和"拈连译观"》《语言学术语翻译的原则和"三从四得"——应姜望琪之"答"》《轭配的语用修辞翻译观》《TS等效翻译的语用变通》《佛经翻译之"相"说》《浅论玄奘"秘密故"不翻之翻》《仿拟广告的语用修辞学解读和仿拟译观》《也评"Translating China"和"翻译中国"》《翻译研究的语言派和文化派之间的调停》《译者何以施暴——简评曹明伦(2015)》《有标记译法"重命名"及其正名：回应曹明伦教授》《两大名著中"半A半B"构式的语用翻译分析》《语用修辞学翻译原则》等。

② 如：《汤姆诙谐唯英独有？——汉语生成汤姆诙谐之可能》《隐喻的本体论语用观》《"你美就仿你"：仿拟的"同省异效模式"》《辞格花径和花径辞格》《语用花径的互动性和连环性》《评"语法构式、修辞构式"二分法》《公示语翻译的语用失误：泉州环保公示语的生态语用翻译分析》等。

③ 因为中国文化有"中庸之道、墨守成规、经世致用、急功近利"等妨碍科学创新的桎梏(钱冠连,2000a：10-12)。

④ 指的是国内和外来的博士(理应)接受的创造性可能对本土的语用学研究者带来冲击(钱冠连,2000a：13)。

⑤ 一个抽屉一味药，含义是"独特的个体才允许自立门户"，也即语用学的研究只有与众不同才能长存于世(钱冠连,2000a：14)。

本书认为：第一，冉永平、钱冠连近 20 年前的分析和对策是中肯的。第二，其"病症""诊断"除了适合一二十年前的语用学领域，还适用于当下的中国语用学界。第三，在他们撰文之后的一二十年里，中国语用学研究和冉永平（2005）所言之发展趋势契合，而且似乎听取了钱冠连（2000a，2001）的建议，取得了上述的斐然成绩。第四，钱冠连、冉永平为其他学者树立了榜样，可以说他们是中国语用学走向创新和国际化道路的拓荒者。第五，钱冠连、冉永平没有考虑中国汉语（语法、修辞）界在一定程度上引介和结合汉语做语用研究的学者，如范开泰、范晓、胡裕树、陈平、常敬宇、廖秋忠、杨成凯、施关淦、马希文、袁毓林、王道英、池昌海、鲁健骥、张春隆、王一敏、王德春、陈晨、徐赳赳、西槙光正[1]等（他们以语用视角为打通汉语界和外语界的"两张皮"做出了一定贡献）。第六，两位教授批评国内语用学研究时大概没有考虑我国港澳台地区的语用学研究者，如香港的蒋严（Yan Jiang），朱纯深（Chunshen Zhu），金赢（Ying Jin），冯德正（Dezheng Feng），Jing Hao，Ming Cheung，Guangwei Hu，Victor Ho，Qilin Zhang，Winnie Cheng，Janet Ho，Chengzhi Jiang，Zhengrui Han，Xiaoyu Li，Shifeng Ni，King Kui Sin[2] 等，澳门的 Kam-yiu S. Pang，Bei Ju 等，台湾的 Chiung-chih Huang，Hsi-Yao Su，Ming-Yu Tseng，Chen-Yu Chester Hsieh，Yen-Liang Lin，Shih-ping Wang，Yi-hsiu Lai，Yu-te Lin，Wen-yu Chiang，Kawai Chui，Hui-Chieh Hsu，Lily I-wen Su，Jenn-Yeu Chen，Jian-Shiung Shie，Ming-chung Yu，Siaw-Fong Chung，Shaojun Ji，更没有考虑侨居海外的华人学者，如 Li Wei，Haiping Wu，Ning Yu，Grace Zhang，Danjie Su，Li Qing Kinnison，Hansun Zhang Waring，Jiayi Wang，Ying Yang，Yu Wang，Xiaoting Li，Feng Cao，Guangwei Hu，Weihua Zhu，Wendan Li，Shiao-Yun Chiang，Wei-Lin MelodyChang，Changrong Yu，Juan Li，尤其是陈融（Rong Chen）和黄衍（Yan Huang）。笔者不是说钱、冉两位教授不考虑我国港澳台学者和海外华人学者有何不妥，而是说明一点，这些人的研究和中国语用学界有着千丝万缕、难舍难分的联系。

---

① 日本学者。他编辑出版的文集收录了几十篇中国汉语学者的有关论文（涉及语境）。
② 这里多数人的汉语名暂不知晓，本书保留其国际刊物上的英语名。下文中国澳门和中国台湾的学者亦循此例。

虽然我国语用学界取得了较好的成绩,但起步较晚,例如 2010 年前在《语用学杂志》就很少看到我国语用学者的身影。现有的成绩离冉永平(2005)、钱冠连(2000a)二位所言的"创新性""主流"还有一定距离。当然,国际语用学界的创新研究也是有限的,可见语用学研究的创新是个世界性问题。

2.6 迷你语用学史

1892 年:德国逻辑学家和数学家弗雷格(Frege,1848—1925)发表论文《论意义和指称》(On sense and reference),以及《论概念和事物》(On concept and object),为现代逻辑(和数学)奠定了形式化推理的基础。

1921 年:奥地利语言哲学家维特根斯坦(Wittgenstein,1889—1951),出版《逻辑哲学论》(*Tractatus Logico-Philosophicus*)一书,1922 年由奥格登(Ogden,1889—1957)译成英文。该书探讨了世界、思想和语言的关系,划分可说和不可说的界限,其"语言图像论"认为语言符号和图像一样可以描绘现实,认为哲学的任务在于逻辑地阐明思想。

1938 年:美国哲学家和符号学家莫里斯(Morris,1901—1979)在其《符号理论基础》(*Foundations of the Theory of Signs*)进行了符号学(semiotics)的三分,为后来语法(学)、语义学和语用学的"三分天下"打下了基础。后来在其《符号、语言和行动》(*Signs*,*Language and Behavior*)一书中把语用学调整为"符号的来源、用法及其在行动中出现时产生的作用"的研究(林大津、毛浩然,2006:35)。

1943 年:德裔美籍哲学家卡尔纳普(Carnap,1891—1970)出版《逻辑的形式化》(*Formalization of Logic*)一书。随后还出版了《概率的逻辑基础》(*Logical Foundations of Probability*)、《归纳方法的连续统》(*The Continuum of Inductive Methods*)。其哲学思想如下:① 一切关于世界的概念和知识最终来源于直接经验。② 哲学问题被归结为语言问题,哲学方法就在于对科学语言进行逻辑分析。③ 归纳推理可以而且应当像演绎推理一样予以规则化和精确化,归纳逻辑提供据以评价人的合理信念和合理行为的标准。卡尔纳普对语言哲学有很大的推动，他于 1961 年发文指出，涉及语言使用者和语言符号的所指就是语用学(李发根,1995：16)。

1953 年：维特根斯坦(去世后)的《哲学研究》(*Philosophical Investigations*)一书出版。该书提出了"语言游戏说"(language-games)和"家族相似说"(family resemblance)。前者认为语言的意义在于使用(the meaning of a word is its use in the language, 43),语言游戏要遵守游戏规则(rule-following),"说话就是生活的活动或方式"(the speaking of language is part of an activity, or of a form of life, 23),讨论了如何学习和遵守规则(185‑243)。后者认为事物和语词往往是复杂的重叠交叉相似性网络(a complicated network of similarities overlapping and criss-crossing, 66)。

1954 年：奥地利语言学家巴-希勒尔(Bar-Hillel, 1915—1975)发文《(指示)索引词》(Indexical expressions),指出,this、I、there、yesterday 类"(指示)索引词"具有语境依赖性,是语用学研究的范畴。

1959 年：美国社会学家戈夫曼(Goffman, 1922—1982)出版专著《日常生活中的自我表现》(*The Presentation of Self in Everyday Life*),其他如《公共场所的行为：札记集会的社会机构》(*Behavior in Public Places: Notes on the Social Organization of Gatherings*)、《互动惯例：面对面行为杂论》(*Interaction Ritual: Essays on Face-to-face Behavior*)、《谈话类型》(*Forms of Talk*)等。发表论文《偏离互动》(Alienation from interaction)、《被忽略的情境》(The neglected situation)、《互动次序》(The interaction order)等。

1962 年：英国语言哲学家奥斯汀(Austin, 1911—1960)出版《如何以言行事》(*How to Do Things with Words*)一书,提出言语行为三分说以及"言语行为理论"(speech act theory)。

1965 年：美国哲学家塞尔(Searle, 1932—　)发表论文《何谓言语行为?》(What is a speech act?),后来发表诸多论文,如《间接言语行为》(Indirect speech acts)、《言外行为分类》(A classification of illocutionary acts)、《隐喻论》(Metaphor),还出版几本专著,如《表达和意义：言语行为理论研究》(*Expression and Meaning: Studies in the Theory of Speech Acts*)、《言语行为：语言哲学论集》(*Speech Acts: An Essay in the Philosophy of*

Language)、《心智的再发现》(*The Rediscovery of the Mind*)等。其言语行为分类和间接言语行为论述是语用学的经典文献。

1967 年：美国哲学家格赖斯(Grice，1913—1988)到哈佛大学做了 3 次报告，为其"经典格赖斯语用学"思想[格赖斯(Grice)，1975 等]铺好道路。

1972 年：美国语言哲学家斯托纳克尔(Stalnaker，1940—   )出版《语用学》，主要内容有指别语、预设、会话含义、言语行为、话语结构。这些内容成为后来许多语言学论著的议题模板。

1975 年：格赖斯发表论文《逻辑与会话》(Logic and Conversation)，论述了"合作原则"，创造了含义(推理)理论。

1977 年：① 荷兰语言学家范戴克(Van Dijk，1943—   )出版《语篇与语境：语义学和语用学话语探索》(*Text and Context: Explorations in the Semantics and Pragmatics of Discourse*)一书，区分了两个学科，指出语用学应与语义学和句法学相吻合(且互补)，有一套能解释语言和意义生成、理解的普遍规则(和条件)(见李发根，1995：18)。②《语用学杂志》创刊。主编哈贝兰德和梅伊(Haberland & Mey)合写了社论，"规定"了语用学的学科性质："决定语言实践(使用和使用者)的条件的科学"。所刊论文涉及认知语用学(cognitive pragmatics)、语料库语用学(corpus pragmatics)、实验语用学(experimental pragmatics)、历史语用学(historical pragmatics)、人际语用学(interpersonal pragmatics)、话语语用学(discursive pragmatics)、多模态语用学(multimodal pragmatics)、社会语用学(sociopragmatics)等。现任主编是哈夫(Haugh)和泰尔库拉菲(Terkourafi)，该杂志目下自称为"语言研究的界面研究"(an interdisciplinary journal of language studies)。③ 谢格洛夫(Schegloff)发表论文《会话纠偏的组织中的自我纠偏优选结构》(The preference for self-correction in the organization of repair in conversation)，合作作者为杰弗逊(Jefferson)和萨克斯(Sacks)，《纠偏的会话句法关联》(The relevance of repair to syntax-for-conversation)等。他的团队[包括加芬克尔(Garfinkel)]是国际会话结构研究的中流砥柱。

1978 年：美国语言学家布朗(Brown)和英国语用学家莱文森(Levinson)合写了一篇长论文《语用法中的共性：礼貌现象》(Universals in language usage：politeness phenomena），后来于 1987 年以图书《礼貌：语用法中的某些共性》（*Politeness: Some Universals in Language Use*）出版，这是最早最全面的面子（礼貌）研究。

1979 年：① 英国语言学家盖士达（Gazdar）出版《语用学：含义、预设和逻辑式》（*Pragmatics: Implicature，Presupposition and Logical Form*），这是最早的语用学专著。② 美国语用学家巴奇（Bach）与哈尼什（Harnish）出版《言语交际和言语行为》（*Linguistic Communication and Speech Acts*）。③ 许国璋因在《语言学译丛》中介绍奥斯汀的"言有所为"而成为让语用学走入中国的第一人（钱冠连，2001：8）。

1980 年：① 胡壮麟发表《语用学》一文，是把语用学引进中国的第二人。② 汤廷池发表论文《语言分析的目的与方法：兼谈语句、语意、语用的关系》，开启了汉语的三平面研究。

1981 年：美国语言学家古德温（Goodwin）出版专著《会话组织》（*Conversational Organization*），论文集《会话和大脑损伤》（*Conversation and Brain Damage*），发表论文《和失语症患者会话的语义重构》（Co-constructing meaning in conversations with an aphasic man）、《情境对话中的行动和体验》（Action and embodiment within situated human interaction）等。

1982 年：美国人类学家甘柏兹（Gumperz）出版专著《语篇策略》（*Discourse Strategies*）。

1983 年：① 莱文森（Levinson）的《语用学》（*Pragmatics*）和利奇（Leech）的《语用学的原则》（*Principles of Pragmatics*）出版。这两本书算得上语用学的奠基之作。② 英国语言学家布朗（Brown）和英国语用学家尤尔（Yule）合著出版了《话语分析》（*Discourse Analysis*），开启了语用学的话语分析先河。③ 英国语用学家托马斯（Thomas）发表论文《跨文化语用失误》（Cross-cultural pragmatic failure），这是最早论述"语用失误"（pragmatic failure）的论文，开启了语用学的"语用失误"研究。她后来的主要著作是《互动意义：语用学引论》（*Meaning in Interaction: An Introduction to Pragmatics*）。

1985 年：① 9 月在意大利的维亚雷焦（Viareggio）举行了世界国际语用学会议。与会者讨论了成立国际语用学学会事宜。② 胡裕树和范晓发表论文

《试论语法研究的三个平面》，后来二者还有《有关语法研究三个平面的几个问题》，继续研究汉语"三平面"。其著述颇多，如《数词和量词》《新编古今汉语大词典》。

1986 年：① 国际语用学学会（International Pragmatics Association）成立，总部设在比利时的安特卫普（Antwerp），甘柏兹（Gumperz）出任首任主席。② 法国语用学家斯波伯和英国语用学家威尔逊（Sperber & Wilson）出版《关联：交际与认知》（*Relevance:Communication and Cognition*），提出"关联（理）论"，成为语用学极具解释力的理论。随后他们独立或合作发表了很多论文，如《关联掠影》（Précis of relevance）。他们开启了关联理论的语用学流派。③ *Pragmatics*（《语用学》）创刊，现任主编是格鲁伯（Gruber）。

1987 年：① 比利时语用学家维索尔伦（Verschueren）发表论文《语用学：语言顺应的理论》（Pragmatics：as a theory of linguistic adaptation）。后来出版专著《语用学新解》（*Understanding Pragmatics*），提出顺应论，为语用学的欧洲大陆流派的代表。② 德国哲学家哈贝马斯（Habermas）出版《交往行为的理论：社会的理性和理性化》（*The Theory of Communication Action: Reason and the Rationalization of Society*）两卷，后来出版《论交际的语用问题》（*On the Pragmatics of Communication*）。提出了"普遍语用学"（universal pragmatics），使言语行为理论在社会土壤上扎下了根，从而发展了言语行为理论。

1988 年：① 何自然出版《语用学概论》，这是中国第一本语用学教材。他前后发表两百余篇论文，编著、专著、译著十余部。② 许国璋和胡壮麟为《中国大百科全书·语言文字卷》合写了词条"语用学"（见钱冠连，2001：8）。

1989 年：① 11 月 27—30 日，广州外国语学院（今广东外语外贸大学）举行了中国首次语用学研讨会。② 何兆熊出版《语用学概要》，这是中国第二本语用学教材。发表论文几十篇。③ 以色列语用学家布卢姆-库尔卡（Blum-Kulka）等编辑出版了论文集《跨文化语用学：请求和道歉》（*Cross-cultural Pragmatics: Requests and Apologies*），阐释了跨文化言语行为实施的差异，为跨文化语用学（cross-cultural pragmatics）披荆斩棘。

1990 年：① 纪念杂志《语篇》（*Text*）创刊 10 周年，第 1—2 期合刊中，大家发文指出,语篇分析应纳入言语行为理论和语用学的语境思想(见李发根,1995：19)。② 以色列翻译学家哈特姆(Hatim)和英国翻译学家梅森(Mason)出版了《话语和译者》(*Discourse and the Translator*),开创了语用翻译学的先河。③ 德国翻译学家格特(Gutt)发表论文《翻译的理论探讨：没有翻译理论的局面》(A theoretical account of translation：without a translation theory),随后出版专著《翻译与关联：认知与语境》(*Translation and Relevance: Cognition and Context*),这是语用学和翻译学结合的尝试。④ 斯威策(Sweetser)出版专著《从词源学到语用学：语义结构的寓意及文化侧面》(*From Etymology to Pragmatics: Metaphorical and Cultural Aspects of Semantic Structure*),后来还出版教材《语用学》(*Pragmatics*)。

1991年：① 芬兰语言学家瑟尔(Sell)编辑出版论文集《文学语用学》(*Literary Pragmatics*),这是最早的文学语用学尝试。② 波兰语义学家威尔兹彼卡(Wierzbicka)出版《跨文化语用学：人类交往的语义问题》(*Cross-cultural Pragmatics: The Semantics of Human Interaction*),这是第一本跨文化语用学专著(2003年再版)。

1993年：①《语用学杂志》指出语用学目前主要研究会话分析、话语分析、社会语用问题、认知语用问题等。② 梅伊(Mey)出版语用学教材《语用学导论》(*Pragmatics: An Introduction*),在书中以及2006年的论文里提出并论述了"语用行为"(语为,pragmatic acts)。③ 国际刊物《语用和认知》(*Pragmatics and Cognition*)创刊。

1994年：① 黄衍(Huang)出版专著《前指的句法语用研究：以汉语为例》(*The Syntax and Pragmatics of Anaphora: A Study with Special Reference to Chinese*),后来出版了教材《语用学》(*Pragmatics*),这是中国语用学者首次在国际语用学舞台上以书亮相。② 中国社会科学院语言研究所汉语运用的语用原则课题组编辑出版了《语用研究论文集》。

1995年：维索尔伦(Verschueren)等编辑出版了《语用学手册》(*The Handbook of Pragmatics*),后来出版多册(编辑不一;后来该"手册"出现了网络版)。

1996年：尤尔(Yule)出版教材《语用学》(*Pragmatics*),这是迄今为止最简洁易懂的语用学教材，多次再版。

1997 年：钱冠连出版《汉语文化语用学》，这是中国语用学者首次以语用学结合汉语语言的专著。其他著作如《美学语言学》《语言全息论》《语言：人类最后的家园》是中国外语界语用学者的语言哲学尝试。他还发表论文百余篇。

1998 年：① 梅伊(Mey)编辑出版《简明语用学百科》(*Concise Encyclopedia of Pragmatics*)。收入很多全新的语用学议题，如认知技术、人工智能、电子邮件、人机互动、网络超文本(hypertext)、远程信息处理、广播电视、新闻采编、大众传媒、阶级语言、"解放语言学"(emancipatory linguistics)、霸权、权力、意识形态等(见冉永平，2005：404)。② 布鲁特纳(Blutner)发表论文《词汇语用学》(Lexical pragmatics)，这是最早的"词汇语用学"论文。后来还发表了《词汇语义学和语用学》(Lexical semantics and pragmatics)。③ 戴耀晶出版《三个平面：汉语语法研究的多维视野》(和袁晖)，其他著作有《现代汉语时体系统研究》及 40 多篇论文，如《论语言符号的绝对任意性和相对任意性》《论词的反义关系》《现代汉语表示持续体的"着"的语义分析》《赣语泰和方言的完成体》《现代汉语动作类二价动词探索》《试论现代汉语的否定范畴》《人体词语的引申用法》等，其现代汉语语法研究有着朴素的语用学思想。

1999 年：① 熊学亮出版《认知语用学概论》，这是中国最早的"认知语用学"图书。② 斯特玛(Stemmer)采访乔姆斯基(Chomsky)并撰文《就语用学的本质及相关问题在线采访乔姆斯基》(An on-line interview with Noam Chomsky：on the nature of pragmatics and related issues)，乔姆斯基"一贯认为"语用学不仅是(普通或综合①)"语言学的有机成分"，而且是"核心、关键成分"(a central and crucial component)。

2000 年：① 国际刊物《历史语用学杂志》(*Journal of Historical Pragmatics*)创刊。② 左思民出版专著《汉语语用学》，这是继钱冠连之后对"汉语语用学"的接续研究。③ 马尔马里多(Marmaridou)出版专著《语用意义及认知》(*Pragmatic Meaning and Cognition*)。

2001 年：① 国际刊物《礼貌研究学刊：语言行为文化》(*Journal of*

---

① 他一会儿说"general linguistic study"，一会儿改说"comprehensive..."。

Politeness Research: Language，Behaviour，Culture）创刊。② 姜望琪出版《语用学——理论及应用》，随后出版《当代语用学》。③ 束定芳编辑出版第一本《中国语用学研究论文精选》。④ 凯德蒙（Kadmon）出版《形式语用学：语义、语用、预设和焦点》（*Formal Pragmatics: Semantics，Pragmatics，Presupposition，and Focus*），开创了"形式语用学"的先河。该书旨在"构建一个可操作的形式化程序或标准"。⑤ 罗斯（Rose）和卡斯帕（Kasper）编辑出版《语言教学中的语用问题》（*Pragmatics in Language Teaching*，2006 年再版），随后他们编辑出版《二语的语用学习》（*Pragmatic Development in a Second Language*），提出二语习得中的语用能力的"可教性"（teachability）和"可学性"（learnability），启动了语言习得和二语学习的语用研究，包括"中继语语用学"（interlanguage pragmatics）。

2002 年：① 王建华等出版《现代汉语语境研究》，这是迄今为止结合汉语最全面的语境研究。② 史尘封和崔建新出版《汉语语用学新探》。

2003 年：12 月，中国逻辑学会语用学专业委员会成立（原名"中国语用学研究会"，China Pragmatics Association），秘书处设在广东外语外贸大学，何自然出任首任主席。

2004 年：① 涂靖发表论文《文学语用学：一门新兴的边缘学科》，于次年发表《中国的文学语用研究发展态势》，这是中国最早的文学语用学研究尝试。② 国际刊物《跨文化语用学》（*Intercultural Pragmatics*）创刊。③ 诺维克（Noveck）和斯波伯（Sperber）主编出版了论文集《实验语用学》（*Experimental Pragmatics*）。这是"实验语用学"的第一本书。后来，麦波维尔（Meibauer）和斯坦巴赫（Steinbach）出版了《实验语用学/语义学》（*Experimental Pragmatics/Semantics*）。④ 布鲁特纳（Blutner）和芝瓦特（Zeevat）编辑出版了论文集《优选论和语用学》（*Optimality Theory and Pragmatics*）。在音位学、形态学、句法学、语义学等借用"优选论"之后，首次推出"语用优选论"（pragmatics of optimality①），旨在促进形式语用学和其他语言学学科的界面研究。

2005 年：① 赵彦春出版《翻译学归结论》，以语用学的"关联论"结合奈达

---

① 这是笔者提出的术语。

(Nida)的等效译论,发动了一场与翻译研究文化派(the cultural school)的争鸣。② 卡明斯(Cummings)出版《语用学的多学科视角》(*Pragmatics: A Multidisciplinary Perspective*)。后来出版专著《临床语用学》(*Clinical Pragmatics*)。③ 利奇到上海和重庆做报告,随后发表论文《礼貌:有东西方鸿沟吗?》(Politeness:is there an east-west divide?)。面对 22 年的责难,威尔兹彼卡(Wierzbicka,1991/2003)、顾曰国(1992)、徐盛桓(1992)、何兆熊(1995)等终于做了一个总回应,基本意思是"礼貌原则"具有跨文化共性,只是具体实施起来有些微差异。④ 霍恩(Horn)和沃德(Ward)编辑出版《语用学手册》(*The Handbook of Pragmatics*)。第一部分是语用学经典议题,第二部分是话语、语篇的主题、焦点、结构信息、话语标记语、指代、省略、语句和非语句等。第三部分是语用学和其他学科的交叉研究,涉及语言哲学、语义学、句法学、语言习得、计算语言学等。第四部分涉及语用和认知的议题。也即,该"手册"所展示的语用学研究"大大超出莱文森等人提出的范围",显示出了当今"语用学研究重心的变化"(冉永平,2005:404)。

2006 年:戈达德(Goddard)出版文集《民族语用学:理解话语于文化语境中》(*Ethnopragmatics: Understanding Discourse in Cultural Context*)。

2008 年:① 侯国金出版《语用学大是非和语用翻译学之路》,这是中国最早的语用翻译学研究之一。② 鲍斯菲尔德(Bousfield)出版《互动中的失礼》(*Impoliteness in Interaction*),这是最早的失礼语用研究。③《语用学研究》(中国语用学研究会会刊)创刊。

2009 年:① 何自然等翻译出版日本语用学家毛利可信的著作《英语语用学》。② 曾文雄出版《语用学的多维研究》,介绍了语用学的多种界面研究,包括语用翻译学。③ 国际刊物《中国符号学研究》(*Chinese Semiotic Studies*)创刊,主编之一为中国话语分析学者王永祥。④ 桑德拉(Sandra)等编辑出版《认知与语用》(*Cognition and Pragmatics*)论集,兴起语用学的认知研究。

2010 年:国际刊物《语用与社会》(*Pragmatics and Society*)创刊,前任主编是梅伊(Mey)[①],现任主编是戴塔(Dayter)。

---

① 不幸于 2023 年 2 月 10 日仙逝。

2011 年：① 俞斯（Yus）出版《网络语用学》（*Cyberpragmatics*）一书，发起"网络语用学"（internet pragmatics）研究。② 卡尔佩珀（Culpeper）出版《失礼：用语言来冒犯》（*Impoliteness: Using Language to Cause Offence*），这是最权威的失礼研究。

2012 年：① 黄衍（Huang）编辑出版《牛津语用学辞典》（*The Oxford Dictionary of Pragmatics*）。② 艾伦（Allan）和杰斯译佐尔特（Jaszczolt）编辑出版《剑桥语用学手册》（*The Cambridge Handbook of Pragmatics*）。③ 美国语用学协会（American Pragmatics Association）成立，主席为克斯科斯（Kecskes）。④《当代外语研究》第 6 期开辟了"语用翻译学"专栏（主持人为侯国金），发表 3 篇相关论文。语用翻译学以专栏形式正式登场。⑤ 克斯科斯出版《跨文化语用学》（*Intercultural Pragmatics*）。这是第二本"跨文化语用学"专著。

2013 年：田口和塞克斯（Naoko & Sykes）编辑出版文集《语际语用学研究与教学的技术》（*Technology in Interlanguage Pragmatics Research and Teaching*）。

2014 年：① 李占喜出版《语用翻译探索》，2017 年出版《语用翻译学》。② 卡尔佩珀和哈夫（Culpeper & Haugh）出版《语用学和英语语言》（*Pragmatics and the English Language*）一书，这是第二本"英语语用学"图书。③ 上海外语教育出版社出版语用学丛书"语用学研究前沿丛书"（*Handbook of Pragmatics Highlights*），如《互动语用学》[*The Pragmatics of Interaction*，主编东特（D'Hondt）等]、《话语语用学》[*Discursive Pragmatics*，主编杰恩柯夫斯基（Zienkowski）等]、《语用学的哲学观点》[*Philosophical Perspectives for Pragmatics*，主编斯比萨（Sbisà）等]、《认知与语用》[*Cognition and Pragmatics*，主编桑德拉（Sandra）等]、《语法、意义与语用》[*Grammar, Meaning and Pragmatics*，主编布瑞泽（Brisard）等]。

2015 年：① 艾默（Aijme）和鲁勒曼（Rühlemann）出版《语料库语用学手册》（*Corpus Pragmatics: A Handbook*），开启了"语料库语用学"的研究。② 侯国金出版《词汇—构式语用学》，这是最早的"词汇—构式语用学"专著。

2016 年：国际刊物《东亚语用学》（*East Asian Pragmatics*）创刊，主编之

一为中国语用学者陈新仁。

2017 年：① 黄衍编辑出版《牛津语用学手册》(*The Oxford Handbook of Pragmatics*)。②《国际语料库语言学和语用学杂志》(*International Journal of Corpus Linguistics and Pragmatics*)创刊。③ 吴义诚(Yicheng Wu)出版专著《汉语句法和语义学及语用学的界面》(*The Interfaces of Chinese Syntax with Semantics and Pragmatics*)。④ 国家社科基金立项课题中含"语用"二字的有 9 项：杨连瑞的"中国英语学习者二语语用能力发展研究"(重点项目)、铁生兰的"母语非汉语藏族中小学生汉语语用失误研究"、谢晓明的"现代汉语语气词的句法语用互动研究"、刘森林的"哈贝马斯普遍语用学视域下的国家语用策略博弈研究"、孔蕾的"基于事件语义的语用标记词汇化跨语言对比研究"、莫爱屏的"中华文化外译的语用策略研究"、尚晓明的"语用障碍干预策略的取效行为研究"、周芬芬的"微语言语用平衡路径研究"、李捷的"转喻加工亚型效应的实验语用学研究"(青年项目)。

2018 年：① 国际刊物《网络语用学》(*Internet Pragmatics*)创刊，主编之一为中国语用学者谢朝群。② 伊利耶和诺里克(Ilie & Norrick)出版论文集《语用学及其界面》(*Pragmatics and Its Interfaces*)。③ 迪赛多(Dicerto)出版专著《多模态语用学与翻译》(*Multimodal Pragmatics and Translation*)。④ 国家社科基金立项课题中含"语用"二字的有 11 项：马泽军的"中国当代庭审转述话语的多声源特征、功能及语用阐释研究"、李占喜的"硕士生译者认知过程的实验语用学研究"、赵鸣的"儿童在词汇水平上语义—语用接口的习得和认知机制研究"、王丹荣的"汉语隐性祈使手段与祈使力度的语用推导研究"、何周春的"中国藏、彝英语学习者语法意识与语用意识互动机制研究"、侯国金的"构式语法的语用修辞学研究"、杨娜的"网络会话分析视角下的建议话语语用能力构建研究"、龚双萍的"新时代军事外交话语中关系管理的语用研究"、李成团的"中美机构会话中身份构建的人际语用学研究"、朱立霞的"日语语篇中交互主观化的动态构建及其认知语用机制研究"、杨国萍的"话语标记语演变的句法——语用界面研究"(青年项目)。

2019 年：国家社科基金立项课题中含"语用"二字的有 8 项：曾衍桃的"基于语料库的反讽理解影响因素及其认知语用机制研究"、范振强的"刻意性转喻的认知语用研究"、唐善生的"汉语会话语篇表情行为标志的语用特征研究"、李会荣的"篇章语用背景下让步构式的解构和建构研究"、高军的"英汉口语语篇下指的语用认知对比研究"、高君的"中国英语学习者互动语用能力发展研究"、陈黎静的"汉语对比焦点语用推理的认知和神经机制研究"(青年项目)、黄立鹤的"基于多模态语料库的阿尔茨海默症老年人语用能力蚀失研究"(青年项目)。

2020 年：① 顾曰国和黄立鹤出版编著《老年语言学与多模态研究》。② 国家社科基金立项课题中含"语用"二字的有 10 项：杜世洪的"英汉渲染式断言句固化效应的认知语用研究"、周红辉的"基于情景化话语的粤港澳大湾区交叉文化语用问题研究"、任伟的"西部民族地区国家通用语语用能力发展研究"、陈颖的"我国大学生二语语用能力诊断性测评开发与效度研究"，艾贵金的"《敦煌变文集》和宋儒语录语用标记及其演变研究"、孙道功的"现代汉语'句法—语义'接口的语用制约研究"、张会平的"中国英语学习者句法—语用界面结构习得研究"、冯硕的"语义—语用接口上等级含义和预设的二语习得研究"(青年项目，下同)、齐雪丹的"汉语二语语用教学平台的建构与应用研究"、薛兵的"内嵌含义的语法驱动与语用限制互动研究"。③ 侯国金出版《语用翻译学：寓意言谈翻译研究》，作为其 2008 年"语用学大是非和语用翻译学之路"的延伸成果。

2021 年：① 国家社科基金立项课题中含"语用"二字的有 8 项：冉永平的"社会—语用共同体视域下网络和谐话语体系建构及引导机制研究"(重点项目)、李连伟的"国际中文教育视域下汉语词汇语用信息系统的构建研究及信息库建设"、司罗红的"语用因素的句法实现对句子线性序列的影响研究"、鲁承发的"交际互动视角下汉语级差词项的语法—语义—语用接口机制研究"、曹笃鑫的"句法—语用界面视域下英汉语轻动词构式演化路径对比研究"(青年项目，下同)、段红的"情绪—认知整合视域下对华污名隐喻的语用分化与反制研究"、张磊的"句法—语义—语用接口下汉语准定语句的历时演变研究"、陈禹的"现代汉语反意外标记的语用功能及其演化机制研究"。② 侯国金为《"文明互鉴文明互译"百家谈》主持"语用翻译学"专栏(第 38 期)，收入莫爱屏、曾文雄、夏登山、王才英、侯国金的论文。

2022 年：① 国家社科基金立项课题中含"语用"二字的有 4 项：赵虹的"自

然会话中言语反讽的社会—认知语用研究"、田春来的"社会—语用视角下的唐宋禅录语法研究"、龙磊的"互动语言学视域下的汉语元语用否定研究"、蔡妍的"中国日语学习者语用理解与语用表达的动态互动机制研究"(青年项目)。② 10 月 18 日,黄衍不幸辞世。

　　2023 年:① 8 月 25—27 日,第十八届全国语用学研讨会在广东外语外贸大学举行。大会主题为"新媒体时代的语用学研究",主要涉及网络语境、媒体语境等交际中的议题研究。② 国家社科基金立项课题中含"语用"二字的有 10 项:张秀松的"近代汉语语用标记和会话程式语语用化研究"、赵琪凤的"中文学习者语用能力智慧测评体系构建与路径衍生探索"、鲜丽霞的"汉语第二语言学习者评价型互动语用能力发展研究"、杨晓东的"英汉言语行为标记的句法—语用界面研究"、高文利的"面向人工智能的语用推理研究"、李扬的"融合语言行为科学的类脑语用推理中文对话系统研究"、凌璧君的"3—6 岁汉语儿童语用韵律习得研究"、任荷的"语义—语用接口视角下上古汉语功能词的逻辑语义及相关问题研究"(青年项目,下同)、刘伟的"外向型汉语学习词典语用信息系统的建构研究"、赵鑫的"乡村医疗语境下医患互动话语的人际语用研究"。

2.7　为语用的今天和明天把脉

　　语用学在国内外经历了三四十年的发展,有好几个人写过一段时间的"现状"综述,如何自然(1995 等)、沈家煊(1996)、何兆熊(1997)、文旭(1999)、钱冠连(1990,2000a)、王欣(2002)、向明友(2007)、冉永平(2005)。

　　20 世纪 80 年代,国际语用学起步不久就引介到中国。钱冠连(1990)就讨论了"语用学在中国:起步与展望"。他认为,"目前"的"引进很不完善",国人的"理论创造"也远远不够。关于以后的语用学走势,他支持维索尔伦在我国首届语用学会议上的观点,要研究语言丰富的含义(选择),把语用学作为社会文化和认知功能的全方位综观论,而非把语用学作为语义学平行的学科,提倡研究语言的适切性问题。钱冠连还建议我们着力进行"以汉语做语料的语用学研究",这就需要老中青学者联手或加强信息沟通。

何自然(1995)综述了"近年来"也即截至 1995 年的"国外语用学研究",指出"目前"有英美流派和欧洲大陆流派之别,前者注重语言各级阶(rank)的语用学研究,后者则从社会文化视角,以语用学视角来观察语言和交际,甚至以此观察语言学。此外,"目前的国际语用学研究"还有"社会交际语言学"(interactional sociolinguistics)的语用研究、"跨文化语用学"(intercultural pragmatics)研究、"语际语用学"(interlanguage pragmatics)研究、"认知语言学研究"(cognitive pragmatics,如关联理论)等。

沈家煊(1996)综述了此前的中国语用学研究,认为语用学引进"很及时",而开展的相应研究主要是:① 面向外语教学,② 面向汉语语法和语用法,③ 理论研究。沈家煊认为我国语用学界应该结合微观语用学和宏观语用学,要注重研究汉语的语用学,还要研究形式语用学(1996:1)。

何兆熊(1997:1)说语用学"兴起"于 20 世纪 70 年代,"定型"于 20 世纪 80 年代,"成熟、丰满"于 20 世纪 90 年代。由原先的单向、单句、静态的语用学研究转向双向、语篇、动态的语用学研究(1997:2-4),并且即将掀起礼貌研究、(跨)文化(社会)语用学和对比语用学研究的热潮(1997:4)。若如此,21 世纪过了 20 多年,语用学已经更加"成熟、丰满"。

文旭(1999)综述了 20 多年来的语用学研究,并建议我国语用学者在以下几方面发力:① 加快引进的步伐。② 立足汉语创立自己的理论。③ 把宏观和微观研究结合起来。④ 即加强研究应用语用学(applied pragmatics),包括"计算语用学"(computational pragmatics,1999:11-12)。况新华、谢华(2002)进行了"国内语用学研究概述",提出我国语用学界应该"走汉语研究与外语研究相结合之路,形成独具中国特色的语用学流派"(2002:6)。冉永平(2005)综述了 20 世纪 90 年代至 2005 年的所谓"总体趋势",认为语用学研究打上了"语用综观"印记。除此之外,他还有预言(见下)。

向明友(2007)没有在《语用学研究的新进展》中综述语用学过去全部研究的概貌,而是勾勒出到发文时为止的所谓"新进展",突出介绍了实验语用学、博弈—决策论语用学、民族志语用学和神经语用学(向明友,2007:24-25):第一,"实验语用学"(experimental pragmatics)是语用学和实验心理语言学的界面研究,一反过去凭借直觉和语感的语用学研究,而是通过实验类科学手法,进一步验证和发展了语用学的理论和假说，如吉布斯和莫伊士（Gibbs & Moise，1997）对会话含义做的实验研究，霍尔顿和凯萨尔（Horton & Keysar，1996）对指别语的实验研究。第二，"博弈—决策论语用学"[①]（game-and-decision theoretic pragmatics），如本茨等（Benz et al.，2006）编辑的论文集的书名《语用中的博弈和决策》（*Game and Decision in Pragmatics*）所示，是在格赖斯语用学基础上阐述人们使用语言进行"博弈"的过程及种种"抉择、判断"。第三，民族志语用学（ethnopragmatics）是一反以往语用学的"文化普遍主义"（cultural universalism）以及"民族（和文化）优越感"（ethnocentrism）的倾向性理论基础，从民族志交际学、互动社会语言学、人类语言学、跨文化语言学等共同培植起来的比较重视民族文化差异的语用学（界面）研究。换言之，它比较强调各民族文化的特殊性及其对语言使用的影响。比较有代表性的学者有威尔兹彼卡（Wierzbicker，2006）、戈达德（2004 等）。第四，"神经语用学"（neuropragmatics）关注人脑在正常和异常情况下如何生成和理解意义。神经传递素、荷尔蒙、生化药物等对思维、行为、表达、理解等都有影响。如斯特玛和舍恩勒（Stemmer & Schönle，2000）所言，神经语用学研究目前有下列方法、视角或"路径"："成像路径"（imaging perspective）、"生化路径"（biochemical perspective）、"心理药物学路径"（psychopharmacological perspective）、"节奏路径"（rhythmic perspective）、"个体发生和系统发生路径"（ontogenetic and phylogenetic perspective）、"认知路径"（cognitive perspective）、"社交路径"（social perspective）等。

在语用理论的应用方面，向明友介绍了诸多语用学界面研究，如"文学语用学"（literary pragmatics）、"法律语用学"（legal/forensic pragmatics）、"工程语用学"（engineering pragmatics）、"经济分析语用学"（econopragmatics）、"对比语用学"（contrastive pragmatics）等（向明友，2007：23，26）。

除上述著述，还有一些零星综述，如徐海铭（1997），姜望琪（2003a），刘根辉（2005 等），姚春林、王显志（2007），刘思（2008），李光莉（2015）等。还有一些是对语用学某个侧面进行的综述，如刘思（2008）的《实验语用学研究综述》，曲卫

---

① 向明友的译文用了"·"，即"博弈·决策论语用学"。本书则认为连字符更为妥帖。

国(2017)为《浙江外国语学院学报》第 3 期的"历时语用学研究"专栏写的导语，乔淑霞、周君(2016)的《国外语用学研究综述——基于 *Journal of Pragmatics*(2005~2014)的统计分析》，这里恕不赘述。语用定义何其多！语用综述何其多！

根据上述语用学发展史(大事纪要)，本书拟构语用学研究的过去(旧貌/历史)、现在(现状)和未来(趋势/走势)：

① 20 世纪 60—80 年代的语用学：源于语言哲学(日常语言派分析哲学)，这阶段的语用学研究是语言哲学研究的延伸。

② 20 世纪 80—90 年代的语用学：受 20 世纪 20—70 年代结构主义(structuralism)语言学和 20 世纪 80—90 年代功能主义(functionalism)语言学的影响，注重语言形式和功能的关系，强调"狭义的语境意义"(俞东明，1993：115)。也即，这阶段的语用学(以欧洲为基地)研究语境化(contextualised)的语词/语句意义，即多于/超出语词/语句的意义，可称为"微观语用学"(micro-pragmatics)或"语用语言学"(pragmalinguistics)。

③ 20 世纪 90 年代—21 世纪 20 年代的语用学：受全球化、社会学、社会语言学等的影响，注重"广义语境意义"，也即，具有社会文化内涵的语境意义(socio-culturally loaded contextual meaning)(俞东明，1993：115)。这阶段的语用学(以美国为基地)侧重意义的跨文化属性。此时的语用学可称为"宏观语用学"(macro-pragmatics)、"社会语用学"(sociopragmatics)、"(跨)文化语用学"(inter-cultural pragmatics)。

④ 2020 年以后的语用学：受网络化、认知化、网络传播学、认知(神经)语言学和多学科的发展以及多种新兴界面学科的影响，注重人类交往的网络语境、礼貌和失礼研究、语用意义的认知研究以及语用学和其他学科的融合研究。也即，这阶段的语用学(不分国界)侧重意义网络属性、心理和社会认知属性、跨学科属性等。此时的语用学可称为"网络语用学"(internet pragmatics)、"认知语用学"(cognitive pragmatics)、"神经语用学"(neuropragmatics)、"民族志语用学"(ethnopragmatics)、"法律语用学"(legal/forensic pragmatics)、"对比语用学"(contrastive pragmatics)、"博弈—决策论语用学"(game-and-decision theoretic pragmatics)、"文学语用学"(literary pragmatics)、"语用翻译学"

(pragma-translatology)、"语用修辞学"(pragma-rhetoric)等。将来的语用学研究在前人研究(兴趣和成果)的基础上，将朝纵深发展，例如，认知—神经语用学可能涉及机器翻译等人工智能、计算语用学、(老年)失语症治疗等的研究。

莱文森(Levinson，1983：34)早就指出，语言学理论应该把语用学作为重要的有机成分。他提出一个假想，即语法里有些成分是"非自足"(non-autonomous)的，需要语用学的参与。斯特玛(Stemmer，1999)就此(以及其他问题)采访乔姆斯基时，乔姆斯基3次坦言语用学是"语言学的有机成分""核心、关键成分"(见§2.6)。

俞东明(1993：115)说语用学"仍是一个开放的系统"，其实现在还是，"语用学的课题不能封顶"(钱冠连，1997b：26)。2005年，冉永平发表论文《当代语用学的发展趋势》，综述了所谓"当代语用学"从1990年至2005年的"总体趋势"，发现相关研究已超出传统的议题，如指别语/指示语、言语行为、会话含义等，而体现了维索尔伦的"语用综观"性，也即"大语用、社会文化语用"的特点。冉永平说，语用学研究话语生成和理解不再是"单向的"研究，愈来愈呈现出界面研究的性质。他认为语用和认知的融合成为"当今语用学发展的一大主流"。他在"结语"中还提到了"模因论"(memetics)、"计算语用学"(computational pragmatics)等(另见钱冠连，1997b：410)。可以看出，冉永平主要是在再现2005年以前15年左右的国际语用学研究状况，但与此同时还以他自己的"语用敏感"预测了未来十几年的国际语用学的研究趋势。事实证明，从2005年到2024年，国际语用学研究便是如此。

3. 修辞学的学科定义及其迷你史

何谓修辞？修辞何用？或者说，何谓修辞学？修辞学何为？西方修辞和中国修辞有何异同？本章厘清修辞和修辞学的核心思想，探讨东西方修辞的历史渊源关系，也阐述修辞界的一些准共识。

3.1 以修辞定义之"斑"窥修辞之"豹"

"言之无文，行而不远"（《左传·襄公二十五年》），这里的"文"是相对于"质"的，属美辞或修辞。让我们看看 rhetoric（修辞学）的一些定义。

关于 rhetoric，《韦氏词典》（1995）说是"讲话和写作中有效的语言运用，含修辞手法的运用"（另见张大毛，2008：11）。《剑桥词典》（Cambridge Dictionary①）中的释义是：①"显得有效、能影响他人的口头或书面话语"。②"对有效使用语言的方式的研究"。③"好听好看但不真诚或没有真实意义的华丽辞藻"。《梅里安姆·韦伯斯特词典》②中的释义如下：①"有效说写的艺术，如 a. 对古代批评家所论的写作原则和规则的研究；b. 对作为交际或劝说/说服他人的说写方式的研究"。②"a. 有效使用语言的技艺；b. 口头或书面话语的一种模式或类型；c. 虚伪浮夸或华丽夸张的语言"。③"言语交际即话语"。

本书认为，对于 rhetoric，《梅里安姆·韦伯斯特词典》释义中最为重要的是①和②a）。释义①的"有效说写的艺术"是最传统的修辞释义［见尼尔和伯曼

---

① 本书增加了序号。
② 本书增加了序号。

(Nir & Berman),2010：746]，主要见于"对古代批评家所论的写作原则和规则的研究"，以及"对作为交际或劝说/说服他人的说写方式的研究"。既如此，就该包括修辞学者相关论述的论著，尤其是以"修辞学"为名的论著，乃至叫作"修辞学"的学科。

让我们看看权威的《牛津英语词典》如何解释[①]：① "使用语言以劝说或影响他人的艺术；说写者欲有口才雄辩的表达而必须遵守的一系列规则"。[在中世纪，修辞学被当成七大"人文艺术"之一，人文艺术包含"三大学科"（trivium)，即语法/文法、逻辑和修辞。]② "辞格或个性化表达"。③ "修辞论著/论述"。④ "英国的罗马天主教会大学或中小学校的顶尖成绩档次"。⑤ "文学（散文）写作练习（尤其是学校里的写作练习）"。⑥ "语言美或语言才艺；有才艺的口头或书面表达；（罕）旨在劝说他人的口头或书面表达；（因此常含贬义）虚假造作、浮夸卖弄的语言"。⑦ （复数）"华美表达；过于修饰的语言"。⑧ "用之于反讽或戏谑"。⑨ "用来描述话语的渲染力、样貌或行为的说服力或风格、技巧等"。⑩ "（罕）使用雄辩或具有说服力的语言的技巧或能力"。

比较《牛津英语词典》的10条释义可见，对今天的修辞学来说，最重要的释义就是两类：第一，"使用语言以劝说或影响他人的艺术""语言美或语言才艺""有才艺的口头或书面表达"（释义①）的一部分和释义⑥的一部分。第二，"说写者欲有口才雄辩的表达而必须遵守的一系列规则"（源于释义①）。当然最重要的是释义②，因为"说写者欲有口才雄辩的表达而必须遵守的一系列规则"是需要修辞学者拟定、研究、论述的，最后的作品就是接近"修辞学"的论文、专著或教材。也只有这样，才能配得上释义①的一句解释："在中世纪，修辞学被当作七大'人文艺术'之一，人文艺术包含'三大学科'，即语法/文法、逻辑和修辞"。

若看牛津网络词典[②]，便发现以下释义：① "有效或具有劝说力的言说或写作的艺术，尤指修辞手法和其他写作技巧的运用"。② "旨在有劝说力或产生深刻印象但不够真诚或者缺乏语义内容的话语"。只有①接近上述

---

① 微调其序号、标点和大小写，省略其例句，除此之外，还省略了一些次要的附加说明信息。
② 本书微调了序号和标点符号。

《牛津英语词典》的释义①和释义⑥。此外，《牛津英语词典》给 rhetorician 的释义值得我们参考①：①"修辞艺术教授/教师（尤其是古希腊或古罗马时期）；职业修辞学研究者或演说家"。②"文笔幽雅的作家；（罕）使用修辞性语言的人；（贬义）善于修辞术的公共演讲者"。③"英国罗马天主教会学校的修辞学教师"。

汉语修辞界的"修辞（学）"定义更多：

（1）"修辞以适应题旨情境为第一义"（陈望道，1976/1979：11）。

（2）"修辞不过是调整语辞使达意传情能够适切的一种努力"（陈望道，1976/1979：3）。

（3）"修辞是为适应特定的题旨情景，运用恰当的语言手段，以追求理想的表达效果的规律。修辞学就是研究这种规律的科学。"（胡裕树，1997：394）

（4）"修辞就是在运用语言的时候，根据一定的目的精心地选择语言材料这样一个工作过程"（张志公，1991：209）。

（5）"修辞是一种言语行为，但修辞之所以成为修辞，而不是一般的语言行为，应该是追求语言交际的有效性行为"（胡范铸，2002：2）。

（6）"表示过程的'修辞'，我们的定义是：'通过语言材料的选置、调适以实现交际目的表达行为'"（曹德和，2008：86）。

（7）"专门研究运用语言的技巧，提高话语表达效果的手段的学科，叫修辞学"（张静，1996：47）。

（8）"修辞学是研究文辞美化的一种艺术"（章衣萍，1934：3）。

（9）"修辞学，顾名思义，是研究修辞的学科。具体一点说，就是为了研究提高语言表达效果的规律而建立起来的学科"（宗廷虎等，1988：9）。

（10）修辞是"依据题旨情境，运用各种语文材料、各种表现手法，恰当地表现写说者所要表达的内容的一种活动"（辞海，1980：242）。

（11）"修辞是为了有效地表达意旨，交流思想而适应现实语境，利用民族语言各因素以美化语言"（张弓，1963：1）。

（12）"修辞学是语言运动学或语言动力学中的一个最重要的组成部分。

---

① 本书微调了序号和标点符号。

修辞学研究的对象是运用中的语言和语言的运用问题。如果说语音、词汇、语法是静态的、封闭的、单一的，那么，相对而言，修辞则是动态的、开放的、综合的。"（王希杰，1979：34）

（13）"修辞的功能有三个层面：一、修辞作为话语构建方式：修辞技巧"；"二、修辞作为文本构建方式：修辞诗学"①；"三、修辞参与人的精神构建：修辞哲学"（谭学纯、朱玲，2001/2008/2015：21,32,42）。

（14）"修辞是人类的一种以语言为主要媒介的符号交际行为，是人们依据具体的语境，有意识、有目的地构建话语和理解话语以及其他文本，以取得理想的交际效果的社会行为……修辞是一种言语交际行为。修辞不是语言文字游戏，而是实实在在的言语交际，是参与双方的语言符号互动"（陈汝东，2004：6-7）。

（15）"（修辞）狭义，以为修当作修饰解，辞当作文辞解，修辞就是修饰文辞；广义，以为修当作调整或适用解，辞当作语辞，修辞就是调整或适用语辞"（陈望道，2001：1）。

（16）"运用修辞手法、修辞技巧时，必须充分考虑如何使之适合写说的主题、中心思想和目的的需要，必须充分考虑如何使之适合写说的对象、时间、地点、社会环境、自然环境、上下文、语体要求等客观因素和写说者的身份、修养、性格、思想、处境、心情等主观因素的需要"（宗廷虎等，1988：41）。

（17）"所谓修辞学，就是研究在交际活动中如何提高语言表达效果的规律的科学。修辞的规律有一定的弹性，甚至有一定的模糊性。……修辞学是不容易公式化、形式化和符号化的，但是这并不意味着修辞学就没有科学性"（王希杰，1979：32,35）。

本书简评如下：定义（1）只说修辞要以"适应题旨情境"为根本，并没有说明修辞（学）为何物。定义（2）只是说明修辞做到了什么，如"调整语辞使达意传情能够适切"，并非我们对一个学科所期待的定义。定义（3）只是定义（1）（2）的翻版，说的是修辞要适应"题旨情景"，求得"理想的表达效果"，而研究该规律便是修辞学。定义（4）说的是"根据一定的目的精心地选择语言材料"的"过程"。

---

① "所谓'文本构建'，就是特定的表达内容在篇章层次如何向特定的表达形式转换的审美设计。"（谭学纯、朱玲，2015：32）

定义(5)把修辞当作行为而非学科。定义(6)类似(5)。定义(7)过于宽泛,涉及"运用语言的技巧,提高话语表达效果"的就是修辞学?定义(8)说"修辞学是研究文辞美化的一种艺术",也是宽泛无边的定义(当然也可以说是太狭窄,因为"修辞"并非仅限于研究文辞美化)。类似的还有(9)。定义(10)类似(1)(2)(5)。定义(11)类似(1)(2),并未说明修辞学作为学科的本质。定义(12)界定修辞学的某些特性,而没有说明修辞学作为学科的定义性特征。定义(13)试图说明修辞的功能(且有待商榷),但此非定义。定义(14)类似(1)(2)(5)。质言之,这些修辞学定义都不是标准的定义;换言之,没有使用"X 是研究 Y 的学科"类定义构式,或者所提供的"定义"没有所"定义"的学科即修辞学的区别性特征,即区别于其他学科的根本特征。例如,定义(4)和(6),难道只要涉及语言选择就是修辞学吗?其实其他学科,如语用学,就涉及语言选择(优选)。定义(5)的"语言交际的有效性行为"似乎告诉我们语用学、社会语言学和修辞学是同一个东西。定义(15)只是对"修辞"二字进行说文解字。定义(16)是对上述定义(1)(2)的拓展性解释。定义(17)前半句像定义,连同定义(7),和《现代汉语词典》的"修辞学"定义"语言学的一个分支,研究如何使用语言表达得准确、鲜明而生动有力"一样,仅涉及效果。

请再看本书认为更好的一些定义:

(18)"'修辞'一词有三个含义:第一,指运用语言的方法、技巧和规律;第二,指说话和写作中积极调整语言的行为,即修辞活动;第三,指以加强表达效果的方法、规律为研究对象的修辞学或修辞著作"(黄伯荣、廖旭东,2007:160)。

(19)"(修辞)a. 指人们在特定的语言环境中进行交际时,运用语言手段和一定的非语言手段加强言语表达效果的言语现象。b. 指在具体的言语环境里对语言进行选择、加工来增强表达效果的一种言语活动。c. 美化语言。d. 指修辞现象。e. 兼指修辞学"(王德春等,1987:170)。

(20)"修辞现象是言语交际中表达一方力求获得最佳交际效果的一种言语表达现象……因此言语形式与思想内容这对特殊矛盾只能统一于特定语境中:解决这一对特殊矛盾的修辞手段是言语形式的最佳组合,简称言语形式的组合……这种组合,不是指语言符号系统内部的静态关系,而是作为修辞活动的主体运用语言符号能动地组合言语表达形式的一种基本方法，它是一种创造性的组合，一切修辞手段，都可归结为言语形式的组合。"(刘焕辉，1997：84-85)

（21）"修辞学是从表达效果出发来研究口语和书面语在交际活动中的言语常规、变形和正负偏离现象，建立已然的和可能的修辞规范、反规范的模式的一门语言科学"(王希杰，2000：142)。

定义(18)解释了"修辞"的3种意思，虽不是很理想的定义，但终归没有离开修辞的本质。定义(19)类似定义(20)，但不像定义。定义(20)似乎在解释修辞现象而非修辞学。不过，读者可以把这些当作修辞学研究的对象。定义(21)采用了适当的定义构式，抓住了修辞的本质，即"对言语常规、变形和正负偏离现象"的研究，旨在"建立已然的和可能的修辞规范、反规范的模式"。笔者认为这是目前最好的定义。

可以说，西方修辞界曾经普遍把修辞学的研究对象设定为辞格以及其他修饰和美化语言的(修辞)手段(何雅文，2009：82)，现今则更多的像伯克(Burke，1897—1993)一般进行非辞格式、"动机论""泛修辞论"或广义修辞学的研究。中国的修辞学在过去相当长的时间里都是"语辞论""辞格学"的(狭义)修辞学，关涉锤词、炼句、组篇、风格、效果等，纯属语言学范畴。当然，最近二三十年也有越来越多国际化的修辞学研究(鞠玉梅，2012：5)。

意义不是固有不变，真理也就需要辩白，合作并非必然或易得，分歧、等级和混乱无所不在。于是，人类总有必要缩小分歧，召唤协作，凝聚力量，构建一种更合意的(新)秩序，于是让修辞出场，或者说让话语修辞地出场。这样看，修辞便是人类的必需。于是，鞠玉梅(2008：20)认为修辞是"关注意义、引致合作、构建秩序、凝聚社团的社会行为，它是一种对话语手段的有意识和无意识地寻求的交往行为"，而修辞(学)研究的范围泛博无边，涵盖社会交往的一切话语和行为，因为一切话语和行为都不能不是修辞的。那么修辞(学)的本质则是，"试图发现、描述与解释知识构建的过程，研究人们是如何交流与合作，在互动中到达结论与创造真理"(鞠玉梅，2008：21)。

修辞学者据研究范围和对象差异提出了所谓"表达修辞学、结构修辞学、功能修辞学、发生修辞学、语法修辞学、语音修辞学、词汇修辞学、语体修辞学、辞格学、话语修辞学、艺术言语修辞学、信息修辞学、控制修辞学、语用修辞学①、接受修辞学、广义修辞学"的分野(李贵如,1995:14-16),但这样的切分只是权宜之计,并不表明每个"分支"已成分支,因为修辞学本身的学科地位尚在讨论。

3.2 修辞在西方

rhetoric 译为"修辞学",它源于古希腊语的 rhētōr/rhētorikē($ρητορικ\bar{η}/ρητορικός$,5 世纪),拉丁语是 rhetorica/rhētorica,法语是 rethorique/rhētorica,中古英语是 rethorik,现代英语是 rhetoric。在古希腊语中,它原指"演讲技艺"(rhē 意为"言说",ikē 意为"艺术",刘亚猛,2014:27),或曰演讲家(public speaker,rhētōr, orator)的艺术以及政治家(演讲)的技艺[麦克唐纳(MacDonald),2017:4]。

古希腊最重要的修辞学观来自柏拉图(Plato,前 427—前 347)的"伦理修辞观"(ethical/moral rhetoric),他提出的"修辞"是相对于苏格拉底(Socrates,前 469—前 399)的辩证法(dialectic/dialektikē)[麦克唐纳(MacDonald),2017:4。斯基帕(Schiappa),2017:34]。古希腊修辞学当然也离不开柏拉图的弟子亚里士多德(Aristotle,前 384—前 322)的《修辞学》(*Rhetorique*)的"实用修辞观"(practical rhetoric)。亚里士多德把修辞当作修辞术,指的是劝说/劝导/规劝/说服(persuade)他人的方式、能力、技巧、本领(亚里士多德,1991/2006:24)。"劝说"的本源是"说服学、演讲术等研究语言形式和文字技巧的学科",其本意是以"理质"[logos, logical proofs 或 reason,相对于"reasoned discourse"(理性话语),斯基帕(Schiappa),2017:38]、"气质"[ēthos, ethos, ethical proofs 或 credibility,相对于"scientific persona"(科学角色),麦克唐纳(MacDonald),2017:22]、"情质"[peithō, pathos, pathetic proofs 或 emotion,相对于"artistic representation evoking pity or compassion"(引起怜悯、慈悲的

---

① 李贵如提及语用修辞学,大概指借用了语用学思想的修辞学论述,不是本书所论之语用修辞学(他在书中没有多少介绍)。

表征），梅里安姆·韦伯斯特词典]①等手段，在演讲或辩论中胜出（李小博，2010：9）。那么，修辞学的劝说就是"通过恰当的修辞论辩方式，说服他人相信自己的科学范式或理论比别的竞争性观点更为优越"（李小博，2010：9）。再者，亚里士多德认为"修辞术是论辩术的对应物"，修辞术是"一种能在任何一个问题上找出可能的说服方式的功能"（亚里士多德，1991/2006：6）。

亚氏的修辞学思想长期以来都是世界修辞界的指南，据说古罗马演说家和政治家西塞罗（Cicero，前106—前43）、古罗马雄辩家和教育家昆体良（Quintilianus，约35—95）、中世纪罗马天主教思想家奥古斯丁（Augustinus，354—430）、文艺复兴时期的三大流派②、18—19世纪英国牧师和修辞学家坎贝尔（Cambell，1719—1796）、英国神学家惠特利（Whately，1787—1863），乃至现代的修辞学思想[如英国文艺批评家理查兹（Richards，1893—1979）、美国文艺理论家伯克]，其精髓或者说是亚里士多德的东西③，或者说是从亚里士多德发展和拓宽而来。

"新修辞（学）"指的是20世纪30—60年代在欧美兴起的修辞范式，主要源于帕尔曼（Perelman）、理查兹和伯克的论著。帕尔曼强调论辩和受众的关系，"只有顺应听众，说服才有可能"（见陈小慰，2013：86）。理查兹强调的是交际的误解和理解，他倡导了"以理解为指向的修辞（学）"（understanding-oriented rhetoric）。伯克的"修辞动机论、象征行动论、戏剧主义论、认同论、己为受众论"等，凸显的是语言修辞的象征性、动机性、互动性、戏剧性等（参见§6.5.1）。新修辞学大大拓宽了修辞学的研究范围，修辞的本质和功能得以全新阐释，且关注了被忽略的"修辞形势/情势"（rhetorical situation④）（陈小慰，2013：83 -

---

① 笔者的译法。这3个希腊词都和语言有关，尤其是第一个。三者的其他译法是："逻各斯、逻辑、理性、喻理、言说、逻辑结构、晓之以理""伊索思、信誉、喻德、道德（修养）、人格、伦理、可信度、诉诸人格、道之以信""佩索思、情感、喻情、激情、感染力、诉诸情感、动之以情"。

② 传统派（the traditional school）、拉米斯派（the school of ramus）、修辞学手段派（the school of schema）。

③ 科帕（Coper）曾言，见张龙、朱全红（2008：73）。

④ 比策（Bitzer，1968，1998）标题的说法是"the rhetorical situation"（修辞形势），认为"修辞根植于特定的形势并随'势'而动"（见陈小慰，2013：前言ⅩⅤ）。比策的"修辞形势"定义是"由一系列人物、事件、物体和它们的相互关系构成的组合所呈现出的一种实际存在或潜在的缺失（exigence）；若能因势而动，通过相应的修辞话语对人的决定或行为加以制约，并进而使缺失产生重大改变，那么该缺失就能完全或部分消除"[比策（Bitzer），1998：220；另见陈小慰，2013：109]。

96,108－111）。

可以说，"新修辞学"或者说修辞研究的新方法、新途径、新套路，其探索和涉及的修辞岂止"诡辩逻辑"（sophistic logic）、演讲技艺或舌辩技巧，实际上遍及人类乃至全部生物的冲动、梦想、奇迹、生存和竞争的生物—修辞策略［bio-rhetorical strategies，肯尼迪（Kennedy），1998］，无所不包，也就侵入大文科的全部领域［麦克唐纳（MacDonald），2017：2］。在当今的电子时代，一切传播只需摁一下按钮，传播的方法和技巧（即修辞）也是如此［麦克唐纳（MacDonald），2017：2］。这样一来，"符号王国"（semiosphere）的一切都是"生物修辞"［bio-rhetoric，肯尼迪（Kennedy），1992：2］，一切都能进入"修辞王国"［realm of rhetoric，帕尔曼（Perelman），1982：153；见麦克唐纳（MacDonald），2017：5］。

"修辞（学）"难以定义或者说定义众多而难以统一，"没有一个实质或本性，也没有唯一的定义可寻/可循"［斯基帕（Schiappa），2017：33］，也即"根本不存在一个万世有效的修辞本质，也根本没有天赋神造的是其所是的修辞观"[1]［斯基帕（Schiappa），2017：35］，为什么？一是因为修辞所涉及的主题、议题、话题多如牛毛、飘忽不定。二是因为下定义本身就是一个视角不同、看法则相应不同的修辞行为［麦克唐纳（MacDonald），2017：4］。三是因为修辞论者说及修辞的所指，有时是（艺术）过程，而有时却是（艺术）结果，如演讲稿文本、演讲效果［麦克唐纳（MacDonald），2017：5］。说修辞是"说服的艺术、华丽辞藻、演讲的调味（师）、说好写好、晓之以理外加以动人意志想象、通过象征符号引发信念或行动、使用推理和论辩的艺术"等，五花八门的修辞定义从古争到今，直至未来［麦克唐纳（MacDonald），2017：4－5］。斯基帕（Schiappa，2017：33）的修辞定义是，"探讨和教化人们如何进行有效的笔头交际以影响受众"的学科。麦克唐纳在其编辑的、包罗万象的修辞研究的"手册"里，为了概括且达成和谐目的，提出了一个模糊的定义："演讲、写作及其他媒介中的有效说写和劝说的艺术"（2017：5）。

一个多世纪以来，西方修辞学除了维系今天可称作狭义修辞学的东西，即种种修辞术的研究，已经从狭义修辞学走向广义修辞学，甚至可以说步入修辞

---

[1] "There is not timeless essence of rhetoric, and no God's-Eye View of what rhetoric 'really is'."（原文）

的"全球化"（globalisation）、人文学科包括语言学的"修辞转向"（rhetorical turn）、"泛修辞（学）"（pan-rhetoric）的境地（鞠玉梅，2012：3；刘亚猛，2014：292，301 - 303）。刘亚猛认为，这意味着：① 诸多本来源于修辞"母体"的学科又"回归"母体。② 与该转向相关的探讨形成了20世纪修辞思想之"主干和精华"。③ 该转折已凸显了修辞学的跨学科性（2014：292 - 293）。鞠玉梅说，"修辞"成了家喻户晓的名词，政治家、教育家、律师等，都话不离"修辞"（2005：37）。不过，也有学者怀疑抱负过大的"大修辞"，也就有了20世纪70年代至今的"大小修辞"之争，或者说修辞界关于是否应该有"大小修辞"，如何在"大小修辞"上都有所建树，如何在理论和术语上不过分依仗古典修辞学和外源学科（哲学、文学、社会学、语言学、心理学、文化学等），让修辞学做一个有"自主知识产权的"的"一等公民"学科等，尚存不少远未达成共识的争议（参见刘亚猛，2004a：2 - 4）。

美国文论家维切恩斯（Wichelns，1894—1973）在1925年发表了《演讲的文学批评》（The literary criticism of oratory）一文，标志着当代修辞学批评或"新亚里士多德修辞学"的滥觞。美国哲学家和修辞思想家伯克的《动机语法学》《动机修辞学》《论动机与社会》《宗教修辞学：符号体系研究》《象征行动的语言：人生、文学和方法杂论》《文学形式的哲学：象征行动研究》《永恒与变化：目的的解剖》《对历史的态度》《反论》《戏剧主义与发展》等，振聋发聩。如书名所示，它们已不是纯粹的修辞学著作，而实际上横跨修辞学、文艺学和哲学。其他如英国语言学家和文学批评家理查兹的《修辞哲学》《意义的意义》《美学基础》《文学批评原理》《实用批评》《科学与诗歌》，是跨修辞学、语义学和文艺学的著作；法国哲学家和文论家福柯（Foucault，1926—1984）的《对历史的态度》《疯狂史》《性史》《事物的秩序》《知识考古学》《权力和知识》等则是跨修辞学、史学、医学、经济学和犯罪学著作。若这样看亚里士多德，他也是跨界老手：修辞学、文艺学、诗学、哲学、政治学、伦理学、物理学等，如其《修辞学》《诗学》《形而上学》《政治学》《伦理学》《物理学》所示（谭学纯，2002：10）。

西方修辞学史值得一提者还有帕尔曼和泰特卡（Perelman & Tyteca）被人英译的修辞专著《新修辞：关于论辩的探索》（1969），其修辞学发展的"宏伟规划"等思想影响之大实在难以名状，它不仅诱发人们再思修辞及其学科建设，还导致了"纲领性"论文集《修辞学的前景》[比策和布莱克(Bitzer & Black)，1971]和修辞学杂志《哲学与修辞》(*Philosophy and Rhetoric*)的问世(见刘亚猛，2004a：1，3)。

如果说亚里士多德的修辞旨在有意识地"规劝"，那么伯克所代表的新修辞学旨在有意识或无意识地"认同"(identification)①。在动机论中，伯克研究的"动机"(motive)不是简单或狭义的动机，而是"追寻修辞哲学的认识基础"的"人类的行为动机"，"语言不仅导致行动，而且构建我们的现实"(伯克等，1998：15)②。在伯克等人看来，修辞是"一些人运用语言来对另一些人形成某种态度或行为"(伯克等，1998：16)③，"人一旦运用语言，就不可避免地进入修辞环境"(伯克等，1998：16)。所谓"修辞环境"就是人的生存环境，那么，与其说人对环境做出这样或那样的反应，还不如说是人在"修辞化"地适应各种环境。

在古代，人临死时朝着故乡的方向磕头跪拜，或者要求死后埋在面对故乡的高地，这可描写为大俗话"望乡而死"。但中国文人却用"狐死首丘"来表述。如：

(4)"鸟飞反乡，兔走归窟，狐死首丘，寒将翔水，各哀其所生。"(《淮南子·说林训》)

(5)"狐死首丘，心不忘本；钟仪在晋，楚弁南音。"(《晋书·张寔传》)

这是借用狐狸虽身死但其脑袋也要面向藏身的山丘的民俗幻象，让"不在场"的故乡临时"上场、在场"，使遥不可及的真"乡"扮演"在场"之"乡"的"情感等价物"，也即是修辞化地喻指老而怀旧、叶落归根等观念意义的艺术手法(谭学纯，2002：10-11)。

一些学者(如狭义修辞学论者)在坚守纯修辞学的边界时，不知不觉中也在进行着学科自闭。如果阻止修辞学研究认知问题、社会问题、政治问题、文艺问题等，就掉进了"语言构建现实"的陷阱(谭学纯，2002：10-11)。所谓"后现代主义"将一切都符号化/符码化了、话语化、修辞化了[林大津、毛浩然，2006：35；斯基帕(Schiappa)，2017：33]，因此不妨说，其修辞也就打上了"泛修辞"的

---

① 不少人也译为"同一"。陈小慰(2017：54)认为，译为"认同"才能最完好地体现伯克的精神。

② 语出常昌富在该书的一节"导论：20世纪修辞学概述"。

③ 常昌富在该书的一节"导论：20世纪修辞学概述"。

烙印,囊括一切文化形式、文化现象、文化现实。那么,"修辞是什么"不妨改成"什么不是修辞",于是就涌现出"哲学修辞/修辞哲学、伦理修辞/修辞伦理、政治修辞/修辞政治、战争修辞、女性修辞、行为修辞、法律修辞",不一而足[林大津、毛浩然,2006：35;斯基帕(Schiappa),2017：33]。

如上所述,伯克、帕尔曼、泰特卡等新修辞或"大修辞"学者的努力虽有"石破天惊"的影响,但西方修辞界并没有真正继承其初衷,结果在过去几十年的修辞学科建设中"步履蹒跚";如果修辞学作为一个科学、完整、独立的学科还未定型,那么迄今为止的修辞论述岂非修辞"前科学杂凑"(pre-scientific bricolage)?① 修辞学"陷于两难境地","很难在现代大学和学术体制下获得常规意义的'学科'身份"(刘亚猛,2004b：252;2014：290),究其诸多缘由,最重要的原因也许是:

(1)局限于学术话语内部而未能有效地投身于社会/政治生活中活生生的话语实践的解释和干预(刘亚猛,2004a：1)。

(2)寄希望于外援术语,对"舶来品"没有达到"随意正用、予取予求"或吃透且进行"再描述"(re-description),难免扮演"净输入方"的尴尬角色(刘亚猛,2004a：3,2014：291)。

(3)诸多大修辞作品发表于非语言学非修辞学刊物,如商学、法学、音乐、宗教、科技、地理、数学、政治、社会等学科的杂志,有点"病急乱投医"(刘亚猛,2010：19)。

(4)和语言学"形近实远",本来当初并行于语言学而如今本属语言学,至少是"最为'天然'密切"的关系,但"大修辞"投入人类学、文学、政治学等的怀抱,使得修辞非驴非马,和语言学及其共同预设的研究出发点、目的、对象等"龃龉不合""雅难相容",渐行渐远,或者"分道扬镳"(刘亚猛,2010：12,14)。

(5)"大修辞"学术胃口太大,号称统辖天下的象征话语以及借此实施的全部人类之"知、行、造"[布莱克(Black),1996：23],而如此宽阔的覆盖面,其学术思辨的范畴、概念、法则等单薄、苍白、肤浅,缺乏"穿透力"(刘亚猛,2004a：3-4)。

(6)"大修辞"学者众多,没有流派而观点五花八门,没有一套专属自己的

---

① 本书借用利思(Leith,1994)的措辞,他指的是索绪尔(Saussure,1857—1913)之前的语言学(见刘亚猛,2010：16)。

研究方法，或者说方法论"式微"而"即兴发挥"（improvise）或"就便拼装"（bricolage），或者说研究方法无"一定之规"，都是"因题、时、境、人灵活制宜"（刘亚猛，2010：12，16，17）。

（7）修辞界内关于"元修辞学"（meta-rhetoric）即关于修辞学的学科定位和未来命运的争辩持续，尤其是论及古希腊哲辩师的历史定位和"大小修辞"的"一学二辞"的种种观点，完全是一幅"公说公有理、婆说婆有理"的画面（刘亚猛，2004a：4 - 6）。

（8）"大修辞"领域后继无人，没有伯克这样的"修辞思想大师"，或者说，该领域的学者在"出高质量的（学术）成果"［斯基帕（Schiappa），2001：271 - 272］方面没有"上乘的表现"（刘亚猛，2004a：2，5）。

根据鞠玉梅（2011：53）的介绍，西方修辞学分为 20 世纪前后的传统修辞学和新修辞学。前者分为"人文传统"的修辞学（古典修辞学时期、中世纪、17世纪——都关注劝说）和"文体风格传统"的修辞学（文艺复兴时期、18 世纪、19世纪——都关注语言运用技巧），而新修辞学是"多元化、多学科交叉"的大修辞研究，包含修辞哲学、动机修辞学、行为主义修辞学、价值修辞学、论辩修辞学、认知修辞学、科学修辞学、表达修辞学、隐喻修辞学、类比修辞学、比较修辞学、视觉修辞学、建筑修辞学、宗教修辞学、修辞伦理学、模型修辞学、公共修辞学、修辞传播学、社会认知修辞学、计算机辅助修辞学等，研究队伍得到"大换血"、重新"洗牌"（另见林大津，毛浩然，2006：34）。

3.3　修辞在中国

既然西方的 rhetoric 和汉语的"修辞""大异其趣"（刘亚猛，2004b：256，注），那么，汉语的"修辞"二字究竟何意？中国的修辞研究有何特色？

根据许慎的《说文解字》，"修，饰也"，"毛饰画文"，引申为文饰，也即言辞的装饰。《说文解字》还说，"辞，讼也。犹理辜也"。"辞"的本义是"诉讼"，后来才有"文辞、言辞（言词）"之义，与"词"相通。这就是"修辞"的训诂学诠释。论词源，"修辞"这两个字合起来使用最初是在《易经·乾·文言》，所谓"修辞立其诚"，意为修辞可以让人相信你的诚实。"修辞"的最早理解是"修理文教"，指的是君子如何修炼自己，主要是提高话语和处世乃至（依照儒家标准）做官的能力。所以有"修身"之说以及"齐家、治国、平天下"。后来以至当下的（部分）理解是：① 修辞就是写文章尤其是文学创作（的技巧和艺术）。② 修辞是语言的修饰和调整或言语运用的全部行为。

中国的修辞发端于先秦时期诸子百家的零星论述。《论语·卫灵公》有"辞达而已矣"，意思是"文辞服务于表意""达意就好""过与不及都不妥"。《仪礼·聘礼》说，"辞多则史，少则不达。辞苟足以达，义之至也"，意思是"话多就像流水账，话少则说不清楚，都不合适，难以表达欲达之意"。《论语·庸也》则说："质胜文则野，文胜质则史。文质彬彬，然后君子。""质"是质朴、质直；"文"是文饰、文采；"史"是虚浮不实；"彬彬"是相杂适中的状态。全句的大意是话语的内容要真实，而形式要有一定的文采，不能平铺直叙。内容压过形式就"野"（粗野）了，形式盖过内容就"史"（虚浮）了。质朴和文饰比例要恰当和谐，这样才是君子。也即，真正的君子说话写作都应该是文且质，所谓"文质彬彬"。因此，孔子讲的既是修辞，又是做人的道理。又说"一言而兴邦""一言而丧邦"（《论语·子路》），所言为"立言修辞"的"社会政治价值"或力量（黎运汉、盛永生，2010：8）。

后有《墨子·小取》，几乎是汉语修辞的开山论文。"夫辩者，将以明是非之分，审治乱之纪，明同异之处，察名实之理，处利害，决嫌疑。焉摹略万物之然，论求群言之比。以名举实，以辞抒意，以说出故。以类取，以类予。有诸己不非诸人，无诸己不求诸人。或也者，不尽也。假者，今不然也。"意思是：辩论的目的，是要分清是非的区别，审察治乱的规律，搞清同异的地方，考察名实的道理，断决利害，解决疑惑。于是要探求万事万物本来的样子，分析、比较各种不同的言论。用名称反映事物，用言辞表达思想，用推论揭示原因。按类别归纳，按类别推论。自己赞同某些论点，不反对别人赞同，自己不赞同某些观点，也不要求别人。这几句话说明其"修辞"涉及哲学、自然科学和社会科学的全部，越出修辞的栅栏了。

陆机（261—303）的《文赋》是一篇文艺理论文章，对修辞学有所贡献。他说写文章要达到"应、和、悲、雅、艳"，分别是前后照应、纯质（无杂质）、生动动人、纯正文雅、夺目艳丽,因为他讲的"为文五病"是"不应、不和、不悲、不雅、不艳"。他说还要"因宜适变",不能刻板。

刘勰(约465—约532)的《文心雕龙》第一讲究音美,就是平仄协调,用韵得当。第二看重形美,如用词避免"诡异"即怪诞,避免过多的"联边",也即同一偏旁的字词要节省使用,不要堆砌,避免较多的"同出",即对偶句要避免重复用字,避免"单复"(单调),也即笔画少和笔画多的字词要协调交错使用。第三看重意美,就是选词达意要少而精,精而准,准而雅。第四介绍几种修辞手法,如比喻、起兴、夸饰(即今天的夸张)、事类(借古说今、借事喻理,相当于今天的比拟和引用)、物色(以状物、摹声等描写事物、景色等)、隐秀(含蓄地达到警策、卓绝、奇效)、谐隐(隐隐约约或拐弯抹角地说事,达到幽默诙谐的效果,如今天的讽喻)、离合[即今天的析字(格),或拆字或合字,以求特效]。第五强调语序,像今天篇章语言学讲究的主谓宾定状补的次序、话题/论题—述题的先后,句际衔接,段际连贯等等。第六论述了文体风格,主要是8种风格:"典雅、远奥、精约、显附、繁缛、壮丽、新奇、轻靡"。(参见李维琦,2012:225 - 227)

南宋陈骙(1128—1203)的《文则》是讨论文章的法则(故名"文则"),总结前人论述,加入自己的见解,涉及修辞的方方面面(尤其是风格和辞格)。他比较重视写作的比较法、词汇修辞、炼句(益工),例如讲对偶、语气和句型的修辞作用,也论及修辞格,如比喻、援引、简约、重复、含蓄(见李维琦,2012:235)。《文则》算是从语言(学)视角阐述修辞,是汉语修辞学成立的标志。一般说陈骙初步建立了大修辞学体系,体现了动态的辩证修辞观以及修辞学界所讨论的广义修辞观。

有学者认为,中国传统修辞或修辞传统没有"系统化"的修辞研究,连"一套意义明确的术语"都没有,只是在漫谈哲学、政治、伦理等时偶有涉及,"蜻蜓点水""零零星星、断断续续"(鞠玉梅,2011:9,11),"都不是有意识地在作修辞论",其述说范围"飘忽不定"(陈望道,2001:284)。

唐钺(1891—1987)于1923年出版了《修辞格》,开创了中国修辞学的全新研究范式,即(修)辞格(也叫"修辞方式""辞式")分析。他把辞格分为5大类27个,即:① 基于比较的辞格:显比、隐比、寓言、相形、反言、阶升、趋下。② 基于联想的辞格:伴名、类名、迁德。③ 基于想象的辞格:拟人、呼告、想见、扬厉。④ 基于曲折的辞格：微辞、舛辞、冷语、负辞、诘问、感叹、同辞、婉辞、纤辞。⑤ 基于重复的辞格：反复、俪辞、排句、复字。李维琦（2012：239）认为这些沿袭至今，只是换了名称或有所合并。①

陈望道（1891—1977）于 1932 年出版《修辞学发凡》（后面不断再版），一方面把辞格研究推向一定高度，另一方面提供了很多影响深远的方法和范式，如修辞分析的步骤：① 共有多少辞格？② 话语有无特别之处？③ 这里是不是辞格？④ 是什么辞格？⑤ 该辞格有何修辞作用？（见饶琴，2006：233）第一，陈望道把修辞理解为"调整语辞"（1997：1），即调整语词以适切地达意传情。他没有把修辞看作华巧的"文辞、修饰"（1997：1）。第二，他认为写作先是收集资料，再"剪裁配置"，随后是"写说发表"，只有在"写说发表"阶段才会有修辞（1997：5）。第三，他提出"修辞所须适合的是题旨和情境"（1997：8），"修辞以适应题旨情境为第一义"（1997：11），也即强调修辞是话语从"本意和本旨"出发，适合言语对象、时空和上下文。第四，他把修辞分为积极修辞和消极修辞②，"积极修辞"是"具体的、体验的"辞格，重情重效（1997：48-49），"要使人'感受'"（1997：70）；"消极修辞"是"抽象的、概念的"，重达意明白清晰、符合事理（1997：47），"只在使人'理会'"（1997：70）。第五，陈望道的这本书"以语言为本位"，认为"修辞上最要注意的是声音语"（即陈先生所称之"语言"，1997：24），以及后面讨论的"文字"。他论述了语言和修辞的关系，认为要发挥语言的"一切可能性"（陈望道，1997：8，20；另见李维琦，2012：241），也即本质上是语言学（视角）的修辞学。第六，最重要的是，陈望道先生对辞格的阐述是最为全面精湛的。不过，该书对"消极修辞"的阐述只是蜻蜓点水。质言之，陈望道是

---

① "显比"就是今天的明喻，"隐比"则是今天的隐喻；"相形"是今天的对偶；"反言"是今天的似是而非/似非而是/隽语；"阶升"是今天的渐进/层进，相反的是突降/趋下；"伴名"是今天的借喻；"类名"是今天的借代；"迁德"是今天的移就。"想见"就是叙述过去或未来人物或事件时如同亲临现场一般，相当于今天的示现；"扬厉"就是夸张；"微辞"是今天的隐射；"舛辞"是今天的反讽；"冷语"是今天的嘲讽；"负辞"是正话反说或者反话正说（今天叫"倒反、反说、反辞、曲言法"）；"诘问"是今天的设问；"感叹"就是采用惊叹语气说出来。"同辞"是好像说出不言自明的话；如"从来处来，到去处去"，或者词语相同，功能不同，下属于今天的同语（朱钦舜，2018：491）。"婉辞"就是当今的委婉语；"纤辞"是故意采用迂回曲折的冗长式，即今天的折绕；"俪辞"指用字数相等、结构类似的话语表达相对或相似的意思，类似今天的对偶；"排句"即今天的排比；"复字"指同一个字的重复，类似今天的反复（见李维琦，2012：244-253）。

② 他吸收了日本学者岛村泷太郎、五十岚力等（见下）和中国古代修辞文献（如刘勰的《文心雕龙》和曾国藩（1811—1872）的《湖南文征序》）的相关观点。

中国修辞学巨擘,其《修辞学发凡》是我国第一部最为系统也最权威的修辞学著作,所创立的修辞学体系一直被尊为中国现代修辞学的奠基石。

　　胡裕树、范晓(1985),范晓、胡裕树(1993),施关淦(1991,1993)等,在"语法研究的三个平面"的争鸣中掀起了语法研究"修辞干涉"的热潮(当然,这又见证甚至导致了修辞研究"语用干涉"的热潮)。汉语修辞学方兴未艾,学者如云,如陈晨、陈丽霞、陈汝东、池昌海、戴仲平、樊明明、高继平、高万云、顾曰国、胡范铸、胡曙中、鞠玉梅、李国南、李军、李葵、李熙宗、黎运汉、林大津、刘大为、刘文辉、刘亚猛、陆文耀、马庆株、彭增安、盛永生、施发笔、苏义生、孙汉军、孙建友、谭学纯、谭永祥、王德春、王希杰、温锁林、吴礼权、夏中华、徐国珍、姚喜明、曾文雄、张会森、张炼强、张龙、张燕春、张志公、张宗正、赵毅、周海中、祝克懿、朱全红、宗世海、宗廷虎等。当下的汉语修辞界百家争鸣,除了传统的修辞(范式)的研究,还出现了"大修辞、广义修辞学①、接受修辞学、人文修辞学、心理修辞学、认知修辞学、信息修辞学、得体修辞学、运动修辞学、民俗修辞学、动机修辞学、比较修辞学、新闻修辞学、政治修辞学、国家舆论修辞学"等,以及若干界面研究(的可能)(魏纪东,2017:5)。

　　我们可以参考周振甫(1991)的《中国修辞学史》,将中国修辞学史分为四期:① 开创期(先秦两汉)。② 成熟和发展期(三国两晋南北朝、隋唐、北宋)。③ 成立与再发展期(南宋到元明清)。④ 中西结合期(当今)。②

　　可以说,综观东西方,现代修辞学既继承了古典修辞学(包括中国和希腊的古代修辞学文献),又得力于索绪尔之后的结构主义语言学尤其是布拉格学派的研究传统,形成苏联的"功能修辞学"(20 世纪 50 年代)③和"实用修辞学"(20世纪 80 年代,见王伟,2010:80)。现在的修辞学不仅关注传统的演讲、辩论、口语和写作中的有效表达,还有其他兴趣,产生了上述认知修辞学、信息修辞学、含义修辞学、接受修辞学等。

---

① 谭学纯、朱玲(2015)的"广义修辞学"研究实际上囊括了这里的很多项,是"语言学、文艺美学和文化哲学的结合(部)",关涉修辞技巧、修辞诗学和修辞哲学(§3.5)。

② 根据陈望道的《修辞学发凡》(第十二章),汉语修辞分为"萌芽期、修辞文法混淆期、中外修辞学竞争期"(见李维琦,2012:213)。

③ 《俄语百科全书》(1979)的"修辞学"条目说修辞学涵盖 4 个分支:① 功能语体修辞学,② 语言单位修辞学,③ 话语(篇章)修辞学,④ 文艺作品修辞学。

根据鞠玉梅(2011：55)，中国修辞学分为古典时期和现代时期。古典的修辞论述是对论辩游说的阐述，现代的修辞研究则二分为微观的言辞修饰研究（即小修辞）和宏观的多元（多学科）交叉研究（即大修辞）。黎运汉、盛永生(2010：37-45)暂且忽略古代修辞散论，认为中国修辞学可分为：① 萌生期(1905—1932)。② 缓慢发展期(1933—1948)。③ 普及期(1949—1965)。④ 沉寂期(1966—1977)。⑤ 繁荣期(1978①—2009)，他们的"繁荣期"想必延伸至今。

中国修辞学的学科发展十分缓慢、令人"忧思"。谭学纯先生说，修辞学在古代西方和中国都是"显学"，20 世纪以来修辞在西方成了"新学"的同时(2002：1)，在中国却是个"灰姑娘学科"。虽然宗廷虎等主编的《中国修辞学通史》五卷本收录了 1949—1995 年 100 多种修辞著作(此后至今更如雨后春笋般出现)，唯一的修辞杂志《修辞学习》(现改名为《当代修辞学》)亦创刊，但总的看来，归属"语言学"或"汉语研究"下的"语言学其他研究"的修辞学，实际上"很难找到自己的归宿"(谭学纯，2002：2)，是"缺席"的、被"疏离"的"另类、边缘化"的学科(谭学纯，2002：3)。那么，中国修辞学能否"抢占话语中心"，或者说能否大踏步前进，除了呼吁些许"呵护"(谭学纯，2002：4)，笔者以为，中国修辞学者应该挖掘古代中国和西方的修辞资源，开拓进取，走积极修辞和消极修辞的双轨发展道路。

陈汝东说得好，东西方修辞学者都"发现了人类言语活动的可言说性和规律性"，在古代的研究中，东方倾向于宏观、抽象、概括、说教，而西方倾向于微观、具体、分析、实用。最近几十年的修辞研究在东西方虽有差异，但"表现出一定的借鉴、融合趋势"(2011：137)。

3.4 迷你修辞学史

公元前：① 孔子(前 551—前 479)的《论语》代表东方古典修辞的发端。② 公元前 5 世纪中叶，修辞作为艺术诞生于地中海的西西里岛(刘亚猛，2014：

---

① 原文是 1977，和上一阶段的 1977 重叠，故改。

19)。③ 古希腊的亚里士多德(前 384—前 322)的《修辞学：公民话语理论》(*On Rhetoric: A Theory of Civic Discourse*)，拉丁语译者莫尔比克(Moerbeke)，英语译者、美国修辞学家肯尼迪(Kennedy)；《修辞学与诗学》(*Rhetoric and Poetics*)，英语译者罗伯茨和拜沃特(Roberts & Bywater)；《诗学》(*Poetics*)。④ 修辞家阿那克西米尼(Anaximenes，约前 588—约前 525)出版《献给亚历山大大帝的修辞学》[*Rhetorica ad Alexandrum* (*Rhetoric to Alexander*)，译者福斯特(Forster)]。⑤ 泰奥弗拉斯托斯(Theophrastu，约前 372—约前 282)发表《论风格》(On style)。⑥ 前 89—前 86，佚名作者出版长达 4 卷的《献给赫伦尼厄斯的修辞学》(*Rhetorica ad Herennium*)，此为"最早也是最完整的罗马修辞手册"(刘亚猛，2014：81)。⑦ 古罗马的西塞罗的《演讲者》[*De Oratore* (*The Orator*)，译者拉克姆(Rackham)等]、《论学术》(*Academics*)等，代表着西方古典修辞的发端。⑧ 古罗马的贺拉斯(Horatius，前 65—前 8)发表《诗艺》[*The art of poetry*，译者马丁(Martin)]，发展了亚里士多德的思想，提出"受众中心"文学观。

1 世纪：古罗马的昆体良(Quintilianus，约 35—95)出版《雄辩术原理》(*Institutio Oratoria*，12 卷)，是古代西方最早的修辞和教育学方法论著。其《雄辩术原理》英译本出版于 1920 年，译者巴特勒(Butler)等。

2 世纪：古罗马赫摩根尼(Hermogenes，155—225)出版 3 册《修辞技艺大全》(*Technē*)，讨论修辞技艺和文风。

5 世纪：古罗马奥古斯丁(Augustinus，354—430)出版《论基督教教义》[*De Doctrina Christiana* (*On Christian Doctrine*)，译者格林(Green)]使(古典)修辞"基督教化"，是"基督教修辞"诞生的标识(刘亚猛，2014：145，167)。

6 世纪：① 南朝刘勰的《文心雕龙》成书。这是一部系统、严密、细致的文学理论作品。② 波伊提乌(Boëthius，约 480—524)出版《话题论辩》[*De Topicis Differentiis*，译者斯塔姆普(Stump)]，梳理了经典修辞话题。

12 世纪：宋朝陈骙的《文则》问世，该书是中国历史上第一部谈及文法修辞的作品。

12—13 世纪：英国的(文索夫的)杰弗里(Geoffrey，别名 Galfridus)出版《诗艺新论》[*Poetria Nova*，译者尼姆斯(Nims)]，讨论了文学创作的原则。

1500 年：荷兰学者伊拉斯谟（Erasmus，约 1466—1536）出版《格言集》（*Adagia*），后来出版《布道者或布道的方法》（*Ecclesiastes Sive de Ratione Concionandi*），发展了基督教修辞。

1519 年：德国学者梅兰希顿（Melanchthon，1497—1560）出版了一本修辞教科书，革新了古典修辞学，生前出现 33 个不同的版本（刘亚猛，2014：197—198）。

1550 年：英国学者谢里（Sherry，1506？—1555?）出版《论形式与修辞》（*A Treatise on Schemes and Tropes*）。该书是文艺复兴时期的修辞杰作。

1553 年：英国学者威尔逊（Wilson，1524—1581）出版专著《修辞艺术》（*The Art of Rhetoric*）。该书是文艺复兴时期的修辞杰作。

1557 年：英国学者皮查姆（Peacham，1546—1634）出版《雄辩之园》（*Garden of Eloquence*）。该书是文艺复兴时期的修辞杰作。

1619 年：法国学者卡希努斯（Caussinus，1583—1651）出版 16 卷的《神圣与世俗雄辩的对应》（*Eloquentia Sacrae et Humanae Parallela*），雅俗共赏。

1828 年：英国学者惠特利（Whately，1787—1863）出版专著《修辞成分》（*Elements of Rhetoric*），后来一版再版。

1877 年：日本学者尾崎行雄（1858—1954）出版《公会演说法》。

1879 年：日本学者菊池大麓（1856—1917）出版《修辞及华文》。

1889 年：日本学者高田早苗（1860—1938）出版《美辞学》，被当作"明治"前后的分水岭（前者着重演讲术，后者着重文艺批评）。

1902 年：日本学者岛村泷太郎（1871—1918）出版《新美辞学》，吸收了早期的语言学思想，而且"精细化"地"洋为日用"，引用西方诸多学科和几十个古今名家的论著，"是科学精神的一次重要实践"（霍四通，2015：9），对龙伯纯和陈望道的修辞思想有深刻影响。

1905 年：汤振常出版《修词学教科书》，龙伯纯出版《文字发凡·修辞》，这是我国最早的也是受到日本修辞界影响最深的中国修辞教科书。

1909 年：日本学者五十岚力出版《新文章讲话》，强调书面语和文艺的修辞。

1913 年：王梦曾出版《中华中学文法要略·修辞编》。

1918 年：程善之出版《修辞初步》。

1923 年：① 英国语言学家奥格登（Ogden）和英国美学家和诗人理查兹（Richards）出版《意义的意义》（*The Meaning of Meaning*）。后来，理查兹出版《修辞哲学》（*The Philosophy of Rhetoric*）。他开启了修辞研究的语言学途径。② 唐钺出版《修辞格》，被陈望道（1979：280）称为"科学的修辞论的先声"。③ 胡怀琛出版《修辞学要略》，后有《修辞学发微》。

1925 年：美国文论家维切恩斯的文章《修辞的文学批评》（The literary criticism of rhetoric），标志着当代修辞学批评或"新亚里士多德修辞学"的肇始。

1926 年：① 王易出版《修辞学》，后来有《修辞学通诠》。② 董鲁安出版《修辞学讲义》。③ 张弓出版《中国修辞学》，后来有《现代汉语修辞学》。

1927 年：俄国学者巴赫金（Bakhtim[①]，1895—1975）出版《弗洛伊德主义》（英译版标题是 *Freudianism*）。后有诸多著作，如《陀思妥耶夫斯基诗学诸问题》（*Problems of Dostoevsky's Poetics*）、《文艺学的形式方法》（*The Formal Method in Literary Scholarship*）、《拉伯雷和他的世界》（*Rabelais and His World*）、《马克思主义和语言哲学》（*Marxism and the Philosophy of Language*）、《论行为哲学》（*Towards a Philosophy of the Act*）、《言语体裁问题》（*Speech Genres and Other Late Essays*），其文艺理论［如"对话观（念）、对话主义"］盛行欧洲、美洲、亚洲。

1928 年：① 徐松石出版《演讲学大要》，这是我国最早的演讲论著（主要是洋为中用）。② 余楠秋出版《演说学 ABC》。

1929 年：彭兆良出版《演讲学》。

20 世纪 30 年代：① 陈介白出版《修辞学》，后来有《新著修辞学》。② 徐梗生出版《修辞学教程》。③ 陈望道出版《修辞学发凡》（一版再版，是"中国现代修辞学的奠基之作""现代修辞学的第一座里程碑"，黎运汉、盛永生，2010：38）。这些标志着中国现代修辞学的诞生。

---

① 有些作品用的笔名是弗罗希诺夫（Voloshinov）或迈德维得夫（Medvedev）。

1931 年：① 美国学者伯克出版《反论》，标志着新修辞学的发端。直至 20 世纪 90 年代，其诸多著作出版，如《文学形式的哲学：象征行动研究》《动机语法学》《动机修辞学》《宗教修辞学：符号体系研究》《象征行动的语言：人生、文学和方法杂论》《对历史的态度》《论动机与社会》①。这标志着新修辞学的成熟。② 薛祥绥出版《修辞学》。

1932 年：金兆梓出版《实用国文修辞学》。

1933 年：① 杨树达出版《中国修辞学》，后有《汉文文言修辞学》。② 马叙伦出版《修辞九论》。③ 郑业建出版《修辞学提要》。

1934 年：① 曹冕出版《修辞学》。② 章衣萍出版《修辞学讲话》。③ 郭步陶出版《实用修辞学》。

1935 年：黎锦熙出版《修辞学比兴篇》。

1944 年：① 张文治出版《古书修辞例》。② 谭正璧出版《国文修辞》。

20 世纪 50 年代：吕叔湘、朱德熙的《语法修辞讲话》和张志公的《修辞概要》发展了汉语修辞学。

1954 年：倪宝元出版《修辞学习》，后有《汉语修辞新篇章》《大学修辞》。

1956 年：周振甫出版《通俗修辞讲话》，后有《诗词例话》。

1957 年：① 彭先初出版《王老师讲修辞》。② 张志公出版《初中汉语课本》第六册《修辞基础知识》。

1958 年：波裔比利时学者帕尔曼及其助理泰特卡出版法语版《新修辞学：论辩之论》[*La Nouvelle Rhétoric — Traité de l'Argumentation* (*The New Rhetoric — A Treatise on Argumentation*)，译者威尔金森(Wilkinson)和韦弗(Weaver)]，开启了论辩的新修辞研究。

1960 年：周迟明出版《汉语修辞》。

1961 年：美国学者布斯(Booth)出版专著《小说修辞》(*The Rhetoric of Fiction*)，后有《反讽修辞》(*A Rhetoric of Irony*)、《现代教条和同意修辞》(*Modern Dogma and the Rhetoric of Assent*)、《我们的交流圈子：小说的理论学》(*The Company We Keep: An Ethics of Fiction*)、《修辞的修辞：追求有效

---

① 上述作品的英文名见参考文献。

交流》(*The Rhetoric of Rhetoric: The Quest for Effective Communication*)等，发起了修辞伦理的思考。

1963 年：王力出版《古代汉语（下册）·修辞》。

1965 年：郑子瑜出版《中国修辞学的变迁》。

1968 年：① 美洲修辞学会(Rhetoric Society of America)成立，现任会长巴利夫(Ballif)。② 国际刊物《哲学与修辞》(*Philosophy and Rhetoric*)创刊。③ 国际刊物《修辞学会季刊》(*Rhetoric Society Quarterly*)创刊。

1969 年：美国社会学家海姆斯（Hymes）发表论文《比较修辞学》(Comparative rhetoric)，开创了"比较修辞学"的先河。

1971 年：① 美国修辞学家比策和布莱克(Bitzer & Black)编辑出版了《修辞大视野》(*The Prospect of Rhetoric*)。② 国际刊物《技术写作与交际》(*Journal of Technical Writing and Communication*)创刊。

1972 年：国际刊物《写作研究》(*Composition Studies*)创刊。

1975 年：美国修辞学家温特劳德(Winterowd)出版专著《当代修辞学：概念背景选读》(*Contemporary Rhetoric: A Conceptual Background with Readings*)。

1976 年：国际刊物(《写作实验室通讯》)(*Writing Lab Newsletter*)创刊。

1977 年：日本学者坪内逍遥出版《美辞论稿》。

1978 年：① 日本学者佐藤信夫出版《修辞感觉》。② 日本学者菅谷广美[①]出版《〈修辞及华文〉研究》。

1979 年：① 郑远汉出版《现代汉语修辞知识》，建立了以语言分析为纲的修辞学体系。后来有《辞格辨异》《修辞学教程》《言语风格学》等，以及论文数十篇。② 郭绍虞出版《汉语语法修辞新探》。

1980 年：① 美国语言学家莱考夫(Lakoff)和约翰逊(Johnson)出版《我们赖以生存的隐喻》(*Metaphors We Live By*，多次再版和翻译)，启动了隐喻的认知语言学和体验哲学的研究。后来才有束定芳的《隐喻学研究》、赵彦春的《隐喻形态研究》、胡壮麟的《认知隐喻学》、张沛的《隐喻的生命》等。② 美国修辞

---

① 恨无年龄信息。

学家肯尼迪（Kennedy）主编并出版专著《古典修辞学及其基督教传统和世俗传统：从古到今》(*Classical Rhetoric and Its Christian and Secular Tradition: From Ancient to Modern Times*)。后来出版多部著作,如《古典修辞学的新历史》(*A New History of Classical Rhetoric*),《比较修辞学》(*Comparative Rhetoric*)等。③ 倪宝元出版《修辞学》以及词典多部（含合著）。④ 宗廷虎发表论文《试论数词的修辞作用》(与李嘉耀),后发表论文数百篇,如《从修辞学的发展,看修辞学的对象和任务研究》《试评修辞学理论研究》《陈望道小传》《陈望道和刘大白》《语言美纵横谈》《在修辞学建设中吸取心理学美学营养》等。出版专著多部,如《修辞学和语体学》《语体论》《修辞新论》(与邓明以、李熙宗、李金苓合著),《汉语修辞学史纲》(与李金苓合著),《中国现代修辞学史》《汉语修辞学史》(与袁晖等合著),《辩论艺术》(与王小禾、丁世洁合著),《中国修辞学通史》(五卷本,与郑子瑜、陈光磊合著),《宗廷虎修辞学论集》《20 世纪中国修辞学》(上、下卷,与高万云、吴礼权合著),《修辞史与修辞学史阐释》(与李金苓合著)。⑤ 12 月,中国修辞学会成立,首任会长为张志公。

1981 年：国际刊物《写作教学杂志》(*Journal of Teaching Writing*)创刊。

1982 年：① 中国修辞学会的杂志《修辞学习》创刊。"它是我国有史以来第一份修辞学杂志"(语出其创刊词)。② 吴士文出版《修辞格论析》,其他如《修辞讲话》《修辞新探》。③ 郑颐寿出版《比较修辞》,后有《文艺修辞学》《辞章学发凡》《辞章体裁风格学》《新编修辞学》(与林承璋合著)。

1983 年：① 戚雨村发表论文《修辞学与语用学》,主编并出版《语言学百科词典》。后来还主编《中国大百科全书·语言文字卷》《辞海》等,发表论文数十篇。诸多论文开启了我国的语用—修辞界面研究的思考：如袁毓林的《从语用学和修辞学的关系论修辞学的理论目标、对象范围和研究角度》,池昌海的《也说修辞与语用学——与袁毓林同志商榷》,高万云的《语用分析与修辞分析》,张会森的《语用学与修辞学》,何自然的《语用学对修辞学研究的启示》,温锁林的《语用平面跟修辞学的区别》,黎运汉的《话语语用修辞学建立的背景》,胡范铸的《从"修辞技巧"到"言语行为"——试论中国修辞学研究的语用学转向》,戴仲平的《语用学与中国现代修辞学的比较及其合作前景》,夏中华的《关于修辞学和语用学学科渗透与借鉴问题的思考》,宗世海、刘文辉的《论修辞学与语用学的关系及二者的发展方向》,周舒的《语用与语义、语法、修辞的分界——兼谈语用学的内涵》,林大津、毛浩然的《不是同根生,聚合皆姻缘——谈修辞学与语用学的区别与联系》,蒋庆胜、陈新仁的《语用修辞学:学科定位与分析框架》,侯国金的《语用和修辞的窘境与语用修辞学》(Puzzles for pragmatics and rhetoric and advent of pragma-rhetoric)。② 谭永祥出版《修辞新格》。随后发表几十篇论文,开启了对消极修辞的批判。③ 王希杰出版《汉语修辞学》,后来还有《修辞学新论》《修辞学通论》《修辞学导论》《数词、量词、代词》《动物文化小品集》《说写的学问和情趣》《说话的情理法》《语林漫步》《语法、修辞、文章》《汉语释疑辨难集》《语言的美和美的言语》《语言随笔精品——王希杰特辑》《王希杰语言随笔集》《语言学——在您身边》(和于根元合著)等多部著作和几十篇论文。

1984 年:① 国际刊物《计算机与写作》(*Computers and Composition*)创刊。②《书面交际》(*Written Communication*)创刊。

1985 年:程祥徽出版《语言风格初探》。

1986 年:① 陈光磊出版《中国古代名著词典》(与胡奇光合编),后来还有《修辞论稿》《中国修辞史》(与宗廷虎合著,上、中、下卷),以及诸多论文,如《对外汉语教学的语用修辞教学》、《陈望道先生对修辞学的历史贡献》、《〈修辞学发凡〉油印本的发现及其学术价值》(与霍四通合著)、《汉语修辞的演变与中国文化的发展》(与宗廷虎合著)。② 刘焕辉出版《言语交际学》,后来有《修辞学纲要》《言语交际学重构》。③ 李维琦出版《修辞学》,后有《古汉语同义修辞》。

1987 年:王德春等出版《修辞学词典》,这是我国最早的修辞词典。后来出版《现代修辞学》(与陈晨合著),《多角度研究语言》《汉英谚语与文化》《语言学新视角》《语言学通论》《语体学》及论文、译文 200 多篇,开创了修辞研究的普通语言学途径。

1988 年:李熙宗出版《修辞新论》(与宗廷虎等合著),其他如《汉语语法修辞词典》(与张涤华等合编),《实用语法修辞教程》(与李嘉耀合著),《中国修辞学通史·明清卷》(与宗廷虎等合著),《大学修辞学》(与王德春等合编)等。发表论述数十篇,如《谈谈语体学研究的方法问题》《语体的形成与语体的习得》《语文体式与语体的关系及其实践功用》《关于语体的定义问题》《现代汉语公文语体论略》《论语词的紧缩》《多层次多角度地开展语体研究》《建国以来语体学研究述评（上、下）《现代汉语科技语体述要》《从文体与语体的关系谈语体分类问题》《文体与语体分类的关系》《女性言语特征浅说》《辞格研究上的重大创获》《汉语语体风格研究》《语体的描写研究与话语的语体分析》《关于建立言语学问题的几点想法》《一部富有创见的探索修辞教学规律的著作——胡性初〈实用修辞〉（增订本）读后》《辞格研究上的重大创获——读谭永祥〈修辞新格（增订本）〉》、《探索语言与社会关系问题的好书——简评〈语言变异研究〉》（与霍四通合写）、《语体范畴化的层次和基本层次》（与霍四通合著）、《试论"动喻"》（和霍四通合写）。

1989 年：国际刊物《边缘写作》(*Writing on the Edge*)创刊。

1990 年：① 科比特(Corbett)和康奈斯(Connors)出版《现代学者古典修辞必读》(*Classical Rhetoric for the Modern Student*)。② 布罗克(Bernard Brock)等出版论文集《修辞批评方法》(*Methods of Rhetorical Criticism*)。③ 顾曰国发表论文《西方古典修辞学和西方新修辞学》，后来有诸多论文，如《语用与修辞：会话研究的合作方法》(Pragmatics and rhetoric：a collaborative approach to conversation)，《论言思情貌整一原则与鲜活话语研究——多模态语料库语言学方法》。④ 夏中华出版《交际语言学》，后来发表《关于修辞学和语用学学科渗透与借鉴问题的思考》。⑤ 张德明出版《语言风格学》，后有《中国现代语言风格学史稿》。

1991 年：① 高长江出版《现代汉语修辞学》。② 濮侃出版《语言运用新论》（与庞蔚群合著）。③ 蒋有经出版《模糊修辞浅说》。

1992 年：① 吴家珍出版《当代汉语修辞艺术》。② 冯广艺出版《变异修辞学》，后来有《语言和谐论》《语用原则论》。③ 叶国泉出版《语言变异艺术》（与罗康宁合著）。④ 李运富出版《二十世纪汉语修辞学综观》（与林定川合著）。

1993 年：① 白春仁出版《文学修辞学》。② 布斯(Booth)出版专著《小说修辞》(*The Rhetoric of Fiction*)，后有《修辞的修辞：有效交际探索》(*The Rhetoric of Rhetoric: The Quest for Effective Communication*)。

1994 年：① 利思(Leith)发表论文《修辞学视域中的语言学》(Linguistics：a rhetor's guide)。② 张炼强出版《修辞理据探索》，其他著作有《修辞基础知识》《现代汉语语法常识》《汉语学习难点简析》等。③ 王培基出版《修辞学专题研究》。④ 骆小所出版《现代修辞学》，后来有《语言美学论稿》。⑤ 日本的原子朗出版《修辞学史研究》。

1995 年：① 古远清出版《诗歌修辞学》（与孙光萱合著）。② 日本学者速水博司出版《修辞历史：近代日本》。③ 本森和普罗索（Benson & Prossor）出版文集《古典修辞选读》（*Readings in Classical Rhetoric*）。

1996 年：① 国际刊物《凯洛思：修辞、技术和教育学》（*Kairos: A Journal of Rhetoric，Technology，and Pedagogy*）创刊。② 伊诺思（Enos）编辑出版《修辞与写作小百科：从古代到信息时代的交际》（*Encyclopedia of Rhetoric and Composition: Communication from Ancient Times to the Information Age*）。随后，伊诺思等编辑出版论文集《修辞前景的来和去》（*Making and Unmaking the Prospects for Rhetoric*）。③ 福斯（Foss）出版专著《修辞批评探索与实践》（*Rhetorical Criticism: Exploration and Practice*）。④ 姚亚平出版《当代中国修辞学》。⑤ 曾毅平出版《公关言语艺术》，后来有《修辞与社会语用论稿》。

1998 年：李廷扬出版《美辞论》。

1999 年：① 国际刊物《演讲季刊》（*Quarterly Journal of Speech*）创刊。② 陈汝东出版《社会心理修辞学导论》。随后出版多部著作，如《传播伦理学》《当代汉语修辞学》《认知修辞学》《语言伦理学》《对外汉语修辞学》《修辞学论文集（第八集）》《新兴修辞传播学理论》，以及诸多论文，如《受众伦理规范研究：历史、现状与趋势》《论传播受众伦理》《论未成年人成长中的媒体道德建设》《新闻中谐音现象的传播价值》《论传播伦理学的理论建设》《也谈新闻标题中的复用方法》《话语理解中的道德准则》，其论著和活动打通了东西方修辞交往的通道。③ 李国南出版《英汉修辞格对比研究》，后来改版、再版多次。其他著作译作有《辞格与词汇》《大学修辞学》等。发表论文百篇，如《英语中的双关语》《英语中的委婉语》《试论英语辞格 ANTITHESIS》《英语委婉语的同义选择与语体变异》《篇章中的复现手段与修辞重复》《亦谈双关与歧义》《修辞中的重复与变异》《有关 Oxymoron 的几个问题》《专名"借代"辨析》《"ANTITHESIS"与"对偶"比较研究》等。他是英汉修辞对比研究的代表。④ 郑荣馨出版《语言表现风格论》，后有《语言得体艺术》《语言交际艺术》。⑤ 徐丹晖出版《语言艺术探索》。⑥ 史尘封出版《汉语古今修辞格通编》。

2000 年：① 李鑫华出版《英语修辞格详论》。② 贾拉特（Jarratt）发表论文《修辞与女性主义：殊途同归》（Rhetoric and feminism：together again）。③ 黎运汉出版《汉语风格学》《现代汉语修辞学》《汉语风格探索》《汉语修辞学》（与盛永生合著）等专著 15 部，发表论文 50 多篇。

2001 年：① 赫里克（Herrick）出版《修辞学历史与理论导论》（*The History and Theory of Rhetoric: An Introduction*）。② 斯隆（Sloane）出版《修辞百科词典》（*Encyclopedia of Rhetoric*）。③ 刘大为发表长篇论文《从语法构式到修辞构式（上、下）》，开启了语法构式和修辞构式的讨论。后有陆俭明的《从语法构式到修辞构式再到语法构式》，侯国金的《评"语法构式、修辞构式"二分法》《"不可推导性"作为标准的虚妄：兼评"修辞构式观"》（与邢秋红合写）。④ 何新祥出版《广告语言修辞艺术》。⑤ 谭全基出版《修辞荟萃》。⑥ 高万云出版《文学语言的多维视野》。⑦ 曹德和出版《内容与形式关系的修辞学思考》，后有《语言应用和语言规范研究》。

2002 年：①《吕叔湘全集》出版。② 胡习之出版《辞规的理论与实践——20 世纪后期的汉语消极修辞学》，后来出版了《核心修辞学》。③ 邹立志出版《诗歌语体论》。④ 刘凤玲出版《社会语用艺术》（与戴仲平合著）。⑤ 高胜林出版《幽默技巧大观》，后来有《幽默修辞论》。

2003 年：① 朱承平出版《对偶辞格》。② 于广元出版《汉语修辞格发展史》。③ 徐国珍出版《仿拟研究》。④ 11 月 12—14 日，中国修辞学会在浙江师范大学举行研讨会。

2004 年：① 曹石珠出版《汉字修辞学》。② 刘子智出版《汉语修辞通论》。③ 段曹林出版《唐诗语法修辞研究》。④ 李晗蕾出版《辞格学新论》。

2005 年：① 鞠玉梅出版《语篇分析的伯克新修辞模式》。后来出版《社会认知修辞学：理论与实践》，发表《伯克受众观的后现代性解析》《伯克修辞思想及其理论构建的哲学基础》《伯克修辞学的核心思想研究——兼与现代汉语修辞学思想比较》《20 世纪西方修辞学理论研究》《当代西方修辞学传统和中国修辞学研究的学科思考》《通过"辞屏"概念透视伯克的语言哲学观》《肯尼斯·伯克新修辞学理论述评——戏剧五价体理论》等论文，对伯克进行了全方位的引介。② 李军出版《语用修辞探索》，后有《话语修辞理论与实践》。③ 林大津出版《跨文化交际学：理论与实践》，其他著作如《跨文化交际研究——与英美人交往指南》《福建翻译史论》（总主编）、《修辞学大视野》（与谭学纯合著）。发表论文数十篇，如《宏观意图与微观策略：语用修辞翻译观》《修辞学研究对象新思考》《"零距离接触外来思想和文化"之修辞认同分析》《比较修辞研究掠影》《慢道修辞"边缘化"，来日风景可筹划》。

2006 年：① 吴礼权出版《现代汉语修辞学》，其他专著如《游说·侍对·讽谏·排调：言辩的智慧》、《中国历代语言学家评传》（与濮之珍合著）、《世界百科名著大辞典·语言卷》（与濮之珍等合著）、《中国智慧大观·修辞卷》《言辩的智慧》《中国笔记小说史》《中国言情小说史》《中国修辞哲学史》《中国语言哲学史》《公关语言学》（与李济中等合著）、《中国现代修辞学通论》《修辞心理学》《妙语生花：语言策略秀》《修辞的策略》《表达的艺术》《演讲的技巧》、《中国历代语言学家》（与濮之珍等合著）。论文百篇。② 丁金国出版《语体风格认知与解读》，后有《语体风格分析纲要》。③ 黎千驹出版《模糊修辞学导论》。④ 李胜梅出版《修辞结构成分与语篇结构类型》。

2007 年：① 北美现代语言学会出版论文集《现代语言与文学研究导论》（*Introduction to Scholarship in Modern Languages and Literature*），贾拉特撰文。② 世界汉语修辞学会（Chinese Rhetoric Society of the World，CRSW）成立。③ 侯国金发表《双关的语用机制和翻译》，后来发表《隐喻的本体论语用观》《"你美就仿你"：仿拟的"同省异效模式"》《仿拟广告的语用修辞学解读和"仿拟译观"》（与吴春容合著）、《辞格花径和花径辞格》《TS 等效翻译的语用变通》《语法隐喻是不是隐喻？》《轭配的语用翻译观》《汤姆诙谐唯英独有？——汉语生成汤姆诙谐之可能》《隐喻集经纬的编织和隐喻的语篇性》《拈连的语用修辞学解读和"拈连译观"》等（见§2.5），揭开了语用修辞研究的序幕。④ 沃辛顿（Worthington）编辑出版《希腊修辞指南》（*A Companion to Greek Rhetoric*）。

2008 年：刘亚猛出版《西方修辞学史》。发表诸多修辞学论文，如《20 世纪美国修辞的宣言》《当代西方修辞学科建设：迷惘与希望》《关联与修辞》《当代西方修辞研究的两个特点及其缘由》《作为语用表亲的修辞：言语学的合作竞争》(Rhetoric as the antistrophos of pragmatics: toward a "competition of cooperation" in the study of language use)，以及专著《追求象征的力量——关于西方修辞思想的思考》等。他是东西方修辞的搭桥者。

2009 年：① 《当代修辞学》问世，由《修辞学习》更名，是中国唯一的修辞学专业学术期刊。② 肖沛雄出版《节目主持人语言传播艺术》。③ 屈哨兵出版《广告语言跟踪研究》（与刘惠琼合著）。④ 谢旭慧出版《戏剧小品语言幽默艺术》。

2010 年：① 谭学纯等出版《汉语修辞格大辞典》。发表论文数十篇，如《"这也是一种 X"：从标题话语到语篇叙述——以 2009 年福建省高考作文为分析对象》《"这也是一种 X"认知选择、修辞处理及语篇分析》《国外修辞学研究散点透视——狭义修辞学和广义修辞学》。先后出版专著《接受修辞学》《广义修辞学》（与朱玲等合著），开启了"接受修辞学、广义修辞学"的新篇章。② 国际刊物《进行时：社会修辞研究》(Present Tense: A Journal of Rhetoric in Society)创刊。③ 陆俭明发表《修辞的基础——语义和谐律》，后有诸多论文，如《消极修辞有开拓的空间》《重视语言信息结构研究，开拓语言研究的新视野》。④ 蓝纯出版《修辞学：理论与实践》。⑤ 李小博出版《科学修辞学研究》。⑥ 7 月 28—30 日在香港举行世界汉语修辞学会第二届年会暨修辞学国际学术研讨会。

2011 年：① 《国际修辞学研究》(International Rhetoric Studies)创刊。② 许钟宁出版《语用修辞研究》。③ 霍四通发表论文《〈修辞学发凡〉用例的当代学术价值》，后来还有诸多论述，如著作《中国现代修辞学的建立——陈望道〈修辞学发凡〉考释》。

2012 年：① 全球修辞学会(The Global Rhetoric Society)成立。② 国际刊物《佩索杂志》(Peitho)创刊。

2014 年：① 国际刊物《修辞、政治和社会》(Rhetoric, Politics and Society)创刊。② 郑荣馨、黎运汉出版《得体修辞学》，黎运汉的其他论著有《现代汉语修辞学》《汉语风格探索》等。

2015 年：全球话语学会(全球修辞学会分会)成立。

2017 年：① 魏纪东出版《信息修辞学》，其他有《篇章隐喻研究》及论文多篇。② 国家社科基金立项课题中含"修辞"二字的有 5 项[1]：张守夫的"古希腊修辞哲学研究"（重点项目）、李德鹏的"国家语言战略背景下的汉语修辞能力标准研究"、陈小慰的"服务国家对外话语传播的'翻译修辞学'学科构建与应用拓展研究"、刘涛的"环境传播的公共修辞与符号化治理策略研究"、刘晶的"中国政治视觉修辞的表征与提升策略研究"（青年项目）。③ 麦克唐纳出版《牛津修辞研究手册》（*The Oxford Handbook of Rhetorical Studies*）。④ 鲍德里亚（Baudrillard）出版专著《象征交往的修辞》（*The Rhetoric of Symbolic Exchange*）。

2018 年：① 10 月 27—28 日，中国修辞学会 2018 年学术年会暨第三届政务新媒体高峰论坛在浙江杭州举行。② 国家社科基金立项课题中含"修辞"二字的有 4 项：陆丙甫的"现代汉语消极修辞方法原理探析"（重点项目）、侯国金的"构式语法的语用修辞学研究"、张伟的"视觉修辞与当代图像叙事的审美机制研究"、邓志勇的"跨学科视角下西方'新修辞学'及其创新的三维考察"。"大修辞"项目有多项，如曾祥敏的"移动互联网背景下主流媒体新闻视听传播变革研究"。

2019 年：① 10 月 21—23 日，中国修辞学会年会在山东曲阜召开。② 国家社科基金立项课题中含"修辞"二字的有 7 项：胡范铸的"以'新言语行为分析'为核心的汉语修辞学理论研究"（重点项目）、廖巧云的"汉英语义修辞的文化机制对比研究"（重点项目）、高群的"中国文学修辞百年研究史（1919—2019）"、陈香兰的"基于眼动实验的汉语修辞理论与识别理解研究"、乔俊杰的"《昭明文选》修辞学研究"、罗积勇的"中国对偶修辞通史"、谢世坚的"汤显祖和莎士比亚戏剧修辞比较研究"。

2020 年：① 国家社科基金立项课题中含"修辞"二字的有 3 项：武飞的"裁判文书中情理运用的修辞论证研究"、高志明的"广义修辞学视域下《史记》纪传体叙事范式研究"、邱莹的"图式性修辞构式的多重界面互动机制研究"（青年项目）。"大修辞"项目有多项（略）。② 侯国金在《浙江外国语学院学报》主持"语用学研究"专栏，收入陈新仁、杜修恋、李占喜、王才英等的论文。

2021 年：① 国家社科基金立项课题中含"修辞"二字的有 6 项：金胜昔的

---

[1] 有"修辞"二字的项目，也许是"大修辞"研究，与不带"修辞"的"大修辞"项目无二。

"语义修辞翻译过程中译者认知努力研究"、段曹林的"新世纪以来的汉语修辞革新研究"、战菊的"'跨文化修辞'视角下的中国研究生英语学术语篇特征历时研究"、谭善明的"修辞学视野中的柏拉图对话研究"、肖馨瑶的"古罗马修辞学对英国文艺复兴文学之影响研究"（青年项目）、陆一琛的"跨媒介视域下法国当代小说中的影像叙事与视觉修辞研究"（青年项目）。其他"小修辞"有孙毅的"当代隐喻学视域中多语种通用辞格认知研究"、黄洁的"汉英感知隐喻概念化模式的认知对比研究"。"大修辞"有多项，包括王世凯的"新时代国家语言治理理论体系建构研究"（重点项目）、冉永平的"社会—语用共同体视域下网络和谐话语体系建构及引导机制研究"（重点项目）、王雪瑜的"新时代国家治理'中国方案'的话语建构与对外传播模式研究"等。② 侯国金为《"文明互鉴 文明互译"百家谈》主持"语用修辞学"专栏（第 45 期），收入鞠玉梅、张瑜、董瑞兰、蒋庆胜、刘小红及自己的论文。

2022 年：① 保加利亚修辞学会会长、保加利亚索菲亚大学修辞学系创始人佟卡·亚历山卓娃（Donka Alexandrova）出版 75 周岁纪念文集《说吧，让我看见你》（ГОВОРИ，ЗА ДА ТЕ ВИДЯ ...）。② 施旭出版专著《文化话语研究：探索中国的理论、方法与问题》（第二版）。③ 鞠玉梅发表《建构修辞研究的特征及学术走向》。④ 国家社科基金立项课题中含"修辞"二字的有 4 项：鞠玉梅的"'一带一路'背景下科技新闻话语的建构修辞及其传播研究"、杨贝的"新修辞学普遍听众理论的司法适用研究"、张清的"法官庭审话语的修辞能力研究"、黄璐的"尼采修辞学及其文化隐喻研究"（青年项目）。

2023 年：①《西安外国语大学学报》（第 3 期）开辟"语用修辞学"专栏（侯国金为主持人），4 篇文章的作者为鞠玉梅、董瑞兰、袁国荣、刘小红和侯国金。② 国家社科基金立项课题中含"修辞"二字的有 2 项：吕玉赞的"新修辞学视阈下的类案裁判方法研究"、张伟的"视觉修辞与中国近现代画报的'解放'叙事研究"。

3.5　关于修辞学的准共识

郝荣斋指出，以往的中国修辞学研究，要么是"言语规律说"而使修辞学的研究面"何其广",要么是"同义结构说"而使修辞学的研究面"何其窄"。郝荣斋还指出,修辞学界一些论者关于修辞(学)的认识,哪怕是在同一本书里,往往不一致,滋生了混乱(2000:3)。

黄浩森(1982:26)指出,陈望道对消极修辞和积极修辞的阐释"不够精确",对修辞学研究起到了"框框"的桎梏作用,今人需要"突破"他的"框框"。但他并未指出如何"精确",如何"突破"各种"框框"。

潘庆云建议更换修辞二分的"消极、积极"。陈望道最初的意思是,消极修辞意在"去掉不好的",而积极修辞是要"表现出好来",前者意在"通"的修辞效果,后者意在"工"的修辞效果(1991:102)。但"消极、积极"的对举还是有些不妥,至少对前者不公,因为"消极"是个贬义词。潘庆云说"不尽妥当","还是改一下好"。他收集了一些旨在代替的对举术语,"规范修辞、艺术修辞""平实修辞、艺术修辞""论理性修辞、艺术性修辞""一般性修辞、特殊性修辞",通过对比,潘庆云支持最后一对——"还能差强人意"(1991:102)。

吴克炎虽然赞同消极修辞,但批评陈望道的这个说法,认为:① 难以做到"极其明白""没有丝毫的模糊/歧解"。② 这一条"在日常生活中不完全适用"(2012:130)。③ "是一种普遍使用的修辞法"的说法,"过于宽泛"(2012:131)。④ 消极修辞"大体上是抽象的、概念的"的说法"过于笼统""不好把握"(2012:131)。鉴于此,吴克炎提出所谓"新解"的"消极修辞"(2012:131-133)。重新定义消极修辞为"没有相对固定格式的句式语词选择创造之艺术",涵盖两个方面:一是"旨在适切语境、语体、语流的语境性措辞选择创造",二是"旨在达雅的文本内部措辞选择创造"(2012:231)。

随后,吴克炎从这两个方面展开阐释。

第一方面细分为3个方面:① 关于措辞要"适切语境"。他说,假如某家只有一部电脑而太太用了很久,此时丈夫想用用,与其说"你走,让我用!""还不让我来用用?",还不如说"亲爱的,你是否需要休息一下了?"注意这里的亲昵用语"亲爱的"以及以关心对方身体的问句所实施的询问和提醒,间接地实施了请求(或命令),太太就会"感觉温馨和谐"(2012:132)。② 关于措辞要"适切语体"。他说,"拘谨体、正式体、交谈体、随便体、亲昵体"对措辞和句式都有相应的要求,例如"(尊敬的)父亲、爸爸"分别适合书面和口头交谈。③ 关于措辞要

"适切语流",意思是词语和句式要符合某语篇段落及当事人的言语习惯,做到"地道自然"(2012：132),该用二字结构、四字格习语或歇后语时就用。

第二个方面即"文本内部措辞选择创造",吴克炎也细分出 3 个方面：① 主语"同"与形散。例如,几个语句共享一个主语[可以省略,或者表现为零回指(zero anaphora)],那么几句话就显得"形散而神不散"。② 结构"同"与平衡。人们所追求的"平衡美、整饬美"往往靠平衡对称的结构体现。③ 语义"同"与反复。语义重复有时是强调,有时则是结构的需要(见②)。例如"笨头"或"笨脑"已经具备了语义完备性,但不如"笨头笨脑"中听。"两面三刀""左膀右臂"等习语也是如此。

郝荣斋(2000)、谭学纯、朱玲(2015)等为了解决"积极修辞、消极修辞"二分的一些争端,建议采用"广义修辞学、狭义修辞学"的新二分。根据郝先生的论述,"广义修辞学"指的"是以广义修辞现象为研究对象的语言学科",这里的"广义修辞现象"指的是"积极的言语表达活动中的一切言语现象"(郝荣斋,2000：3)。广义修辞学是一门"语言学科",隶属于索绪尔的"言语的语言学、言语学"(郝荣斋,2000：4),也可以叫作"语言运用学","提供了一个广阔的研究空间"(郝荣斋,2000：3)。

谭学纯、朱玲(2001/2015)大致以"狭义修辞学"为出发点,内容包括：① 广义修辞学的理论生长点、修辞功能的 3 个层面：a. 修辞作为话语建构方式(修辞技巧)。b. 修辞作为文本建构方式(修辞诗学)。c. 修辞参与人的精神建构(修辞哲学)。② 修辞活动的两个主体：a. 表达者和接受者(修辞活动：定义和角色分工,修辞角色的混杂、分化和转换,角色"在场、缺席"的修辞意义)。b. 话语权和表达策略(谁在言说,向谁言说,如何言说,话语权再分配和表达策略,表达策略和修辞话语的价值重建)。③ 修辞幻象(语言制造的幻觉,修辞幻象的生成与延伸)。④ 修辞原型：审美化的集体无意识(个案研究)、解释权和接受策略(解释的隐形权威和解释的自由,解释权和接受策略：理论与实践,解梦：话语模式及其解释权)。⑤ 修辞接受的特征(修辞接受的开放性、选择性、个体性、社会性)。⑥ 为狭义修辞学说几句话。

那么什么是"狭义修辞学"？是"以狭义修辞现象为研究对象的言语学科",而所谓"狭义修辞现象",就是"狭义修辞活动中的一切言语现象"(郝荣斋,

2000：4），大概指用修辞格的情况。既然修辞学研究"有修辞标志的言语现象"（郝荣斋，2000：3），包括"优辞"（优化了的言语作品/方式）、"劣辞"以及"病辞"①，郝荣斋认为，广义修辞学研究三者，狭义修辞学只研究"优辞"（郝荣斋，2000：4）。

本书赞赏郝荣斋以新二分代旧二分的勇气，但其解决争端的愿望恐难实现。他的"广义修辞学"似乎包罗万象，涉及言语和非言语手段（包括图像、标点、公式、表格等）的运用规律（郝荣斋，2000：4），甚至连修辞格和"优辞"也不放过，岂不是让"圈定的田地（虽然）很小""研究范围较窄"（郝荣斋，2000：3 - 4）的狭义修辞学更窄了？至于他说广义和狭义修辞学的三方面差别，也有诸多重叠交叉和想当然之处，仿佛广义修辞学全然不顾"修辞效果"，而狭义修辞学全然不顾"修辞行为"（郝荣斋，2000：4）。

宋振华、王今铮（1979）提出"辞律"的概念，与积极修辞的"辞格"对举，并试图从语音、词汇、句法等方面论述辞律，可惜不算成功（潘庆云，1991：102）。

陈望道的《修辞学发凡》说"辞趣"是"语感的利用""语言文字本身的情趣的利用"，包括"辞的意味、辞的音调、辞的形貌"（参见潘庆云，1991：104）。与之对举的有"辞风"，意思是"音节对称、字形清楚、标点正确"（吴士文，1986：165；潘庆云，1991：104）。潘庆云（1991：104）批评这一辞风解释，还是建议放弃这个对举概念，而代之以"一般性修辞风格、艺术性修辞风格"。当然，还可以三分为宏大（grand）、中和（middle）、简朴（simple）风格（语出《罗马修辞手册》，转引自刘亚猛，2014：91）。

西方修辞学的发展除了传统研究尤其是修辞格的研究，我们发现还有"新亚里士多德主义修辞学"，以惠特利为代表，认为"修辞学主要研究观念与人们的思维、情感、动机以及行动之间的关系""修辞学追求的是一种事先确定的对观众的认识或态度的引导"。还有"新修辞学"，以伯克为代表，认为"语言不仅导致行动，而且构建我们的现实"，"人一旦运用语言，就不可避免地进入修辞环境"（亦即人所在的各种大小环境，伯克等，1998：15 - 16，见§3.2）。在我国还有"广义修辞学、接受修辞学"思想，以孙汝建（1994），谭学纯、朱玲（2001/2015）

---

① 不是汪国胜等（1993：71）的"病辞"（其"病辞"相当于连及辞格）。

为代表，认为"人是语言的动物，更是修辞的动物"，人多半是"以修辞方式'在场'"(谭学纯、朱玲，2015：45)，把"修辞活动"定义为"言语交际双方共同创造最佳交际效果的审美活动"(谭学纯、朱玲，2015：69)。从 20 世纪 90 年代开始，美学研究、文学理论和批评研究等，都实现了广义修辞学转向(谭学纯、朱玲，2015：50)，带动了一大批学者的接受修辞研究或"修辞接受研究"(黎运汉、盛永生，2010：47)。2000 年中国文史哲类的多家杂志，如《文艺研究》《外国文学评论》《历史研究》《哲学研究》所刊登的论文中，有 1192 篇涉及"修辞、话语、语言、言语、言意、隐喻、象征、问题、符号、语境"等关键词(谭学纯，2015：50 - 51)。还有"大修辞"，以张宗正等学者为代表，认为"修辞绝不简单的只是语言层面上增减改换词语、斟酌选择句式、设置使用辞格的活动，修辞是人类将思维外化为修辞行为、修辞作品的过程，是人类认知世界的优化的、个性化的、情感化的、意图化的模式，是人与客观世界人性的对话的交流系统、交流方式、交流过程"(张宗正，2004a：23 - 24)。

可见当代中西修辞学研究一方面已经涉及哲学、美学、心理学，遑论语言学和语用学，另一方面奠定了修辞学跨学科研究的基础。

至此，是否可以说，修辞学界对修辞达成了共识？否。目前接近共识(因此本书称为"准共识")的大概有：

(1) 修辞学的研究包括修辞格；

(2) 修辞学属于语言学但"不是纯粹的语言学"(温锁林，2000：35)；

(3) 修辞学和语用学的关系"最为密切"(温锁林，2000：35)，其次是和语法/句法(学)、语义(学)的关系亲密；

(4) 修辞学横跨语言学和文学(或文艺学、美学，或称"文艺美学")，因此"不妨称为艺术语言学"(温锁林，2000：35 - 36)；

(5) 语言文字符号是修辞学研究中"利用的材料"，而非"研究的对象"(温锁林，2000：35 - 36)；

(6) 如果语法管辖语言符号的"对不对、正确不正确、是否合法合理"问题，那么修辞学管辖语言符号的"好不好、巧不巧、是否得体、是否有效"问题；

(7) 当代修辞学研究有三大潮流：以认知(epistemological)视角研究修辞，以纯文学/美学(belletristic)视角研究修辞，以演讲技巧(elocutionist)视角研究修辞(陈小慰,2013：79 - 80)。

　　虽然有这些定义和"准共识",但可以说修辞学也许是最难定义或对其性质进行公理般判断的学科,过去和现在处于"尚无定论"的混沌状态(温锁林,2000：35),值得抓紧研究。实际上,修辞学乃至语言学界对修辞的认识以及对它和语用、语法之间关系的认识,不乏误解(见§4.5),也急需研究。

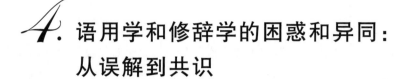

4. 语用学和修辞学的困惑和异同：从误解到共识

语用学和修辞学界还具有不少或同或异的学科困惑，如语用学和修辞学到底是近邻还是远亲，一直困扰着两个学科的学者［刘亚猛、朱纯深（Liu & Zhu），2011：3402］。至于如何互相借力，借什么力，更是困惑。下面简述两个学科各自的困惑，或多或少具有对比性和相通性。

4.1 语用学的困惑

语用学的困惑之一是，语用学始于哲学，忠于哲学，始终得力于哲学，甚至离不开哲学。这里的"哲学"，虽然溯源到最早的西方哲学，但主要是弗雷格和维特根斯坦以后，尤其是奥斯汀、格赖斯、塞尔以来的"语言哲学"。源于哲学的学科当然不只是语用学（还有语义学和句法学），但语用学若是永远离不开哲学，就休想发展成为对语言交际或交际语言进行完满解释的、独立的解释性科学。

语用学困惑之二是，很多人"搞语用学"就仅仅在新老格赖斯语用学和新老言语行为理论的圈子内转来转去，正因如此，不少业内和业外人士说及或引证语用学论点时自觉不自觉地画地为牢，囿于几个为语用学做出原发性贡献的语言哲学家（如上述）的论著。语用学有"形而上"的传统（胡范铸，2004：8），往往上得去而下不来。

语用学困惑之三是，作为其他友邻学科的"垃圾篓"，即捡起它们难以解释的语言现象进行解释，语用学这个"垃圾学科"的经典课题是指别、预设、含义、语境、语为(pract,或"pragmatic act",即言语行为,以及非言语手段所达到的类似言语行为的"行为")等,而且,在相当长的时间内,只满足于拾人牙慧(大多是继承莱文森的做法,见胡范铸,2004:10),似乎没有更多、更深、更合理的解释。言语行为论就是如此,长期以来没有"不同领域的言语行为研究、言语行为的社会分层和地域划分调查、言语行为的习得研究、言语行为的发展史研究、跨文化言语行为研究、言语行为的技术性规范研究、言语行为的认知基础研究"等(胡范铸,2003:5[①])。

语用学困惑之四是,其研究范围的宽窄问题,即多宽才可以丰富语用学自身的学科建设,多窄才可以自保语用学作为一个独立学科的根本地位。有人借用 20 世纪 80 年代的社会(语言)学家,如杰斐逊(Jefferson),谢格洛夫(Schegloff),萨克斯(Sacks),加芬克尔(Garfinkel)等的对话分析,给语用学输入了话语分析。而话语分析一是可以独立成学科,号称"话语分析学"或是"篇章/语篇语言学"之一,二是话语的分析也是社会学、语用学、功能语言学、文学、人类学、传播学、社会语言学、社会心理学等学科的共同兴趣。

与困惑之四紧密相关的困惑之五是,语用学到底是应该作为语言(学)研究的分支学科,即语义学、句法学、语音学、词汇学等的兄弟学科,还是应该作为语言研究的综观(general perspective)呢？ 两种认识分属"英美流派"和"(欧洲)大陆流派"。

语用学困惑之六是,与兄弟学科语义学的财产纠葛。都研究语义或意义问题,然而到底哪些语义问题归属语义学？ 哪些计入语用学？ 前者不甘于默认的研究,即只研究语词的静态意义、系统意义、句子意义、字面意义等,有时忍不住就会涉及语用学的动态意义、语境意义、话语意义、言者意义、语用意义、含义等。反之,语用学的意义研究从来就是基于语义学所辖的那些意义问题的再考察。

语用学困惑之七是,所研究的预设基于而有别于逻辑学、语言哲学和语义学的预设,即预设成了几个学科争相解释的共同话题,而语用学即使改其名曰"语用预设"(pragmatic presupposition),还是难以百分之百地撇开逻辑—语义

---

① 胡范铸建议进行这几个方面的言语行为研究。

的预设(参见困惑之一、之二)。

语用学困惑之八是，所依赖因此不断研究的语境，与语义学、功能语言学、社会(语言)学、修辞学、传播学等的语境、情景、情境、场合、场景等到底有何异同？就算是"纯语用学"的语境研究，也有不少不同的定义和见识，其中不乏不和谐或矛盾之处，如交际者是不是语境的一部分？有的说是，有的说不是。交际者的心态、心境、认知环境等算不算语境？也是众说纷纭，莫衷一是。语用学的语境观深化了语义学和修辞学的语境观，但仍"不足以由此推动种种相关命题的发展"(胡范铸，2004：11)。

语用学困惑之九是，上述新老格赖斯语用学和新老言语行为理论的继承、批判、发展，即"扬弃"问题。经典格赖斯语用学指格赖斯的经典论点，新格赖斯语用学主要是霍恩(Horn，1984)的"二原则"修补和莱文森(Levinson，1987)的"三原则"修补。那么，其他人的含义研究和推理研究呢？还有"关联理论"，算"新格赖斯语用学(neo-Gricean pragmatics)"还是"后格赖斯语用学"(post-Gricean pragmatics)？抑或是"经典格赖斯语用学"的翻版或继承和再现而已(见困惑之三)？

语用学困惑之十是，语用学界自知必须借力于其他学科尤其是语言学的邻近学科(如句法学、语义学)的研究成果，否则是"空洞的"[empty，黄衍(Huang)，2001：9]，因此最近两三次国际和国内语用学研讨会和论坛的主题便是"语用学的跨学科性"。此外，语用学能够或应该和哪些学科"跨"也成问题：并非可以和一切人文学科"跨"，也并非只能和几个学科"跨"。前者会导致"乱跨"以及过多含"语用"二字的界面研究边缘学科(问题是并没有多少实质语用学研究)，而后者自然会自限前程。

4.2　修辞学的困惑

修辞学的困惑之一是，最开始它不是真正意义的修辞或修辞学，而是公共演讲的"须知"、知识、才艺、技艺。如何使之成为一个语言和交际的学科或科学，是很多人努力的目标。伯克等人使之成为"新修辞学"，而新老修辞始终难以区分。

因为困惑之一，修辞学的困惑之二就是很多人论述修辞问题，总要到柏拉图和亚里士多德那里援引一点经典论述，又不得不回到"新修辞学"或当代修辞学的理论和方法，其间的"古为今用、洋为中用"等不一定恰如其分。

修辞学困惑之三是，作为学科的属性，修辞学到底是不是语言学的子学科？"现代修辞学自从诞生以来，一直接受现代语言学的理论滋养"（陈汝东，2010：41）。从《当代修辞学》近年来的办刊方针和用稿情况来看，修辞界多数人认可了修辞学的语言学属性，即属于语言学。不过，它和其他语言学学科（如语音学、语用学）又似有不同，屡遭语言学"排斥"，因为修辞者有时不受语词、语法、语音规则的制约，还因为修辞学所涉内容不只在语言层面。

因为困惑之三，修辞学困惑之四是它同语法学和语用学的关系问题。有人认为修辞问题是语法问题或语用问题，也有人相反，认为语法问题和语用问题是修辞问题。这就造成了修辞学是否应该独立成为一个学科、修辞学能否借力于且在多大程度上借力于语法学和语用学等问题。

修辞学困惑之五是其研究范围的宽窄问题（和上述语用学的问题相似）。如何做到宽窄有度？虽然陈望道的《修辞学发凡》（1979：1,3）所说的修辞有两种——①"修饰文辞"的"积极修辞、狭义修辞"，②"调整或适用语辞"的"消极修辞、广义修辞"（见陈汝东，2010：5），但传统修辞学或多数修辞论者似乎只研究修辞格或修辞手法，大有"文学化、文艺化、注释化"倾向（胡范铸，2003：2。2004：9-10）。现代修辞学则转向"消极修辞"。前者自然十分狭窄，几乎限于几十种辞格的例证、再例证、不断例证的过程，裹足于"什么作品运用了什么修辞手法从而表现出了什么精神或取得了什么效果"的套路，大捧"名著"的"优辞"艺术性而狠批"民著"的"病辞"非法性（胡范铸，2004：10）；后者则跟语法和语用会车、撞车，仿佛无不修辞（见困惑之四）。结果是修辞学界内部长期以来存在唯辞格论者、反唯辞格论者、泛修辞论者的混杂声音。

修辞学困惑之六是与兄弟学科语法学尤其是认知语言学的构式语法的财产官司。有人认为构式语法的构式多半是语法构式，即具有高度的可推导性，如主谓宾构式"我吃一个梨""我吃你马"；而修辞格和很多新颖表达式不具可推导性，或者说推导性极低，如动补构式"吃他个天昏地暗"和否定拷贝构式"爱吃不吃"(见刘大为,2010a,b)。可是,所有的言语表达式都是构式语法的研究对象,构式语法研究者笔下的构式(举例、实例)或语式,涵盖了推导性大小不一的任何可能的构式。何况"推导性"作为构式的判断标准,或作为区分"语法构式、修辞构式"的标准,实在值得质疑(侯国金,2016a。侯国金、邢秋红,2017)。

修辞学困惑之七是所研究的效果,也叫"修辞效果",在多大程度上是"语用效果、语用修辞效果、语效"?语用学重视交际者话语生成的目的性或意向性,自然关注目的或意图是否充分实现,也即言语行为理论的"言后行为、言后之果、言后之效"(perlocution, perlocutionary act)。顾曰国(Gu, 1993, 1994)认为,言语行为的成功实施绝对不是言者(语者)单方面的行动,而是言者和听者双方合力的实施,因为"言后之效"只能体现于听者身上,即她的心理和言语反应(response)上。修辞学的效果,不论其名其意,难道不是基于修辞者/语者作用于听读者/受众的"言后之效"即效果吗?当然,一个语篇的成千上万个词语的正用和巧用自然还有很多不同的"效",但离不开整个话语(至少是一个语为,如指令、询问、阐述、宣告、表情、承诺)的"言后之效"。

修辞学困惑之八与语用学困惑之八基本相同,即所依赖且不断涉及的语境,与语义学、功能语言学、社会(语言)学、语用学、传播学等的语境、情景、情境、场合、场景等到底有何异同?张宗正(2004b)说语用学的语境主要是客观环境、程式性话语的场合,具有程式性、类型性、复现性和推导性,而修辞学的语境是主观环境、机动可变的任何情景因素,具有个别性、创造性、一次性/浮现性。那么,语用学研究语境是为了探究如何生成和改变含义,"非规约性的间接言语行为的实施和理解"等;相比之下,修辞学"灵活、多角度、多方位、多层次"关注和研究语境,看语境如何创造效果和语料,如何"改变固有的结构关系,创造出新的语法关系"。笔者以为这样的语境划分归属过于随意武断。所言之语用学的语境其实不过是程式化的言语事件(如就职演讲、述职报告、政府工作报告、学术报告)的比较恒定的时空等语境素的布局,而更多的非典型、一对一、一对二、一对多等的面对面/线下和非面对面/线上交谈的语境,即不是那么程式化的言语事件的语境,都是语用学者分析话语构建和理解的语境。这样一来,修辞学岂不是没有语境可言？

　　修辞学困惑之九是古典修辞学/修辞术、传统修辞学、现代修辞学三者的历史渊源和传承关系需要梳理。现代修辞学到底应设定什么样的学科属性、目标、任务、范围、范式？

　　修辞学困惑之十与语用学的困惑之十同出一辙，也要借力其他学科尤其是语言学的邻近学科（如句法学、语义学、语用学），可以说这是当代修辞学的发展势头，不过，修辞学的跨学科研究能够或应该和哪些学科"跨"，并非都能"跨"，也并非只能和语用学"跨"。

　　黎运汉、盛永生（2010：48－50）认为，修辞学也许还有其他问题：① 偏重语言本体研究而忽略主体研究。② 偏重静态研究而忽略动态研究。③ 重复低水平研究而缺乏原创性或高水平研究。④ 象牙塔论著多于受市场欢迎的论著。除此之外，如陈汝东（2010：18－24）所言，修辞学界存在一些"偏颇"观点，如：① 修辞就是用一些华丽的辞藻美化语言。② 修辞就是说服或劝说人的艺术。③ 只有成功的言语交际行为或现象才是修辞行为或现象。④ 修辞主要是解决"意、辞"的问题。⑤ 修辞只关涉语言表达而不关涉话语理解。⑥ 只有书面语讲究修辞，口语没必要讲修辞。这些"偏颇"也构成了修辞学的"困惑"，解决方法在于这 6 条所隐含的反面，如"不是，不仅是"，"其局限也随着它的日益成熟而愈加明显"（胡范铸，2003：2），"越来越流露出某种深深的疲惫与无奈"（胡范铸，2004：10），结果是（中国）修辞学界在（中国）语言学界"越来越边缘化"（胡范铸，2003：3）。

4.3　语用学和修辞学的"同"

　　两个学科除了上文颇具相似性的十大"困惑"，还有一些相似之处。

　　第一，柏拉图、亚里士多德、孔子、孟子等先哲的论述就有朴素的语用学和修辞学思想。鞠玉梅（2023）论述了伊索克拉底（Isocratēs，前 436—前 338）和孔子的相关论述。除却细微差异，两人都注重话语策略，强调合宜性和应变性，"择人而言""文质统一""行动有效性"，即关注言行举止的社会实用性，否则不是"君子"①。

第二，都是对"具体语言运用"(actual use，或乔姆斯基的 performance)，或"使用中的语言"(language in use)的研究。有别于索绪尔研究范式，即对语言(langue)的研究，语用学和修辞学都致力于言语(parole)即具体语言应用的研究。语用学意在抽象的语言结构性、语法性/良构性和系统性，修辞学则偏重言语的多层性、切当性、意向性和语效性。如果都涉及意义，语用学涉及相对固定的动态意义，即意义的相对单一性，修辞学则关注意义的绝对/浮动动态性、层级性、变异性、选择性等。

第三，语用学和修辞学研究表达意义的最佳方式。两者都基于语词或语句的静态意义，但都要研究其动态意义，尤其是各种微观含义[语词的含义(implication)]和宏观含义[话语的含义(implicature)]的构建和推理。两个学科都要以表达式的字面义、显义、原意用法等为出发点，探讨其半隐义(impliciture)和各种等级、各种形式的含义，包括人际（距离）意义[interpersonal (distance) meaning]、程序意义(procedural meaning)、态度意义(attitudinal meaning)、文体/风格意义(stylistic meaning)。

第四，语用学和修辞学都特别关注如何提高表达效果。如果说"话有三说，巧说为佳"，那么语用学和修辞学都关心在一定语境下的最佳表达式，该说就说，不该说就沉默。既然"鼓不敲不响，话不说不明"，该多说就多说。对言说的要求是简单明了，且"克己复礼"，如《弟子规》里所谓"称尊长，勿呼名""尊长前，声要低，低不闻，却非宜""问起对，视勿移"，造访时"人问谁，对以名"。规劝犯错的父母或其他长辈时要"怡吾色，柔吾声"。关于禁忌语，我们要注意"奸巧语，秽污词，市井气，切戒之"。然而有时候，"响鼓不用重槌，明人不用细说""言以简洁为贵"，能少说就少说。出于礼貌的考虑，往往要求言者"说话多，不如少""言语忍，忿自泯"。质言之，说还是不说，怎么说，说多还是说少，这一切都要看语境，看意向，看对象，即俗话的"上什么山唱什么歌""具体问题具体分析""不能一刀切"。

第五，"任何一个词的价值都决定于它周围的环境，如果不首先考察它的环

① 亦见鞠玉梅于 2023 年 10 月 12 日在莆田学院的学术论坛"果香读赏会"做的学术报告。

境，甚至连这个词的价值也不能确定"（索绪尔[①]）。如上述，语用学和修辞学都依赖语境的研究，可以说语境是语用学和修辞学的共同基础（王德春多次这样说，另见陈汝东，2010：333）。二者的研究中常常言及语境。语用学研究话语在一定语境中的意义和语效，即语境化的意和效，以探讨话语的语境隐含即表达和推理的规律。语用学的语境是什么呢？根据莱昂斯（Lyons，1977：574），语境是 6 个方面的"知识"：① 知道自己在言语活动中的地位。② 知道言语活动的时空。③ 知道言语活动的正式程度。④ 知道合适的交际媒介或方式。⑤ 知道如何顺应话题和选择语言或方言。⑥ 知道如何顺应情景和语域。何兆熊等（2000：21）则把这些"知识"分为"语言知识、语言外知识"。王建华等（2003：91 - 341）的三类语境是"言内语境"（linguistic context）、"言伴语境"（paralinguistic context）和"言外语境"（extralinguistic context）。其"言内语境"指"句子语境"（上下文、前后句）和"语篇语境"（段落、语篇），"言伴语境"指"现场语境"（时间、地点、场合、境况、话题、事件、目的、对象），以及"伴随语境"（语体、风格、情绪、体态、关系、媒介、体态语以及其他各种临时因素），而"言外语境"指"社会文化语境"（社会心理、思想观念、文化传统、思维方式、民族习俗、时代环境、社会心理），以及"认知背景语境"（整个现实世界的知识、虚拟世界的知识）。"修辞（学）的原则"是"结合现实语境，注意交际效果"（张弓，1963：3 - 9）。修辞学的语境，在陈望道的《修辞学发凡》叫作"情境"：修辞的"第一要义"是"适应题旨情境"（1997：8，11）。"题旨"指"立言的意指"，就是话语内容，含字面义、显义、命题内容、原意（用法的）解读。"情境"则是适合该"题旨"发出的交际目的、对象、时间、地点等（1997：10），书中还说"情境"就是"六何"："何故、何事、何人、何地、何时、何如"（1997：7 - 8，所谓"六何说"）。可见，语用学和修辞学都重视语境及其研究，而且两者的"语境、情境"具有大致相当的所指（见§4.4，§4.5.8）。

第六，传统语用学和传统修辞学都局限于一些经典话题的研究，前者总是研究语境、含义、预设、语为、指别、语效、顺应、关联等，后者总是研究修辞格、情境、效果等。换言之，两个学科同样具有课题局限性。

[①] 康家珑（2000：114）引述索绪尔的论点。另见侯国金（2014a：12）。

第七，黎运汉、盛永生说得对，两个学科都研究使用者依据主旨和语境来"选择使用"语言文字（资料），都是动态地研究语言（2010：27-28）。他们还说，修辞学蕴含了语用问题，语用学也包含着修辞问题。修辞学偏重"论辩、说服，特别是审美方面"，而语用学着眼于"社会功能、交际用途和机制"（2010：28）。

第八，常有人说，修辞无处不在，语用无处不在，修辞学（单独）和语用学（单独）"几乎涉及语言使用的各个方面"（高万云，1993：6）。二者都研究语言运用，都是研究语言使用（某些侧面）的"言语学"（speechology，见宗世海、刘文辉，2007：122）。比较而言，语音学、词汇学、句法学和语义学都是研究语言系统（某个属相）的"语言学"（linguistics）。正因如此，有人有时给二者下的定义几乎一样，如修辞学是"对语言体系各结构层的单位做综合研究，目的是探索各种语言单位在交际中的具体运用规律"（吕凡等，1988：4）。"语用学研究语言在交际中的运用"（王宗炎，英汉应用语言学词典，1988），语用学是"符号学于语言学的一个领域，研究语言符号在言语中的使用"（苏联科学院，语言学百科词典，1990）。修辞几乎等于语用。此定义虽不妥，但可帮助我们看出二者的确存在一些共性。

4.4 语用学和修辞学的"异"

语用学和修辞学也许还有其他相似之处。不过，二者除了关涉彼此不关心的少数话题和课题以外，仅就上述相同、相似之处而言，本身就意味着差异性，因为同中有异。例如，虽然都聚焦于"具体语言运用"或"言语"，但语用学上可观照"语言"而叫作"语用语言学、语言语用学"，下可观照"言语"而叫作"语用言语学、言语语用学"。（传统）修辞学偏好考察具体书面文本或口头话语中特定情境中的某人因为某理由或目的对某受众说及某事或言说某内容，以期达到某交际目的和修辞效果，这就是个性化言语，千人千面，反映的是个体方言（idiolect），所谓"宝玉的语言、黛玉的语言、宝钗的语言"。而且，一个角色在不同的情境中也会改变其个体方言，这些千变万化的个体方言及其切当性、巧妙性等即沈家煊（2008：7）所言之"陌生感、美感、震撼力"，都是修辞的关注对象。

语用学研究的意义虽然比语义学的意义更为动态（源于交际者的互动），但是可作为语义学所研究之意义的补充,具有规律性,即可构建性/生成性和(可)推导性。修辞学所涉及的某个话语或词语的意义可能是此情此景中张三对李四所说话语或语词独特的、不可代替的那种意义,或称之为"特殊意义",具有"浮现性、临时性、协商性"。

语用学和修辞学都关注的效果,不管叫"语效、语用效果、修辞效果"中的哪个,对两个学科来说,所指都略有差异。对于语用学,语效就是和语形、语义相匹配的那种效果,就算是一个普通构式,如"某 V 某的 N"(如"你吃你的饭,我听我的戏")都是音、形、义、效的四位一体(配对体/结合体)。在关联论看来,任何话语是否关联就要看其是否取得语效:一般说来,语效越小,关联度越低。特殊情况下,例如在诗歌中,某个词语、诗行、诗句乃至整首诗歌,语效越高,关联度越低,需要受众付出较大乃至很大的心力才能攫取(该期待的语效),有时还不一定奏效。在修辞学论著中,"(修辞)效果"是某些(而非一切)语词、语句在特定情境中所能获得的那种特殊的新颖性或新鲜感。也即,修辞学的效果是语用学中的语效中的特殊个案。

语用学和修辞学的"语境"在论述中稍有不同。语用学的语境从极高到较低程式化的交际类型或话语事件不等,因此语用界常说"就职演说语境、早饭语境、陌生人见面介绍的语境、求职面试语境、电子商务语境、陌生人 QQ 闲聊语境"等,自然可突出"言内语境、言伴语境、言外语境"的任何一方面。修辞学的语境则往往是具体交际者说每句话的主客观环境,涵盖大小语境的一切,以及心境的蛛丝马迹的变化,往往直指话语中的人物性格刻画。例如,同样是语用学的"陌生人 QQ 闲聊语境",在修辞学这里可能会衍生出"开心陌生人 QQ 随意闲聊语境、郁闷陌生人 QQ 正式闲聊语境、陌生人 QQ 汉语双拼打字闲聊语境、陌生人 QQ 伦敦音英语语音闲聊语境、某男当着情敌和妻子的面和前妻在小镇麻将馆讨论孩子抚养和探视问题的不愉快交谈语境"等。

两个学科"有着比较明显的区别性特征","相关而不相合,相交而不相包"(高万云,1993:6),具体如下(先说修辞,后说语用)。

第一,学科历史的差异:修辞学有 2000 多年历史,语用学只有 50 多年的"迷你史"。

第二,研究起源的差异:西方修辞学源于古希腊以及后来古罗马的演讲术以及哲学,中国修辞学源于哲学、文章学、训诂学等。语用学源于语言哲学,或者说是哲学研究和语言学研究的语用学转向。

第三,学科性质的差异:修辞学是"介乎语言学和文学之间的一门学科"(陈望道,1980:606),或者说是"横跨语言学和文艺美学的边缘学科",不妨称为"艺术语言学"(李文星,2003:67)。语用学是语言学和符号学的三大核心(句法学、语义学、语用学,或者说莫里斯的符形学、符义学、符用学)之一。

第四,哲理和学理的差异:修辞学是"形而下",语用学是"形而上、形而下"。

第五,语料来源的差异:修辞学是口语和书面语并重,语用学先前重视口语(对话和演讲),而今兼顾口语交际和书面交际。

第六,研究对象和课题的差异:修辞学和语用学各有各的"兄弟学科"。修辞学的"近亲"是文体学/风格学、句法学、语义学、语用学、文艺美学等,语用学的"近亲"是语义学、句法学、语言哲学、逻辑学、修辞学等。不难看出修辞和语用的关系,二者也是"兄弟学科"。汉语研究中语言运用的任务,传统上(两千年来)是由修辞学承担的(张大毛,2008:12)。在欧美多语言中研究语言运用的任务,传统上(最近50年)则由语用学承担。

第七,研究偏重的差异:(狭义)修辞学偏重语言表达的技巧,语用学偏重语言表达的策略和语言理解的途径。

高万云(1993:6-8)还注意到,修辞学关切如何适应语言条件,如何产生和选择意义,注重效果,即如何利用语言结构并实现语言功能。语用学关注语用条件,以及如何解释意义,注重原则、语用结构、语用功能等。宗世海、刘文辉(2007:124)指出,二者在研究方法上有异:修辞学用的是"常规的、朴素的甚至是经验式的方法",主要是"整理、归纳",大部分是描写性(descriptive)兼规范性/规定性(prescriptive/normative)的研究(见下);语用学用的则是公理化的方法、心理实验的方法、社会问卷调查、形式化的方法等,长于解释,主要基于描写的解释性/阐释性的(interpretive)研究。宗世海、刘文辉(2007:123)还指出,论原则的本性,修辞学的原则是规范性的,语用(学)原则则是解释性的。语用学的原则,如合作原则、礼貌原则、关联原则等,都是用以描写和解释交际的总则,大意是交际大体如此,例如礼貌原则的6条准则(如得体准则、慷慨准则）。修辞学的"原则"则是修辞学总结出来的交际"须知、注意事项"，就是应该如此这般，如必须切合题旨、必须适应情景等。当然，语用学的原则，"理性人"（model man/men）一般是遵守的（描写性和解释性），也是应该遵守的（规范性）。也就是说，原则上，语用学的原则是要遵守的，但一般不这么规定，而是用以解释遵守和偏离的话语形式和语用效果的距离或关系。若如此，说"语用学注重规则，修辞学注重效果"，则疑似失之偏颇。

质言之，修辞学和语用学有同有异，是两个独立但比邻、"亲密有间"的兄弟学科。语用学和修辞学的同和异大致见表 4-1。

表 4-1　语用学、修辞学异同表

	大　同	小　异
语用学和修辞学的大同与小异	从哲学尤其是语言哲学汲取养分。	所借的哲人、哲学、哲理各有侧重。语用学偏向语言哲学，新修辞学偏向意志主义、弗洛伊德主义、后现代主义等哲学论述。
	强调借力于语言学其他学科。	借力的内容、力度和方法各有侧重，语用者大胆挪用，修辞学小心租赁。
	强调借力于人文学科。	借力的内容、力度和方法各有侧重，语用者大胆借用，修辞学小心引用，一般限于语言学和文学。
	历史悠久。	语用学从 20 世纪 70 年代末或 20 世纪 80 年代初发端，论哲学源头则在 20 世纪初；修辞学肇始于先秦百家或亚里士多德时代。
	学科新古二分。	常闻"经典语用学/格赖斯语用学、新格赖斯语用学/现代语用学"的说法，也有"古典修辞学/经典修辞学/传统修辞学、新修辞学"等。
	格局大小二分。	语用学有宏观语用学和微观语用学（分属欧洲大陆流派和英美流派），前者可"往上做"，思辨"高大上"，后者可"往下做"[①]，系统化、精细化地洞悉问题；修辞学分广义修辞学和狭义修辞学，前者联系传播学和文艺学，可发宏论，后者着眼于同义结构对比、零敲细打的辞格赏析。

---

① "往上做、往下做"语出沈家煊（1998）对微观和宏观语用学的评价，转引自曹德和、刘颖（2010：35）。

续　表

大　同	小　异
属于语言学阵营的功能派。	侧面和方法各有侧重，语用者偏重交际功能/语用功能；修辞学偏重修辞效果/修辞功能。
研究具体语言运用或使用中的语言，即如何使用语言，如何巧用语言，皆属言语语言学(linguistique de la parole)①。	语用学侧重隐含话语，探究其规律性、切当性和策略性；修辞学侧重辞格话语，探究其修辞性、悦耳性和特效性。
范围宽大但课题有限。	语用学兴趣广泛，仿佛"一切皆为语用"(语用主义)，经典课题有限：预设、信息结构、指别、礼貌、含义、语境、身份、距离、语为、含糊、关联、顺应、会话类型等；新修辞学研究太阳底下的一切话题，好像"一切都是修辞"(修辞主义)②，传统修辞学的核心课题是辞格和锤词炼句(旁涉衔接、连贯、调整语词句式)。
重视语篇文本。	语用学侧重口语语篇；修辞学偏重书面语篇。
重视交际者。	语用学侧重言者，还称交际者为"交际双方、语者、语言使用者、言者、受众、说写者、读写者"等；修辞学偏重作者，称交际者为"作者、读者、听众、人物角色"，新修辞学也谈"受众"。
研究意义。	语用学侧重话语的语用意义(话语意义、特殊会话含义)；修辞学侧重语词的一般意义和浮现意义。
学科旨趣是扬巧言，止谬语。	语用学关注提高语用能力，消除语用失误；修辞学"要使成为工"(优辞)而"不至于不通"③(劣辞、病辞)。
强调话语使用的社会规约性。	借力社会学和人类学的内容、力度和方法各有侧重。

---

① 曹德和、刘颖(2010：31)。

② 姑且算作夸张的说法，不可刻意解读。有人批评过任何学科在研究范围或研究对象上进行肆无忌惮的无限扩张，对该学科而言是"致命的打击"(王铭玉，2004：7)，是犯一个"历史性错误"(刘亚猛，2004a：3；2014：291)。

③ 陈望道(1985：74)。

大 同	小 异
强调话语使用的语境信息。	对语境的认识有所不同。语用学囊括大小(写)文化语境、情景语境和上下文语境，其语境是制约意义生成和理解的诸因素；修辞学侧重话语的情境语境和上下文语境，其语境主要指和修辞效果紧密相关的诸因素①。
研究最佳表达策略和方式。	语用学侧重巧用预设、拉近距离、语用含糊等策略及相应的有标记表达式，探求原则和规律，因此谈及诸多原则；修辞学侧重突破语法的破格即辞格，以及词语的"旧瓶装新酒"(浮现意义)或"旧酒装新瓶"(浮现构式)，探求技巧，已有两三百多种修辞技巧②。
强调话语的策划。	语用学侧重语为和语句的策划；修辞学侧重语篇(布局)和辞格的策划。
研究动态意义或话语意义的构建。	语用学侧重交际者元语用意识驱动和受众合作进行动态的语义生成和调控；(传统)修辞学一般侧重说写者单方面的炼字、布局等的斟酌，新修辞学涉及语义(现实)的共建。
研究话语态度的表达。	语用学侧重话语自带的态度意义即态度色彩(喜怒哀乐、褒贬、合意与否)；修辞学侧重说写者寓于话语之内的话语态度(折射其动机)。
研究话语行为的实施。	语用学侧重以言行事的语为/语力(如阐述、指令)；新修辞学侧重话语的整体劝说或认同行动。
强调话语的语体和风格的差异性。	语用学侧重话语的语体差异；修辞学侧重话语的风格差异。
强调表达效果。	语用学侧重语境效果(如言后之果)；修辞学侧重修辞效果(如审美价值)。
强调交际的多模态性。	(人际)语用学侧重口语对话，修辞学侧重文学话语(语篇或语句)，二者所尝试的多模态研究侧重点和方法各异。
强调交际的意向性或目的性。	语用学侧重说写者的意志、意图、目的的表达和(被)识别，(新)修辞学侧重说写者的动机和目的的表达和(被)认同。

---

① 参见曹德和、刘颖(2010：32)。

② 以谭学纯等(2010)为准。

续　表

大　同	小　异
强调交际者的身份和立场。	语用学侧重交际双方的恒定和临时身份以及特定语境中的立场，修辞学侧重说写者的恒定身份和恒定或临时立场。
强调对交际对象的影响。	语用学侧重受众的理解和言后之果（言后行为），修辞学侧重受众是否被说服、感染或打动。
强调和谐与合作。	语用学侧重人际关系的和谐（管理）和会话交流的合作（性），以合作原则为准；新修辞学侧重以话语促进合作与和谐，侧重对合作原则的偏离（借力语用学），但新修辞学也论及诱发合作、"共场"、团体和谐。
强调话语的多功能性。	语用学侧重人际语用功能和社会和谐功能；修辞学侧重美学功能、认知功能和劝诱功能。
强调话语的模糊性。	语用学侧重语力模糊（如"Sorry."的道歉—同情含糊意味）；修辞学侧重词义的歧义、模糊、连及、粘连、反复、叠映、抑扬、补正、仿拟、花径等。
强调话语对人和社会的反作用（如认知、塑造和构建）。	语用学把人当作以言行事之人，其所为又能影响人际关系（的建立、管理、判断）；修辞学侧重辞格的审美功能，以及话语的认知功能、伦理（说教）功能等。
都是显学。	语用学在20世纪80年代是"新学"，20世纪90年代是语言学"显学"，具有"内部张力"（internal tensions）和"外部张力"（external tensions①）；传统修辞学在古代是"新学、显学"，如今却缺乏"内部张力、外部张力"。
学科发展遇到阻力。	语用学的竞争对手是认知语言学，但语用学学习和借用认知语言学，还酝酿认知语用学；修辞学的阻力源于修辞界的元学科认识，对积极修辞和消极修辞、广义修辞和狭义修辞的争论似有调停迹象。
主张向对方学习。	语用学在学修辞学的辞格及其分析法，对文学文本的处理方法，以及"形而下"的事无巨细、入木三分；修辞学在学语用学的大格局和"形而上"方法，以及学科开放性的姿态。

---

① 借用刘亚猛（2004b：253）的说法。

大　同	小　异
已经和对方合力（建模、建立界面研究）的潜在趋势。	语用学早就有借力修辞学进而联合的尝试，修辞学最近借用了言语行为理论和合作原则。
对科学和服务做出了杰出贡献，填补了语言学的学科空白和论题空白，助力姊妹学科的发展，有益于语言使用意识和能力的提高，推动了社会的和谐发展。	语用学对语义学、句法学、修辞学、语音学等都有指导意义，并反哺哲学和逻辑学，其语用原则和礼貌研究提高了人们的语用意识和语用能力，促进了人际交往的和谐和社会的和谐进步；修辞学对文艺学和传播学有不小的影响，促进了人们的修辞技巧和（一般）表达艺术的修养，促进了社会文化的有效传播。

总之，关于"同"，语用学和修辞学的"理论和方法有很多不谋而合之处"（陈丽霞，2011：14，96）。关于"异"，语用学对语法学和语义学的借用多于修辞学，修辞学对文学的借用则多于语用学。表中说的"同"是大同，"异"是小异，因为在我们看来，大方向是同，小旨趣有异。我们忽略更多的（其实是难以穷尽的）、具体的千差万别，故有所谓的"大同、小异"。当然，我们说的语用学是主体的、传统的语用学研究，不包括语用学的新兴边缘学科和兴趣。同样，所说的修辞学以狭义修辞学为主，偶有新修辞学考量。不同的语用学论者或修辞学论者，对各条"大同"可能有些许异议，对"小异"的异议则可能更大，但上表仅为一幅"语用—修辞异同素描"。

4.5　关于语用学和修辞学双边关系的误解

4.5.1　误认为修辞学和语用学"殊途同归"

很多学者，如戚雨村（1983，1986），陈晨（1985），王德春、陈晨（1989），刘大为（1992），胡范铸（2004），岑运强、程玉合（2004），饶琴（2006），林大津、毛浩然（2006），张大毛（2008），苏义生（2011），都认为修辞学和语用学"在语言运用层面上是殊途同归的关系"，意思是，二学科"非常亲密""目的相近"（陈晨，1985：36；张大毛，2008：12），有很多共性，本书表示赞同。但正如张龙、朱全红

(2008：71)的提问,既然"殊途同归",为什么语用和修辞有这样的差异呢? 可见"殊途同归"这个说法"很容易使人疑惑"。从不同的研究道路走上同一条道路了? 什么道路? 本书建议描写修辞学和语用学的关系时要放弃"殊途同归"这个成语,即使赞成其共性,即使主张建立"语用修辞学"这一界面研究。因为"殊途同归"使人误以为两个学科的同远远大于异,两个学科要合并,因此要放弃作为独立学科的修辞学和语用学。

4.5.2　误认为为了学科纯洁性不能借力

因修辞学学科的"纯洁性"而认为它不宜借用其他学科之力,这样的认识是有问题的。另外,关于借力的结果,也存在误解。

不必为了捍卫学科的"纯洁性"而避讳任何借用,也不必因为有界面研究的嫌疑而胆寒,其实也不必声明此乃界面研究,因为界面研究是客观存在的,是"是其所是",说是也是,说不是也是。

另外,借力于语用学的修辞学,要么成为或多或少带着语用(学科)气息的(新)修辞学,要么成为界面研究语用修辞学。

这种借用要注意几点:① 修辞学不能依赖借用,要自力更生。② 借用时要说明。否则,修辞学自己似乎是丰富了,而在掠夺语用(或其他学科)财产后剥夺了语用学(或其他学科)的学科地位。试想,修辞学的阐释动不动借用语用学的这原则那原则,也不再说明是语用原则了,久而久之,学者们就把它们当作修辞原则了,而语用学就被架空。修辞学还会借力于其他学科,也会如此架空其他学科。本书不是反对学科间的借鉴,而是认为,一个学科在成熟期应该有自己比较固定的理论目标、分析对象、方法(论)体系、概念(体系),而在某个论述中若要借用其他学科的方法或概念,不妨直说。这样一来,其研究也就有了界面研究性质,如语用修辞学、句法修辞学、文体修辞学、逻辑修辞学、韵律修辞学。

4.5.3　误认为语用学就是语法分析的语用平面

如上述(§3.3),文炼、胡附①(1984)在关于"汉语语序研究中的几个问题"

---

① 两位实为胡裕树和张斌先生的笔名(两位先生也以实名著书立说)。

的讨论中提出了"三个平面"。参与讨论的人越来越多，如胡裕树、范晓（1985），施关淦（1991，1993），范晓、胡裕树（1992），邵敬敏（1992），范开泰（1993），金立鑫（1993）。有些学者，如高万云（1997），在讨论语用分析和修辞分析时，说的其实是语法分析中的 3 个平面中的 2 个，所讨论的"语用平面"和修辞的关系，不知是语用平面和修辞平面的关系，还是语言学和修辞学的关系。他画图说明语法学分 3 个部分：句法平面、语义平面，语用平面。他补充说所谓的"语用平面"是"语法学和语用学交叉的那一部分"（高万云，1997：80），进而讨论了语用学和语用平面的联系和区别。本书认为这是伪命题，因为语用学是一个学科，语法分析的语用平面只是语法中的语用问题，或者可以用语用视角进行分析的成分，二者不可同日而语。那么他所讨论的语用分析和修辞分析的差异，或者所涉及的 3 个平面的差异，也就没有多少意义了。

4.5.4　误认为修辞学高于语用学，或者相反

高万云在说完修辞学和语用学分析及其所涉及的 3 个平面之间的区别后，给人的印象是，修辞学是在语用学的基础上进行的更深入更彻底的语言运用研究，是"语用学的延伸"（1993：6）。本书不敢苟同。高万云认为，语用学无非是讨论同一语言形式如何表达不同含义的语用条件，以及不同语言形式在不同语境中如何生成"临时的"相同语用意义。前者如"你真够朋友！"这句话在得到友人帮助或背弃时表示感激或反讽，后者如"牺牲、做地下工作、玩完"在特定语境中都表"死"义。"语用学的任务就算完成"（1993：6）。修辞学却要研究如何"择优选用"，于是声言"语用学的终点正是修辞学的起点"（1993：6）。

温锁林（2000：38）也说过类似的话，"语用分析是修辞分析的基础""修辞分析还只能在语用分析的基础上进行"。这样说就意味着：① 语用学低于修辞学，或者修辞学高于语用学。② 语用学、语法学、语义学等无法在修辞（学）分析的基础上进行。③ 若能，就会仿拟地说它们高于修辞学。④ 任何语言学分支的分析只要在其他分支的分析之后，前者就基于、高于后者。

窃以为，学科无高低，只是分析有先后厚薄，方法不同，侧重不一，学科习惯有异。某具体分析可能以某学科的分析为基础，但不能统称一切修辞分析都以语用（学）分析为基础。

同样,号称语用学高于修辞学的观点也失之偏颇。例如,夏中华认为,"就研究的深度和广度来说,语用学要在很大程度上超过修辞学",因为修辞学(特别是修辞学教学)"仅限于语音、词汇、语法的运用问题"(2007:186),"理论性、学术性明显不足"(2007:187),所以他呼吁"让语用激活修辞教学"(2007:187)。曹玉萍(2013:280)说,"语用学在理论和方法建设上高于功能修辞学"。池昌海(1989:39)也认为,语用学(研究)是在语义学和句法学基础上的"最高级的研究",从而使得"语言符号从交际价值内涵到功能实效"的"终端研究"。因此,他认为,修辞和语用不是"平行"的学科,而是前者归属于后者(1989:38)。本书认为以上观点也有待商榷。

4.5.5　误把过去的状况当现状,把现状当未来

不少人介绍修辞学和语用学的现状时,可能说的是其源头和由来,这不是现状。有的人在讲两个学科的未来发展和相互关系时,可能是在讲现状,而非基于现状和其他比邻学科现状的元语言学展望。在讨论修辞、语用、语法等的关系时,学者可能先要分别定义,这些定义应该是描写性的定义,即针对该学科过去和现在的情况(即迄今为止学界的共识),而不能动不动就下一个"工作定义"(working definition),实际上是把自己对它未来的走势(根据有可能远离真理的主观理解)强行塞进那个定义,故而使得该定义获得了些许规定性(prescriptiveness)。例如,刘大为(1992:7)的"修辞就是成功的言语行为"。大家知道,言语行为或语为都具有整体性,即某一话语或语句是指令或其他类"行为",乃至全篇(如求职信、读博推荐信、商务询盘邮电)都是某种"行为"(求职、推荐、询盘等)。这些的确和修辞有关,但上述话语、语句乃至语篇所仰仗的构成成分,例如词语、四字格习语、歇后语、俚语、方言词、标点符号、表情符号、词序、句序、倒装等都有修辞性,都是修辞,但都不是"行为"本身。这些学者可能缺乏元语言学的严密性和责任感,也缺乏历时相对性,才至于如此。

4.5.6　误认为修辞学就是汉语修辞学

一般说来,我们说的修辞学分西方(传统)修辞和汉语修辞。西方传统修辞

又分为人文传统即 rhetoric 和文体/风格传统即 stylistics(见顾曰国,1990:15,
17-18)。中国/汉语修辞学则主要指西方传统修辞经由日本着陆中国,并借鉴
苏联的修辞传统而发展起来的以汉语为语料的修辞研究套路。汉语修辞学也
获得了各种风格,尤其是注重修辞的资源、手法/技巧、文体/风格和功能,有时
也叫"功能修辞学",有时是文体学的近义词。具体说来,我国学界所说的修辞
学往往是"汉语修辞学",而后者又有多方烙印,如注重修辞技巧和功能,以陈望
道、张弓等的作品及观点为代表的现代汉语修辞学。简言之,人们所说的修辞
学是汉语修辞学传统上关注的那些问题,如何说好、如何写好,也即达到说写最
佳效果的努力和途径,以修辞格为研究焦点(见张会森,2000:24。宗世海、刘
文辉,2007:121)。

我们一般所说的"修辞",译为英语就是 rhetoric,忽略东西方的起源和发展
差异,也忽略英语、俄语、汉语等的差异,指的是不同地区和语言共享的学科"修
辞学"。那么"修辞、修辞学"可采用陈望道(1976,1979:3)的定义,如"修辞不
过是调整语辞使达意传情能够适切的一种努力",或用维基百科对 rhetoric 的
定义"话语艺术,旨在提高说写者在一定的情景中表达思想、劝说他人、发动观
众采取某种行动的艺术",或者《梅里安姆·韦伯斯特词典》中 rhetoric 的定义,
其要义是"口头和书面语篇中有效使用语言的各种技巧、模式、原则",或者胡
裕树(1997:394)的定义:"修辞是为适应特定的题旨情景,运用恰当的语言
手段,以追求理想的表达效果的规律。修辞学就是研究这种规律的科学。"以
上"修辞(学)"定义所重者,有努力、技术/艺术、手段、模式、原则、规律、科学
等方面的不同。

4.5.7　误认为修辞学和语用学讲求的是同样的效果

宗世海、刘文辉(2007:124)批评学界的下列观点:由于修辞学主要关注
言者的表达效果,不涉及受话对象,其效果是言者的主观目标,和受众无关。言
者自己可判断是否达到预定的表达效果,若否,可斟酌词句,调用修辞格,直至
"自己满意为止"。诚如此,修辞学的效果,不论叫作"表达效果"还是叫作"修辞
效果",可假设听(读)方理解和接受无误无虞,基本可作无涉听(读)者的理解。
那么若有人说修辞的"接受效果、交际效果"(或接受修辞),就不是典型的修辞

学所言之效果。宗世海、刘文辉（2007：124）则认为这些说法是谬误的。

语用学所说的效果也叫"语境效果"（contextual effect）、"语用效果"（pragmatic effect）或"交际效果"（communicative effect），可简称"语效"（effect），就是言者的言语手段（以及非言语手段）所达到的作用于听（读）者的效应，例如他有什么反应，包括情感、情绪方面的快或不快，言语和行动。这样的语效通常可在交际的话轮转换中获取和识别，当然也会发生于话语事件之后。两种都相当于奥斯汀的 perlocution，就是收到一定的"言后之果"（言后行为）。难怪宗世海、刘文辉（2007：124）批评"修辞是成功的言语行为"等说法。他们也批评了"修辞控效"之说，既然修辞学所控之效和听读者无关，那么控制自己的效果是无稽之语，控制对方有时不太可能，而且难道还有不控效的修辞？

可见，一句大白话，如我对家内说"中饭吃什么？"在传统修辞或修辞传统这里谈不上什么效果，即使有也经不起分析或鉴赏。这句话在传统语用学或语用学传统是有语效的。根据斯波伯和威尔逊（Sperber & Wilson，1986/2001）等的关联理论，一句话只要在一定的语境中是关联的（relevant），就意味着听读者能识解、理解，达到了说写者"期待的关联、关联的期待"（relevance expectation），以及"互相显映"（mutually manifest）。通俗点说，只要太太付出一定的心力明白我的话——包括我这句话的语义内容/语义意义（semantic meaning/semanticity）、语句意义（sentence/sentential meaning）、显义（explicature）或信息意图（informative intention），也/更包括这句话的语用内容、语用意义（pragmatic meaning）、话语意义（utterance meaning）、含义/隐含[implicature，包括可能表达的特殊会话含义（particularised conversational implicature）]，或交际意图（communicative intention）——只要她懂，这句话就有语效。语效有高低之分，正如心力有大小差异、关联有程度之别。在一般情况下，她为这句（任何语句、话语）付出的心力越大，它就越不关联，语效也就越小；反之，她付出的心力越小，它就越关联，语效也就越大。

当然，这个"在一般情况下"很重要，在关联论者笔下通常是"other things being equal"，也就是说其他很多可能的变量/参数都不起作用的一种假设。实际上交际中发挥作用的参数是很多的，说不定某一参数就起到了不可忽视的作用,犹如火箭上的一个"橡皮圈"①。据说岳阳楼有一块石头,古人上书"虫二"二字。对于古往今来的游客,若想理解和欣赏其意就得付出莫大的心力,才能甚至也未必能攫取书写者期待的解读即"风月无边",也即这里风景特别美。书写者利用析字格(手法),去掉繁体字"風月"的边框而只书写剩下的部分,即碰巧成字的"虫二"(表面有两只虫子)的意思,诱使读者付出心力,经过"花径"(花园路径,garden path),也即放弃这个幼稚的字面解读,抵达可能的雅意解读即"风月无边"(析字解读)。就这个例子而言,读者付出的心力无论大小都是关联的,只是关联度有异。此外,解读者付出的心力越大,语效也就越大而非越小。

说修辞学和语用学都注重效果是正确的,但所求有细微差异。不能认为语用学或者修辞学"更强调语言使用的效率"。本书更不赞同有人认为语用学根本不关注"语言表达效果的提高",而修辞学就力求"如何提高语言的表达效果"(施发笔,2002a:87)。

4.5.8　误认为二学科的语境大不相同

有人(如宗世海、刘文辉,2007:124)认为,修辞学和语用学所倚靠或探讨的是不一样的语境。施发笔(2002a:85-86,2002b:74)认为修辞学的语境具有"既定性",而语用学的语境具有"突发性"。本书认为,语境就是语境。论者强调的不同语境因素(contextemes,该词为笔者仿拟),有时替换为情境、情景、情况等。从根本上看,两个学科的"语境"没有本质差别。

修辞界不少人把修辞的取效和情境相联系,意为修辞效果的取得离不了审时度势,也即必须考察并适应这种语境因素。陈望道(1979:11)的"修辞以适应题旨情境为第一义",其语境大抵是其"六何说"中的"何故、何人、何地、何时"(黎运汉、盛永生,2010:52)。还有宗廷虎等(1988:41)的解释,"运用修辞手法、修辞技巧时,必须充分考虑如何使之适合写说的主题、中心思想和目的的需要,必须充分考虑如何使之适合写说的对象、时间、地点、社会环境、自然环境、

---

① 美国经济学家教授奥拖尔(Autor)在演讲"Will automation take away all our jobs?"(自动化是否取代我们的全部工作?)中讲道,1986年美国的一次火箭发射失败是一个小小的橡皮圈不合格造成的悲剧。据此提出"橡皮圈原则"(O-ring principle),意思是在一个大工程里,任何零部件从反面或失败来看都是重要的。

上下文、语体要求等客观因素和写说者的身份、修养、性格、思想、处境、心情等主观因素的需要"［见§3.1修辞定义(16)］,《辞海》和张弓的"修辞"定义也有"情境、语境"字样。修辞需要"各有所宜"①,甚至有人(如王希杰,1979：309)认为,没有语境就没有修辞,"语言环境是修辞的生命","一切修辞学现象都只能发生在特定的语言环境之中"。

语用学更讲究语境,也可以说,若没有语境及其语境论/语境观(contextualism),就没有语用学。侯国金(2014a：12-22)论述了语用学的语境。"任何一个词的价值都决定于它周围的环境,如果不首先考察它的环境,甚至连这个词的价值也不能确定"(2014a：12)。熊学亮(2008：1,5-6,12)认为语境可分小语境和大语境。"小语境是语句和语句之间的意义限制关系,就是上下文或语言语境(linguistic context)",而"大语境是符号意义解码后因语境信息追加而产生'意义再解释'的环境"(2008：12)。最值得介绍的是王建华等(2002/2003：91-341,译文为笔者所加)讨论的3类语境:言内语境(linguistic context)、言伴语境(paralinguistic context)、言外语境(extralinguistic context)。

(1) 言内语境。

句子语境：上下文、前后句

语篇语境：段落、语篇

(2) 言伴语境。

现场语境：时间、地点、场合、境况、话题、事件、目的、对象

伴随语境：语体、风格、情绪、体态、关系、媒介、体态语以及其他各种临时因素

(3) 言外语境。

社会文化语境：社会心理、思想观念、文化传统、思维方式、民族习俗、时代环境

认知背景语境：整个现实世界的知识、虚拟世界的知识

"言内语境"其实就是言辞内语境或上下文,"言伴语境"其实是客观语境、

① 语出吕叔湘,转引自黎运汉、盛永生(2010：52)。

显性语境、真实语境以及言辞外语境的比较小且实在的语境(因)素，而"言外语境"其实是这些语境(因)素比较大的可控制性较小的语境素，以及主观语境、隐性语境、心理语境之和[侯国金，2009b：198。另见黄衍(Huang)，2007：13 - 14；侯国金，2008：401 - 402]。

虽说语用学界有这样或那样的语境之说，但无人声称或证明其语境有别于修辞学的语境。根据美国社会学家海姆斯(Hymes，1971，1974)，语境应该包括：言者(addressor)、听者(addressee)、话题(topic)、背景(setting)、渠道(channel)、语码(code)、形式(message form)、事件(event)。这一观点长期以来为语用学界和修辞学界所共享。

至于"语境是动态的，不是静态的"，这样的观点也是两学科都赞同的。

施发笔(2002a：85 - 86)所说修辞学和语用学的语境分别具有"既定性、突发性"的观点，本书不敢苟同。他说修辞学所言之"适应语境"中的语境都是"既定的"，而在语用学文献里，"话语往往是语境强制的自然结果"。本书认为，在交际中起作用的语境素有的是既定的/给定的(given)，有的则是突发的/临时的，不能一概而论，更不能把既定或突发语境素随意摊派给修辞或语用。

可见，修辞学和语用学的"语境"是一而二、二而一的，各自的论述可为另一方借鉴。不过，需要注意的是，由于修辞学通常只涉及说写者有效的表达或表达效果，它的语境也就不涉及听读者的理解语效或所理解的话语效果，这样一来，就不存在听读者利用言说者前面的话语作为上文(上下文语境)来帮助推理一说了。此外，也不存在交际双方的互知，例如"你知道 X，我也知道 X，你知道我知道 X，我却不知道你知道 X"(于是在对话时产生了些许误会)。上述修辞学"不存在交际双方的互知"，而此种互知就存在于语用学的分析中。

4.5.9　误认为修辞学关注得体，语用学关注达意

有人认为，修辞学把得体当作"核心原则"，语用学则只关注如何达意(施发笔，2002a：84)。其实两者都关心达意和得体。

语用学关心如何有效地达意，如何得体地达意，便于受众理解和接受。因此有清晰原则(clarity principle)、合作原则(cooperative principle)、得体原则(felicity principle)等。说话时要真实(达意)，但有时真话不得体(如《皇帝的新

装》中小孩坦言皇上没有穿衣服）；相反，假话有时是得体的，这种得体假话的达意"达"的是社会交往的情感之意，如祝福、赞美类，譬如在微信群中看到某某发文，赶紧发去一个大大的"赞"字或图标，或者说一通极度吹捧、点赞的话。诸多影视作品（如《神医喜来乐》）中慈禧太后问太医她还能活多久，得到的回答总是骗人的"您当然是万寿无疆啦"。此种情境下，讲假话得体，讲真话则可能导致丧命。可以说，不得体的真话在修辞学和语用学都不如得体的假话，两个学科都鼓励得体的真话和得体的假话，而非不得体的真话和不得体的假话。

如果说语法关心如何把话说正确，或"对不对"，语用和修辞则关心在正确（以语法为基础）达意[以语义（学）为基础]的前提下，如何把话说得合适（适切、得体），即"好不好"，并且在条件许可的情况下取得最佳效果，即"妙不妙"（见李文星，2003：67）。鲁迅《立论》中的故事，说某家小孩满月，客人们纷纷说这孩子要发财、做官等等，得到好好招待的回报，而某君说"这孩子将来是要死的"，所得却是"大家合力的痛打"。此君说的虽是真话（是预言类真实，因为"人固有一死"），但在语用学分析中算废话（大家都知道，没有"信息差"的张力），而且更严重的是，在这个需要说祝福话的语境说出了极其不吉祥的话语，是严重的不得体，肯定被怀疑为居心不良的咒语，得不到任何期待的好语效——除非他本就希望招致毒打。在修辞学，恐怕这也是不得体的真话，所得为"零交际效果"（黎运汉、盛永生，2010：5）。

修辞学和语用学都把达意当作研究基础，以取效为目标。二者对达意的关注有所区别：修辞学关心达意的手段和技巧，语用学更关心达意的目的。至于得体，两者是一样的，只是修辞学的得体分析往往涉及文学文本本身，语用学也可以这样做，不过那是"文学语用学"（literary pragmatics，一门新兴边缘学科）的事。

4.5.10　误认为语法是修辞，修辞是语用

所谓"三个平面理论"，源于文炼、胡附（1984），胡裕树、范晓（1985），岳方遂（1992），范晓、胡裕树（1993），施关淦（1991，1993），施发笔（2002a，b）等的激烈讨论（§3.3），在语法的"动态变化、动态因素"讨论中引入修辞和语用，即修辞平面和语用平面，没想到引发了修辞和语用的划界问题，使得语法、修辞和语用的杂论"变得更加具体化了"（李文星，2003：67），"有时候语用分析变成了修辞

分析"(语出王希杰,见岳方遂,1992：7)。

修辞学论者和语法学论者偶尔把省略、插说、倒装、设问、反问等当作辞格(见温锁林,2000：37),这就有混淆语法和修辞的风险。再如,吕叔湘(1986)在评价《马氏文通》时说到所谓的两种"修辞","语欲其偶,便于口诵"属修辞,而"欲求醒目"则不属修辞,而属语用。张炼强(1990：29)说讨论修辞时联系语法是"为了解决修辞规律的理解问题",可是他的例句,如"被"字句,根本没有修辞(色彩),只有语法或语用,因此受到温锁林(2000：37)的批评。

所谓"口气",在有的语法论著(如赵元任,1979：288,163)被视为修辞现象,如下例表斥责口气、须重读的"什么"：

(6) 什么新电影?! 是八十年代的国产片。

其实,这样不表疑问而表斥责的"什么",具有否定的口气,属语用,不属修辞。这样的"什么"或口气,就像普通的语言符号、音、形、义一样,"是修辞可利用的材料而不是它的研究内容"(温锁林,2000：37)。注意《现代汉语词典》收入了"什么"的上述"表示责难、表示不同意对方说的话"的语用法。

王力(1984：415)曾说,倒装表示强调(加强否定)或夸张时"偏于修辞",或者干脆就是修辞。该观点也受到温锁林(2000：37)的批评。

有趣的是,批评混淆修辞和语法的论者,自己也许会混淆二者,如温锁林(2000：36)说：语法是"一个包括句法、语义、语用等因素的复合体"。如果语句具有这三维或多维是无可厚非的,但语言学的分工/分野就是为了更专业的各个击破的研究,而非混淆界限的糊涂大杂烩。一个语法学者在讨论语法问题时,在标注(可能)涉及邻近学科时,应明了自己业已跨界。同样,语义学者、语用学者、修辞学者等自然有理由临时踏足邻近学科,不过最好还是标注已然越界,至少不能误把所涉比邻学科成分视为己有。

束定芳(2000)的《现代语义学》,王寅(2001)的《语义理论与语言教学》,萨伊德(Saeed,1997/2000)的《语义学》(*Semantics*),都有语用成分,不加标注,可能让人(尤其是年轻学者)误以为语义学(从发生学或语言学阵营的学术分工角度)本来就含有这个成分,而将来阅读语用学论著时遇到似曾相识的语用问题还会误以为是语用学者挪用了语义学的知识财产。本书认为,诸如上述论著,若遇到临界问题,或者需要跨界,论者需要元语言学的学科意识,不能自以为是,更不能让读者误以为语义是语用或语用是语义,语法是修辞或修辞是语法。假如某语言现象(如隐喻、转喻、夸张、反讽)是临界问题,就分说清楚,外加学科领属的夹注:例如当作修辞格从属修辞学,当作言语策略则从属语用学。

语法学、修辞学和语用学的语用劳务分工(pragmatic labour distribution)大致如此:

(1) 语法(学)/句法学——其研究对象是组词造句的规则,管辖语句的"良构性"(well-formedness),判别语句的正误,即区分良构性和非良构性(well/ill-formed)语句。语法学研究包括话语组成成分、位置、次序、词性、数、格、时态、体态、语态、情态、语法意义(grammatical meaning,如复数词缀-s 只表复数的语法意义)、语法性(grammaticality,即是否合乎语法)等。

(2) 语用学——研究在一定的语境中如何进行有效交际,也即言者如何有效地生成意义,而听者如何理解言者的话语(含义)。语用学研究包括话语的交际者、交际目的、交际语境、语用条件、语用原则、语用行为、语用策略、语用手段、语用制约、语用压制、语用意义(包括含义)和语用效果。

(3) 修辞学——研究如何根据特定的题旨情境利用语言材料达到较好的表达效果。修辞学研究包括话语的选词、文体、风格、题旨、技巧、艺术、美化、偏离、媒介、立场、身份、心情、效度等。

上述语用劳务分工可重述为:

(1) 语法学专司"±出错"(对不对,是否符合规范,是否说得通,是否地道,是否能理解)。

(2) 语用学专司"±出色"[好不好,合不合适,是否高效,是否有利于达意和取效,是否成功实施语为(言语行为、语用行为)]。

(3) 修辞学专司"±出彩"[是否巧说,是否高效,是否成功实施修辞行为(劝说/认同)]。

但三者常有局部重叠。

对汉语语法分析的"三个平面"假说赞成与否,竟成两难。若赞成,其实也必须承认修辞研究有三个平面,语用研究有三个平面,或者说什么研究没有三个平面呢? 甚至还不止三个平面。若反对,却又不得不承认语法研究的确有三个方面,是三个平面的语法学构件组合体。

4.5.11　误认为修辞的表达具有自觉性，语用的表达具有自发性

施发笔(2002b：73－74)指出，修辞学研究的表达具有自觉性，是"我在说话"；语用学研究的语言表达具有自发性，是"话在说我"，也即具有潜意识性的话语。他以赵本山等的小品《电话证婚》为例，某女子多次说"不用紧张"，而男子对着话筒说"我叫不紧张"，他认为这个小品的编剧以及演员如何利用上述紧张而说"我叫不紧张"类话语以达到"真实、幽默的效果"（即这一表达的自觉性），应该是修辞学研究的内容。他认为该例的男人是过于紧张才说"我叫不紧张"的，是话在说他，不是他在说话，解释这种话语的成因应该是语用学研究的内容。

本书认为这个"差别"不足以区分修辞学和语用学。一般说来，修辞学和语用学研究的都是正常人即理性人、典型人、一般人的正常、理性的典型话语，就算是现实中或小说中的某个人不是那么正常或理性，不是那么典型，其话语的生成和理解也一定是以正常人、理性人、典型人、一般人的话语为"认知参照点"（cognitive reference point）的。只要进入研究视野，无所谓正常或不正常的话。至于"话在说我、我在说话"的区分，那是语言哲学家如海德格尔（Heidegger，1889—1976）、钱冠连(2005)等的语言哲学二分，他们的意思是在很多情况下，人说话要受语境等的制约，而非毫无节制地自由说话。例如，两人见面，甲说"吃了吗?"这是因为甲乙今天首次见面，且碰上吃饭前后，"民以食为天"，因此常以"你吃饭了吗?"的无疑而问来问候，于是甲似乎情不自禁地这么一说。乙应答以"吃了吃了"也是基于上述缘由，也不是真的告诉甲自己吃了或吃了什么，其实吃没吃无所谓，只是作为对问候的应答而已。甲乙若不问候和应答（问候），就不是社会生活中正常、理性的熟人、朋友。总之，这样的见面问候话语不是甲策划好了要说的话，而是在该语境下"迫不得已"说的话，因此可以说是"话在说我"，而非"我在说话"。那么可以说，人是生活在"话在说我"以及"我在说话"的"家园"里。

若如此，"话在说我"以及"我在说话"的话语都是修辞学和语用学研究的对象，不必把前者摊派给语用学，也不必把后者分发给修辞学。

4.5.12 误认为语用行为等于或迥异于修辞行为：语用修辞行为的由来

本书出现多处"语用＋修辞"的表达，如"语用修辞行为"。那么何谓语用行为？何谓修辞行为？两种"行为"又如何"融合"？

根据奥斯汀和塞尔的言语行为理论，"言即行"，不论是"言有所述、述事"（constative）还是"言有所为、施事、行事"（performative），如告诉他人一条新闻，请求他人帮一个忙。由于"言语行为"的"言语"（或改成"语言"）二字使人只想到言语/语言方面的行为，而语用学者（如梅伊）早就发现了非言语/非语言层面的行为，尤其是言语行为的情境依赖性。也即不可能有脱离合适语境而成功实施的言语行为，或者说，一个言语行为需要伴之以其他方面的行为，如手势语，用英国诗人多恩（Donne，1572—1631）的诗句来说就是，"The body speaks."〔身体会说话。梅伊（Mey），2008：6〕，因此梅伊改称之为"语用行为、语为"（pragmatic act 或 pract）。一个"语为"的实施具有多方面的"语为素"（pragmeme），如言语方面（语言和语篇）的时态、语态、指别、衔接、推理、声韵等，非言语方面（场景和活动）的语者、受众、道具、手势、表情、情绪等，它们甚至可独立构成语为，如"心理行为"（psychological act）、"身体行为"（physical act）、"韵律行为"〔prosodic act，梅伊（Mey），2008：10〕。

现代修辞学不仅有修辞现象、修辞过程、修辞效果等，还有修辞行为。"修辞行为"（rhetorical act）指的是人类在一定的语境中"有意识、有目的地构建话语和理解话语以及其他文本，以取得理想的交际效果的一种社会行为"（陈汝东，2010：6-7）。可见，修辞也是行为，"因为修辞具有人类其他行为的一切要件"，包括人、动机、目的、过程、效果等，要使用约定俗成的社会符号（主要是语言符号），更是人类交往或交际的行为（陈汝东，2010：7）。于是就出现"修辞行为"一说。"修辞行为"的这一解释（定义），倘若换成"语用（学）、语用行为、言语行为、语为"，又将如何？答案是苏轼的诗句"淡妆浓抹总相宜"。

马睿颖、林大津持泛修辞观，认为修辞行为是"选择表达方式，追求表达效果的行为"（2008：66），凡是言语行为必然就是修辞行为（2008：66）。他们认为很多修辞学者，如叶永烈、王希杰、胡范铸、刘大为，在过去的修辞论著中逐渐修缮了对修辞(行为)的不当看法，例如① 只把写文章的"润色"部分当作修辞行为(2008：66)；② 认为超过修辞"零度(状态)"或"理想状态"的说写，或"偏离"上述"零度"，才是修辞行为①(2008：67)；③ 把一般的"对语言的加工""修改内容"当作非修辞行为(2008：67)；④ 把低效或无效的言语行为当作非修辞行为(2008：67 - 68)等。马、林二位的意思是，这些学者如今逐渐倾向于这样的认识，"任何言语行为都是修辞行为，都包含言语行为者追求交际效果的努力，言语内容与言语形式互为体现，缺一不可"(2008：71)，形成如下共识：

(1) 言语行为都有目的性和修辞性(马睿颖，林大津，2008：69)；

(2) 使用语言便是修辞活动(2008：68)；

(3) 任何文本便是修辞文本(2008：68)；

(4) 言语行为者自带实现语用效果的努力(2008：69)；

(5) 追求语用效果包括"说什么、怎么说"，因此不能把"说什么""排除在修辞之外"(2008：69)；

(6) "修辞行为包括确立语用意图"，一经确立便不能割裂内容与形式(2008：70)；

(7) "修辞活动是一个复杂的信息运动过程""修辞表达与修辞接受对等的可能性，小于不对等的可能性"，因为信息接受会出现"等值(清晰等值、模糊等值、整体等值、局部等值)、减值、增值、改值"现象(2008：70)；

(8) 取消以偏离"零度"为标准来判断是不是修辞行为(2008：69)；

(9) 取消把言语行为二分为修辞行为和非修辞行为(2008：69)。

马睿颖、林大津(2008：71)认为，凡是言语行为都要实现"言实、言情、言理"之一的语用意图，三者又可二分为"即时聚焦性意图、延时离散性意图"。对此，林大津(2019)有所阐发。"即时聚焦性意图"指"简短话语"中的单一语用意图，如"言实意图、言情意图、言理意图"，分别意为告诉一件新事，抒发一种情感，阐述一个道理。例如马、林两位的上述论文(2008：71)所陈列的"许诺、恭

---

① 王希杰等认为，所谓的不偏不倚的零度表达，即"平平淡淡"地符合"规范"，自然就被当作非修辞行为(参见王希杰，1996c：25 - 26)。

维、批评、任命、降级、解雇、保证、签约、承担、道歉、悔恨、抱怨、欢迎、挑战、证实、否认、告知、询问、证明、同意、争辩、陈述、通知、提醒、指使、吩咐、忠告、恳求、命令、敦促、宣誓、拒绝、威胁、夸耀、祝贺、祝福、洗礼、推选、辞职、邀请、声言、报告、宣布、传授、指控、诅咒、责骂"等①。"延时离散性意图"指的则是"长篇大论式篇章"的"中心大意"，以及"文学作品留给读者的'情景交融'或'情理之中'等综合想象空间"，即"较长语篇"的"各种次意图"所构成的一个"综合性总意图"（林大津，2019：185）。

在马睿颖、林大津（2008：68）看来，言语交际学的"（言语）交际行为"对应并近似语用学的"言内行为"和修辞学的"修辞行为"，言语交际学的"（言语）交际意图"对应且近似语用学的"言外行为"和修辞学的"修辞目的"，言语交际学的"（言语）交际效果"对应且近似语用学的"言后行为"和修辞学的"修辞效果"。至此，他们认为：言和思密不可分。言语行为和修辞行为密不可分。而凡是言语行为，其行为者即说写者就有表达效果，对受众就有或高或低的交际效果（包括所谓的无效）。言语行为都是修辞（行为），只是修辞（行为）有得体不得体、高效不高效等的差别（2008：71）。

本书合"语用行为、修辞行为"为"语用修辞行为"（pragma-rhetorical act）。

第一，凡是言语行为或语为都具有修辞属性，凡是修辞行为都具有语用属性，二者难分难舍。或者说，语者或修辞者有意识地实施于受众的任何言语或非言语的影响过程都是语用修辞行为。

顾曰国（Gu, 1993）也许是最早将语用学的言语行为说与修辞学的修辞行为说结合的学者，就"会话修辞"（conversational rhetoric）而言，日常双人对话交流（含程式化的问候、告别），以及信息类交流，都算作"修辞行为"，因为都有语者 S 的言语行为，都有听者 H 的"反应行为"（response act），都是通过双方的"修辞合作"（rhetorical cooperation）而实现的（1993：429）。

第二，假如一个话语同时实施了三种语为："言内行为"（locution; locutionary act）、"言外行为"（illocution; illocutionary act）和"言后行为"

---

① 这个矩阵显然比塞尔的言语行为的粗略分类更细致，更具有操作性（暂且不考虑其排序的凌乱混杂，例如同属指令的"提醒、指使、吩咐、命令、邀请、敦促、忠告、恳求"就没有置于一处：如果按塞尔的大类来切分就更有条理）。

(perlocution；perlocutionary act)[1]，那么，言内行为(说话本身，指说出话来，让人家听见、听清和听懂)是语用和修辞的共同问题。言外行为(通过说话来实施一种行为，如传递信息、发出命令、威胁恫吓、问候致意、解雇下属、宣布开庭等)也是如此。言后行为亦然：话语带来的后果，即"言后之果、言后效果"(perlocutionary effect)，例如，通过言语活动使听者果真受到了一定程度的恫吓，结果他放弃预先要做的事情。言后行为是果还是未果/非果，不仅取决于语者/修辞者，还取决于受众的合作，即必须在后者身上成功实施，因为归根结底不是你说我听或你写我读那么简单，而是"修辞交易"(rhetorical transaction)[顾曰国(Gu)，1993：428]，我们不妨改之为"语用修辞交易"。

第三，经典的言语行为类型如"阐述类"(representative)、"指令类"(directive)、"承诺类"(commissive)、"表情类"(expressive)、"宣告类"(declarative)，以及我们增加的"询问类"(interrogative)，不仅具有语用性，还具有修辞性。这些行为实施是成是败，合适与否，主要归属语用学，而其实施过程的具体语词、语音、语法、语义、风格等的选择，以及达到什么效果，是否达到了预期效果，则主要归属修辞学。"主要归属"意味着语用和修辞的交叉性即互相作用和互相补充的特点，而非二者的绝对性或单一性。

第四，由于言语的直接性和间接性之别，所有的"直来直去、拐弯抹角"都取决于语者/修辞者的意向性及其积极或消极修辞手法的采用和相应的预期效果，可算作直接或间接语用修辞行为。

第五，任何语用修辞行为的实施都要受到塞尔所论之"构成性规则"(constitutive rule)的支配(否则不能称其为相应的"社会(语用修辞)行为")，还要受到其"调节性规则"(regulative rule)的制约。调节性规则涉及社会文化因素，如社会文化(政治)背景、社会文化心理、话语对象、话语角色等，即哈贝马斯(Harbemas，1979等)的"普遍语用学"里的"社会领域"(social realm)、"制度"(system)和"生活世界"(lifeworld)，话语要受到上述因素的"调节/微调"，才能实现预期的"交际效度/有效性"(communicative validity)(见侯国金，2014a：28)。

---

① 这三个术语的其他译法有：① 以言指事、表述性言语行为、以言表意、发话(言行)、叙事行为、指事性行为。② 言谓行为、以言行事、施为性言语行为、示意(言行)、施事行为、行事(性)行为。③ 以言成事、成事(性)(言语)行为、以言取效、取效(言行)。本书从众。

4.5.13　误认为两学科不能联姻

宗世海、刘文辉认为，汉语界的一些"改造汉语修辞学"的努力，如"接受修辞学、修辞控效说、语用修辞学、修辞语用学"，都是不可行的(2007：119)，"既没有必要，估计也难以成功"，都是出于对两个学科的误解(宗世海、刘文辉，2007：125)。多数人，如袁毓林(1987)、王希杰(1993)、高万云(1993)，认为修辞学和语用学各不相同，应各自为政，"不宜强行将一方纳入另一方"(另见宗世海、刘文辉，2007：119)。也有人(如池昌海，1989：39)发出不同的声音，如把修辞学当作语用学的分支，说修辞学是语用学中"关于语言符号在社会交际中艺术化运用的研究"。

不同的是，胡范铸(2004：8)认为修辞学和语用学的整合是"可能的而且是必要的"(另见张大毛，2008：12)。张会森(2000：25)指出，两个学科"联姻"是"更为实际，更有意义"的做法，建立"语用修辞学(pragmastylistics)"是"一种可能的趋势"。本书赞成这个主张，但不赞成这个译法，也不赞成他建立语用修辞学的目的(说是为了使修辞学"吸取语用学的长处"以"弥补"自己的"缺陷"，使修辞学"进一步丰富和发展")。本书认为，联姻后的产物是语用修辞学，虽有利于修辞学和语用学，但归根结底只服务于语用修辞学自身的发展。

不过，在语用修辞学还没建立起来之前，黎运汉(2002)建立"汉语语用修辞学"的建议似乎有点早产。至于孙建友(1999：45)和曾文雄(2006，2007等)[①]提出有必要建立"修辞语用学"(可惜尚未看到任何定义)，大概是仿拟语用修辞学的创意，以语用学为核心，即向修辞学借力的语用学研究。本书认为最好等语用修辞学发展起来之后再说，而假如其"修辞语用学"等于"语用修辞学"，那就更不要在名称或术语上折腾。

本书认为，既然修辞学从信息语言学、认知语言学等借来一些原理和方法而产生了信息修辞学、认知修辞学(王伟，2010：80)，而语用学业已和其他学科缔结，如社会语用学、句法语用学、韵律语用学、文学语用学、语用翻译学、民族语用学、发展语用学、认识语用学、语际语用学、网络语用学等所示，那么语用修

---

① 曾文雄(2007：111—123)讨论的是"修辞语用学翻译研究"。

辞学也就不是不可能的了。

4.5.14 误认为二学科的联姻意味着它们丧失学科独立性

与上述息息相关,王德春、陈晨(2002:532 - 537)认为,"语用学和修辞学相辅相成,相互补充,有融合的趋势"。语用学和修辞学如何联手? 是结合、融合,还是联姻? 这些语词官司也许不足以说明二者结合方式的价值,但学界多有误解,似有必要厘清。在很多人看来,语用论著借用修辞的论点和方法就是结合;同样,修辞论著借用语用的论点和方法也是结合。本书认为这些与其说是"结合",还不如说是"借用/借力"。例如,胡范铸(2003)的"'修辞技巧'到'言语行为'——试论中国修辞学研究的语用学转向",提出以"言语行为"的研究成为修辞学的一个新的研究范式,这是修辞学借用语用学的言语行为理论。相反,陈汝东(1996)的"言语行为理论的修辞学价值取向"则是从修辞学借力来加强语用学的言语行为理论的建设。

关于学科的"融合/联姻",学界多有误会。在 2016 年 6 月 18—19 日的第三届"中国语用论坛"上,陈融、曲卫国、黄国文等学者对语用学和认知语言学或功能语言学的"融合/联姻"就进行了热烈的讨论。有学者担心"融合/联姻"的后果之一是相关学科的丧失或学科独立性的丧失。我们当然要防范此类学科"整合"[另见刘亚猛、朱纯深(Liu & Zhu),2011:3414]。

当然,语用学和修辞学的整合不是简单的一加一,或你一点我一点地引用和阐释。宗廷虎、赵毅(2003)的文章《修辞学与语用学的成功联姻——读刘凤玲、戴仲平〈社会语用艺术〉》,其"联姻"只是隐喻真实,实际上还谈不上真正的联姻,因为所介绍的书《社会语用艺术》只是把"现代修辞学、西方语用学"当成"社会语用研究的理论基础"。陈丽霞"将古老的修辞学和年轻的语用学结合起来,从语言学的视角对戏剧话语进行深入的研究"(2011:iii,1,83),也是一会儿语用、一会儿修辞地研究戏剧对白,大概隶属于§6.5 说的范式 2、范式 3。

刘亚猛、朱纯深(Liu & Zhu,2011:3414)批评了霍珀(Hopper,2007:236)的"替身观"(synecdochic perception),霍珀认为修辞是"一种语用形式"(a form of pragmatics),又说语用和其他学科无非是"修辞的微观终点"[micro end of rhetoric,见刘亚猛、朱纯深(Liu & Zhu),2011:3414]。刘亚猛和朱纯

深认为这是不正确的观点。同样,二学科合二为一的"吞并观、融合观",不论是达森布洛克(Dasenbrock,1987)抛出的"奥斯汀修辞"(Austinian rhetoric),还是达斯卡和格罗斯(Dascal & Gross,1999)的"格赖斯/认知修辞"(Gricean/cognitive rhetoric),还是斯波伯和威尔逊(Sperber & Wilson,1990)以关联理论吞并/代替修辞学(见刘亚猛,2004b:254),也欠妥当。针对人们的误解,刘亚猛、朱纯深(Liu & Zhu,2011)提出语用学和修辞学应该是"孪亲/对应(艺术)"(antistrophos),要求语用和修辞把对方视为学科"至交/闺蜜"(counterpart/ alter ego)。该立场能够防止有人把二者当作纯粹的互相利用或互相改造的关系,更不允许语用和修辞的相互吞并(2011:3414)。

根据刘、朱二君的"孪亲观",语用学和修辞学两学科要消除彼此的紧张对立,建立起全新的学科关系,即"合作中有竞争"(competition of cooperation),特点是"竞争中有合作"(cooperation of competition)[另见伯克(Burke),1945/1969:403]。

本书所说、所理解的"结合"应该是两个学科的"融合"(integration)或"联姻"(marriage),直接催生新兴跨学科/边缘学科或界面研究,即"语用修辞学"(pragmarhetoric),当然也可叫作"修辞语用学"(rhetoric-pragmatics)。

对以上"误解"的一定共识乃建立语用修辞学的元学科基础。

5. 语用修辞原则与语用修辞分析模式

语用学和修辞学既然有这么多异同而常常需要相互借力,两学科的联姻势在必行。本章先论述两学科融合为语用修辞学的理论基础,即过程哲学之下的不确定原则与和谐生态哲学之下的和顺原则,继而草拟语用修辞学的蓝图,着重阐述该新兴界面研究的"语用修辞原则"及其相应的、适用于具体言语和语言分析的"语用修辞分析模式"。

5.1 学科融合的理论基础

本书所论之语用修辞学这一全新界面研究,除了语用学和修辞学形而中的学理和学观及其形而下的现象分析套路和技法的支持,还有其更加形而上或哲学的理论支撑:过程哲学及其下的不确定原则、和谐生态哲学及其下的和顺原则。

5.1.1 过程哲学之下的不确定原则

科学界解释物理和化学世界多半是用牛顿力学或量子力学。

"牛顿力学"(Newton Mechanics)的基本原则或"牛顿思维"(newtonian thinking),源于牛顿(Newton,1643—1727)的《自然哲学的数学原理》(*Mathematical Principles of Natural Philosophy*),主要涵盖决定论、局部因果关系(或称"可分性")、完备性、还原论(reductionism)、二元论等,属简单性科学范式[尼科列斯库(Nicolescu),2002:10]。牛顿力学催生了"科学主义"(scientism),即"那种把所有的实在都置于自然秩序之内,并相信仅有科学方法才能认识这种秩序的所有方面（即生物的、社会的、物理的或心理的方面）的观点"（郭颖颐，2005：15）。传统语言学研究，含索绪尔结构主义语言学、乔姆斯基生成语法等，多半归属牛顿力学范式（王仁强①）。源于牛顿力学范式的传统语言学研究坚持的实际上是机械唯物主义语言现实观（王仁强），把语言现象当作简单的、真实的、可观察的现象，研究者持续观察就能还原原本"名从其类、是其所是"的属性或范畴。该范式在逻辑上沿用经典逻辑或一阶谓词逻辑，主要包括同一律、矛盾律和排中律。在认识论上，该范式表现为上文提到的还原论、单层论和局部因果论。简单地说，受牛顿力学影响的简单性科学的语言观强调语言的客观性（强调客体的决定作用），忽略语言的主观性（忽略主体的相对作用），也即，研究对象为冷冰冰的语言事实，而非有人参与和驾驭的活生生的语言活动。

"量子力学"（quantum mechanics）是 20 世纪科学革命的成果。量子力学的主要概念是"量子"（quantum，"有多少"），意思是"相当数量的某物质"，最初由德国物理学家普朗克（Planck，1858—1947）于 1900 年提出，后经爱因斯坦等人加工，逐渐形成量子力学理论或量子思想。量子思想除了"量子"之外最重要的概念是"波粒二象性"（wave-particle duality）。"波粒二象性"是微观粒子的属性。以前的研究区分纯粒子（构成物质）和纯波动（构成光波）。量子力学告诉我们粒子性和波动性可共现。其他概念如"量子态叠加"（某物质在观察前后既是 A 又是 B，观察后则是二者取其一）、"量子坍缩"（某量子力学体系与外界互动产生的波函数突变）、"量子非定域性"［物理量不确定性、范围不确定性，有时称"不确定原则、测不准原则"（uncertainty principle）］、"量子态跃迁"（微观状态发生跳跃式变化，王仁强）。

与牛顿力学以及相应的科学主义和简单性科学（science of simplicity）范式相对，量子力学或量子思维给语言学等社会科学带来的是"超学科研究范式"（transdisciplinarity）或称"复杂性科学"（complexity science）。超学科研究范式或复杂性科学的观念有"多维论、动态论、循环追溯因果关系、主体性、自组织性、过程性、互动性、模糊逻辑（混沌论）、不确定性、关联性、涌现性、复杂性、交

① 此为王仁强的国家社科项目和即将出版的专著《超学科视域下的分析语词类问题实证研究》。

叉性"等(王仁强)。

量子思维不仅催生了系统论、突变论、混沌论、控制论、耗散结构论、人工智能等,还直接催生了"过程哲学"(process philosophy)。"过程哲学"是 20 世纪60 年代以来受量子思维、系统论等影响而形成的"主张世界便是过程,以机体概念取代物质概念"的哲学观,别名"历程哲学、活动过程哲学、有机体哲学"。过程哲学的重要概念有"变化、持续、永恒客体、机体、价值、混合"等,由于涉及诸多学科和领域,如自然科学、社会科学、语言学、美学、伦理学、宗教学等,有时称为"宇宙形而上学、哲学的宇宙论"。

过程哲学的创始人是英国逻辑学家、数学家、教育家怀特海(Whitehead,1861—1947),其后的主要代表是美国哲学家哈茨霍恩[①](Hartshorne,1897—2000)。怀特海把宇宙间的万事万物分为"事件"(events)的世界和"永恒客体"(eternal entities)的世界。"事件世界"中任何事物莫不处于永恒的运动和变化状态,各事件综合起来形成统一机体(organisms),从原子到星云是如此,从个人到人群乃至社会亦然。各机体的个性、结构、自我创造能力等都各不相同,其根本共同特征就是活动,而活动又表现为过程。所谓过程就是各机体的各个因子之间有着千丝万缕的内在联系并进行着持续不断的创造活动,有时表现为一机体向另一机体的转化。因此,整个世界其实就是数以万亿计的大小活动的综合机体。那么,在过程之后、之外,是否存在永远不变的物质实体呢? 没有。都在变化,只是机体的结构在一定的时期呈现出一定的持续性(而非不变性)。自然界的万物是活生生的机体,自然和生命不能轻易绝对分开,二者融合构成真正的实在。所谓"永恒客体"又是什么? 它是作为抽象的可能性而存在,绝非超越人类意识之外的客观实在。相对的"永恒客体"能否转变为现实,受限于实际存在客体。哈茨霍恩认为万物皆有感觉,机体的感觉由组成机体的细胞的感觉所构成,而细胞的感觉又源于更简单的物理实体(如原子、电子、质子等)的感觉,因此可以说,机体之内的最低感觉可发展为高级感觉,形成感觉连续统或感觉之流。

在过程哲学的统辖之下,尤其是受量子力学、模糊逻辑、生命系统论等的影

---

① 有人译为"哈特肖恩、哈特雄"。笔者译源于该原名的发音:念作 Harts-Horne。

响，超学科方法论降生。有"弱式超学科研究"（以传统方法进行研究，着重于问题导向的多边协同），以及"强式超学科研究"（以量子思维进行研究，"关注的是曾经属于学科之间、跨越不同学科和超越所有学科的东西"［尼科列斯库(Nicolescu)，2014；转引自王仁强］。超学科研究有三大支柱公理：① 本体论公理：强调多层性、复杂性、"量子真空"或"隐形第三方"(the hidden third)、超现实(transreality)——包含意识、情感、方法、视角、超还原论(trans-reductionism)。② 逻辑公理：波粒二象性、不确定性、开放性、量子逻辑（模糊逻辑、非线性逻辑）、"超协调逻辑"(transconsistent logic)。③ 认识论公理：或包含复杂性公理、知识公理、普遍联系公理，认为事物可能复杂，由简单微小事物构成的大事物可能涌现出复杂性，整体不是但大于部分之和。事物有线性和非线性、均衡性和非均衡性、简单性和复杂性等对立统一的特征。

超学科研究范式适于语言学领域的诸多课题，尤其是古往今来让人棘手的课题。语言学研究，受量子思维影响，或多或少有"量子语言学"的特点。此外，语言学研究又以和量子思维有关的过程哲学为哲学基础，把语言看成复杂适应系统，长于复杂性理论、泛时研究等，重在重构科学（或学科），"代表了新文科的发展方向"（王仁强）。

5.1.2　和谐生态哲学之下的和顺原则[①]

"和谐生态哲学（观）"(harmo-ecosophy)，是针对语言生态(linguistic ecology)或生态语言(学)(ecolinguistics)中的不和谐因素(disharmony)，旨在促进语言生态和谐的东方哲学观［黄国文，2016a，b，c，2017；周文娟(Zhou)，2017；周文娟和黄国文(Zhou & Huang)，2017］。其英语名称源于拼缀词harmosophy(harmony ＋ philosophy)或ecosophy(ecology ＋ philosophy)。之所以省略不可或缺、实际上十分关键的"语言"二字(lingua、lingui、langue、logos)，是为了造词的经济和方便。"和谐生态哲学观"之要义大概源于中国经典哲学（如孔孟经典和王阳明论著）涉及语言生态的哲学思想，如天人合一、阴阳协调、社会担当、人际包容、身心和谐等，这些包含同时也要求：① 人和天地

---

① 初稿刊于《外语教学》2024 年第 2 期。

自然的和谐(阴阳、太极)。② 人和动物界、植物界及矿物界和谐(共存)。③ 人和社会(团体)的和谐(无为)。④ 人和他人(个体)的和谐(人和)。就生态语言学而论,上述的"人"都可以改为"(人的)语言"。这样一来,"和谐生态(语言)哲学观"要求人们通过语言和谐来创造人际和谐。

在"和谐生态哲学(观)"之下,本书提出语用学的"和顺原则"。如果说前者及其三原则(良知原则、亲近原则、制约原则)是管辖整个生态和谐的原则,和顺原则更重视语言交往和人际和谐。以往的语用学文献没有人提出或论及和顺原则,种种语用原则(分别)有时难以说明某些语用问题(认知语用问题、社会语用问题等),或解释乏力。其实任何类别的交际问题都能以"不和顺"定名。要解释和解决诸如此类的不和顺认知语用或社会语用问题乃至国家或国际交往问题,就需要和顺原则。和顺原则可较好地解释体现较高语用能力或各种语用失误的交际实例,也能提高人们的语用能力,相反则可预防语用失误,且促进身心健康、人际和谐、社会文明。

"和顺原则"(harmony-conformity principle),是一条笼统的语用原则,并没有摆脱而是基于其他语用原则,如合作原则、幽默原则、礼貌原则、得体原则、关联原则、调侃原则、新经济原则等。和顺原则的"和"字主要取其"和一、和睦、和善、和气、和蔼、和谐、洽和"等意,"顺"字取其"顺耳、顺眼、顺利、顺礼、顺理、顺从、顺遵"等意,从静态和动态视角看,"和顺"包含:① 心态、性状的"和、顺"类语词(相当于形容词、副词),如"和气、畅和、顺耳、宛顺"等。② 行为、动作的"和、顺"(相当于动词),如"和恒、和气、顺从、顺应"等,不过很多语词是跨类的。从褒贬和情态视角看,"和顺"包含:① 绝对积极语词,如"和睦、和谐、祥顺、顺遵"等。② 相对积极语词,如"和悦、和缓、逊顺、谀顺"等。中华文化强调中庸和顺,"和、顺"是吉祥字眼,生成的吉祥语词(含四字格)不下百余个。笔者的英译 harmony 和 conformity 也是顺耳好词。

如此一来,和顺原则八准则如下:

(1) 关联—得体准则。言语或非言语(行为),简称"语为"(pract),具有语境、话语、心理和社会文化的关联性以及得体性,即有相关层面的相关性和切当性(适切性、恰当性、合适性、可接受性、有效性)。

(2) 数量准则。贡献不多不少的话语、话轮、信息。在无标记情况下,尽量使自己以及他人的言语和行为省力（心力、物力、财力）、经济而高效。

（3）质量准则。贡献真实或信以为真的信息，且具有交际价值。在无标记情况下，尽量使自己以及他人的言语和行为务实、趋真、向善。

（4）方式准则。贡献良构的、有利于语言生态和精神文明、可及的语为（方式）。在无标记情况下，尽量使自己以及他人的语为（方式）符合社会文化语境、情景语境、交际双方的认知语境、上下文语境以及双方的交际目的，以便听者理解、接受、欣赏。

（5）慷慨大方准则。扩大对方乃至相关他方的利益（福利、待遇、礼物），相反，扩大自己乃至相关他方的损失。

（6）尊人损己准则。扩大对对方乃至相关他方的尊敬（敬意、褒奖、赞美），相反，扩大对自己乃至相关他方的贬损（自谦、自责、自贬）。

（7）温文尔雅准则。在语为（方式）上表现出高尚、大气、上等、阳光、进步、多才、能干、温和、礼貌、谦让、文雅、幽默、诗性等品质。

（8）移情包容准则。万一要生成非良构的、欠礼貌的、不合适的语为（方式），也要着力克制、隐忍、收敛，以取得一定的预期效果而不至于适得其反。对对方乃至相关他方的非良构的、欠礼貌的、不合适的语为（方式），设身处地地为其着想，以便对方理解、接受、宽容。

既然和顺原则以其他语用原则（如上述）为基础，而这些原则之间具有重要性和层级性差异，更兼"语用语言学"（pragma-linguistics，如认知语用学）层面和"社会语用学"（socio-pragmatics）层面的语用能力和语用失误的相对性和两极性，本书认为和顺原则以"关联—得体"为根本（或上级）准则，以其他诸方面的要求为基本（或下级）准则，下级准则皆以关联—得体为总条件。

5.2 语用修辞学之可能性

源于 20 世纪 30 年代美国哲学家莫里斯（Morris）的术语"语用学/符用学"（pragmatics），本来是和"符号关系学/符形学"[syntactics，即今日的"句法学"（syntax）]和"语义学/符义学"（semantics）并列的符号学分支学科，研究"语符和解释者之间的关系",因为后二者分别解释"语符之间的关系"与"语符和客观事物之间的关系"。但从 1983 年两本"语用学"著作的问世算起,语用学作为一个语言学学科发展至今,只有四十余年的历史。而修辞学(rhetoric,至少这个术语是)起源于柏拉图的论著《高尔吉斯》(*Gorgias*,公元前 350 年),主要关涉公共演讲的艺术(art of public speaking)或"劝说、说服"(persuasion)的艺术[拉尔森(Larsson),1998:1;斯基帕(Schiappa),2017:34]。根据西方古典修辞[西塞罗(Cicero)的观点],作为修辞行为的演讲一般有如下五步骤:① 发明/构思/觅材取材(invention),②(布局)谋篇(disposition),③ 文体风格(elocution)或文采(expression),④ 记忆(memory),⑤ 呈现/演讲(delivery)——此乃"修辞五艺"(the five canons of rhetoric)(见霍四通,2015:12)。

修辞学的系统完善论述最早见之于亚里士多德的《论修辞》(*On Rhetoric*),其"修辞(学)"为"任何时候寻得劝说手段的能力"(the ability in every case to see what means of persuasion is available)。他认为修辞者应该使用适宜得体的自然手法,避免"矫揉造作",否则"适得其反"(亚里士多德,1991:164)。在中国,修辞(学)的论著,如《文心雕龙》,也是远远早于语用学(或语法学)的研究。如今,语用学早已成为语言学科的"显学"(20 世纪末就是"成熟、丰满"的"显学",见何兆熊,1997:2),而修辞学虽然有新修辞学、科学修辞学等的补充,还时时处处面临边缘化之困境。

语用行为具有修辞性,而"修辞具有语用性",因为"修辞服务之目标在于修辞之外","在于产生世界的行动或变化"[比策(Bitzer),1998:219]。鉴于语用学和修辞学的特点、各自的困惑,以及二者的异同,学界有人致力于探索二者联合的可能性。本书支持并加盟该探索,先阐述了两个学科的困惑和异同,后厘清了学界的有关误解,着重讨论了二者联手的可能和结果。

语用学和修辞学能否融合?如何融合?融合的结果如何?上节讨论了语用学和修辞学的双边关系和学界关于二者融合的理解或误解。由于语用学讨论语用行为,而修辞学讨论修辞行为,本书要阐述其异同和"语用修辞行为"的可能,以及建立"语用修辞学"的可能。

最早涉及二者联合而未必提议建立语用修辞学的几个人是,利奇(Leech,1983),达森布洛克(Dasenbrock,1987),顾曰国(Gu,1993,1994),达斯卡和格罗斯(Dascal & Gross，1999)，霍珀(Hopper，2007)等。而最早使用该术语或英语对应词"pragma-rhetoric"的是伊利耶(Ilie，2009)，可惜她的认识不够深刻，把修辞当作"工具性话语"(instrumental discourse，2009：329)，就连为了定义修辞，她都到利奇(Leech，1983)那里求援[刘亚猛、朱纯深(Liu & Zhu)，2011：3404，注4]。赵英玲(2008：38)除了用 pragma-rhetoric(语用修辞)，还用了 pragmatic rhetoric(语用的修辞)这一术语，不过她只是说语用和修辞互相"融合"(integrate)，根本特点是"对话/会话修辞"(dialogic/conversational rhetoric)，而没有阐明如何"融合"。本书则要草拟语用修辞学的学科任务和属性。

5.3 语用修辞学的蓝图

如上节所述，真正的"融合/联姻"直接导致相关界面的研究，上述"语用修辞学"不会吞噬语用学或修辞学，而是形成新的分支/边缘学科，内有学科合力和爆发力，更有自己独特的学科任务和范围。

陆稼祥(1996：76)"热烈呼唤""修辞语用学"等"新学科的诞生"。他说，反讽、隐喻等辞格若用流行了几十年的逻辑语用学(logico-pragmatics)来解释，就显得"无能为力"，于是建议采用关联论者斯波伯和威尔逊所提议的"修辞语用学"(rhetorical pragmatics)方法。无独有偶，蒋严也积极推进语用学的关联理论和(汉语)修辞研究的融合，认为关联论有助于"两百多个辞格的精确定义和理论解释"(2009：83)。

本书赞同宗世海、刘文辉(2007：125)的部分观点，"修辞学和语用学可以互相借鉴，但不应该放弃各自已有的传统"，不能把修辞学纳入语用学的范围或干脆"改造成语用学"，应鼓励"原创性研究"，例如使修辞学"向认知方向、解释方向和科学化方向"发展。但本书难以接受他们反对修辞学和语用学联袂的主张。

对两学科是否能够"交汇"持观望和看好态度的有高万云，他说，"二者是否能相交汇，那就要看它们怎样发展了"(高万云，1993：8)。"修辞学和语用学是合是流我们静观其变"(张龙、朱全红，2008：74)。宗廷虎、赵毅(2003，如标题

《修辞学与语用学的成功联姻》所示），看好二者融合为边缘学科。戴仲平（2007）展望了语用学与中国现代修辞学的比较及其合作前景。钟福连（2011：186）说，修辞学和语用学的结合"极有可能"，"是语用学多维发展的产物之一"，"两学科结合的前景是令人期待的"。何雅文（2009：82）说，修辞学和语用学正朝着"语用修辞学"发展，"符合现代学科的发展方向"。王伟（2010：81）甚至认为已经形成了"语用修辞学"。如前述，语用学和修辞学都拓宽了自己的研究范围，并互有交叉。"修辞的语用研究或语用的修辞研究被推向深入"（蒋严，2009：76）。"语用学原则""适用于修辞学"，"语用学促使语用修辞学的产生，展示了动态研究修辞的新格局"（王德春，陈晨，2002：532）。

语用学和修辞学"存在着相同的语言学发展背景和相同的探究论题与结论"（刘瑜，2013：50），"最终促成了语用修辞学这门新兴学科的建立，其主要任务是对'话语构建、话语理解、言语环境、角色环境、前提和背景、言外之意'等进行语用修辞（研究）"（刘瑜，2013：50。另见王德春、陈晨，2002：546－554）。陈丽霞（2011：2）认为，"语用修辞学是两门临近的学科，即语用学和修辞学的交叉学科。综合运用语用学和修辞学的理论和方法对言语活动和话语进行分析，就形成语用修辞学"。基于以上认识，本书认为，修辞学和语用学有同有异，应该是同大于异，异多于同（参见§4.4及表4-1）。鉴于国内外有人讨论修辞学和语用学谁会包含或吞掉谁（见张会森，2000：25），本书认为不用杞人忧天地担心这种莫须有的"学吞学"现象。

那么，语用修辞学的研究对象、任务及学科属性是什么？

陈丽霞（2011：2）认为，语用修辞学应该研究"话语建构、话语理解"，具体涉及：① 对言语环境（语境）的语用修辞分析。② 对预设（前提和背景）的语用修辞分析。③ 对言外之意的语用修辞分析。④ 对角色关系的语用修辞分析。这些只是语用学的4个核心课题的语用修辞探索而已。

本书仿拟陈汝东（2010：34－43）的模型，适量参考胡曙中（2011：2－3）的观点，拟构出这个交叉学科的研究对象、任务及学科属性，旨在抛砖引玉。语用修辞学的研究任务或目的是：① 探讨语用修辞行为的机制，揭示语用修辞交际所关涉的各种语境因素及其与语用修辞行为的关系。② 总结和归纳各种语用修辞手段和方法，阐释其结构和功能。③ 揭示语用修辞规律，综括人类的言语和非言语交际秩序。语用修辞学的学科属性如下：① 语用修辞学既是科学，也是艺术。② 语用修辞学的上位学科范畴是语言学以及语言哲学。③ 语用修辞学既是人文科学，又是社会科学。

语用修辞学（注意不是"修辞语用学"①），意味着是把语用学理论、学理、方法投射到大小修辞的阐释和分析（见图 5-1），可改写为偏正结构"语用的修辞学"，这意味着该界面研究以修辞学为核心，除了维持修辞本身的理论、学理、方法（都预设为有）之外，还借用了语用学的"理、论、法"。按学科内容比例看，大致是 20%—30%的语用，加上 70%—80%的修辞。语用修辞学容易产生下列误解，误解 1 是"语用修辞学是 50%语用＋50%修辞"，误解 2 是"语用修辞学是 70%—80%语用＋20%—30%修辞"，误解 3 是"语用修辞学意味着语用学和修辞学的削弱或消亡"等。

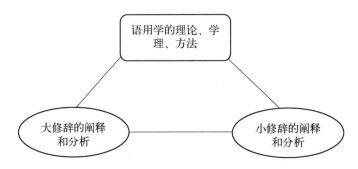

图 5-1 语用修辞学的语用比重和修辞比例图

最近的语用与修辞的界面研究有：李军（2005，2008）、徐鹏（2007），蒋严（2009）、陈汝东（2009，2010）。近年来《当代修辞学》刊登了 40 多篇这样的界面研究论文。笔者及团队的语用修辞学尝试如下：侯国金（2007），蒋庆胜（2021等），刘小红、侯国金（2022）等。

本书认为，语用修辞学的研究应该包括 3 种研究范式：

其一，语用和修辞兼有且难分轩轾的语用修辞学研究。

其二，运用语用学的修辞学研究。

---

① 两个学科的界面研究，其名称会出现 AB 或 BA 的选择，如"语用修辞学、修辞语用学"，侧重应是后者即中心语，即前者的 B，后者的 A，那么"语用修辞学、修辞语用学"的侧重点分别是修辞学和语用学。

其三,运用修辞学的语用学研究。

应该说,第一种是最重要的也最值得关注的研究范式,因为只有它的发展才能促使语用修辞学成为广为认同、普遍运用的跨学科。假如第一种是无标记或标准范式,那么,第二和第三种是有标记的语用修辞研究范式,是向无标记范式发展过程中的准范式、中继范式。

十几年前,有人建议"聋哑学校"更名为"复聪学校、启聪学校、启智学校"。修辞学者会解释说,因为"聋哑"有歧视弱势群体之嫌,上述更名避免了不当的"态度标示",以新的"态度标示"增添了一份人文关怀(见陈汝东,2010:90)。语用学者则会解释说,旧名和新名分别威胁和保护了当事人的积极面子。这两种解释相加就构成了第二和第三范式的语用修辞学解释。那么,第一范式的语用修辞学解释是"一加一大于二"的相加:言辞除了所指意义/指称意义,往往含有合意或不合意的联想意义,含文体风格意义、反映意义、态度意义等,上述旧名就具有伤害聋哑人积极面子(及自尊心)的不合意联想意义,语者/修辞者要谨慎使用,若有委婉、曲折表达式,就尽量不用禁忌、直接表达式。上述新名称反映了"建议者"对相关社会群体的尊重。不过,"聋哑"二字不是绝对要废弃的,例如在自指时,或在医院语域里,它还是有用的,如:

(7) 我是聋哑人。

(8) 我们医院治好了一百多例聋哑患者。

交际失败的个案,在语用学算作"语用失误",在修辞学则是"修辞失误、偏颇",都能给予较好的、十分相近的解释,而在语用修辞学里可望得到更为理想的、统一的解释。例如,某高校为了迎接9月18日入校的学生,准备在当天开张第五食堂,并挂出"918就要发"的横幅,结果是多数学生拒绝服务,并指责该食堂有关人员忘记"国耻日"(1931年9月18日),缺乏廉耻心、爱国心,最后该餐厅公开道歉,停业整顿(陈汝东,2010:337-338)。语用修辞学的批评会涉及话语的社会文化语境中的历史因素、民族文化心理、动机、意图、话语策略、话语角色、话语构建、接受心理、意义的多维性、语用修辞效果等,比语用学或修辞学单方面的解释更有力。

本节梳理了21世纪的语言学显学语用学和又老又新的修辞学,厘清了两个学科各自的十大"困惑",揭示了两个兄弟学科的趋同性以及多方面的异同。

认为双方的"多方面、多层级的相同点、相似点"以及"相通点、相关点"构成"融合/联姻"的基础,而二者的"异"则是"互补性"的前提。当然,我们要消除一些涉及"融合"的误解,从而帮助语用修辞学健康发展。本书讨论了"语用行为、修辞行为、语用修辞行为"的异同(§3.2,§.3.5,§4.5)。初步拟定了该界面研究的三大学科任务/目的,并指出了三大学科属性。本书提出了语用修辞学的3种研究范式,并认为第一范式(即标准范式)尤为重要,值得广泛关注。

本书认为,两姊妹学科当然可以并应该独立发展且互相学习,此外,还要向其他学科借鉴先进、关联、有用的思想、概念、方法等,而且在不放弃自己阵地的条件下,可和比邻学科融合为界面研究/边缘学科,如语用修辞学。

语用修辞学就是修辞学和语用学结合而成的界面研究,除了原有的修辞研究方法之外,借用语用学的一些公理、原则、概念、方法,对修辞现象/行为进行纵深研究。也即,语用修辞学的核心是修辞学,而非语用学(假设修辞语用学则相反,以语用为核心,借鉴修辞学的一些资源)。语用修辞学不是或不仅是语用且修辞(更不是一半语用一半修辞)的研究,根本上是修辞研究,只是融入了一些语用成分的修辞学研究。在语用修辞学的范式(以上述第一范式为要)中,要搁置修辞学和语用学的区别性成分(遑论相同或类似性成分),也即不必担忧修辞学和语用学的边界模糊问题。

语用修辞学具有无比光明的前景,而且研究趋势是"跨文化语用修辞对比、修辞的认知—语用理据探索、修辞的语用控效精细化、修辞格的双语和多语对比研究、积极和消极修辞的互动或互补研究、修辞学和其他学科的互补研究"等(侯国金,2014a:188)。

5.4　语用修辞原则和语用修辞分析模式①

5.4.1　引子

不说语用学的诸多原则(见§2.3,§2.4.3),单说修辞学也有一些"原则"。

---

① 以此为题的简论最早见于侯国金(2021)。

根据黎运汉、盛永生(2010：69-130)的介绍,修辞原则分为表达和接受两面,本书摘其要义,得以下七条,原则1—4和原则7属表达方面,原则5—6属接受方面。

修辞原则1:结合现实语境,注意交际效果(源于张弓,1963)。

修辞原则2:观照"对象、自我、语境、前提、视点"等的自洽[是"修辞表达和理解的基本原则",源于王希杰,1983,转引自黎运汉、盛永生(2010：70)]。

修辞原则3:得体性(是"修辞的最高原则",源于王希杰,1996a,转引自黎运汉,盛永生,2010：70)。

修辞原则4:① 立诚(忠信、如实、如是、真诚、真挚、德高等,是"基本原则")。② 切旨(即切合题旨)。③ 切身(切合表达主体自身的诸因素)。④ 适境(切合语境,是"重要原则")。⑤ 合体(符合语体)。(源于黎运汉、盛永生,2010：70-110)

修辞原则5:主体律、环境律、话语律[郑颐寿、袁晖(2002：110)称之为"规律"]。

修辞原则6:言境统一、言实统一、言人统一、言行统一、言德统一(源于陈汝东,2010：490-505)。

修辞原则7:① 切合表达言语原意。② 切合表达主体自身因素。③ 切合表达语境(源于黎运汉、盛永生,2010：112-130)。

以上原则视角不同,都有合理性。黎、盛二君的接受修辞原则对应于其表达修辞原则的2、3、4。本书认为,最好更改为逐条对应,即解读者按照5条表达修辞原则设身处地推理和欣赏便可。论表达方面的修辞原则,本书倾向于黎、盛二君的原则4;而论接受方面的修辞原则,本书推崇陈汝东先生的原则6。

5.4.2　语用修辞原则

同语用学一样,语用修辞学也应有其自身的原则,可称为"语用修辞原则"(pragma-rhetorical principle)。在过程哲学及其不确定原则、和谐生态哲学观及和顺原则的启发和指导下,结合上述诸多语用原则和修辞原则,语用修辞原则内含八条准则。

准则1:在一次语用修辞事件中,使用关联于语境和语用目的的话语,以达意达旨的语用修辞行为为首要交际目标。

准则2：话语所含信息量能够满足信息差需要，不高于也不低于本次语用修辞事件的需要，除非有特殊的语用修辞目的——以关联的期待和理解为条件。

准则3：话语所含信息值真实可信，不低于自己的信念和知识，除非有特殊的语用修辞目的——以关联的期待和理解为条件。

准则4：话语关联有关语境素，尤其是交际双方的身份、关系、位分、辈分、距离、需求目的等，除非有特殊的语用修辞目的——以关联的期待和理解为条件。

准则5：使用清晰明了、简明扼要的良构性话语，除非有特殊的语用修辞目的——以关联的期待和理解为条件。

准则6：话语所含的文明礼貌价值，根据本次语用修辞事件的需要做到慷慨、褒奖、谦逊、赞同或同情，在程度和方式上得体，除非严重威胁自己的积极或消极的面子，除非有特殊的语用修辞目的——以关联的期待和理解为条件。

准则7：在一般人际交往中，根据本次语用修辞事件的需要做到文明、乐观、幽默、生动、表现或维持个性特色，在程度和方式上得体，除非有特殊的语用修辞目的——以关联的期待和理解为条件。

准则8：根据本次语用修辞事件的需要，实施足量的言语行为，如阐述、指令、表情、询问、宣告，并且符合相应的构成性规则和相关文化语境（或跨文化语境）的行为规范，满足相应的条件，除非有特殊的语用修辞目的——以关联的期待和理解为条件。

不难看出，"语用修辞原则"具有语用原则和修辞原则的传承性、融合性、描写性和规范性。这里的"传承性"指的是"语用修辞原则"，主要继承了语用学的三大原则，即合作原则、关联原则、礼貌原则及上述7条"修辞原则"的精要，以及言语行为理论（如言语行为分类、间接言语行为、语用行为假说等）的要义。

先说"语用修辞原则"的语用原则传承性。如果说准则1（达意达旨，达旨往往等于达效）是"总则"，管辖交际的总目标，那么，准则2、3、4、5是合作原则的"量准则、质准则、关系准则、方式准则"的继承，准则6是"礼貌原则"，准则7是"幽默原则、乐观原则、生动原则"的发展，准则8是奥斯汀和塞尔的言语行为理论[①]

---

① 奥斯汀（Austin，1962/2002），塞尔（Searle，1969/2001等）。

以及哈贝马斯的"普遍语用学"(universal pragmatics[①])的基本思想。

关于"语用修辞原则"的融合性。首先,这些原有的语用原则有机融入这个新原则,构成"语用修辞原则"的新机体。其次,它们在"语用修辞原则"里不是随意堆砌而成的,而是有先后次序的。准则 2、3、4、5 主要是针对言语的"语用语言"(pragma-linguistic)修辞方面的交际价值,简单说是面向语言内部即话语表达式本身。比较而言,准则 6、7、8 则针对言语的"社会语用"(socio-pragmatic)修辞方面的交际价值,简单地说,就是面向语言外部即话语的社会性、人际性和交际性。换言之,准则 2、3、4、5 是语用修辞事件(及其话语和行为)的语用语言制约,准则 6、7、8 则是其社会语用制约。再次,我们说"语用修辞原则"的融合性,是因为我们优选相关的既有语用原则或准则的要点,结合语用修辞事件的特点,给予全新呈现。例如,格赖斯合作原则的第三条准则"关系准则"说"要关联"(be relevant),这里却是"话语关联于有关语境素尤其是交际双方的身份、关系、位分、辈分、距离、需求以及本次语用修辞事件的目的,除非有特殊的语用修辞目的——以关联的期待和理解为条件",这样就克服了原先的原则及其准则对关联什么以及为什么关联类问题语焉不详的弊端。再如准则 7,"在一般人际交往中,根据本次语用修辞事件的需要做到文明、乐观、幽默、生动、表现/维持个性特色,在程度和方式上显得得体,除非有特殊的语用修辞目的——以关联的期待和理解为条件"。《语用学大是非和语用翻译学之路》(侯国金,2008:69-70)介绍了得体原则(tact/felicity principle)之下的"生动原则"(expressivity principle)及其层次不同的下属原则:借代原则(metonymy principle)、隐喻原则(metaphor principle)、幽默原则(humour principle)、"乐观原则"(pollyanna principle)、"调侃原则"(banter principle)、"反讽原则"(irony principle)等,在这里并没有一一细说这些次要语用原则的具体准则,而是预设大家基本了解其要领并合并在"语用修辞原则"的第 7 条准则之内。最后,"语用修辞原则"融合了上述修辞原则 1—6,尤其是表达方面的修辞原则 4,接受方面的修辞原则 6。

关于"语用修辞原则"的描写性和规范性,关联理论家素来认为其要点是描

---

① 哈贝马斯(Harbermas,1979 等)。

写性，即"每个明示交际行为都传达出其自身的优选关联之假设"①[斯波伯和威尔逊(Sperber & Wilson)，2001：158；另见俞斯(Yus)，2008：513]，也即，它不规定人们在交际中使用的言语一定要达到这样或那样的关联(度)，而只是描写性的，即只是如实写真，因为人们使用的话语本来是关联的。关联论的论著只不过是"求是、求真""如是、如实"地描写了人类话语交际的实况。合作原则可能具有一定的规定性，因为有"要、不要"类说法，但其实质是描写性的。因为人类交际的话语也是以这 4 个相关参数(数量、质量、关系、方式)生成和理解的，所谓社会人(social beings)，不论人际交往还是协作劳动，不仅必须是而且本来也的确是按照上述 4 个参数或按照格赖斯的 4 条准则"合作"的。正因为有规定性，合作原则才有"遵守、违反、蔑视、偏离"等说法。也正因其描写性，个人或集体本质上是不可能"违反"合作原则的(参看刘姬，2002。侯国金，2008：85 – 86)。利奇的"礼貌原则"(politeness principle)②也是描写性和规定性的二合一。说它(及其 6 条准则)是规定性的，这并不难理解，因为有"尽量扩大、尽量缩小"(即 maximise，minimise)等辞藻。由于这是社会人文明交往的原则，其实也是描写性的。试想人们交往只要利益而不要礼仪，见面连招呼也不打，或者见面就破口大骂，没有策略或得体的言行，没有慷慨大方，没有褒奖赞扬，没有谦逊礼让，没有赞同一致，没有同情悲悯，而只有其对立面，那么这个社会，尤其是"上流社会"[在英语叫"polite society"(回译是"礼貌的社会")]，岂能成立？

"语用修辞原则"也是描写性和规定性的合成。准则 1 和准则 5 的"使用"隐含着"(一定)要(使用)"的要求。准则 6 和准则 7 的"做到"，准则 8 的"实施、符合、满足"也是同理。准则 2 和准则 3 的"不高于、不低于"隐含了"(一定)不要(高于/低于)"的要求。准则 4 的"关联"隐含了"(一定)要(关联于……)"的要求。可见"语用修辞原则"一定的规定性。这个规定性有利于人们尤其是青少年的语用修辞学习(有长辈或老师的系统教学或指导)或习得(有长辈和同辈

---

① "大准则"是宽泛的认知倾向，即"人类认知倾向于最大的关联性"，或"人类认知倾向于关联的最大化"[human cognition tends to be geared to the maximisation of relevance，俞斯(Yus)，2008：513]。"小准则"则是话语或行为的关联期待/要求：原文是"Every act of ostensive communication communicates a presumption of its own optimal relevance."[俞斯(Yus)，2008：513]
② 利奇(Leech，1983，2005/2007)。

的耳濡目染的影响)。其描写性就是对实际的语用修辞行为和交往的如实描述,以方便于学者进行相关的语用修辞分析/研究。而且,"语用修辞原则"以准则1为最高准则,如同利奇的"礼貌原则"以其第一条准则为最高准则。

5.4.3 语用修辞分析模式

既有"蒋陈模式",何须新模式?

蒋庆胜、陈新仁(2019:2)以"有标记话语"为研究对象,认为语用学、(传统)修辞学与语用修辞学"各司其职",只是语用修辞学居中,统领或分属语用和修辞(见图5-2)。

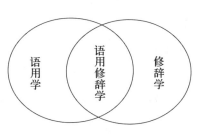

图5-2 语用、修辞和语用修辞学关系图

蒋庆胜、陈新仁的论文(2019:5)把他们理解的"语用修辞"一分为三:"社会语用修辞、认知语用修辞、施为语用修辞。"人们分析任何"修辞话语",都要设想为某一言语行为,考察其这三个方面,分别负责/得出其"人际效果、行事效果、诗意效果"(见图5-3)。

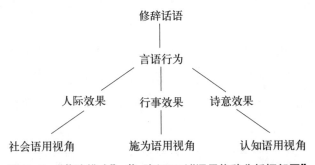

图5-3 "蒋陈模式":蒋、陈(2019)"语用修辞分析框架图"

蒋庆胜、陈新仁例证了这三个维度。社会语用修辞维度以下面的急收(说话时中断或丢弃前言而说其他)为例,其认知语用维度和施为语用修辞维度则分别例示如下(2019:10,11):

(9)辛老师是高屋建瓴,李老师是中屋建瓴,我自己的是低屋建瓴,到张老师讲的时候就是······

(10)前次沈鸿同志到这里来,对我说,当了顾问,他什么都不要,就要一点

点权——提意见的权。(《文摘报》1982 年 8 月 31 日，第 1 版，转引自谭永详，1983：78)

(11)（南京某书店温馨提示）正在拍摄，请保持微笑。

蒋庆胜、陈新仁一文用例(9)—(11)说明学术朋友间这样说话可以"幽默一下、活跃气氛""调节气氛、促进人际关系"，可算作一种社会语用修辞手段。按照图 5-3，从语用视角看，欲言又止违反了合作原则的量准则和方式准则，意在含义（让听者去猜——大概不值得期待的消极含义）。从修辞视角观之，例(9)是急收，此外，"高屋建瓴、中屋建瓴、低屋建瓴"有排比、仿拟和突降/趋下(anti-climax)，及其音韵效果（整齐悦耳）。该例背景是论坛会场，辛、李二人发言之后，主持人如此一说，安排下一位即张教授发言。蒋庆胜、陈新仁认为，语用修辞学视角更关注该例"能够产生何种人际效果，比如说话人通过开玩笑来活跃会场气氛，通过调侃拉近与被调侃对象的距离从而增进人际关系"。

本书认为，语用修辞学的分析首先应囊括上述语用和修辞的考量，其次是考察话语本身的效果和在语篇与语境中的语用修辞价值。关于认知语用维度，例(10)的"什么都不要，就要一点点权"属"什么都不 V，就 VN"构式，是修辞学的"舛互"辞格（前后矛盾），"本质上不过是一种强调"，可解读为"除了 N，什么都不 V，就 VN"，是前提缺省推理。其更多的弱暗含，加上"提意见的权"，有"花径"美感。这里的"就要一点权"相当于"什么都要"（考虑到权钱关系），但后面是突降的"提意见的权"。该舛互以及突降可能会"让听话人获得一种轻松、有趣之感"。比较无标记的"他除了一点点提意见的权，什么都不要"或"其他的他都不要，就要一点点提意见的权"，这些"清楚却毫无美感"。关于施为语用修辞维度，比较无标记的"严禁盗窃""内有摄像头，请小偷自重""24 小时监控，联网报警运行中"，例(11)"代之以描述类言语行为"，这是以阐述转喻指令的语用转喻。该例虚拟拍照语境，使人为了维护积极面子而"保持微笑"。当然，该例对有行窃动机者能起到警醒的作用，"行事效果可见一斑"。

蒋庆胜、陈新仁论文的语用学、修辞学和语用修辞学三分及其关系的阐述基本无误，其"语用修辞的分析框架"也具有一定的合理性和可操作性。不过，通读其例析和说明后发现，该文或图 5-3 包含下列几个预设：

预设 1 为，语用修辞学只用来解释"修辞话语"而非其他。本书不敢苟同：

任何话语,只要用语用学或修辞学(其实还包括语音学、形态学、词汇学、句法学、语义学、文体学等)能够解释,语用修辞学都能予以解释,而且是更为圆润的解释——暂且不考虑学术分支的劳务分工。

预设 2 为,语用修辞学若采取"社会语用视角",必然关注且仅关注相关话语的"人际效果";语用修辞学若采取"施为语用视角",必然关注且仅关注相关话语的"行事效果"。语用修辞学若采取"认知语用视角",必然关注且仅关注相关话语的"诗意效果"①而非其他。对此,本书也难以赞同。效果是语用学和修辞学(尤其是后者)分别关注的焦点,绝非它们关注的全部。例如语用学讨论话语的"果",除了言后行为或言后之果,即话语的语力(例如许诺、威胁、警告)是否在受众心中产生关联期待的影响,还有其他更广泛的语用效果或语境效果,可忽略其间差别而统称为"语效"。当然,语用学也关心修辞学关心的"修辞效果"(rhetorical effect),即话语的手段(如某个修辞格)所达到的"美学效果"(aesthetic effect)。既然是融合学科,语用修辞学的兴趣就不能越走越窄。

预设 3 为,实际话语都能自动化地实施"语用修辞"三分,即落入上述 3 个"视角"之一,以便进行语用修辞分析。这样一来,像例(9)的,统统给予社会语

---

① 至于蒋、陈文中所言之"诗性效果",是"关联理论"所说的"由话语的弱暗含引起的效果"[斯波伯和威尔逊(Sperber & Wilson),1986:222;皮尔金顿(Pilkington),1992:38;麦克马洪(MacMahon),2008:519]。蒋、陈二君补充道,"每一句话都带有弱暗含,弱暗含越丰富,诗意效果就越丰富""无论是否是说话人想表达的,只要让听话人有兴趣花更多时间去联想和品味的信息引起的修辞效果就是诗意效果"[蒋庆胜、陈新仁,2019:4;另见里贝罗(Ribeiro),2013:111]。诸如鲜活隐喻表达式的"诗性话语"(poetic utterance)"通过给受众呈现一系列弱隐含"而取得所谓的"诗性效果"[麦克马洪(MacMahon),2008:519]。受众需要做的是调动百科知识中的有关概念和思想建立有关联系,对一定的(足够就好,不多不少)弱隐含进行加工[麦克马洪(MacMahon),2008:519]。"诗性效果"这一术语本来专属诗学,然后泛用于其他文学评论,进而借用于其他领域,最初是(顾名思义的)诗歌类作品的特殊技巧(如押韵、韵脚、声音特色、重复模式、比喻等)所产生的特殊效果(李安光、黄娟,2016:9)。斯波伯和威尔逊书中只是随意地提及该术语,强调交际者的"共同感受/印象"(common impressions)或"情感共享"(affective mutuality),而非"共同知识"(common knowledge)或"认知共享"[cognitive mutuality,里贝罗(Ribeiro),2013:113]。其书中并没有精准的解释,其下文补充了"就是修辞学家和文体学者会关注的例子"使用某个辞格的效果,而下文还用了一个代替语"文体效果"(stylistic effects)。"文学作品的诗性效果是通过语言来体现的,具体说来是通过语篇的刺激来启动读者的认知活动,读者通过对文本所提供的信息,最大限度地找出文本的语境假设,从而让读者获得美的感受"(赵冰、邓燕,2013:149)。皮尔金顿(Pilkington,1992,2000)是对关联理论的"诗性效果"解释的阐释、延伸和发展的论文和图书,在解释"诗性效果"时凸显情感(emotions)及其在交际中的作用,也即,若无情感,便无"诗性效果"(1992:45-48)。不难发现,"诗性效果"是和"诗性(修辞)手段"相应的术语,也即,有什么样的诗性(修辞)手段,就有什么样的"诗性效果"。"诗性效果"的特点是:受众主要负责解决加工并取得特定的弱隐含,因此其推理和解读是杂乱而不太确定的[麦克马洪(MacMahon),2008:520]。窃以为,正如不能过分泛化"诗性、诗(歌)"一样,我们不宜过度泛化"诗性效果"。

用修辞分析；像例(10)的，一概给予认知语用修辞分析；像例(11)的，一律给予施为语用修辞分析。对此，本书不敢苟同。本书认为：① 语篇的语用修辞学分析要处理诸多语句的诸多要素，② 分析者的重点和视角取决于语篇的诸多方面的关联期待，不能予以刚性限制。

质言之，蒋庆胜、陈新仁一文只是草拟了一份可能的语用修辞学分析框架("蒋陈模式")，其劳务分工的三分不乏道理，例证有趣，只是对语用修辞学研究方法等方面还缺少具体可行的阐述。

本书认为，语言学家笔下分析的语言材料有大小长短之别，有对错美丑之异，也有其他各方面的出入，不妨统一叫作"词汇—构式成分"。本书把符合关联期待者当作无标记式，把其他当作有标记式。那么，基于上述语用修辞原则，就可形成如下"语用修辞分析模式"(pragma-rhetorical model of analysis)：① 认知语用标记性(无标记，有标记)——词汇—构式成分的语境化的音形义效(效，即语用修辞效果/高效，或语用修辞失误)。主要受制于(解释以)语用修辞原则之准则2、准则3、准则5。② 社会语用标记性(无标记，有标记)——词汇—构式成分受到社会文化方面的语用修辞制约和语用修辞压制，有语用修辞效果或语用修辞失误。主要受制于(解释以)语用修辞原则之准则1、准则4、准则6、准则8。③ 修辞语用标记性(无标记，有标记)——词汇—构式成分的消极修辞或积极修辞在语篇、语境、文体、题旨等参数上，受到语用修辞的制约，有语用修辞效果或语用修辞失误。主要受制于(解释以)语用修辞原则之准则1、准则7。

在实际分析中，语篇和语境中的某个被分析的词汇—构式成分总会凸显某些方面的标记价值，而非凸显一切方面，分析者只需有的放矢地分析其凸显语用标记价值便可。无标记意味着无特殊语效，要么不予以语用修辞分析(因为没有特殊语用修辞效果可攫取或分析)，要么予以语用修辞批评(探究其语用修辞失误及其成因)。因此，我们一般用有标记的词汇—构式成分进行语用修辞学分析，例如，

(12) 你不短我就微我哈。

语用修辞学浅析：认知语用标记性凸显，有标记，形容词"短、微"当作动词使用，源于短信和微信，不仅达意，还能取得经济生动之效。不过《现代汉语词

典》没有收入这样的用法。此外，"不……就"构式表示析取/任选之意，"……哈"构式有亲和之语效。（若说是修辞语用标记性凸显，也是有标记，有两处转喻/转品生动之效。）

（13）你是不是嚼我舌头了？

语用修辞学浅析：① 认知语用标记性凸显，有标记，"嚼我舌头"作为习语表达背后说人坏话之意，加宾语"我"是该构式的活用。这里"我"实为"我的"，与"舌头"构成一种假定中关系（不同于"拔我[的]舌头"等）。《现代汉语词典》只有"嚼舌"，并无"嚼舌头"，更无"嚼某某某的舌头"的说法。② 社会语用标记性凸显，有标记，以询问类语为（语用地）实施批评质询，适合长辈对晚辈、上级对下级、同辈同级之间的语用距离。（若说是修辞语用标记性凸显，也是有标记，有隐喻的生动之效。）

（14）小龙是三只手，每次来我这里都要顺走一点东西。

语用修辞学浅析：① 认知语用标记性凸显，有标记，"三只手"是习语，"顺走"是"顺道拿走、顺手牵羊地偷走"的有标记用法，即为动词"顺"的浮现用法，各大汉语词典都没有这一用法。② 修辞语用标记性凸显，有标记，"三只手、顺走"分别是"小偷（小摸）、偷走"的委婉语，故有生动委婉之效。

（15）甲：如果……

乙：没有如果。

语用修辞学浅析：认知语用标记性凸显，有标记，"如果……"为"如果 p，那么 q"这一条件-结果构式的部分，被乙方打断。"没有如果"是不让对方说全上述构式，通过"如果"（语法地）转喻"条件"或假设，以及通过"没有如果"隐含（语用地转喻）"不许讲条件，不要乱假设，无条件执行"的指令类语为，可达经济生动之效。（若说修辞语用标记性凸显，也是有标记，有转喻之生动效果。）

（16）甲：但是——

乙：没有但是。

语用修辞学浅析：认知语用标记性凸显，有标记，类似上例。"但是——"为"p，但是 q"转折构式的部分。乙方打断，"没有但是"是不让对方说全上述构式，通过"但是"（语法地）转喻"困难"，以及通过"没有但是"隐含（语用地转喻）"不许讲困难/条件、无条件照办"的指令类语为，可达经济生动之效。（若说修辞语用标记性凸显，也是有标记，有转喻之生动效果。)

（17）甲₁：能不能？

乙：太能了。

甲₂：瞧把你能的！

语用修辞学浅析：认知语用标记性凸显，有标记。① 甲₁是"能不能 VP"构式的省略式，以图经济生动之效。② 乙方话语的"太能了"构式，这里的"能"表"有能耐"之意，取经济生动之效。《现代汉语词典》说"能"可作形容词使用，意为"有能力的"，如"能人"，但无"太能了"类语用法。③ 甲₂的"能"局部继承了乙方的"能"，另一方面，这是"把"字构式，因为无标记的"把"字构式，"能"所在空位应该是及物动词，如"把这杯奶喝下去"（喝）。因此，甲₂的话也能取经济生动之效。（若说修辞语用标记性凸显，也是有标记，有转喻之生动效果。)

（18）你死哪儿去了？

语用修辞学浅析：认知语用标记性凸显，有标记，禁忌类动词"死"被语法（地）转喻为方位动词（相当于"来、去"），表"你去哪里了？"之意，且该"来、去"对言者具有不合意性，相当于"怎么也找不到你，好像死了一样"，因此该例可取得经济生动之效。《现代汉语词典》并无该用法。（若说修辞语用标记性凸显，也是有标记，有转喻和反委婉的生动之效。若说是社会语用标记性凸显，也是有标记，属失礼话语，欠礼貌，有批评的严厉之效。)

（19）见到你我的心和鼩鼱一样跳。

语用修辞学浅析：① 认知语用标记性凸显，有标记，整句话的关联期待是"你让我心跳加快"之意，有生动之效。② 修辞语用标记性凸显，一是有比拟"和鼩鼱一样"；二是有花径，毕竟鼩鼱一分钟内心跳八九百次的事实绝非常人所知，因此关联期待的解读比较滞后；三是隐含上述关联期待的解读"你让我心跳加快"及其隐义（implicature）"我爱你"——因此，除了达意，还可取经济生动之效。

（20）甲：什么动物打工不要工资？

乙：蜈蚣，因为无功不受禄嘛。

语用修辞学浅析：修辞语用标记性凸显，有标记，乙方的答语前后似无关联，此"蜈蚣"非彼"无功"，一个是名词（短语），另一个是动词短语。但二者因谐音,与甲方之话语构成了巧答,俗称"脑筋急转弯",也算花径。不仅达意(蜈蚣打工不要钱),还能取得生动之效。

(21)咱们这是羊上树——没办法。

语用修辞学浅析：① 认知语用标记性凸显,有标记,这是典型的汉语歇后语构式。前半部分隐含或者说是"被逼无奈,好比羊被逼着爬树"的省略式。后面的"没办法"算是画龙点睛或点题,整句可达"咱们没其他办法"之意,可取经济生动之效。② 修辞语用标记性凸显,有标记,隐喻表达式,"歇后"再"语",顿后才悟,除了达意,还有花径的生动之效。

(22)张三说了李四一箩筐的坏话。

语用修辞学浅析：① 认知语用标记性凸显,有标记,动补构式"说坏话"离合活用成"说某人的坏话",还加了定语数量名构式"一箩筐的"。达意无虞,还有生动之效。② 修辞语用标记性凸显,有标记,"一箩筐"用来修饰"话",既合适(夸张而已)也不合适(人类不用箩筐装话语)。自然是达意的,还有生动之效。

在以上案例分析中,本书只是以最简单的方式,说明了"凸显"方面的语用修辞手段和效果。一个词语-构式成分往往是某一方面的凸显,有时则是两三种凸显。有两三种凸显时,要么是并列的凸显,要么是以一个凸显为主,以其他凸显为辅。在以上分析中,凡是并列凸显者,本书用①—③说明;凡是主次凸显者,则追加以"()"的说明。下面的各部分,尤其是§8的个案分析,(或多或少)都参考"语用修辞原则的语用修辞分析模式"。

6. 消极修辞的语用修辞学研究

若以"积极修辞、消极修辞"二分为纲,本书因篇幅限制略去积极修辞即百余种辞格的语用修辞学分析,下面着重讨论何谓消极修辞,涉及各种观点、研究范式和个案分析。

6.1 反对者的咒语

对消极修辞持沉默、中立、疑惑态度的学者不在少数,但公开反对者不多。我们曾听到宋振华、王今铮(1979)的声音:"消极修辞本身是一个没有任何内容的空壳""消极修辞的理论带有很大的主观随意性"(转引自潘庆云,1991:102)。反对者阵营中最具代表性的是谭永祥(1987,1993)。谭先生是修辞大家,发表辞格研究论文数十篇,也进行过元修辞学或修辞学学科建设的思考。

谭永祥(1987)认为,在陈望道之后,我国很多学者积极进行消极修辞学论述,但没有取得实际效果。截至他写作时还看不到一本消极修辞专著,而宣称包含(消极)修辞的几本主要著作,除了陈望道的开山之作,有吕叔湘、朱德熙的《语法修辞讲话》,郑子瑜的《中国修辞学史稿》,都没有实际的(消极)修辞建树,有时通篇找不到"修辞"二字,即便有修辞,其消极修辞不足积极修辞篇幅的十分之一,"使人难以确信消极修辞的真正存在"(1987:8)。他指出,这些书的修辞轻于语法,若有修辞,也是积极修辞,与作者的初衷相去甚远,是"重病用了轻药":理论上只不过是"瘸子打圈",实践上也无非是"聊备一说"(1987:9)。因此谭文的最后一句是"消极修辞的专著在哪里?"是对真正消极修辞论著的召唤。

谭永祥(1993)继续坚持其否定态度,在与陆文耀(1993)等商榷的论文中认为,目前的消极修辞连自己独特的研究对象也没有,连自己的独特术语也没有(除了"消极修辞",谭永祥,1987:9),所用术语都是从语法、逻辑、词汇(学)、语义等借来的(谭永祥,1993:32)。他认为,所谓的"消极修辞"界限不明(一些消极修辞论者反而诬赖语法界限不清)。最重要的是,消极修辞和积极修辞若同属修辞学,就具有不可调和的内部矛盾。例如,"我喝饭",在消极修辞看来应是"病句",不通;而在积极修辞却是"妙语"(他说因为有歧疑辞格,笔者认为还有花径辞格)。谭永祥认为,"病句"让语法来管,"妙语"让积极修辞来管,就没有消极修辞的事了(1993:31)。谭永祥继续说,消极修辞要求符合事理,但同一修辞阵营的积极修辞却可以夸张、反讽;消极修辞要求消灭赘词,积极修辞却可进行多种形式的反复、排比;消极修辞不准生造词语,积极修辞却可仿词;消极修辞不准误读误用词语,积极修辞却可大胆飞白。凡此种种,说明消极修辞和积极修辞的双边关系有严重的"不相容"和"相互否定"。

谭永祥还指出,消极修辞论者误解语法和(消极)修辞的异同,他们多半认为语法"只管结构的准确与否,而不管意思通不通"(1993:30),而消极修辞关注"适切题旨情境"等。谭永祥坚持认为,语法既管语法结构,又管适切题旨情境(1993:31)。

(23) a. 墙上挂着她的彩照。

　　　b. 她的彩照挂在墙上。

谭永祥认为,若采用胡裕树、范晓(1985)等的"句法、语义、语用三个平面"的分析,那么,例(23)语法分析的"语用平面"大致如此:两句的主题和述题不同,因此有不同的"语用价值",言者选用哪个,"取决于语境"(1993:31)。这也说明了语法脱离不了"题旨情境",而是要"适应题旨情境"(1993:32)。

6.2　消极修辞者的阵容

支持消极修辞的大有人在,应该说有可能发展为修辞界的主流,有吴士文(1982,1986,1993),黄浩森(1982),宗廷虎等(1988),朱广成(1990),潘庆云

（1991），祝敏青（1988），谭学纯等（1992），陆文耀（1993，1994），吴德升（1999），郝荣斋（2000），胡习之（2002，2014），胡范铸（2003），高群（2004），吴克炎（2012），陆俭明（2010，2015，2017），徐翠波（2014），郑远汉（2015），陆丙甫、于赛男（2018），魏晖（2019），马真（2019）等。

吴德升（1999）认为，"完整的语文学涵盖了口头语言和书面语言两大领域和语文知识、语文能力、语文训练三大层级"（1999：28）。第一层级是语文知识体系（包括语言学、文字学、词汇学等），第二层级是语文能力体系（包括听知学、演讲学、阅读学、写作学等），第三层次是语文教育训练（语文学在实践中的应用，1999：28）。他说，修辞学属于第一层级，是"基础、前提、条件"，第二层级是"目标、宗旨、归宿"，而第三层级是实现第一层级向第二层级过渡的"途径、方法、手段"。他说，遗憾的是，传统的语文学研究仅囿于第一层级，忽视了另两个层级。因此，他认为有必要"摆正"消极修辞和积极修辞的关系，二者应该是相辅相成的关系（1999：28）。吴德升通过文学家笔下的诸多例子说明，对消极修辞而言，词语和句式的选用极其重要。

在专著方面，吴礼权（2018）《现代汉语修辞学》有九章，除第一章的绪论，六章介绍修辞格，第八章（语体与修辞）和第九章（风格与修辞）只是对修辞学和其他学科的关系的论述。只有第七章（319－386）讨论的"字句段落篇章的修辞使命"涉及"炼字、锻句、衔接、统首尾"等，才算"消极修辞"。如果说消极修辞是修辞学的重要内容，那么为何如此单薄？

王德春、陈晨（2002）《现代修辞学》共有 13 章，没有一章专述辞格。涉猎宽广，如语境学、语体学、风格学、文风学、言语修养学、修辞手段学、修辞方法学、话语修辞学、信息修辞学、控制修辞学、社会心理修辞学、语用修辞学。本书认为：①《现代修辞学》主要是消极修辞论述。② 称为"学"的诸多术语，如"语体学、风格学"，原本是其他邻近学科，而还有些"学"术语，如"言语修养学、修辞方法学"，很难成"学"，最好作为修辞学研究的部分处理。胡曙中（2011）《现代英语修辞学》全书有 10 章，除了"导论"，其余如"影响修辞活动的要素、词汇的修辞、句子的修辞、段落的修辞、语篇的修辞、语篇的形式、语体、英语修辞理论与阐释、西方修辞学：传统与发展"，大多可归入消极修辞。只有第 8 章的"修辞手段"才涉及几十个辞格。

近年来国家社科基金项目中含"修辞"二字者并不多。2018 年的重点项目"现代汉语消极修辞方法原理探析"（18AYY023）一项，一般项目"构式语法的语用修辞学研究"（18BYY216）一项。2019 年有两项重点课题："以'新言语行为分析'为核心的汉语修辞学理论研究"（19AYY002），"汉英语义修辞的文化机制对比研究"（19AYY011）。另有 5 项一般项目："汤显祖和莎士比亚戏剧修辞比较研究"（19BYY098），"中国文学修辞百年研究史（1919～2019）"（19BZW010），"基于眼动实验的汉语修辞理论与识别理解研究"（19BYY016），"《昭明文选》修辞学研究"（19BYY033），"中国对偶修辞通史"（19BYY034）。2020 年有 2 项一般课题："裁判文书中情理运用的修辞论证研究"（20BFX005），"广义修辞学视域下《史记》纪传体叙事范式研究"（20BZW039）。1 项青年项目："图式性修辞构式的多重界面互动机制研究"（20CYY034）。其实，不带"修辞"二字的课题未必无涉修辞或消极修辞，如 2020 年的一般项目："语言学视野下的中国文章研究"（20BZW005），"中国戏剧文体与演剧的互动研究"（20BZW006），"钱锺书学术著述的文体学研究"（20BZW020），"语法隐喻视野下的汉语构式演变研究"（20BYY002）。本书暂且不论。可见，修辞研究，含广义修辞、消极修辞、积极修辞、哲学修辞、语用修辞等的研究，大有可为。

林慧珍、黄兵（2019）报道"消极修辞的现代认知"学术研讨会暨第九届望道修辞学论坛，声称专家们"提出了新的认知"，但没有（也许是无法）具体说明是什么"新的认知"。不过，林慧珍、黄兵（2019：91）说刘大为教授的报告指出，可以重新定义"修辞"为"为了特定意图的实现而按照一定方式使用语言"，这种"一定方式"内涵有二："上行动因的语法的用法""下行动因中的修辞"。刘大为认为这些"上下行动因"分别构成积极修辞和消极修辞的驱动力。这预设且隐含了一点：消极修辞存在，被研究，被建设，其反对者的声音微乎其微。

这说明，在当今汉语学界的修辞研究中，消极修辞占主导地位。

6.3 何谓消极修辞？

何谓修辞？修辞是"修饰文字词句，运用各种表现手法，使语言表达得准确、鲜明而生动有力"(现代汉语词典,转引自陆俭明,2015:1)。修辞是"依据题旨情境,运用各种语文材料、表现手法和技巧,恰当地表现说写者所要表达的思想内容与情感的言语活动"(语言学名词,转引自陆俭明,2015:1)。宗廷虎、陈光磊(2007)说,"修辞在语言运用上重在变异、创新"(转引自陆俭明,2015:1)。

在陈望道看来,"凡通顺的话从修辞方面看起来都是修辞。文法是研究组织的,修辞是研究对应题旨情境而来的语文运用的"(1985:281);修辞"不应是仅仅语辞的修饰,更不应是离开情意的修饰"(1976/1979:11)。也就是说,陈望道认为修辞学不应局限于修辞格的研究。潘庆云(1991)受到控制论的启发,认为"修辞活动就是言语交际中言语自动控制过程",在该过程中,"交际者生成话语,理解话语,有效地完成交际任务"(1991:100)。

陈望道的经典著作把修辞一分为二,消极修辞是抽象思维(明确、通顺、平匀、稳密,意在"感想"),积极修辞是形象思维(生动形象,意在"感受")(1997:49,54;另见黄浩森,1982:25)。如果说积极修辞是具体的、体验的,消极修辞则是抽象的、概念的(陈望道,1976:51;徐翠波,2014:85)。若拘泥于字面解读把消极修辞解释为有消极作用的修辞,那就是"片面的"乃至谬误的(黄浩森,1982:25)。

消极修辞,别名是"规范修辞、一般(性)修辞";积极修辞,别名为"艺术性修辞"(陆丙甫、于赛男,2018:14)。消极修辞是"使当时想要表达的表达得极明白,没有丝毫的模糊,也没有丝毫的歧解"(陈望道,2008:35-36)。消极修辞"大体上是抽象的、概念的,是一种普遍使用的修辞法"(陈望道,1997:47)。消极修辞的总纲是"明白",又可细分为"精确、平妥"两条,也即,消极修辞的"最低限度/最高标准"是:在内容上做到"意义明确、伦次通顺",在形式上做到"词句平匀、安排稳密"(1997:42-55)。陈望道把"明白"当作消极修辞的目标,又把"四端"作为消极修辞的"最低限度、最高标准"(参见李文星,2003:67-68;温锁林,2000:36)。陈望道对消极修辞有"五要求":"思想明确,词义明确,语句通顺,语言平稳,布局严谨"(魏晖,2019:21)。

高群认为"消极修辞是修辞学的研究对象"(2004:31)。他同意吴士文先生的观点,假如积极修辞的下位概念是"辞格、辞趣"(其中辞趣多指"音趣、意趣、形趣"。见黎运汉,盛永生,2010:352①),那么消极修辞的下位概念应该是"辞规、辞风"(高群,2004:31),这样一来,"整个修辞方式就系统化"了(高群,2004:33)。辞规是"以事示人,以理服人""只求表达得清楚明白、准确恰当、通顺晓畅、平易简洁"的表达方法(2004:32)。高群认为,"消极修辞也有一定的艺术魅力",虽然不及辞格那样华丽(2004:31,32)。高群运用吴士文(1993)的例析说明,隶属于辞规的"出示形态、比较、例解、列举单承"等,分别给读者以"形象感、鲜明感、有力感、突出感",不乏魅力(高群,2004:32)。那么辞风就是辞规之外的内容,"纯属辞的外形",如音形义的考究,即"音风、形风、意风"(对应辞趣的"音趣、形趣、意趣",高群,2004:33;见陈望道,1997:229 - 243)。"(女)孩(子)、囡、妞、妮、娃"等在音趣、形趣以及意趣上都有所不同(陈望道,1997:230)。以音趣为例,陈望道指出,清音和浊音除了不同的音趣还有不同的"情趣"(相当于"意趣"):清音引起的联想有小、少、强、锐、快、明、壮、优、美、贤、善、静、虚、轻、易等,浊音的联想则有大、多、弱、钝、慢、暗、老、劣、丑、愚、恶、动、实、重、难等。这些虽有少数重复甚至矛盾,而且陈先生也承认"不见得人人都有同感""却也不能全然加以否认"(1997:236)。再以"形风"为例,高群(2004:33)认为,应该作为消极修辞的下位层次,"形风"应该包括"字形规范、字体适宜、字号适当、序号一致、标点适度、点号清晰"等。

魏晖认为,消极修辞不仅是"一种修辞方法",还是"一种现代观念"(2019:23)。在飞快节奏和海量信息的当下,除非极其特殊的需要,一般交际的信息和知识的交换要明确简洁、充分快捷(2019:24)。那么魏晖(2019:24)的"消极修辞观"包括以下 4 个方面:无为观、平实观、简约观、规范观。他认为"无为观"不是不作为,而是"摒弃妄自作为",如提出无必要的新概念。"平实观"要求内容上客观真实,符合科学和常识,形式上"依次序、相衔接、有照应""词句平匀,语言朴实无华,与内容和语境相贴切"(2019:24)。"简约观"自然要求"简约,简而不空,抓住主要矛盾"。"规范观"要求符合行业说写规范,例如研究要符合学术研究规范,论文写作要符合论文写作规范,例如,求实创新、立论正确、数据可靠、说理严谨、引用注明、求新求异但不"出奇制胜"。他补充说,论一般

① 仿照的是陈望道(1997:243)的"意味、音调、形貌"。

"文章写作"，其规范有如下 10 个方面："真实、充实、有益、明晰、连贯、得体、畅达、生动、平易、简洁"（2019：24）。

朱广成（1990：36-37）介绍说，刘勰的《文心雕龙》早就论述了消极修辞。该著虽不是修辞学专著，但有丰富的消极修辞论述，可归结为：①"文辞要表达内容情理"（即所谓"文附质"），②"文辞要昭晰通畅"（即所谓"义明、明核、破理、圆通、辨洁"），③选词用字要"达意晓人、自然流畅"（即所谓"依义弃奇、率从简易"），④"文章要首尾一体，条贯统序"（即所谓"首尾周密，首尾相援，首尾一体，表里一体，杂而不越"，即"整一性"）。

潘庆云（1991：101）说，《修辞学发凡》对题旨情境的论述可以说是修辞学的"魂"，而他的两大分野是修辞学的"纲"。潘庆云（1991）坚信消极修辞"大有可为"。

针对一些怀疑者和反对者，陆文耀（1994）赞同吴士文（1982）在《现代汉语修辞手段研究中的几个问题》一文中的消极—积极修辞对立统一之观点，并进行了支持性解释。他认为，修辞是"为了表达特定的思想内容，适应具体题旨情境而采取的运用语言的方法、技巧或规律"。似乎对立其实是对立统一、对立互补的消极修辞和积极修辞分别是"为了表达特定的思想内容，适应具体题旨情境而采取的运用常规语言的方法、技巧或规律""为了表达特定的思想内容，适应具体题旨情境而采取的超常规运用语言的方法、技巧或规律"（陆文耀，1994：22）。陆文耀认为，消极修辞和积极修辞的矛盾同形式逻辑的"矛盾律"是"两码事"，同在"修辞"这一属概念之下的两个姊妹种概念，即消极修辞和积极修辞，有差异甚至"互不相容"，但"完全符合逻辑要求"，例如，"符合事理"的表达便是"常规"，符合消极修辞的要求，而"夸张"类便是"超常规"，符合积极修辞的要求（1994：22）。消极修辞和积极修辞在"对立"之外还有"统一"的一面，如果从修辞学的王国里将消极修辞"驱逐出境"，积极修辞也"岌岌可危"，面临"取消"的危险，因为没有消极修辞的修辞学势必降格为"辞格（学）"大杂烩，任何形式或内容特征都会冠之以辞格之名（1994：22）。否则就像以往的"修辞学常常表现为一个个'辞格'的随意性拼凑"（胡范铸，2003：3；另见高群，2004：31），修辞被理解为由若干辞格和同义结构叠加的语言"装潢材料"（胡范铸，2004：10）。如今出现了"为讲修辞格而讲修辞格""盲目的修辞格崇拜"的弊端（吕叔湘，

1983。转引自张伯江,郭亮,2019:1)。从 20 世纪 60 年代开始,我国学界热衷于寻找和描述修辞格,从三四十个到两三百个,还能找到新的辞格吗？王希杰认为难,除非更新辞格观念。

"我喝饭"是逻辑问题、语法问题、语用问题、修辞问题。但

(24) 甲:你在吃饭?

乙:不,我喝饭! 我被炒了鱿鱼了,只好喝稀饭。

凭语感便知,该例的"我喝饭"在消极修辞上似无大碍,就是通的。

宗廷虎等(1988:14)说,"人们的说写中,消极修辞现象是大量的、基本的",夸张地说,修辞主要是或无非是词语增删代替的技巧,因此消极修辞需要大力研究。下面介绍和阐发李维琦的几点佐证和例释。

第一,词语增添。如,词语繁复,就是该简而不简,该省而不省的情况,最常见的是"故意繁复、同义相重"(李维琦,2012:97),也叫"同义",即使用(基本)同义的词语(谭学纯等,2010:229),如:

(25) 我其尝杀无辜、诛无罪邪?(《晏子春秋·内篇·杂下》,转引自李维琦,2012:97)

(26) ……每个人心中都埋伏着一个哈姆雷特,优柔寡断,朝三暮四,瞻前顾后,心猿意马,被日常生活的 N 个选择折磨得心力交瘁……(叶天蔚《选择》,转引自谭学纯等,2010:229)

例(25)可省"无辜、诛"三字。这样的繁复,正好透露了当事人"我"的恐惧。据说齐景公打盹梦见"五丈夫"声言无罪,齐景公怕是冤魂索命,惊醒时问晏婴。例(26)的"优柔寡断、朝三暮四、瞻前顾后、心猿意马",语义相近,有"强调渲染"的功效(谭学纯等,2010:230)。

第二,词语删节,主要指词语删减和成分省略。一些名词、代词、动词、副词等在一定语境中可用可不用,不用就是删减。一部分表示居所、作为、位置移动、感知心理、言说动词、使令动词等,有时也可以删减(李维琦,2012:80 - 90),如:

(27) 时沛公亦从沛往。(《汉书》)

(28) 从弟子百余人,然无所进。(《汉书》)

例(27)的"时"是"此时"的减省。用多了,大家就理解"时"为"当时"之意。

例(28)的"进"是"推荐、荐进"之意,自然预设了要"言"(说话),这里也是减省。

第三,论成分省略,汉语最常见的是省略主语,其次是省略宾语[尤其是他称代词、近指代词(作宾语)和介词宾语]。偶尔也有兼语、短语、状语、同位语的省略(李维琦,2012:90-97),如:

(29)陛下导[ ]臣使言,所以敢然;[ ]若不受,臣敢数批逆鳞哉?(《新唐书》,本书增添"[ ]",下同)

(30)此必有故,愿[ ]察之也。(《吕氏春秋·至忠》)

例(29)"导"后省略了宾语"之","若不受"既省略了主语"陛下",又省略了宾语"苦谏"。例(30)的"愿察之也"省略了兼语"王"(有亲近感),不省则是"愿王察之也"(有敬重感)。

第四,字词替代,即用同音字或字词的训释来代替原本该用的字词,分别称为"借音替代、衍义替代"(李维琦,2012:68),如:

(31)周将军书孝宽忌光英勇,乃作谣言,令间谍漏其文于邺,曰:"百升飞上天,明月照长安",又曰"高山不推自崩,槲树不扶自竖"。(《北齐书·斛律光传》)

(32)韩侂胄(太师)专擅朝政,政治败坏。……老百姓对他恨之入骨。……大街小巷都在售卖一幅画帖,画的是钱塘江涨潮的情景,潮水中、岸边爬满了小乌贼。画帖没有什么独特之处,倒是卖画人的吆喝却比较独特,喊道:"一文钱一张啦!看呀,满潮都是贼!""冷的吃一盏,冷的吃一盏!"(改自李维琦,2012:70)

例(31)不说"斛"而说"百升",是衍义替代。另外,斛律光的字号是"明月","明月照长安"就是借义替代(双关);"斛、槲"同音,属谐音替代(双关)(李维琦,2012:70)。例(32)不说"朝"而说"潮"(谐音替代),不说"乌贼"而说"贼"(衍义替代),就是借用"乌贼出没于海潮"暗指满朝都是贼(即朝廷上下都是坏人)。其实,"冷、寒"同义,而"寒、韩"谐音,"盏、斩"谐音。苦不堪言、备受欺压的百姓敢怒不敢言,变相地诅咒"韩太师要吃一盏(斩)"(李维琦,2012:70)。

第五,语音分合,指一个音节拆成两个音节或者把两个音节合并为一个音节(李维琦,2012:67),如:

(33)废承天之至言,角无用之虚文,欲末杀灾异,满谰诬天,是故皇天勃然

发怒,甲己之间暴风三溱,拔树折木,此天至明不可欺之效也。(《汉书·谷永传》)

(34) 那作商人妇,愁水复愁风。(李白《长干行》)

根据(李维琦,2012:67)的分析,例(33)的"满谰"是"谩"字的分音,而"谩"的意思是"欺",那么"满谰诬天"就是暗指欺诬上天;例(34)"那"其实就是"奈何"的合音,《现代汉语词典》没有介绍该古代用法。

第六,语词—构式韵律,指的是字词、短语、从句、构式在音响或节拍层面的美学需求。黎运汉、盛永生(2010:133)分析,韵律或语音修辞手段主要有双声叠韵、叠音、象声、平仄、押韵、节奏等。他们着重介绍了 5 个方面的修辞功效:

其一,联绵词,包括双声词、叠韵词等,如"鸳鸯、秋千、窈窕、蜿蜒、辗转、玲珑、鹧鸪、葡萄",使铿锵者更铿锵,使婉转者更婉转,使荡漾者更荡漾,使促节者更促节(黎运汉、盛永生,2010:136)。

其二,叠音词,如"潺潺、巍巍、绿茵茵、欣欣然、懵懵懂懂、笨笨的",用得得当可"壮大声势,协调音韵,加强语意,增强节奏,加深印象"(黎运汉、盛永生,2010:138)。

其三,象声词,如不同音节数的"飕、嗡、哐啷、乒乓、怦怦怦、轰隆隆、锵锵锵锵、哗啦啦啦","直接传达客观世界的声音节奏,缩短人和自然的距离,使人感到自然轻松亲切"(黎运汉、盛永生,2010:141),例如(稍改):

(35) 甲$_1$:张三考上清华了。

乙$_1$:哇!

甲$_2$:李四考上师范了。

乙$_2$:哎,也好。

甲$_3$:王五落榜了。

乙$_3$:啊!

这三个象声感叹词分别高效地隐含了金榜题名的惊羡、美中不足的遗憾、同情的扼腕,"恰到好处"(黎运汉、盛永生,2010:141)。

其四,平仄的韵律功效。古汉语有"平、上、去、入","平"自然是平,其余是仄。平仄错落有致,即所谓"声律",古诗多讲平仄。黎运汉、盛永生(2010:142)说,平仄格律可以用"四句话、三个字"展示:"一句之中平仄相间,两句之间平仄相对，邻句之间平仄相黏，一三五不论、二四六分明""间、对、黏"。那么，以五言诗和七言诗为例，上面"三句话"可分别解释为：

"一句之中平仄相间"：格局1：平平仄仄平，格局2：仄仄平平仄。

"两句之间平仄相对"：就是格局1和格局2的并用，前后分别为"出句、对句"。

"邻句之间平仄相黏"：以绝句为例，首联、颔联与颈联、尾联的平仄要黏合。

"一三五不论、二四六分明"：主要指押韵考究尽量照顾二四六等偶行之尾，不一定兼顾一三五等奇行之末。

就第四句而言，黎运汉、盛永生(2010：145)还补充了平仄论，一般要避免"孤平、孤仄"类，如一行全为平调或仄调，也忌三平尾和三仄尾。上述论述也间接涉及那"三个字"的讲究了。

那么，平仄格律有什么修辞功效呢？"产生疏密、长短、抑扬、轻重的节奏美和回旋往复的回旋美"(黎运汉，盛永生，2010：145)。如王维《山居秋暝》：

(36) 空山新雨后，{平平平仄仄}

天气晚来秋。{仄仄仄平平}

明月松间照，{仄仄平平仄}

清泉石上流。{平平仄仄平}

竹喧归浣女，{平平平仄仄}

莲动下渔舟。{仄仄仄平平}

随意春芳歇，{仄仄平平仄}

王孙自可留。{平平仄仄平}

王维的这首诗一共8行，前四行和后四行的平仄格律一模一样，首句平起仄收，次句相反，第三句相承但平仄调有异，第四行接续首句的平起但仍以平收，即平仄调不同(不论其他平仄分法)。"两句之间，声律相对；两联之间，二、四字声律相黏"，整首诗的平仄格律"无一例外"，近乎完美(黎运汉、盛永生，2010：144)。

其五，节奏(rhythm)之美。汉语古诗的一字顿、两字顿、多字顿，就是节奏。四言诗是两字一顿；五言诗是二字顿加一字顿再加二字顿(如"竹喧/归/浣女")，或两个二字顿加一字顿(如"空山/新雨/后")；七言诗则是三个二字顿加一个一字顿,或两个二字顿加一个一字顿和一个二字顿(黎运汉,盛永生,2010:152)。类似的是"逗",也叫"半逗",指的是一行诗前后两部分凸显的那个顿,那么,四言诗的半逗律为"2+2",五言诗的半逗律是"2+3",如"空山//新雨/后",七言诗的半逗律则是"4+3"(如"春风/不度//玉门/关",黎运汉、盛永生,2010:153)。"顿逗节奏能给人以快感和美感"(黎运汉、盛永生,2010:154)。当然,节奏不仅依靠顿逗,还有分节、分行、押韵等多种方法,尤其是在现代诗中。

论语词—构式韵律的反面,有些词语不悦耳或难听是因为社会语用因由,如不够婉转,不够文雅,不够吉祥。比较"牛逼""牛掰",前者是粗俗语/禁忌语/塔布,后者是前者的委婉语、转喻。《现代汉语词典》(因委婉故)没有收入。再比较"肥、胖、富态、健壮、健美"。试想一个女孩就自己的身材询问一个仰慕者,他若选择"你比较肥/胖"会是什么下场。还有,人们以"去了、不在(了)、去看山了"等代指"死了",是隐喻性委婉借代。如果"死(了)"是终止性动词(动作短暂),那么委婉语"不在(了)"则是持续性(状态持久)的完成体。在文人墨客的社交语境中,使用禁忌语"死了"是一种语言暴力,而其相应的、恰当的委婉语词则具有语用修辞得体性,变虐暴为柔暴,以至于变暴为和(即和顺化)。英语也有社会语用的韵律要求,例如,表示惊讶的"my God",往往说成委婉和音变的变体,如"by George"(直译为"被乔治"),"oh Gee"(直译为"啊 G"),"by goodness"(直译为"被仁慈")——这么说其实只因关键词都以字母 G 开头,甚至还有更不合理的"dear me"(直译是"亲爱的我")和不合语法的"oh my"("哦我的")——其实是替代、省略、急收,可见其委婉性。

徐峰认为,"汉语的音节构造形成了汉语特殊的节奏韵律并贯穿制约汉语的语音、词汇、语法、语用等各个不同层面",因此他强调(中小学的)语文教学应注重"音节韵律组配"的教学和练习(2008:45)。根据《现代汉语频率词典》(1986),汉语双音节词汇占 73.6%,还有 12%的单音节汉字使用灵活,常常构成双音节语词。也即,汉语具有"双音化"倾向,在语句中往往以 2+2 的韵律构式出现,如"驾驶车辆、货物托运"。当然,也有 2+1 或 1+2 构式,如"电影/院、劳动/局"和"教/数学、谈/朋友"。但四字构式缩略成三字构式时,有其自身的韵律需求。"皮鞋工厂"缩略成"皮鞋/厂"是顺耳的("皮鞋/工"也是),但"﹡皮/工厂、鞋/工厂"就不顺耳(徐峰,2008:45)。

徐峰补充以口语和书面语的差异及转换,那么适合口语的语词倾向于连用共现,书面语也是如此。他举例说冯胜利教授于 2006 年在某次演讲中的文白转换语例(徐峰,2008:47):

(37) a. 她偷偷地爱班长爱了好长时间了,可是一直不敢跟他说。(口语)

  b. 偷偷地爱→暗恋;都好长时间了→已有多年;可是→但;一直→始终;没跟他说→没明言(文白转换)

  c. 她暗恋班长已有多年,但始终不敢明言。(书面语)

这些词语如果互换或串味,就文不文,白不白,极不中听。"节奏韵律的语感"包括多方面,是存在于"音节、音步、气群、句调、句调群、段落和篇章"等层次的"停延、重音、句调、基调和节奏"(徐峰,2008:48)。学生说话造句的问题往往不是"不通",而是"通而不顺",也即语法和语义上都正常,但"音律不合""佶屈聱牙"(徐峰,2008:48)。

韵律声韵的讲究何止于组词? 造句亦然。

(38) a. (某街头小吃店写着的广告)不好吃不要钱。

  b. 如果不好吃,那就不要钱。

  c. 如果它不好吃,那么我就不要你为它付钱。

能否对"不好吃不要钱"作并列构式理解,即理解为"(我的食物)又不好吃又不要钱"? 不能。能否作原因—结果构式理解,即解读为"因为(我的食物)不好吃,因此不要(你的)钱"? 更不能。有语感的人都知道这是紧缩复合(条件—结果)构式,即隐含"如果 p,那么 q",意思是 b 和 c,含义是其食物美味十足。而假如你吃了嫌不好吃能否免费呢? 不能。人家只是广告宣传。这还是语法分析而已,若论韵律效果(兼顾版面限制和注意力限制),"不好吃不要钱"(注意不要标点)好听好看,远胜语义更清楚、语法更正确的 b 和 c,也即 a 在语用修辞上更得体高效。再如:

(39) a. 吃不吃? b. ? 吃?

(40) a. 吃不吃饭? b. 吃不吃面? c. 吃饭还是吃面? d. 吃饭吃面?
e. ＊吃饭面?

(41) a. 干革命不是请客吃饭。b. ＊干革命不是请客吃。

以上前面打了问号的就是不太悦耳,打了星号的是极不悦耳,口语中应该

杜绝(因为 * 例句是语法不允许的)。再如:

(42) a. 今晚果香读赏会,b. 口译(员)钱丽谦,c. 主持(人)范璐,d. 点评嘉宾陈教授。

(43) a. 李教授句句珠玑。b. 每两句一个辞格,c. 每三句一次掌声。

"口译钱丽谦"是"名词(短语)＋名词(短语)"语句构式,或称为"名词谓语句",是汉语特色构式,特色在于没有动词。而且这两例都是名词谓语句构式的叠用,其叠用的名词谓语句构式具有音韵效果,牵一发而动全身,增动词则动全例。如果增补动词,要么在韵律上显得累赘冗余,要么难听卡顿。"主持范璐""点评嘉宾陈教授"也是如此。比较有动词的变体:

(42′) a′. 今晚有/是果香读赏会。b′. 口译(员)是钱丽谦。c′. 主持(人)是范璐。d′. 点评嘉宾是陈教授。

(43′) a′. ? 李教授是句句珠玑。b′. 每两句有一个辞格。c′. ? 每三句有一次掌声。

看上去例(42)a′—d′和a—d在音形义上大致相同,但a′的"今晚有/是果香读赏会"因为用了"是/有"而消除了构式歧义美且不够经济。b′—d′连续三句都加动词"是"显得雷同拖沓。例(43)a′的"李教授是句句珠玑"是"是"的有标记用法,因为前后不对应,正因为如此,这个"是"用得勉强,可以代之以其他动词或构式,如"说话、的话是、的演讲简直是"等。c′的"每三句有一次掌声"的"有"语义上十分模糊,还不如"就得到、就听到"。而且,三句连起来,有两句凑合的"有"字,加上 b 句合格的"有"字,即使无大碍,但在超句/句群韵律上显得不干不净、拖泥带水。

"作家对文稿加工非常注意依据上下文的相互关系,调整语言的声音,使之和谐悦耳……"(黎运汉、盛永生,2010:104)。最讲究音韵效果的莫过于诗人和演讲者,可以说,不中听、不悦耳的诗歌和演讲就是语用修辞失误,不值得欣赏。

第七,比量同义结构,语言中有很多"语法修辞"的比量同义构式。(古)汉语有若干同义句法结构,例如① 成分虽不同意义却大致相同。② 合叙、共用与分述同义(李维琦,2012:103 - 127):

(44) 魏其贵久矣,天下士素归之。(《史记·魏其武安侯列传》)

（45）多言数穷，不如守中。（《老子·五章》）

（46）古之贤君，饱而知人之饥，温而知民之寒。（《晏子春秋·内篇·谏上》）

例（44）的"素"可放在主语"天下士"之前，区别不大。例（45）的意思是人若话多，往往陷入困境，还不如保持虚静沉默。"不如守中"的"中"是宾语，若改成（更轻缓的）补语"于中"，差别不大。例（46）是分述的，若改为"温饱……饥寒"则是合叙，大意相同。"分叙显得舒缓，合叙显得紧凑"（李维琦，2012：125）。

第八，句式选择，也即采用什么句子或分句结构也有修辞考究。

（47）进逼镇州，为流矢所中，卒于军。（《旧五代史·史建瑭传》）

（48）上不欲就天下乎？何为斩壮士！（《史记·淮阴侯列传》）

（49）有李将军者，妻病，呼佗视脉。（《后汉书·华佗传》）

（50）虽吴中子弟，皆已惮籍矣。（《史记·项羽本纪》）

李维琦（2012：128 - 144）介绍了（古）汉语的语态和语气等方面的同义句型，也即主动语态和被动语态同义，如例（47），肯定和否定（如对否定句的否定）同义，特指问和是非问同义，肯定和是非问同义，疑问句和陈述句同义，疑问句和祈使句同义，疑问句和感叹句同义，如例（48），感叹句和陈述句同义。他讨论了谓语等方面的同义句型（2012：133）。① 说明句：名词作谓语或用判断词作述语的句子（述语之前若能加能愿动词就是评议句）。② 叙述句：动词作谓语的句子。③ 描写句：形容词作谓语的句子。他说，说明句和评议句有时同义（2012：134），叙述句和描写句有时同义（2012：135）。李维琦还介绍了所谓"句子结构及松紧"（2012：136 - 139），认为一些同义句型的一般谓语和复杂谓语是同义的，表时间和原因的句子有时和状语同义，存现兼语句有时改为一般句子是同义的，如例（49），让步从句改为主语有时是同义的，如例（50），以上都有（结构或句意的）"松紧"问题。

在"语法修辞"的"分句的次序"中，李维琦（2012：139 - 144）说，并列句的次序可以改变而意义几乎不变，顺接分句一般不能改变位置（2012：139）。另外，汉语在列举优点、罪状、利弊等往往重前不重后（跟西方修辞相反），如：

（51）贵德，贵贵，贵老，敬长，慈幼。（《吕氏春秋·孝行》）

李维琦(2012：141)说，在《治要》中，类似的例子是"贵贵"放在"贵德"之前，大概是因为作者考虑到皇上先御览，贵先于德不至于让皇上不悦。

以上八大方面多为古汉语消极修辞的例证。就现代汉语而言，不同的文体/语体对修辞的期待有别。根据黎运汉、盛永生(2010：421)，有"谈话语体、事务语体、科技语体、政论语体、文学语体、新闻语体、演讲语体、广告语体"等。每种又有自己的次语体，如谈话语体又有"随意谈话体、专题谈话体"等，"事务语体"又有"法规体、通报体、契约体、函电体"等，科技语体又有"专门科技体、通俗科技体、辞书体"等，政论语体又有"论政体、评论体"等，文学语体又有"韵文体、散言体、剧本体"等，新闻语体又有"消息体、通讯体"等，演讲语体又有"说服性演讲体、传授性演讲体、礼仪性演讲体"。以谈话语体为例，一般特点是"朴实性、跳脱性、依存性"(黎运汉、盛永生，2010：425)，而且"随意谈话体、专题谈话体"的这些特点又有张力的细微差异。再比如，事务语体的特点是"准确、规范、简明、庄重"(黎运汉，盛永生，2010：434)。这样一来，谈话语体和事务语体在积极修辞和消极修辞的使用上势必存在差别，我们不能在谈话语体构建中使用适于事务语体的修辞(风格)，反之亦然。邹洪民(1993：8)指出，人们在阐释性通俗科技语体中大量使用消极修辞，远多于描述性通俗体。在频频使用积极修辞的语体(文本)中，一般是先消极修辞，后积极修辞，"结合紧密，互济互补"，至少在文章或段落的开头一般不用(较多)积极修辞。不论是"简约"还是"繁丰"，"刚健"还是"柔婉"，"平淡"还是"绚烂"，"谨严"还是"疏放"(陈望道，1997：276)，任何文体风格的文本说写，其语义和修辞密切相关，不能把广告写得像政论文，不能把辞书写得像韵文，不能把谈话写得像科技文献，也不能在一个语篇里既简约又繁丰，或者既平淡又绚烂。

祝敏青(1988)认为，人们忽视消极修辞是因为它没有用辞格那样的规律进行教学，因此需要研究消极修辞的规律。李维琦(2012：243)认为，如果不加强消极修辞研究(如扩展其内容)，《修辞学发凡》以来的修辞学就没有"实质性进步"。魏晖(2019：21-23)指出，当前我国哲社文献有不少违反消极修辞的现象，如概念不清楚、外延不明确的表达法(及其观点)，空洞、烦冗、赘余、啰唆、不合逻辑、混乱不清的思想及其"长假空"文风，过多、过度、欠准确的修饰语，"吓尿体、跪求体、标题党"等"语体"或现象，它们只是吸引眼球，"污染版面"和心灵，浪费时间，欺骗感情，引起反感(魏晖，2019：23)。魏晖(2019：24-25)还指出，政策研究比学术研究更讲究消极修辞(分析从略)，更值得深入研究。魏晖(2019：21)认为，我们要"普及消极修辞知识"并"树立消极修辞观"。

6.4 消极修辞的传统研究

上述消极修辞(八大方面的)介绍，阐发开来也可以说，主要是锤词炼句以及布局谋篇的技巧。下面简介其相关传统研究或曰研究传统。

6.4.1 锤词炼字的消极修辞

修辞尤其是古代汉语修辞强调炼字，也称"字法"，所以古人有"语不惊人死不休"的说法，贾岛的"推敲"，王安石的"绿"字("春风又绿江南岸")都成了流传千古流的炼字佳话。刘勰在《文心雕龙·章句》说用词或炼字要尽量做到准确清晰、简练经济、褒贬恰当(见蓝纯，2015：225-226)。吴德升认为选词的"一般原则"是"准确、鲜明、生动、简练"(1999：28)。

如上节(§6.3)所述，修辞是词语增删代替的技巧。例(25)的"我其尝杀无辜、诛无罪邪?"就可以省去"无辜、诛"三字。例(26)—(32)都是增删替代的佳例。例(33)—(34)("满谰、那")则是语音分合的佳例。李维琦(2012：145)所介绍的"提炼"，则是语言各个层面的"提炼"，例如减少词语(减少或不减少信息)。传说欧阳修和朋友郊游，看见一匹奔马踩死了一条狗，大家都来造句，有下面的例子。欧阳修嫌字多重复，有了其他更简要的形式：

(52) a. 劣马正飞奔，黄犬卧通途。马从犬身践，犬死在通衢。

　　 b. (适)有奔马践死一犬。

　　 c. 马逸，有黄犬遇蹄而毙。

　　 d. 有犬死奔马之下。

　　 e. 有奔马毙犬于道。

　　 f. 有犬卧通衢，逸马蹄而死之。

　　 g. 逸马杀犬于道。

李维琦(2012：145-146)说，这6种说法(b—g句，括号内容除外，陈望道,1997：59)，所说之事相同，只是细节等有异，例如有没有"践"的手段(死因)。

李贵如(1995：71)以《水浒传》潘金莲对武松说了39个"叔叔"作为第二人称指称语为例，而随后首次使用了"你"("你若有心，吃我这半盏儿残酒")为例，隐含潘氏一直有碍叔嫂关系而如今"无所顾忌"了，借此说明李贵如及明末清初的白话文学批评家金圣叹对此"妙心妙笔""极为欣赏"的原因。

论词语的修辞手段，还有① 词语搭配：受到语义制约、语言习惯制约、词义感情色彩制约、修辞效果制约、语言环境制约、语音节奏制约(李贵如,1995：88-90)；② 词语拆用；③ 词语换用；④ 词语联用；⑤ 词语简缩(李贵如,1995：90-94)。本书认为，遣词炼字的消极修辞分析可采用或参照消极修辞研究范式8(§6.5.1)。

6.4.2　语法炼句的消极修辞

句式有修辞，即炼句的功夫。炼句就是"以切情、切境、切题为前提，对语句进行反复推敲、锤炼、修改"，有5种方法：在焦点上炼，在音律上炼，在句式上炼，在语义上炼，在色彩上炼(李贵如,1995：125-128)。黎运汉、盛永生(2010：193)认为句子修辞主要是语句构建的艺术和句式的选择。前者主要有添加、省略、位移、复指、重复等，后者主要指主谓句和非主谓句、长短句、紧句和松句、整句和散句、常式句和变式句、肯定句和否定句、主动句和被动句、口语句和书面语句、文言句和白话句、国语句和方言句(或外语句)、陈述句、疑问句、祈使句、感叹句等的选择(2010：193-220)。

下面着重摘引李维琦的一些说明。李维琦(2012：103-127)在"语法修辞"的"比量同义结构"中，介绍了(古)汉语若干同义句法结构，例如① 成分虽不同意义却大致相同。② 合叙、共用与分述同义，上文例(44)—(46)便是佳例。

吴德升(1999：29)认为，句式选择的"一般原则"是"语气贯通，音韵和谐，重点突出，合乎语境"。各种句式都有表意达效的语用分工。下面主要摘引李贵如(1995)的相关说明。

陈述句：以陈述语气(indicative mood)告知、阐述、通知、提醒受众(几乎)不知的一种情形事态。汉语陈述句或者带语气助词，或者不带，语用修辞功能和效果各异(李贵如,1995：96)，带不带"的、了"，带不带文言助词"也、矣、耳"等，也有语用修辞功能和效果的差异(李贵如,1995：97-99)。

祈使句：以祈使语气(imperative mood)要求(哀求、恳求、请求、命令)受众采取一定的行动，分肯定和否定两种(后者属劝阻、禁止类)。汉语祈使句或者带语气助词，或者不带，带不带能愿类助动词"(千万)要、希望、坚决、必须、烦请、务必、请"等，语用修辞功能和效果稍有不同(李贵如,1995：99-101)。

疑问句：以疑问语气(interrogative mood)询问受众一件自己存疑的事情。根据疑度，分为存疑而问的"询问句"、无疑而问的"反诘句"、少疑而问的"测度句"。通常分为特殊疑问句、是非疑问句/一般疑问句、选择疑问句3种。汉语陈述句或者带语气助词(吗、呢)，或者不带，带不带疑问副词"哪里、难道、岂"，带不带情态副词"大概、或许、莫非、庶、殆"，语用修辞功能和效果不尽相同(李贵如,1995：101-103)。

惊叹句：以惊叹语气(exclamatory mood)对事物进行感叹，包括赞美、欢乐、感召、忧愁、悲苦、厌恶等积极或消极情感，别名"感叹句"。汉语惊叹句带不带语气助词"啊、呀"等，语用修辞功能和效果有所差别(李贵如,1995：103-105)。

新兴句：指的是传统语法之外的句式，别名"新兴句式"(李贵如,1995：108)。李贵如(1995：108-110)大致分之为4类：第一，含多联合成分的句式，第二，含同位语从句的句式，第三，结构复杂的长句句式，第四，虚拟假设句式。

文言句：即"按古代汉语语法规则组织起来的句式"，如"……者，……也""何……哉""……乎""……矣""哉(也)"等(李贵如,1995：110-112)。

紧句：即"句子成分间组织紧密的句式"，适合"语气急促、急事急办"。一般说来，紧句要么是句式紧缩，要么是句子成分紧缩(李贵如,1995：112-113)。

松句：即"组织成分松散、语气轻缓的句子"，因为句式"轻松幽默，从容疏松,层次清楚",其表达的内容也就"扎实丰满,语义明晰",语效上是"渲染某种特定气氛"。或者是单句成分式松句,或者是复句式松句(李贵如,1995:114)。

整句:指"一对或一串形式整齐匀称,结构相同或相似的句子",分严式整句和宽式整句(李贵如,1995:116-118)。

散句:指"排列在一起的一对或一串结构相异、词语不同"的词组、分句或句子(李贵如,1995:118-120)。

长句:"形体长、词数多、结构较复杂的句子",可能是单句,可能是复句。由于修饰语多,联合成分多,结构层次复杂,长句可有"严密周详、精确细致、气势畅达"的语用修辞效果(李贵如,1995:121-124)。

短句:顾名思义,指的是"形体短、词数少、结构简单的句子",达到"明白易懂、生动活泼"的语用修辞效果(李贵如,1995:123-125)。

关于现代汉语的句式选择、句式调整、句式生成,参看李贵如(1995:129-136)。本书认为,炼句的消极修辞分析可采用范式8(见§6.5.1)。

6.4.3　布局谋篇的消极修辞

篇章不是若干语段的胡乱拼凑,语段也不是语句的乱搭乱接,都有结构的要求,即篇法。

文章结构大抵包括"起承转合"。就内容而言,文章结构不外乎开头和结尾的设计、过渡和照应的安排、层次和段落的划分等(李贵如,1995:210)。拿开头来说,有点题式开头、提问式开头、提要式开头、交代式开头、引用式开头、议论式开头、抒情式开头等(李贵如,1995:210-213)。

叙事文章着重于事件的发生、发展和结局,因此往往采用序幕—开端—发展—高潮—结局—尾声的语篇构式(李贵如,1995:209)。议论文章意在发现、分析和解决问题,因此采用"提出问题—分析问题—解决问题"的语篇构式(李贵如,1995:209)。再者,叙述有很多种类:"特叙、类叙、正叙、带叙、实叙、借叙、详叙、约叙、顺叙、倒叙、连叙、截叙、补叙、跨叙、推叙"等(李贵如,1995:224)。议论文章,即论文,重在论理,所谓"大胆假设、小心求证",提出一个假设,进行有理有据的论证。论文分为三部分:引论、本论、结论,而本论部分往往有文献综述、方法（论）、理论、模式、调查方式、数据收集、个案分析、语料分析、结果分析等。如上述，论文一般要提出问题，分析问题、解决问题。学术论文为了"推销"自己的思想，往往在标题和提要上采取各种合情合理的方法以增强学术竞争力。

就叙事类或文学类的写作技艺，李贵如介绍了：

线索："贯穿在叙事性文学中联结全部材料的脉络"，分"单线线索、双线线索"，可以以人、物、事为线索（1995：220－222）。

文眼："文章中最富表现力、最能体现主题或脉络层次的构建词语"或语句，有"主题文眼、线索文眼"（1995：222－224）。

白描：源于中国国画技巧，即以淡墨勾勒轮廓或人物，而不用刻意设色。在文学创作中指"不写背景，只突出主题""不求细致，只求传神""不尚华丽，务求朴实""不加烘托，勾勒出生动、传神的形象"的手法（1995：226）。相反的是"工笔"，国画中指着重线条美的、细致的手法。在文学写作中指的是"以细致地塑造形象、清晰地表现主题为目的，对人物、事件及景物作细腻、严密的刻画"，可能会借用诸多辞格（1995：227）。

铺垫：为主要人物出场等创造一个条件，着重"预作渲染"（1995：228）。

悬念：别称"宕笔法、关子、扣子"，就是"设置悬疑"，引起疑团，造成阅读紧张的手法（1995：229－230）。"悬念"已是辞格。

巧合：即"凑巧相合"，有助于激化矛盾，使气氛紧张，对故事情节起到推波助澜的作用（1995：231），所谓"无巧不成书"。当然，巧合是作者有意设置而非天然天生，过多或不当的巧合只能是弄巧成拙。

波澜：即"突起奇峰的曲笔"，让文章"曲折翻腾、回旋摇荡"，而波澜采用的方法有抑扬、擒纵、开合、跌宕、张弛、断续、疏密、悬念等（1995：232－233）。

衬托：即为了突显甲人、甲物、甲事，而用乙人、乙物、乙事进行陪衬的技法，分"正衬、反衬"（1995：235－236）。"映衬"本是辞格。

渲染：国画中，现也在文中创作中，指（用水墨、重彩、笔触）"进行烘染，使物象鲜明突出"（1995：237）。

虚实：即处理好虚写和实写的关系。所谓虚写，就是含糊间接的叙事、刻画、阐明,而所谓实写,则相反,是明白直接的叙事、刻画、阐明(1995:238)。

点睛:用极为简约传神的词语或语句直抒"主旨要义",以"提挈全篇"(1995:241)。

意识流:意识流(stream of consciousness)就是思想的流动,或流动的思想,也叫"思想流",以独白、旁白、联想、回忆、梦幻等手法,临时打破时空和逻辑的限制,如实写真地记叙思想流动(1995:242-243)。意识流的手法应该是源于意识流作家乔伊斯(Joyce,1882—1941)、伍尔夫(Woolf,1882—1941)等的小说。

生活流:即流水账般地记录生活画面,追求"抽刀断水水更流"的艺术效果(1995:244)。

语体:指的是"语言为适应不同的交际需要(内容、目的、对象、场合、方式等)而形成的具有不同风格特点的表达形式"(现代汉语词典:第6版),即"人们在各种社会活动领域,针对不同对象、不同环境,使用语言进行交际时所形成的常用词汇、句式结构、修辞手段等一系列运用语言的特点",也叫"文体",即"语文体式",别名"辞体、体式",分为口语体/谈话体和书面体/文章体(含文艺语体、科学语体、争论语体、事务语体,1995:269)。口语体和书面体的特点或差异主要表现于词语、句式、修辞格等的运用(1995:281-289)。陈望道(1997:256)说有8种分类标准:① 民族,② 时代,③ 对象和方式,④ 目的和任务,⑤ 语言的成色特征,⑥ 语言的排列声律,⑦ 表现,⑧ 写作者(个人),于是有"汉文体、藏文体、建安体、太康体、骚、赋、描记、诠释、政论体、文艺体、文言体、白话体、简约体、繁丰体、陶体、谢体"等。

文风:即"使用语言的作风",是"思想内容与语言形式辩证统一"的表现。文风受到社会文化和社会意识形态的制约。例如明清的八股(制义、制艺、时文、八比文)文风,近代的"洋八股、党八股"以及改革开放前的"帮八股",都是特定时代的产物(1995:270),这就是文风的社会性。所以文风往往指(或有)文章的适时性讽喻或教化功能(1995:350)。文风还有多样性和通变性的特征(1995:358-363)。好的文风,要求"切实、鲜明、新颖"(1995:353),也即达到准确性、鲜明性、生动性的三标准(1995:363-373)。

风格：也叫"艺术风格、语言风格"，是语言艺术显示的气氛或格调。"语言风格是指交际参与者在主客观因素制导下运用语言表达手段的各种特点综合表现出来的言语气氛和格调"（黎运汉、盛永生，2010：30），有豪放/刚健风格、柔婉/优柔风格、简约/简练风格、繁丰/繁缛风格、明快/直率风格、蕴藉/含蓄风格、朴实/平易风格、藻丽/华丽风格、幽默/诙谐风格、庄重/谨严风格等（黎运汉、盛永生，2010：516-541）。那么，"语言风格学就是专门研究语言风格及其规律的科学"（黎运汉、盛永生，2010：30）。"风格"英语称为 style，拉丁语和希腊语分别称 elocutio、lexis，原意是"说话、思想、说出来"（蓝纯，2010/2015：215）。风格内含题材、主题、结构、形象、言语等方面的个性化气度、品格、特色，以及作者的职业、身份、思想、品格、天赋、气质、修养、才能、直觉、灵感、做派、习惯等主客观因素（蓝纯，2015：271,313,322），因此有"文如其人"之说，即"一个作家的习惯性用词能在很大程度上反映他的思维特征和语言风格"（蓝纯，2015：237），而语言学称之为"个体方言"（idiolect），如英国词典家约翰逊（Johnson，1709—1784）的哲理叙述风格、拉丁措辞风格、多音节措辞风格等（蓝纯，2015：238）。个人的风格和民族风格、时代风格、社会风格等有关（蓝纯，2015：325-332）。个人风格表现为简洁或繁丰，含蓄或明快，朴实或绮丽，缜密或疏放，典雅或俚俗，庄重或谐谑，豪放或柔婉、雄浑或纤巧（蓝纯，2015：333-249）。黎运汉、盛永生（2010：30）说"修辞是语言风格的基础，研究风格必须从修辞手段入手"，他们的"修辞"应该包括积极和消极修辞，因为一个人的言语体现出这两种修辞的风格。

黎运汉、盛永生（2010：372-376）着重指出，"语篇修辞的基本要求"是：① 意旨要明确（中心突出），② 层次要清楚（井然有序），③ 照应要合理（衔接有度），④ 主次要分明（纲举目张），⑤ 变化要有度（不片面追求变化），⑥ 语体要适中（符合语体特点）。他们还讨论了文章标题命名的技巧、文章开头和结尾的技巧，衔接和连贯的技巧（例略）。

本书认为，布局谋篇的消极修辞分析可采用范式 12 和范式 16（见 §6.5.1）。

6.5　消极修辞的经典研究范式

6.5.1　范式矩阵

任何科学或学科从成立到发展体现为一个个新的研究范式和一系列自成系统的术语的生成，而科学/学科竞争也就是范式和术语竞争（胡范铸，2004：9）。

从岛村泷太郎的《新美辞学》（1902），到龙伯纯的《文字发凡·修辞》（1905）、唐钺的《修辞格》（1923/1935）、杨树达《汉文文言修辞学》（1954）、谭永祥的《修辞新格》（1983）、谭学纯等的《汉语修辞格大辞典》（2010），再到李国南的《英汉修辞格对比研究》（2018），一步一步地发展了（修）辞格（对比）研究，可称为"积极修辞研究范式"，这是修辞学最早、最老、最根深蒂固的研究范式。

"积极修辞研究范式"的分析套路或关注点大致是：① 该文本一共有多少修辞格？ ② 文本话语有什么特别的地方？ ③ 这个地方是不是辞格？ ④ 这是什么辞格？ ⑤ 这个辞格有什么作用？（胡范铸，2003：3；2004：9）因篇幅限制，本书暂且省去"积极修辞研究范式"的阐述。重点讨论"消极修辞研究范式"。

消极修辞的支持者们也纷纷建言献策，提出了不少范式，归纳起来大概如下：

1) 吕—朱标准分析范式（胡范铸，2004：9）

2) 大语言学视域下的小修辞学范式（徐翠波，2014；张伯江、郭亮，2019）

3) 语体修辞学范式（潘庆云，1991）

4) 文白对比范式（张伯江、郭亮，2019）

5) 比勘作家自我修改范式（张伯江、郭亮，2019）

6) 正误对比范式（马真，2019）

7) 近义词对比范式（马真，2019）

8) 炼字择句范式（马真，2019）

9) 接受修辞学范式（谭学纯等，1992；马真，2019）

10) 语义和谐律范式（陆俭明，2010）

11) 语言信息结构范式（陆俭明，2015，2017；陆丙甫、于赛男，2018）

12) 宏观—微观结构范式(魏纪东,2017)

13) 主位—述位信息范式(魏纪东,2017)

14) 负熵流信息范式(魏纪东,2017)

15) 语言结构效能量化范式(陆丙甫、于赛男,2018)

16) 认知修辞与语篇叙述范式(谭学纯,2011,2012 等)

17) 言思情貌整一范式(顾曰国,2013)

18) 伯克新修辞范式[伯克(Burke),1950,1952,1966a,b,1967,1972, 1984,1989;鞠玉梅,2010]

19) 话语分析范式[布朗和尤尔(Brown & Yule),1983;库尔萨德 (Coulthard),1985;范戴克(Van Dijk),1980;马丁(Martin),1992 等;费尔克劳 (Fairclaugh),1995;施旭(Shi),2005]

20) 言语行为范式(胡范铸,2003,2004)

这些范式都是从不同的角度尤其是语言学的各视角为修辞学"输血",并为它"积蓄突围的力量"(见谭学纯,2011：20;另见林大津、毛浩然,2006：35)。

范式 1：吕—朱标准分析范式

吕叔湘(2002)、朱德熙(1987/1999)等所介绍的范式,姑且这么命名。这是最为传统的语言分析套路。吕—朱标准分析范式分析套路或关注点大致是：① 话语有什么特别的地方? ② 这个地方是好还是不好? ③ 好坏与词句组织有何关系?(见胡范铸,2004：9)

范式 2：大语言学视域下的小修辞学范式

不少人建议将消极修辞研究纳入语言学的宏观框架之下,多借用语言学的研究。例如,徐翠波提出把消极修辞放到"整体性语言研究视域"之中,讨论了"消极修辞对语言形式的要求"(2014：85),也即,语言形式要和"时代要求、地域要求、说话人要求"吻合。其核心是话语要有时代特征、地区特征、个性特征(2014：86-87),以语用学观之,大概是"时间方言特征、地域方言特征、个体方言特征",其中个体方言要符合其性别、年龄、身份、地位等特征。

大语言学视域下的小修辞学范式的分析套路或关注点大致是：除上述之外,还有话语的形式、内容、效果等,具体便是：① 话语有何音形义特征(对错、美丑、无标记或有标记)? ② 有何时间方言特征? ③ 有何地域方言特征?

④ 有何个体方言特征？⑤ 有何语用修辞价值？

范式 3：语体修辞学范式

该模式源于周迟明（1959）、张弓（1963）、潘庆云（1991）。关于消极修辞，吴士文（1996：101）称之为"一般性修辞"的研究，包含"辞规、辞风"（§6.3）。基于此，潘庆云建议一条新途径：结合语体学方法进行研究。根据潘文，语体一般分为"应用语体、艺术语体"，前者包括"日常应用语体、科研学术语体、行政外交语体、法律诉讼语体、新闻报道语体、商业广告语体、财政金融语体"等，艺术语体包括"叙述体、对话体、诗歌体"（1991：104）。潘庆云称，"运用语体学的方法，可以打破一般性修辞研究方面长期以来进展不大的现状"（1991：105）。

语体修辞学范式分析套路或关注点大致是：① 一共有多少语体？② 某一语体在词频、句长、句式等方面都有什么统计学特征？③ 某一话语在词频、句长、句式等方面的统计学特征与哪种语体相应？④ 该话语属于哪种语体？（见胡范铸，2004：9）[1]

范式 4：文白对比范式

张伯江、郭亮一文倡议以（白话）译文对比（文言）的方法研究消极修辞，还提供了范例。他们对比了《英轺日记》及其白话版本《京话演说振贝子英轺日记》，比如，对比"之、者、于、毕"字构式的文言版本和白话版本，讨论白话版本的"把"字构式、长句、短句，借此描述所谓的消极修辞手段，发现汉语既有"昨天的章法就是今天的句法"，又有似乎矛盾的"句法成了章法"的现象，如（2019：8）：

(53) a. 嘉庆时英人与荷国立约议租，岁出租银十万元。

b. 本朝嘉庆手里，英国人跟荷兰人订了个条约，每年出十万块钱，向他租过来做买卖。

c. 嘉庆年间英国人跟荷兰人订条约，约定每年用十万块钱租过来做买卖。（张、郭一文自拟）

d. 嘉庆年间英国人同荷兰人（签约而）约定每年以十万两白银的租金租过来经商。（笔者自拟）

张伯江、郭亮一文认为，例 a 的两句译成了例 b 的四句，"嘉庆时、议租"分

---

[1] 胡范铸（2003：3）还介绍了语言风格的修辞分析套路：① 有什么基本风格？② 这种风格有什么特征？③ 表现这种风格的是什么字词句？

别译成白话的两个独立小句，表现出"句法成了章法"(2019：9)。当然，原文还可译成例c或例d，可见现代汉语的"强制性"之外还有"自由度"，该"自由度""表现了作者对语意明确、表达畅晓的修辞效果的追求"，他们进而认为"这是消极修辞的需要""体现了消极修辞的灵活度"。遗憾的是，他们并未明晰地论述该"自由度"及其可操作性。

文白对比范式的分析套路或关注点大致是：① 译文和原文有何明显差异？② 这些差异有何成因？③ 这些差异有何语用修辞意义？

该范式或多或少也适用于方言对比、文体对比、汉外翻译对比等。若用于翻译对比，其分析套路或关注点大概是：① 有无增译或省译甚至漏译？② 有无超额翻译或欠额翻译？③ 译文某片段是归化法还是异化法？④ 文化空缺是如何填补的？⑤ 何以见得这是"善译"或劣译？

范式5：比勘作家自我修改范式

马真(2019：1)结合前人的研究，建议从多视角研究消极修辞：① 词语的锤炼和句式的选择，② 接受者的感受和理解(谭学纯等，1992)，③ 语义和谐律(陆俭明，2010)，④ 语言信息结构(陆俭明，2015，2017)，⑤ 病句、偏误句的"语文短评"基础上的纠偏分析(见范式6)，等等(马真，2019：1)。马真认为⑤从追求"为什么说'这错了'"和"为什么会错"角度考察人们(包括学汉语的外国人)的病句和偏误句，具体采用"正误对比分析法""近义词语对比分析法"，算是消极修辞的"另一条蹊径"(2019：1,9)。我们看黎运汉、盛永生(2010：226-227)的几例：

(54) a. 他引着我，向野里走，一路同我谈。……两个人向野里走。没有路灯。(原稿)

 b. 他引着我，向野外走，一路同我谈。……两个人向野外走。没有路灯。(修改稿，叶圣陶《夜》)

(55) a. 要多多种些粮食，造些武器，送到前方。(原稿)

 b. 要多种粮食，多造武器，送到前方。(修改稿，《郭沫若文集》第三卷)

例(54a)的"野里"听起来会和"夜里"混淆，"野外"就更为悦耳清晰；例(54b)结构上更为均衡平整，也就更为铿锵有力(黎运汉，盛永生，2010：227)。(55b)亦胜过(55a)，"多多种些""多种"本身没有优劣，但在语例中前者邋遢，后者爽利。

比勘作家自我修改范式的分析套路或关注点大致是：① 新版和原版有何明显差异？② 这些差异有何成因？③ 这些差异有何语用修辞意义？

范式 6：正误对比范式

从陈望道的消极修辞论述，即让话语说得通，以及理查兹（Richards）的认识：修辞学是一门"旨在掌握语言运用基本规律的哲学学科"（2001：3），是一门"研究误解及其补救的学科"（2001：1），我们知道，不少修辞学者认为修辞（至少是消极修辞）负责把话说对，也即在这里和语法有局部重叠。正因如此，就有了"正误对比范式"。

马真（2019：4）举例如下：

（56）a. ＊他坚持锻炼，身体一直好端端的。

      b. ……好好儿的／棒棒的／很好。

（57）你可别让他把这桩好端端的婚事给搅黄了。

通过正误对比发现，如《现代汉语词典》所言，"好端端的"意思是"形容状况正常良好"，但马真认为其语义背景是"说话人在指出已出现了某种非理想状况的同时，告诉听话人，原先的状况是良好的"（2019：4）。例（57）才正确，而例（56）a 不符合该语义背景。

正误对比范式的分析套路或关注点大致是：① 有何错误？② 是语法错误还是修辞错误？③ 为什么说错了？④ 如何纠偏？

范式 7：近义词对比范式

近义词总有细微的差异，否则"奥卡姆剃刀法则"就只留下一项，而去除其余的所谓近义词。近义词的使用不总是等值的，"你、您"有别，"来吃饭、（来）赴宴"有异。马真以"往往、常常"的误用为例。

（58）a. ＊她往往说谎。

      b. 她常常说谎。

（59）a. ＊去年冬天我往往去滑雪。

      b. 去年冬天我常常去滑雪。

      c. 去年冬天每到周末我往往去滑雪。

（60）a. ＊南方常常比较潮湿……

      b. 南方往往比较潮湿……

"往往、常常"是近义词，但例(58)a 句就不对，b 句才对。例(59)，a 句不对，b 句才对，奇怪的是 a 改成 c 也对。例(60)也是 a 句不如 b 句。这是为什么？通过多层多例对比，"往往、常常"的语义背景如下："常常""用来说明情况的发生或出现具有经常性"，而"往往""用来说明根据经验某情况的发生或出现具有规律性"(2019：6-7)。

近义词对比范式的分析套路或关注点大致同范式 6，可在范式 6 的分析套路或关注点①—④之后加上：⑤其近义词有多少？⑥更恰当的是哪个近义词？

范式 8：炼字择句范式

"炼字、遣词"都是字词或词级阶的"提炼"，这是汉语修辞界最为基础和经典的消极修辞(虽不用其名)研究。根据李维琦(2012：145)，"提炼"是语言各个层面的"提炼"，例如减少词语(减少或不减少信息)，如：

(61) 项燕为楚将，数有功，爱士卒，楚人怜之，或以为死，或以为亡。(《史记·陈涉世家》)

该例的"或以为死，或以为亡"若提炼为其中一半，如"或以为死"，或"或以为亡"，大意相同。传说欧阳修和朋友郊游，看见一匹奔马踩死了一条狗，大家都来造句描写，于是有了上面的例(52)"马踩狗"。欧阳修嫌字多重复，于是有了其他更简要的变体。李维琦(2012：145-146)说这 6 种说法所说之事相同，只是细节等有异，例如有没有"践"的手段(死因)。

炼字择句范式的分析套路或关注点大致是：① 字词句有何特别？② 特别之处有何同义词句结构？③ 这一组同义成分有何异同？④ 在这些候选项中优选某字词句可取得什么效果？(胡范铸，2003：3①)

范式 9：接受修辞学范式

最早的《接受修辞学》著作是谭学纯等所著(1992)，该书获得了"安徽文学奖"(《修辞学习》，1994：2)。谭学纯、朱玲(2001/2015)虽称《广义修辞学》，但其实也是"接受修辞学"，尤其是第三编"接受论"的三个章节——"解释权和接受策略(解释的隐形权威和解释的自由，解释权和接受策略：理论与实践，解梦：话语模式及其解释权)，修辞接受的特征(修辞接受的开放性、选择性、个体

---

① 胡范铸说的"同义结构"的修辞技巧的分析套路假想，本书认为也适合炼字。

性、社会性），文学修辞接受：从话语到文本"——都是接受修辞学思想，是谭学纯等(1992)的补充。

谭学纯、朱玲认为，"修辞接受不等于语义理解"，当然要以语义理解为基础，但仅有语义理解也许不能激活原文的"审美创造"（即下文的"造美"），不能"走向审美自由"(2015：239)。审美者在接受修辞时参与了意义的构建（谭学纯、朱玲，2015：239,341），使之获得多种语义可能（性），而并非盲目地全盘接受审美文本，否则，不是真正的修辞审美，而是修辞审美的"消亡"（谭学纯、朱玲，2015：239)。谭学纯、朱玲认为(2015：268)，第一，修辞接受是开放而非封闭的，审美者能否"敞开"自我达至完全的"瞬间体悟"，不是千篇一律。修辞接受有时有"延时效应"，有时还"私响旁通"［所谓"倾听众语喧哗"，指的是来源于语言刺激（能指的质、量、单维性和所指的质、量、多维性），或者是来源于文本间的互文激活］，有时是"自我调整"(2015：270-280)。第二，修辞接受是选择性的，而非武断地盲从。在"修辞信息"的选择上可能仁者见仁，在接受角度和接受层面上也是各不相同(2015：280-291)。第三，修辞接受有接受者的个体特征，因为各个审美者都是个性鲜活的个体，在"言语经验、审美经验、文化经验"上都是千差万别的(2015：292-304)。第四，修辞接受是有社会性的，与上述的个体性是对立统一的关系。其社会性源于我们的语言符号和修辞习惯的社会化，那么一次修辞审美活动自然免不了"汇入社会化认同"而绝非全新全异(2015：304-313)或全同全旧。

孙汝建(1994)论述了"接受修辞学调适—接受模式"（见图6-1）。他认为"接受修辞学"是针对听读者的，也就是相对于"表达修辞学"的路径(1994：40)。"接受修辞学"受接受美学的启发，认为修辞是"造美者"的"调适"兼"审美者"的接受，二者可能出现差异，也即，审美者可能出现不接受、难以接受的各类"障碍"，如语言障碍、言语障碍（口误、耳误）、文化障碍、心理障碍等(1994：40,42)。

先说造美者一方的调适，涉及外部或内部语言，还有主题、材料、结构、措辞等，把握好一切的度：冗余度、模糊度、顺畅度、对比度、模仿度、顿跌度等（孙汝建，1994：40)。调适的结果是修辞文本（他称之为"修辞本文"），要符合语言和言语规律、规范、规则，符合语体风格、修辞情境等方面的需要（孙汝建，1994：40)。造美者的调适努力分为"自适、他适"，即分别适合自己和受众的审美取向

（孙汝建，1994：41）。造美者预设的读者和实际听读者达到诸多方面（如情境）
的和谐一致，修辞文本便能得到完好的审美接受（孙汝建，1994：41）。审美者
或者接受或者不接受，或者是全部信息或者是信息超额或欠额（"意义剪刀差"）
（孙汝建，1994：42），前者表现为"交叉性增值、完全性增值"（谭学纯，1992：
137－138）。

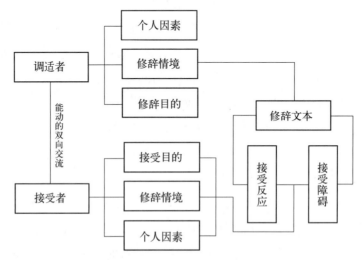

图 6－1　接受修辞学调适—接受模式图（孙汝建，1994：43）

　　根据该模式（见图 6－1），造美者/调适者在一定的修辞情境中，带着一定
的修辞目的和个人因素，调适言语以生成修辞文本。审美者/接受者处于一定
的修辞情境，也带着一定的审美/接受目的及个人因素，接触/接受上述修辞文
本，导致有障碍或无障碍的审美/接受（孙汝建，1994：43）。孙汝建在文中没有
提供例析或个案研究。关于接受修辞学的应用，不妨参考徐国珍、朱磊（2012）
的文章《接受修辞视角下的"副＋名"分析》（略），以及谭学纯、朱玲（2001/2015：
269－270）的例析。谭、朱书中考虑到话语多由动机驱动，于是增加"言前行为"
（动机），这样一来，言语行为的"三分"就扩展成了新的"四分"。以黛玉探视宝
玉为例（谭学纯、朱玲，2001/2015：269－270）：

　　（62）（贾宝玉挨打后，哭肿了眼睛的林黛玉过来探视。宝玉说不怎么疼，
黛玉"气噎喉堵""心中虽然有万句言语，只是不能说得""半日，方抽抽噎噎的说
道："）"你从此可都改了罢！"（《红楼梦》第三十四回）

第一,言内行为(言者的言语表达式及其可推理的基本语义)——黛玉对宝玉说了一句"你可都改了罢"及其基本句义"你最好是听大人的话改过自新";

第二,言外行为(所表达的目的、意图或隐含语力)——黛玉希望宝玉根据贾府情境调适自身言行,以免再次受罪;

第三,言前行为(言者的言语动机)——黛玉希望宝玉懂得自己的感情(爱情期待);

第四,言后行为(受众的身心反应)——宝玉加深对黛玉的理解和爱恋。

根据谭学纯、朱玲的分析[1],接受者宝玉的"瞬间体悟",即从上述的第一至四,尤其是第四,都会发生对位或错位,充实或纠偏。黛玉的多模态表达(含哭肿了眼睛),加上上述话语及其特殊语气和腔调,对宝玉足以显示语义和情感。但作为接受者的宝玉可能理解为同情/悲悯(因为皮肉之苦),怨叹/埋怨(因其"不屑"和不听话),劝慰/安慰(因其痛楚而需要关怀),担心/焦虑(因其顽固而未必会改),责备/批评(因其犯错在先招打在后),等等。接受者的上述接受未必同步也未必皆备,可能有先后、错位、叠加、轻重、显隐、多少(参照上述的"延时效应、私响旁通、自我调整")。以上是宝黛二人间的事,若分析旁听者(直接表达者、间接表达者、直接接受者、间接接受者),情况就更为复杂(2001/2015:270)。

接受修辞学范式的分析套路或关注点大致是:① 造美者的调适涉及哪些外部或内部语言?涉及什么主题、材料、结构、措辞等?② 造美者是否把握好冗余度、模糊度、顺畅度、对比度、模仿度、顿跌度等?③ 审美者能否达至完全的"瞬间体悟"?不同的审美者在言语经验、审美经验、文化经验上有何差别?④ 描写审美者可能出现不接受、难以接受的各类障碍,⑤ 调适者和接受者如何进行能动的双向交流?⑥ 描写言外行为、言前行为、言后行为等,⑦ 分析直接表达者、间接表达者、直接接受者、间接接受者的异同。

范式 10:语义和谐律范式

陆俭明(2010)说明了"语义和谐律范式"[2]如何服务于消极修辞的分析。

---

① 为了和塞尔的言语行为模式一致,我们改原文的"话"为"言",也修改调整了说明部分。
② 马真(2019)力挺陆俭明(2015 等)提出的拓宽消极修辞研究的两个新维度:① 语义和谐律("修辞的基础、语义的最高原则")(马真,2019:7)。② 语言信息结构("有助于同义句式选择的研究""有助于更好解释篇章中'环环相扣'那样的修辞现象")(2019:2-6,见下一范式)。

他说，修辞作为创新性言语活动"得受到""语义和谐律"（semantic harmony principle）的制约，或者说，"语义和谐律"是"修辞的基础"（2010：13）。陆俭明介绍的"语义和谐律"是他仿照语音学的"元音和谐（律）"（vowel harmony）提出来的。蒙古语、土耳其语、突厥语等的松元音和紧元音，或者说（在同一个音节里出现的）前后元音之间，要求满足"求同性、限制性、序列性、制约性"等特点（2010：17）。陆俭明认为"语义和谐律"的特点类似于"元音和谐（律）"，跟语言学的其他理论不是互斥而是互补的关系（2010：17）。

陆俭明（2010：13-17）指出，"语义和谐律"在句法层面上体现于3个方面：①"整体的构式义与其组成成分义之间在语义上要和谐"，②"构式内部词语与词语之间在语义上要和谐"，③"构式内部词语的使用与构式外部所使用的词语在语义上要和谐"。他还一一举例说明。就方面①而言，以"A（一）点（儿）！"为例，能说"大方点儿！"，不能说"小气点儿！"是因为前者和谐（符合该构式的"＋可控，－贬义"的语义表征），而后者不和谐。"再脏点儿！"一般不能说，因为"脏"和该构式的合意性要求矛盾，但在导演的工作视野中也许就合意（和剧情更吻合），因此能说，这也是在另一方面符合"语义和谐律"（2010：13）。关于方面②，能说"拔出来、拔出去"，但不能说"拔进来、拔进去"，因为"拔"是"把固定或隐藏在其他物体里的东西往外拉；抽出"（现代汉语词典），用于上述表致使兼运动趋向的述补构式，述语动词的行为和补语的运动趋向必须一致，前一组和谐因此能说，后一组不和谐因此不能说（2010：14-15）。方面③，本书改动陆俭明（2010：15）的例子为：

(63) a. 这种现象连科学家都解释不了（，因为太复杂了）。

　　　b. 这种现象连三岁的孩子都解释得了（，太简单了）。

陆俭明说，a句和b句若补充以括号内的内容，因为内外和谐，所以可以说。但两例的括号内容交换一下就不和谐了，所以不可以说。

关于方面③，陆俭明在文章结尾补充道，句式义（构式义）必须"和语篇的整体语境所要表达的内容相和谐"（2010：19），他以"把/被"字构式为例，分别表达处置义和"非如意"构式义，那么（2010：19，稍改，本书加了着重符号），

(64) a. 洪水是退了，但是眼前是一片不好的景象：洪水把村舍的房屋冲
　　　　倒了一大半，猪、鸡、羊都淹死了，空气里充满了难闻的臭味儿；洪

水也把成堆的木材几乎都冲光了……(不和谐)

b. 洪水是退了,但是眼前是一片不好的景象:村舍的房屋被洪水冲倒了一大半,猪、鸡、羊都被淹死了,空气里充满了难闻的臭味儿;成堆的木材也几乎都被洪水冲光了……(和谐)

(65) a. 玛丽是个勤快的孩子,每天都是她最早起来。等我们起床,早饭已经被她准备好了,屋子也已经被她整理得干干净净。(不和谐)

b. 玛丽是个勤快的孩子,每天都是她最早起来。等我们起床,她已经把饭准备好了,还把屋子整理得干干净净。(和谐)

上面二例的 a 句不和谐,不仅表现于误用"把"字构式的处置义或"被"字构式的"非如意"构式义,还表现于语篇不连贯方面的不和谐。例(64)既然以洪水为主题建构语篇,就要持续下去,不宜换为其他(如 a 句)。同样,例(65)既然以玛丽为题就要继续如此展开,不宜偷换为饭菜、房屋等物(如 a 句)。"屋子被她整理得干干净净"就不和谐,好像她干了一件多大的坏事。

陆俭明认为(2010:15),"语义和谐律"还可用以解释词语之间的关系。以"拉长了"类"VA 了"构式为例,他说,这里的形容词 A 可褒可贬,可为中性,而该构式可能表达甲义"结果的实现",或乙义"结果的偏离"(含过分义),即有构式歧义。如"拉短了(无甲有乙)、拉长了(甲乙皆有)、剪短了(甲乙皆有)、剪长了(无甲有乙)、画短了(甲乙皆有)、画长了(甲乙皆有)、买短了(无甲有乙)、买长了(无甲有乙)"。以上动词和补语形容词的关系和谐者能说(就是上述的"有"),不和谐者不能说(就是上述的"无")。"拉、长"是顺向的,搭配和谐而可说;"剪"正好相反;"画"是"双顺向"的,可画成这样或那样;行为"买"不会左右被买商品的长短尺寸,因此不能表甲义(因为不和谐),只能表乙义(因为和谐)(2010:16)。再看他的带总括副词"都"的"水果例"(2010:16,本书加点):

(66) a. 那些苹果张三都扔了。

b. 那个苹果张三都扔了。

c. 那个苹果张三都吃了。

d. *那个樱桃张三都吃了。

e. 那颗樱桃小松鼠都吃了。

陆俭明(2010：16)解释说,总括副词"都"的语义指向是集合(复数)意义,因此,a句语义和谐无虞,b句和d句都不和谐而不可说,理由是,扔(烂)苹果一般"不会一点一点地扔"而是整个地扔,而一颗樱桃一般人随便都能一口吃掉,"都"不和谐。问题是c句和e句为什么能说呢？一个大苹果对于一个不怎么饿的人而言也许算量大,可以理解为集合(复数)意义,而一个小樱桃,虽然算量小(非集合/复数意义),但对小小松鼠而言却量大。也即,c句换为樱桃也不和谐,e句换成一颗瓜子也不和谐。用陆俭明的话说,"看是谁吃"(2010：16)。本书补充一点,b句和d句在语篇中若表达"连……都"的"甚至"义,则是可以说的：

(b′)(在食物短缺时)那个苹果张三都扔了(,他还有什么舍不得扔?)

(d′)(饥饿的张三明知那个樱桃有毒)那个樱桃张三都吃了(,他还有什么不敢吃?)

这是语用问题。

陆俭明(2010：17)还以隐喻为例说明,"语义和谐律"有助于解释修辞格的运用,修辞格虽为活用,还是要受到该原则的制约。例如,《世说新语》咏雪的联句"撒盐空中差可拟""未若柳絮因风起",陆教授认为前一句不如后一句和谐。窃以为两句的语义都不和谐,(语用)修辞却和谐,且后句因效果更好而胜过前句,也就更为美妙而和谐。像这样的修辞格运用和谐,不仅是语言文字的和谐,还有本体和喻体之间的和谐,意境和诗意之间的和谐,主题思想和谐。

陆丙甫、于赛男(2018)也认为借用语言学的语言信息结构和语言结构效能的有关研究方法(如量化分析)来分析消极修辞是行之有效的、有可操作性的、更科学的方法(2018：13),就能够把"简洁、明白、通顺、平匀、稳密"等"显得抽象、概念化、很难具体把握"的消极修辞要求,或者说把原本"只可意会,不可言传"的消极修辞原理阐释明白,并"深入下去"(2018：17,22)。

(67) a. [云南大理蝴蝶泉的][蝴蝶会]

b. [云南大理的][蝴蝶泉蝴蝶会]

c. [云南的]大理蝴蝶泉蝴蝶会

凭语感,a句最"清通",c句最不"清通"。

"语义和谐律范式"的分析套路或关注点大致是：① 话语哪里有不和谐？② 是什么类型[语音、形态、词义、句义、语法意义、逻辑（语义）、语用（意）义、态度意义、预设、隐含等]的不和谐？③ 有什么和谐的变体可取而代之？

范式 11：语言信息结构范式

语言信息结构范式[①]源于陆俭明（2015）的论述。假如用"姐姐、干净、洗衣服、所有的、我们"等造句，至少有 6 种句式（2015：2）：

(68) a. 姐姐洗干净了我们所有的衣服。（主谓宾构式）

    b. 我们所有的衣服姐姐都洗干净了。（主谓谓语构式）

    c. 我们所有的衣服都给姐姐洗干净了。（"给"字构式）

    d. 我们所有的衣服都被姐姐洗干净了。（"被"字构式）

    e. 我们所有的衣服都洗干净了。（受事主语构式）

    f. 姐姐把我们所有的衣服都洗干净了。（"把"字构式）

陆俭明说（2015：2），这 6 句都正确，意思基本相同，只是"处置"义有强弱之别（"把"字构式的处置义最强）。那么，单就处置义而言，该例都包含了"处置者、处置对象、处置方式、处置结果"这 4 个"语义元素"，各例的差异就在于信息结构。例如，a 句和 f 句以"姐姐"为话题，以"所有的衣服"为信息焦点，而其他各句是以"衣服"为话题，以"姐姐洗干净"为信息焦点（2015：3）。其他差异分析从略。

陆俭明还举其他例句说明，正确或巧妙的遣词造句一定是和谐的，即符合上述"语义和谐律"。上面的"洗衣服"例，表示不合意性[例如新衣服洗坏了，衣服里的发票或钞票被洗（坏）了]，使用 d 句的"被"字构式就和谐，否则不和谐（2015：3）。

"语言信息结构范式"的分析套路或关注点大致是：① 这些近义句式分属什么句式构式？② 各以什么为信息焦点？③ 各有什么构式义？④ 各有什么构式效果？

范式 12：宏观—微观结构范式

人们的说写如何从句到篇？或者说布局谋篇有什么方式？根据范戴克和金茨（Van Dijk & Kintsch，1983：241），不仅说写者说写时有"宏观结构"

---

① 关于马真（2019）的支持，见上一范式的脚注。

(macrostructure)和"子结构/微观结构"(sub/microstructure)的层级性,听者和读者也按照这个来解读语义信息。标题和副标题往往是提示听读者以篇章类型/图式的暗示(另见魏纪东,2017：123)。

作为语义范畴的宏观结构指的是"语篇内容或者事实的理论抽象",是一种高层语义结构(high-level semantic structure)。宏观结构不是"现成的或者具体的命题",而是要"经过多次语义归纳才能构建起来的一种宏观命题"(魏纪东,2017：123)。范戴克(Van Dijk,1980：137)认为,如果有一组语句,统辖于一个深层的命题,这个命题就是它们的宏观结构。一个语句序列的"子集"(subset)所蕴含的一个共同的命题就是其宏观结构。若干宏观结构还可组合为更大的宏观结构(另见魏纪东,2017：123)。

说写者构建语篇时,第一是心里有一个"框架"(frame work))布局,第二是"图式"(scheme)勾勒,第三是"规划/计划"(plan)拟定,第四是"脚本"(script)确立,第五才是获得"语篇/篇章"(text/discourse)。语篇生成之前的众阶段,涉及目的性、概念(性)及其层级性、序列性、情节性、策略性、衔接性、连贯性等。也可以说,一个宏观结构统辖之下的"主题/宏观命题"(macroproposition)统辖之下的语篇构建,意味着其下属的子结构/次主题(句)(sub/microproposition)甲乙丙丁等,而每个子结构/次主题(句)又有自己统辖的分句命题(proposition $_{1-n}$,魏纪东,2017：124)。说写者语篇构建是自上而下的形态,反之,听读者解读是自下而上的形态,从零碎化的语句信息,逐渐拼接组合,寻找或构建那个(基本上)给定的宏观结构。魏纪东以此模式分析了余光中的短诗《乡愁》。

(69) 小时候

乡愁是一枚小小的邮票

我在这头

母亲在那头

长大后

乡愁是一张窄窄的船票

我在这头

新娘在那头

后来啊
乡愁是一方矮矮的坟墓
我在外头
母亲在里头

而现在
乡愁是一湾浅浅的海峡
我在这头
大陆在那头

宏观结构分析：该诗的主题是"乡愁"，此乃宏观命题，切分为 4 个诗节也即四种愁绪组成。这四种愁绪分别通过 4 个命题——"乡愁是邮票、乡愁是船票、乡愁是坟墓、乡愁是海峡"及其各自的命题推理演绎，而得以体现（魏纪东，2017：126）。这样看来，整首诗是围绕"乡愁"进行叙事或抒情的语篇，主题突出，语篇连贯。

框架分析：作者用 4 段人生阅历，即"小时候"（童年）、"长大后"（青年）、"后来啊"（中年）、"而现在"（老年），分别呈现（注意其非线性结构），分别而又合力（因其内部的时间序列关系）突出主题"乡愁"（魏纪东，2017：127）。

图式分析：主题"乡愁""通过四个连续事件进行动态演绎"（魏纪东，2017：128）。

策略/计划分析：就是将这 4 个事件按先后排列，共享同样的主题指向（魏纪东，2017：128）。

脚本分析：通过 4 个情节（邮票情节、船票情节、坟墓情节、海峡情节）的序列推进，以揭示"乡愁"的总情节（魏纪东，2017：128）。

衔接—连贯分析：以时间和语义上的从小到大（童年、青年、中年、老年），分别展开，而且每节的布局一致：首先是时间，其次是"乡愁"隐喻命题，再次是"我在这头"（出现 4 遍），最后是"X 在那头"。主题同一，突出，4 个子命题层级分明，语义清晰，结构一样，属语篇排比或排比语篇，虽然"逻辑联系语"（logical connectors)用得少,但衔接无虞,连贯完好(魏纪东,2017:128)。

"宏观—微观结构范式"的分析套路或关注点大致是：① 语篇有何宏观结构特征？② 宏观结构之下有何微观结构特征？③ 这些微观结构是否井然有序并都很好地服务于宏观结构及其主题？④ 该语篇有何衔接特征或技巧？⑤ 该语篇是否连贯？

范式 13：主位—述位信息范式

本书所言"主位—述位信息范式",源于"主位—述位信息论",它又源于布拉格学派的"句子功能观"(functional sentence perspective)。句子前后由已知信息[known information,或称"旧信息"(old information)]、"给定信息"(given information)和新信息(new information)构成。语句中一般呈现为主位(theme,略作 T)加述位(rheme,略作 R)的序列。在语篇构建中,一句话可能是"T_1+R_1",两句可能是"T_1+R_1;(T_1)$+R_2$"(括号部分表示可缺省/省略),也可能是"T_1+R_1;T_2+R_1/R_2",三四句,五六句,更多语句构成的语段、语篇,就更复杂。如果坚持一个主位,表明其话题或话题性(topicality)的一致性(conformity)、同一性(unity)、语篇性(textuality)、连贯性(coherence)。主位越多,则越是破坏上述四性,就越偏离合格语篇。假如采用"T_1+R_1;T_2+R_2"的模式(包括各自的 R 扩展),就是两个人、物、事的对比,也算连贯。

魏纪东(2017:199-204)对李清照的一首题为《武陵春·春晚》的词进行了主位—述位推进模式的分析：

(70) 风住尘香花已尽,/日晚倦梳头。/物是人非事事休,/欲语泪先流。

　　　闻说双溪春尚好,/也拟泛轻舟。/只恐双溪舴艋舟,/载不动许多愁。

魏纪东(2017:200)说,这首词采用的是"复合主位"型信息模式。以断句法分开主位和述位,便得"风住—尘香—花已尽,日晚—倦梳头。物是—人非—事事休,欲语—泪先流……",每句都有(自己的)主位结构,注意零指称/零回指的"我"是隐身的主位。由于"我"句常被其他主—述位结构阻断,主位更换的语句最好作为相互独立的主位—述位结构处理。这首词新旧信息更替频繁,其中述位涉及诸多事项：行为(住、梳头、语、流、泛、载),特性(香、休、好),时间(已、晚),存在(是、非),心虚(愁)。

(70′) 风[T_1]住[R_1]尘[T_2]香[R_2]花[T_3]已尽[R_3],

日[T_4]晚[R_4][ ][T_5]倦梳头[R_5]。

物[T_6]是[R_6]人[T_7]非[R_7]事事[T_8]休[R_8]，

[ ][T_5]欲语[R_9]泪[T_9]先流[R_{10}]。

[ ][T_5]闻说[R_{11}]双溪[T_{10}]春尚好[R_{12}]，

[ ][T_5]也拟泛轻舟[R_{13}]。

[ ][T_5]只恐[R_{14}]双溪舴艋舟[T_{11}]，

[ ][T_{11}]载不动许多愁[R_{15}]。

全词的主位接续模式是(2017：202)：

$T_1 + T_2 + T_3 + T_4 + (T_5) + T_6 + T_7 + T_8 + (T_5) + T_9 + (T_5) + T_{10} + (T_5) + (T_5) + T_{11}$

全词的述位接续模式是(2017：202)：

$R_1 + R_2 + R_3 + R_4 + R_5 + R_6 + R_7 + R_8 + R_9 + R_{10} + R_{11} + R_{12} + R_{13} + R_{14} + R_{15}$

那么，全词的主位—述位推进模式是(2017：202)：

$T_1 + R_1 + T_2 + R_2 + T_3 + R_3 + T_4 + R_4 + (T_5) + R_5 + T_6 + R_6 + T_7 + R_7 + T_8 + R_8 + (T_5) + R_9 + T_9 + R_{10} + (T_5) + R_{11} + T_{10} + R_{12} + (T_5) + R_{13} + (T_5) + R_{14} + T_{11} + R_{15}$

在该主位—述位推进模式中，主位共有 15 个变项(包括隐含和重复了 5 次的"我"即 T_5)，重复率为 33.33％。述位从 R_1 到 R_{15}，重复率为零。这 10 个主位变项各占语篇信息的 9.09％，说明诗人进行了多视角叙事。重复的主位"我，T_5"因其不同小句的重复性促进了语篇连贯性。至于 15 个述位，各占组篇比重 6.67％，表明叙事的多元性、全面性、新颖性、生动性。与 5 个"我，T_5"相应的不同述位，共占组篇的 33.35％，同其主位一道形成了极大的组篇"黏合力"(魏纪东，2017：203)。

"主位—述位信息范式"的分析套路或关注点大致是：① 语篇有多少主位？是简单主位还是复杂主位？② 有多少述位？是简单述位还是复杂述位？③ 哪些主位和哪些述位匹配？④ 语篇有何主位—述位推进方式？⑤ 揭示了什么类型的语义关系？⑥ 主位—述位分析对语篇的语义层次和整体语篇性有何帮助？

范式 14：负熵流信息范式

何谓"熵"，源于香农（Shannon）1948 年提出的"信息熵理论"，或者说最早是热学术语。"熵"（entropy），是热能除以温度的商。"熵"被用之于控制论和信息论，以描述物质运动的"混乱度、无序度、不确定性量度"。这三个"度"越高，"熵"也就越高。反之，"熵"的对立面"负熵"（negentropy，即信息量、信息清晰度）就越低（魏纪东，2017：27 - 28）。为了遏制熵值的增加，话语要引进或输入"负熵流"。熵降则负熵升（2017：28）。魏纪东简要介绍了香农的信息熵（H）的计算方式：$H = -\sum P_i \log P_i$。或者说，dS（熵值）$= diS$（熵产生）$+ deS$（熵流）。由于 diS（熵产生）不可能为负数，deS（熵流）不可能为零（要么正，要么负），因此 dS（熵值）总是大于零（2017：28）。

为了方便分析，魏纪东还引进了普里果金（Prigogine）于 1969 年提出的"耗散结构理论"（dissipative structure theory）。根据该论，一个不平衡的开放系统在不断地和外界进行的物质、能量或信息交换中，在一定条件下，（该系统）可能突变，所谓"非平衡相变"，就是由混乱无序进入一定时空限度的有序状态。这种由持续的"涉外交换"带来的临时有序被称为"耗散结构"（2017：29）。

魏纪东以华兹华斯（Wordsworth，1770—1850）的一首诗①为例，进行了分析。

(71) She Dwelt Among the Untrodden Ways

She dwelt among the untrodden ways

Beside the springs of Dove，

A Maid whom there were none to praise

And very few to love：

A violet by a mossy stone

Half hidden from the eye！

—Fair as a star，when only one

Is shining in the sky.

---

① 本书根据现代写作规则改标题的小写 among 为大写。魏纪东的版本分为两节。

She lived unknown, and few could know

When Lucy ceased to be;

But she is in her grave, and, oh,

The difference to me!

拙译：有个姑娘住在叮当泉水一方

有个姑娘住在叮当泉水一方

多佛香无人迹的山路旁

世上无人知晓颂扬

也无人爱她一场

长满青苔的石碓处

一朵紫罗兰芬芳楚楚

含苞待放石丛遮羞

美如夜天唯一的星球

无人知其生

无人晓其亡

香茔静躺的露西姑娘

叫我哭断衷肠

魏纪东对诗中的"错综指称、一致式结构、关联结构、抑扬格四音步"这 4 个变项进行了(负)熵信息分析(详细计算略，见魏纪东，2017：176 - 178)。全诗出现 10 次错综指称(she → maid → violet → star → one →Lucy → her 等)，在 12 个小句中的出现概率是 Pi＝1/12，根据上述算式，熵值为 2.99 比特(bit)。关于一致式结构(无标记结构，相对于修辞结构)，由于其出现频次为 2.2(个小句)，熵值为 0.66 比特。关于关联结构(whom,as,when,and,when,but,and)，关联词概率为 7，熵值为 2.09 比特。关于抑扬格四音步(看其诗行格律交替运转)，其运用频次为 6，熵值为 1.79 比特。4 个方面见表 6 - 1(魏纪东，2017：178)：

表 6-1　负熵例析表

变　　项	小句总数	出现频次	信息量/负熵(比特)	组篇比率(%)
错综指称	12	10	2.99	83.3
一致式结构	12	2.2	0.66	18.3
关联结构	12	7	2.09	58.3
抑扬格四音步	12	6	1.79	50

表中"信息量/负熵"的高低,说明其相应变项具有高低不等的组篇效能。由于该诗的一致式只有 2.2 频次,只占 18.3%。表中没有说明"修辞构式"(非一致性)的情况,但鉴于非此即彼,那么,"修辞构式"就占 81.7%。这就证明修辞结构在该语篇中的优势地位、较高的语篇信息性(textual informaticity),以及较高的组篇语效。

另外,在该语篇中,错综指称和关联结构的负熵值很高,说明它们的组篇信息性和组篇效能都很高(魏纪东,2017:178)。

"负熵流信息范式"的分析套路或关注点大致是:① 语篇的"信息量/负熵"是高还是低? ② 语篇是如何控"熵"或如何增"负熵"的? ③ 语篇中启用了什么"负熵流"?

范式 15:语言结构效能量化范式

陆丙甫、于赛男(2018:15)运用语言信息结构的"核心靠近"(head proximity)原理阐释了如何进行消极修辞的"效能量化"。"上位核心"[整个结构的核心(head)],如上文例(67),a 句的"蝴蝶会",和"下位核心"(从属语或非核心成分的核心),如 a 句的"蝴蝶泉",处于邻近距离,故称"核心靠近",因此听读者加工起来容易,而相反,c 句的两个核心距离遥远,理解起来就更为费力,根据距离象似性原则,结构距离与语义距离相似。陆、于文中认为这样的语言学考量可作为消极修辞的考量。

陆丙甫、于赛男两人还把语言学的"语言结构效能"研究方法投射到消极修辞分析中。他们说,消极修辞的目的之一是"降低句子的理解难度"(就听读者而言,2018:17)。根据心理语言学研究,所谓句子加工,无非是"不断地把较小信息块组成较大的信息块"。那么,处理语句的任何阶段人脑要记住的离散信息块总量,即"瞬间时块数"(instant chunk number,简称 ICN),是衡量句子难度的基本参数(由例中各词之后的数字所示),可当成结构难度基本指数"平均瞬间时块数"(mean instant chunk number,简称 MICN,陆丙甫、于赛男,2018：17)。由于"人类语言具有依存距离最小化的特征",计算句子的"平均依存距离"(mean dependence distance,简称 MDD)：一个句子的"核心词"和"从属词"之间距离的总和除以"从属词"的数目所得的值,就可以说明语句加工的难度。看其下例：

(72) John [1] threw [2] out [2] the [3] old [4] trash [3] sitting [4] in [5] the [6] kitchen [1]. (数字表示"瞬间时块数",下同)

"John threw"中的 John 是"从属词",距离"核心词"threw 是 1；在"threw out the old trash"中,"从属词"trash 和"核心词"threw 由"out the old"这 3 个词隔开,"依存距离"为"3+1=4"。也即,两个词之间有 n 个词,"依存距离"就是"n+1"。一句话的"全局核心词"(如上面的 threw)不隶属于任何其他词,计算时就没有任何"依存距离"可言,因此计算全句其他词语的"依存距离"时对这个"全局核心词"忽略不计。因此,该例的"总依存距离"是 14 除以 9 而非除以 10。另外,要注意,"从属词"一般是"依存语"的"核心词"(陆丙甫、于赛男,2018：18)。

陆丙甫、于赛男(2018：17)计算出的"总依存距离"是"1+1+4+2+1+1+1+2+1=14"；其"平均依存距离"为"14/9≈1.56"。我们再根据其算法演算,那么,听读者解读该例时的"瞬间时块数"由低到高,最高的为 6,其"平均瞬间时块数"是"(1+2+2+3+4+3+4+5+6+1)/10=31/10=3.1"。因此,该句的加工偏难。

再如(陆丙甫,于赛男,2018：18,稍改)：

(73) a. Very [1] vividly [1] projected [1] pictures [1] appeared [1].

b. Pictures [1] very [2] vividly [2] projected [1] appeared [1].

c. Pictures [1] projected [2] very [3] vividly [1] appeared [1].

意思大概都是"十分鲜活地投射的图像出现了"。比较可见,a 句的"瞬间时块数"始终是 1,"平均瞬间时块数"是"(1+1+1+1+1)/5=5/5=1","平均依存距离"是"(1+1+1+1)/4=4/4=1"。b 句的"瞬间时块数"是从 1 到 2 到 2 到 1 到 1,即没有超过 2,"平均瞬间时块数"是"(1+2+2+1+1)/5=7/5=1.4","平均依存距离"是"(4+3+1+1)/4=9/4=2.25"。c 句的"瞬间时块数"是从 1 到 2 到 3 到 1 到 1，"平均瞬间时块数"是"$(1+2+3+1+1)/5=8/5=1.6$"，"平均依存距离"是"$(4+1+2+1)/4=10/4=2.5$"。

这三句话，或者说这句话的三个变体，其"平均瞬间时块数""平均依存距离"对比见表 6-2(陆丙甫、于赛男，2018：19)：

表 6-2　平均瞬间时块数和平均依存距离的对比表(一)

距　离	句　子		
	a 句	b 句	c 句
平均瞬间时块数	1.00	1.40	1.60
平均依存距离	1.00	2.25	2.50

他们说，根据心理语言学对人类记忆机制的研究，人类语言加工一般情况是，"瞬间时块数"最多不超过 7，"平均瞬间时块数"不超过 4，而"平均依存距离"不超过 4(英语一般为 2.543，汉语是 3.662)(陆丙甫、于赛男，2018：19)，因此/难怪上述 a 句最容易加工，b 句居中，c 句最难加工。他们的意思是，以此方法可以帮助消极修辞学者从语言学的视角考量信息结构和加工难度问题，含义是符合和偏离上述参数分值的语句分别为常规和非常规语句。

再以此法计算上述"蝴蝶泉"这三句话或者说这句话的三个变体，其"平均瞬间时块数""平均依存距离"对比见表 6-3(陆丙甫、于赛男，2018：19-20)：

表 6-3　平均瞬间时块数和平均依存距离的对比表(二)

距　离	句　子		
	a 句	b 句	c 句
平均瞬间时块数	1.00	1.20	1.40
平均依存距离	1.00	1.25	1.50

这就是 a 句最"清通"，c 句最不"清通"的理由。

"语言结构效能量化范式"的分析套路或关注点大致是：① 话语有多少/哪些结构核心？② 哪些是上位核心(大结构的核心)？③ 哪些是下位核心(从

属结构的核心)？④ 根据"核心靠近原理"，有多少"瞬间时块数"？⑤ 有多少"平均瞬间时块数"？⑥ "平均依存距离"为多少？⑦ 因此话语是难还是易，或者说，是否"清通"？

范式16：认知修辞与语篇叙述范式

谭学纯写过多篇论文涉及和论述过该范式（2011，2012等）。谭学纯（2012）以"这也是一种X"（福建省2009年高考作文题）构式为例，论述了其隐含的3种认知类型，所谓"认知1、认知2、认知3"。如：

（74）［黄瓜］这也是一种瓜。

（75）［痱子］这也是一种皮肤病。

（76）［瞬间］这也是一种永恒。

谭学纯（2012：95）说，例（74）的X和"这"指代的是语义上的"上下位词/上下义词"，二者构成逻辑上的"属种"关系，那么例（74）所言为"不言自明"的"公共认知"（正确、真实但不新颖甚至缺乏交际值）。例（75）类似于（74），只是两项的逻辑—语义关系不那么突出，而该话语彰显了其隐现的关系。例（76）则大为不同，X和"这"构成反义关系（比较"瞬间、永恒"），那么它就悖理或反逻辑，即"［瞬间］这不是一种永恒"（属逻辑认知），从这个逻辑认知到例（76）的修辞认知，经历了语用主体的"强力引导""修辞化（重新链接）"指向"主观化（的个人认知）"的过程（2012：95-96）。上面三例代表的认知1—3，我们不妨称之为"逻辑认知/公共认知，半逻辑认知/半公共认知，非逻辑认知/非公共认知/修辞认知/个人认知"。有意思的是，或者说奇怪的是，三例或三种认知类型在语篇新颖度或高考得分上前低后高，何故？

谭学纯（2012：96）说，例（74）或认知1只是"重述公共认知中的逻辑关系"，语义上具有极高的可预测性，无新颖力可言，因此在高考作文的关联期待中"陷入语篇叙述困境"。也即，它尊重了语义，忽略了修辞。例（75）或认知2类似前者，侧面显示了听读者也许不够清楚的事实。由于隐（与）显的模糊性或者其间距离不大，其"语篇叙述"并未越出现有的"公共认知、知识体系"，"个人话语权"不大，因此新颖度不高。如果说例（74）或认知1适合无知者（就黄瓜而言），那么例（75）就适合少知者（就痱子而言）和健忘者。两者都适合说明文而非记叙文（含散文）或议论文。例（76）或认知3则不同，打破了逻辑关系和公共认知,反逻辑(矛盾修饰法)或修辞化地缔结了一种关系,意在特殊的、可解读的隐含(2012:96)。

假如上述三例的这个 X 代表着"固定语词义",或叫作 X0,其"临时修辞义"可称作 X1,那么,这个 X(瞬间)就嬗变为非 X(非瞬间,永恒)(谭学纯,2012:97)。谭学纯认为,作文者从 X0 到 X1 的过渡(较大的"偏离度",2011:18),意味着认知模式的选择(弃认知 1,取认知 3),摆脱"公共认知压力",修辞化地彰显自己的个人话语权,导致新颖别致的表达法或"语篇叙述"方式(2012:97)。

上述三例或三种认知类型见表 6-4(谭学纯,2012:97,稍改):

表 6-4　逻辑认知、半逻辑认知和非逻辑认知对比表

认知类型	语篇叙述逻辑	语篇叙述空间	个人叙话语权	语篇新颖度
认知 1 例(74)	重述:重述公共认知的逻辑关系	入困	受压制	低
认知 2 例(75)	显化:挖掘不够突显的逻辑关系	收窄	有限	中
认知 3 例(76)	异化:修辞化地链接非逻辑关系	拓宽	充分	高

作为 2009 年福建省高考的动态作文题(因为 X 没有明说,由考生填空再自由发挥),"这也是一种 X"构式意味着拟题者其实还有评分教师对考生修辞表达的期待,也即认知 3 的语篇叙述。事实上,后来被评为优秀作文的均属认知 3(谭学纯,2012:98)。而根据谭学纯(2011:14-15)的介绍,在 287387 名考生中,得分较高(68 分至满分 70 分)者都是认知 3 的标题,如"[苦涩的药香/饭桌上父亲无言/微笑/没有问题]这也是一种芬芳/爱/力量/问题"及其相应的语篇叙事。

谭学纯还用了其他语例,如"脚注"例、"死活"例、"夕阳"例(2012:98-99[①]),以类似于上述三例的模式,展开了类似讨论。由此,谭学纯把我们从话

[①]　(a)……多年以前,外祖母变形的小脚,注解了一个漫长而又变态的晚清。……(汗漫《脚注》)

(b)有的人活着,/他已经死了;/有的人死了,/他还活着。(臧克家《有的人》)

(c)最美不过夕阳红,温馨又从容。夕阳是迟开的花,夕阳是陈年的酒,夕阳是晚到的爱,夕阳是未了的情。多少情爱,化作一片夕阳红。(《最美不过夕阳红》歌词)

语分析或语篇叙事方式（消极修辞多，积极修辞少）的讨论，带入"修辞能力"（rhetorical competence[①]）教学或培养的应用讨论（2012：100），具有学术和学科前瞻性。

"认知修辞与语篇叙述范式"的分析套路或关注点大致是：① 表达式有无信息差或信息值？② 表达式所表为"公共认知、逻辑认知、修辞认知"中的哪个？③ 若是修辞认知，言说者有多大的"个人话语权"或新颖度？④ 从认知类型、语篇叙述逻辑（重述、显化还是异化）、语篇叙述空间（入困、收窄还是拓宽）、个人叙话语权（受压制、有限还是充分）、语篇新颖度（低、中还是高）等参数进行分析。⑤ 言说者的修辞能力如何？

范式 17：言思情貌整一范式

多模态语言学研究范式已广泛用于人机互动研究、话语分析、学习或习得研究、语料库建设和运用等。而"多模态语料库语言学"通过"贴真建模"（simulative modeling）、"捆绑打包"[（data）binding]、"数据集成"（video stream data-mining）[②]等方法，帮助分析者进行全方位、有步骤、有操作性的分析，是一种全新的、适用性广泛的语言学理论（顾曰国，2013：6）。这些都可以用于消极修辞分析。

下面着重介绍顾曰国多模态语料库语言学范式的"言思情貌整一原则"（下称"言思情貌整一范式"）。如果说格赖斯的合作原则（不论算作语用原则还是算作修辞原则），所说之人是理性人，而"言思情貌整一原则"针对的是"鲜活的、通人情世故的"人（顾曰国，2013：18），即"言、思、情、貌"四方面有时不吻合、不和谐的真实人。

"言思情貌整一原则"，可简称"整一原则"，要求人们"力图做一位言、思、情、貌协调和谐之人"，准则 1（言次则）：言由衷；准则 2（思次则）：思透明；准则 3（情次则）：情真切；准则 4（貌次则）：貌自然（顾曰国，2013：13）。

---

① 蓝纯（2015：217）说"修辞能力"是"具体语境中产出（和理解）能够最有效地表述自己、实现交际目的的话语的能力"。她还说该能力着重有效性，而语用能力着重适切性。笔者认为，修辞能力主要是运用积极和消极修辞手段，并对他人的这些手段及其表达能够理解和欣赏的能力。

② "贴真建模"是"通过建模来贴近人类多模态话语活动的充盈意义状态"（数据状态是充盈而非欠缺）（顾曰国，2013：4）。"捆绑打包"指的是来自多模态的信息集结一处而"变为完整的体验"（顾曰国，2013：4）。"数据集成"是把各个角度的信息合在一起以"得到一个整人"的过程（顾曰国，2013：6）。

换言之，"整一原则"要求人们"言、思、情、貌协调和谐""做到言由衷、思透明、情真切、貌自然"（顾曰国，2013：16）。这里的"言"就是被分析的言语或话语，"思"是思想、话语目的或想做什么，"情"含"脾气秉性、当下情"，当然通常指的是后者（因其可观察性），它包括"体况/背景情感（层）"——如精神是否饱满、底气足不足、兴致高低、健康与否，"基本情感（层）"——如《礼记》的"喜怒哀惧爱恶欲七者"之一，"社会情感（层）"（对己对人的正面或负面的情感）（顾曰国，2013：8）。

顾曰国认为，儿童是"言思情貌整一"的模范。成年人虽然也有"整一"的言行，但往往表现出"非整一"，那么受众能读到什么含义？或者说，听其言，能解读什么样的思、情、貌？言和貌是"形外"，而思和情是"实内"。内外一致，就是遵守了"言思情貌整一原则"；否则，算作违反（顾曰国，2013：2）。

假如内外不一，或者说"言、貌"和"思、情"不一致或"非整一"，这是为何？值得分析。顾先生说该模式适合（消极）修辞学的分析，利于教人做人，分析怎么做人，等等（顾曰国，2013：18）。

顾曰国称遵守上述原则的人（研究对象）为"鲜活整人"，而为了方便又只好"化整为零"，那么一个"我"或"自己"就有诸多变体："言己｛……｝""思己｛……｝""情己｛……｝""貌己｛……｝"，默认解读为四个自己协调和谐（2013：6）。顾曰国解释这个"｛……｝"表示动态性、变化性，为了简便，下面不予考虑。以某个三岁半男孩得知姥姥要去美国时哭喊"我要姥姥！"为例，"四己"高度契合如下（顾曰国，2013：11，稍改）：

言己：言己$_1$—话语，言己$_2$—语力，言己$_3$—声韵

思己：思己$_1$—（配）语力，思己$_2$—真思

情己：情己$_1$—（配）语力，情己$_2$—体况情感，情己$_3$—基础情感，情己$_4$—社会情感

貌己：貌己$_1$—（配）语力，貌己$_2$—脸部表情，貌己$_3$—眼神，貌己$_4$—躯体，貌己$_5$—姿势，貌己$_6$—接目，貌己$_7$—手势，貌己$_8$—头姿，貌己$_9$—腿脚

上面"四己"在现实生活中是同时运作的，顾曰国的数据建模是依据时间轴做数据同步集成而拟构的。"言思情貌"互相都有作用，原则上我们可以从任何一方的特征推知/研究其他参数的特征，但为了简化，顾曰国相信《论语》的"不

知言,无以知人",因此还是沿袭普通语言学的路数,从言及他。看顾曰国提供的例子(2013:9):

(77) **逗哏**:将心比心,人家这次保外就医。

　　捧哏:什么保外就医呀,合着你说半天搁在里①押着呢我。

捧哏大声质问加上生气的样子,表明其"言、貌"合拍,但"思、情"呢? 前二者和后二者不合,因为质问是假质问(假思,或假语力),生气是假生气(虚情,或虚拟生气),那么,该质问(思)也就是"有口无情"的假质问了(2013:9)。

关于该捧哏的话语,以其多模态的语料分析、转写、解释,大概可得(2013:17,稍改):

言己$_1$—话语—捧哏{什么保外就医呀,合着你说半天搁在里押着呢我。}

言己$_2$—语力—捧哏{质问}

言己$_3$—声韵—捧哏{大嗓门等}

思己$_1$—(配)语力—捧哏{认为逗哏说错了,难以接受}

思己$_2$—真思—捧哏{认为逗哏没错,或者无所谓对错,逗哏只是逗乐而已}

情己$_1$—(配)语力—捧哏{生逗哏的气}

情己$_2$—体况情感—捧哏{底气十足}

情己$_3$—基本情感—捧哏{生气}

情己$_4$—社会情感—捧哏{不尊重对方/逗哏}

貌己$_1$—(配)语力—捧哏{质问的样子}

貌己$_2$—脸部表情—捧哏{紧绷着脸}

貌己$_3$—眼神—捧哏{双目放光}

貌己$_4$—躯体—捧哏{直立挺胸}

貌己$_5$—姿势—捧哏{正常站立}

貌己$_6$—接目—捧哏{看观众,再盯着对方/逗哏}

貌己$_7$—手势—捧哏{曲向观众,转向逗哏,侧歪脑袋,抬起右手,由前胸往外移动}

貌己$_8$—头姿—捧哏{稍微倒歪}

---

① 本书疑此应是"这里"。

貌己$_9$—腿脚—捧哏{直立,腿脚不动[见貌己$_3$]}

顾曰国(2013)阐述的"言思情貌整一范式",是很大胆的消极修辞分析尝试,对解释复杂或多模态话语有适用性和操作性,遑论简单话语。我们还是能够以简单话语为例,看看该范式的解释力。假设:

(78)(一对情人在花前月下闲聊,男方拿女方的裙子开了一个玩笑,女方似笑非笑、似怒非怒地手指着对方的鼻尖冒出一句)讨厌!(然后偎依在男方胸前)

女方语为偏离了"言思情貌整一原则"。分析者完全可以效仿上例的样子进行"准多模态"的"言思情貌"分析,结果是:

言己$_1$—话语—应答{讨厌!}

言己$_2$—语力—应答{谴责}

言己$_3$—声韵—应答{嗓门偏高}

思己$_1$—(配)语力—应答{认为男方说错话或做错事,难以接受}

思己$_2$—真思—应答{认为男方没错,或者无所谓对错,男方只是逗乐调侃}

情己$_1$—(配)语力—应答{生对方的气}

情己$_2$—体况情感—应答{底气十足}

情己$_3$—基础情感—应答{生气}

情己$_4$—社会情感—应答{不尊重男方}

貌己$_1$—(配)语力—应答{谴责状态}

貌己$_2$—脸部表情—应答{似笑非笑,似怒非怒}

貌己$_3$—眼神—应答{双目有光有神}

貌己$_4$—躯体—应答{直立或端坐}

貌己$_5$—姿势—应答{正常站立或端坐}

貌己$_6$—接目—应答{盯着对方然后眯眼}

貌己$_7$—手势—应答{手指着对方的鼻尖,随后依偎在他的胸前}

貌己$_8$—头姿—脑袋{贴在他胸口}

貌己$_9$—腿脚—捧哏{直立,腿脚不动[见貌己$_3$]}

从女方的"四己"以及每个不同的"己"可见,她是言不由衷,其言与其"思、情、貌"不一致,这个不一致正好就是给男方以特别的"明示/暗示"

(ostension),"我是嬉笑假骂/我是撒娇"。这种撒娇行为方式,至少在中国汉文化语境下,是年轻女子常用的、屡试不爽的消极修辞策略[见陈新仁(Chen),2019]。当然,论积极修辞,这是反讽(辞格)或反讽类调侃言语行为,可称之为"假骂"。

"言思情貌整一范式"的分析套路或关注点大致是:① 交际事件是否为多模态性质? ② 交际者言、思、情、貌四方面是否吻合、和谐、整一? ③ 言和貌的"形外",思和情的"实内",二者是否不一致? 哪个更真或更重要? ④ 交际者所呈现出来的言、思、情、貌诸方面的"自己"即"四己",各有什么特征? 哪个"己"最真? 哪个"己"最假? ⑤ 以上对作者的风格、交际者的性格或风格有何意义?

范式18:伯克新修辞范式

A. 伯克何人?

前几章提到新修辞学的创始人伯克(Burke),其著作颇多,修辞学思想无所不包,几乎是"一种普通语言哲学"(鞠玉梅,2010:44),对西方修辞学有重要的、深远的、不可代替的影响。修辞学者若不接触和了解伯克的作品和思想,"那是不可思议论的"[①]。有人甚至认为,当今世界研究交际传播者大多是在"重复伯克说的话"[②]。

伯克笔下的修辞是什么? 亚里士多德笔下的"修辞"是"劝说/劝导/规劝/说服"的技巧,这影响所有的修辞学论述,包括伯克的修辞论述。但伯克从古罗马和古希腊的诸多经典广摄养分,学贯修辞学、心理学、社会学、宗教学、语言学、人类学、哲学、美学等,更为突出的是,伯克深受"(自由)意志主义、弗洛伊德主义、后现代主义"等哲学思想的影响,几乎是"万事通"(the great know-it-all,鞠玉梅,2005:61;2009:23-25)。也因此,他的学说只能姑且算是"新修辞学"(neo-rhetoric),否则干脆就叫"伯克学"(burkology)(鞠玉梅,2005:61;2009:23-25)。

首先,19世纪的"(自由)意志主义"(libertarianism),强调人的个人意志,或者意志之下的情感、冲动、欲望等,在不满足和求满足的斗争中挣扎着。伯克的修辞理论(尤其是等级论和完美论,见下)阐释的就是人受到等级观念和止于

---

① 语出伯克等(1998)的一篇题为《导论:20世纪修辞学概述》的文章;转引自谭学纯(2002:11)。
② 据说语出休·顿肯(Hugh Duncan,1964),转引自鞠玉梅(2003:73)。

至善心理的驱动,为实现不同的意志,满足不同的欲望,而实施不同的行动。其次,20世纪初的"弗洛伊德主义"(freudianism),主要有"无意识论、性本能论"。在弗洛伊德看来,一个人由三个"我"构成:"本我、自我、超我"。① "本我"(id)是原始冲动的、自发本能的、追求满足的、制约于"唯乐原则"(pleasure principle)的我。② "自我"(ego)是有条件的、理性的、有选择性地追求欲望满足的、制约于"唯实原则"(reality principle)的我。③ "超我"(superego)是理想主义的、"压制本我""指导自我"、制约于"唯善原则"(goodness principle)的我(参见鞠玉梅,2009:23)。伯克的修辞论十分强调修辞人的无意识部分,认为修辞行动可实现的无意识的认同,其劝说力甚至超过有意识的认同。关于欲望等,伯克的修辞论把修辞当成满足欲望的方式,"在受众心中创造欲望""适当满足受众的欲望"[伯克(Burke),1931:124]。最后,"后现代主义"(postmodernism)的各种思潮,大抵具有重视多元性、差异性、片段性、异质性、分裂性、去中心性、非理性、协商性、动态性等特征,这些在伯克的修辞论上无疑打上了浓厚的烙印(鞠玉梅,2009:24-25;2013:51),在他看来,双眼所见皆为象征符号,世界无非象征符号的"模拟展示"(simulacrum,见鞠玉梅,2009:24)。一切文化现象皆为修辞现象,人是修辞动物(鞠玉梅,2009:25)。

纵观伯克的作品,他认为人是发明和使用"象征(符号)"(symbols)的人,有"动机"(motive)的人,是表达"意义"(meaning)的人,是象征"行动"(action)的人,是"使用/误用/滥用象征的人"[symbol-(mis)using animal,见陈小慰,2013:97]。伯克的"象征"横跨索绪尔语言学的"象征"和文艺学(文学、文学批评等)的"象征"①,"涵盖了以语言为代表的一切标记和符号"(鞠玉梅,2010:40)。人类运用"象征"符号的"行动",是为了"促进人际交往的象征性的人类行动"(鞠玉梅,2005:246)。鉴于语言是象征符号系统,人类借此采取象征"行动",而象征(符号)系统不仅传播个人的认知和思想,还在构建和认知着我们以为了如指掌的这个经验世界,因此在伯克看来,修辞不仅意味着口笔头交际语篇本身,更多的是关心社会人群中的(社会)个体在一定语境中如何运用语言等象征符

---

① 象征是"文艺创作的一种表现手法",是"通过某一特定的具体形象来暗示另一事物或某种较为普遍的意义,利用象征物与被象征的内容在特定经验条件下的类似和联系,使后者得到具体直观的表现"(辞海,1999。另见鞠玉梅,2010:40)。

号表达自己的意图,如何实现"认同/同一"(identification),或者如何影响他人。而认同的基础是:① 修辞者(rhētōr[①],rhetor/orator)人品端正。② 了解和理解受众。③ 动用感情手段。④ 动用语言和逻辑手段(鞠玉梅,2011:81)。

伯克的"认同"有什么特点?对比亚里士多德修辞学的"劝说/劝导/规劝/说服"(有意设计),伯克的新修辞学以认同为焦点(Burke,1967:177),其认同包括有意识和无意识的认同两部分。修辞行为以认同为旨归。有三种认同(李鑫华,2001:54-55):① "同情认同"(identification by sympathy),强调人际间的共通情感获得共鸣。② "对立认同"(identification by antithesis)——所谓"通过分裂(segregation)而达成凝聚(congregation)",即通过寻找共同的对立面、对手、敌人、困难等而获得共场之效。③ "误同"(错误认同,identification by inaccuracy)——错却不知错还反以为是,即自以为是的普遍错觉,例如晋升后自觉比暂时无法晋升的同事更高大。如果前两个认同主要是有意识的,误同则多为无意识。李鑫华高度评价伯克的误同说,因为它不仅有助于我们认识认同,还帮助我们反观自己习以为常的有害的误同。当然,李鑫华也看到了误同具有审美判断和价值判断的价值;换言之,有些误同是美的(例如深入理解"宝黛"等文学角色的话语),有的是丑的(同上一情境,但假想"宝黛"等都是你的挚友),简言之,有些误同是对的,有些则是错的(2001:57-58)。

李鑫华(2001:55)指出,认同有别于劝说和认知。伯克的认同其实不排斥劝说,相反还服务于劝说。若无认同,焉能劝说?所谓"认知"(cognition),就是认识和理解,认知是认同的基础,也是认同的目标(因为修辞行为的终极目的是对人、对社会、对世界的社会认知和利用)。可以说,"有意义就有劝说"[②],有意义就有认同,有意义就有修辞[伯克(Burke),1969:172]。另外,伯克的"认同"并非"压倒性"说服或强加给对方,而是和对方共建认同以至于说服,体现了伯克"互相尊重、积极健康的修辞观"(陈小慰,2017:57)。

伯克的"受众"和默认的受众有何不同?众所周知,交往需要"受众"(audience)。传统修辞学的受众是听众,他们被动地、静止地、"缺乏主见"地、"受人引导"地听演讲者的演讲,期待着被劝说成功(鞠玉梅,2013:53)。当然

---

① 也叫"修辞师"(如说客、讼师),不同于"修辞学者"(rhetorician)(刘亚猛,2014:41)。
② "Wherever there is 'meaning,' there is 'persuasion'."(原文)

这个词现在也指读者。但在伯克的论著中，受众是合作者，是和修辞者一道实施行动、表达意义、构建世界的主动者、合作者。伯克没有否认过去修辞观的"受众"，而是增添了"自己"，还把修辞者"自己作为受众"［self as audience，伯克(Burke)，1950/1969：38］，而且强调了受众的主动性和合作性。伯克"自己作为受众"的想法源于美国社会学家米德(Mead)的观点："一个'主我'对他的'客我/宾我'说话"［伯克(Burke)，1950/1969：38；见鞠玉梅，2012：3］。既然有了"自己作为受众"，即"修辞者和受众的界限已不再明晰"，那么修辞(行为)就无所不在，"无时不有，无处不在"(黎运汉；盛永生，2010：3；另见鞠玉梅，2013：53)。另外，既然修辞者和(包括自己的)受众的交流是双向的、多维的合作性，其共场和认同的可能性也就大了许多，即使不够成功也可以继续共建。显然，伯克"受众"观的外延得到了大大的延伸，直至囊括电子时代各种群体活动的各种参与形式和程度的受众，含写诗、记日记、自娱自乐的歌咏和自言自语的自我(参见陈小慰，2013：101)。

伯克的论述能为我们提供很好的语篇分析模式，可称为"伯克新修辞范式"。该范式在鞠玉梅(2005)的书中得到了很好的阐释(见下)。

伯克的思想大致可以归入 3 个板块：① 修辞，② 语法，③ 理学/符号体系理论。伯克这 3 个板块的修辞论使用了很多术语，如上述的"象征、认同、动机、行动"，还有"转化、动因、五价体/五位一体、配比、神秘、立场、负面(性)、等级/级差、完美、辞屏、污染、净化"等。这 3 个板块，分开或以各自的术语和概念可以助益广义修辞学的各种分析，合力则能生成一个很好的语篇分析模式。

B. 伯克的"修辞"

根据伯克的"修辞"(rhetoric)论，修辞是"人使用词语形成态度或导致他人采取行动"［伯克(Burke)，1969：41］。那么修辞学研究的就是"用语言这种符号诱使那些本性以便对符号做出反应并进行合作"［伯克(Burke)，1969：43］。修辞行为的目的主要是"态度和行动"(attitude and action)的认同，其次是态度和行动的劝说和"诱发"(inducement)。人们通过"象征行动"以构建或重构(新)秩序［伯克(Burke)，1966b：15；鞠玉梅，2005：247；2012：1］。

伯克认为，认同是亚氏修辞的"劝说"的钥匙，认同是人类交往的根本，因为它是社会共同体的黏合剂或创造者。

人都有"立场"(substance),注意伯克用的不是 stance,因为前者表达的是"构建事物的基础",那么多人的共同立场就会被认同为一个共同的机制(constitutionality)。立场涉及其身份(identity)、离场(separateness)、独特(uniqueness,鞠玉梅,2005:64),因此任何个人展现自己的就是立场,其途径可能是客观事物,或者是职业、友人、活动、信念/信仰、价值观等。如果多人共享一个立场,就叫作"共场(性)"(consubstantiality)。因此,通常情况下,实现"共场"就是认同,如立场认同的共场、形式认同的共场。交际中一个小小的"咱们"(比较"你、你们,我们")就具有共场之威。成年人和小孩子交谈时或跪或蹲也是共场的措施。如果某次修辞行动的目的是亚氏修辞的劝说,那么这个劝说就是使得受众认同和合作,也即"转换"(transformation)受众的观念、态度、行动等,而这往往是通过共场的认同而得以实现(鞠玉梅,2005:69-70)。万一认同失败,就走向其反面:分歧/分化/分离(division)。

伯克认为,对成功交际来说,认同不是可有可无,而是必需,只是每次交际的认同度会有差别。就是因为人际间普遍存在分歧(距离、隔阂、差距等),人们就要不断求索所谓的"重叠区域"(margin of overlap),即认同的区间(鞠玉梅,2009:22)。于是人们可以削弱或消除分歧,实现和谐或"一体"的认同(鞠玉梅,2012:3)。难怪修辞学可定义为"一种关于误解及其纠正方法的研究"[1][理查兹(Richards),1965:3],修辞是"消除误解的艺术"[布斯(Booth),2004:9],修辞是"求同修辞(学)"[rhetorology,布斯(Booth),2004:10]。

C. 伯克的"语法"

在伯克的"语法"(grammar)系统里,自然也有词汇和结构,还有"戏剧主义、戏剧化(行为)"(dramatism),这是探索人类动机或"研究人类关系"的机制,它把人的语言当作行动的形式,以此表述象征行动以揭示其背后的修辞动机[伯克(Burke),1966b:54;鞠玉梅,2005:85-86,247;2012:5]。伯克的"语法"分析其别名为"戏剧化(行为)"。

在伯克的"语法"体系里,人类关系就是戏剧(化关系系统),人以言始,又以言终,而"戏剧化(行为)"分析旨在探究人说自己在做什么以及这样做的动机和

---

[1] 原文是"is a study of misunderstanding and its remedies"(另见陈小慰,2017:58—59)。

意图[伯克(Burke)，1945/1966：XV]，其重要术语是"动因、行动、五价体/五位一体、配比、立场"等。

人的"动因/运动"(motion)源于人的"动物性"(animality)，基于人类的"动机"，可以调控而升级为行动。可以说行动源于人的象征性(symbolicity)，因为只有人才有象征性(如上所述)，是象征系统的创造者和使用者[伯克(Burke)，1966b：45；鞠玉梅，2005：87－89]。行动的实施，除了需要动因，还要满足"自由与选择"(freedom and choice)和"目的或意志"(purpose and will)等条件(鞠玉梅，2003：74；2005：89)。如果没有自由和选择的余地，象征的人就不是真正的"行动人"，而是被动的"动因人"[伯克(Burke)，1961：188]。动因是自然的，动机和行动是生物的，是人的，是社会的。"目的或意志"对人的意义更是不言而喻。

"(戏剧)五价体/五位一体/五元模式"(dramatic pentad)，是伯克分析象征行动的五个互相依存的要素：① 行为(act)——思想或行动上发生的具体行为。② 场景(scene)——上述行为的背景、场所、方位。③ 施动(者)/施事者/执行者/演员(agent)——实施上述行为之个人或人群。④ 动源/代理/方法/道具(agency)——实施上述行为的手段、工具、方法。⑤ 目的(purpose)——实施行为的意图和目标。其实，此五物可以对应于新闻报道的五个 W，即 who(何人)、what(何物/何事)、when(何时)、where(何地)、why(何因)[伯克(Burke)，1945/1966a：xv]。伯克的"施动(者)"不是一般意义的"行动主体"，还包括他所说的"合作施动者/共同施动者"(co-agent)和"反施动者"(counter-agent)，可见"施动(者)"的"社会性、互动性和对话性"(刘亚猛，2014：341)。有趣的是，伯克说，上述五物中的(任何)二者配比/关系比/比配关系(ratio)(其实就是搭配、组合)，都能进行修辞表达。伯克列举了 10 种配比：场景—行为，场景—施动，场景—动源，场景—目的，行为—目的，行为—施动，行为—动源，施动—目的，施动—动源，动源—目的。上述配比(每组还可颠倒次序，合起来就有 20 种配比，见鞠玉梅，2003：75)，从不同方面揭示了行动的"决定(性)"(determination)、"选择(性)"(selectivity)、其间的因果关系或因果原理[伯克(Burke)，1945/1966a：15,18；鞠玉梅，2003：74－75；2005：91－102]。

假如是场景—行为配比，说明的是适合某场景的行为，或某场景召唤的行为,以此隐含其象征行动之动机。"上什么山唱什么歌"大概就是此意。假如是目的—行为配比,表明某行为是有某目的指引。假如是行为—施动配比,说明的是施动(者)如何通过个性化的行为表达个性。又假如是动源—行为配比,说明的是实施该行为所用的方法,或所受制约的方式。一个语篇会使用多种配比,说写者就是通过上述的五价体/五位一体以及各种配比而侧显不同的行为动机,并施展各种修辞策略(鞠玉梅,2003:75;2005:99)。

说起上述的"立场",不外乎: 1)几何立场(geometric substance)——相当于语境(立场)、方位(立场),任何物体的说明都依赖其他物体作为其解释的语境参照;2)家族立场(familial substance)——经由血统关系和家人族人的关系;3)方向立场(directional substance)——涉及动因、动力、去向、动态性等[伯克(Burke),1989:237]。这三个立场相加,其涉及的典型问题是"我是谁?"(家族立场),"我从哪里来?"(几何立场),"我要到哪里去?"(方向立场)[伯克(Burke),1989:242-245;鞠玉梅,2005:107]。伯克认为,我们分析人的立场实际上是在分析社会构建的方式,譬如选择共场还是偏离/背离(deflection)。

D. 伯克的"理学"

伯克的"理学/符号体系理论"(logology),源于神学,是"语词的语词"(words about words),"语言的语言",相当于"元语"(meta-language)。它处理的是象征系统作用于人(使用象征之人、误用象征之人、创造象征之人)的各种限制条件和修辞结果[伯克(Burke),1966b:63]。人类的本性可以借助理学的"负面(性)、等级、辞屏、逸出、神秘性、完美原则"等予以解释。

何谓"负面(性)"(the negative)? 修辞行为意味着选择,而选择意味着负面(性)的对立存在。大千世界在人看来虽然只有"正面(性)"(the positive)(的条件/状况),仿佛万物是其所是,如其所是,那么书就是书而非非书,但和他物对比时,既为书便不是笔,不是纸,不是墨。反之,若不是书,便是笔、纸、墨等中的一员。"你不在此处是因为你在他处"[伯克(Burke),1945/1966a:295]。正是语言的负面(性)才使人能够建立或拆毁联系(鞠玉梅,2005:109),于是我们就会"亲贤臣,远小人"。有了负面(性),人可以看到"不在场"和假想"在场"的人或物,于是今人可以谈及"过去世、未来世",能用"如果 p 那么 q""或者 p 或者 q""如果不是 p 那么就 q(了)"等真实或虚拟的条件—结果推论构式。负面

（性）表达往往还隐含着我们的欲望（desire）、期望（expectation）或兴趣（interest），因为很多情况下某些项目的否定意味着我们的"欲望、期待、兴趣"[伯克（Burke），1945/1966a：296]没有得到满足。负面（性）表达，"（千万）不要VP""严禁VP"等和正面相对，往往还有道义伦理的劝诫功能。例如，下面的"三大纪律八项注意"有5条是"不"类否定句，当然，如果细看，其实每条都能用否定式表达：

（79）a. 三大纪律是：一、一切行动听指挥；二、不拿群众一针一线；三、一切缴获要归公。八项注意是：一、说话和气；二、买卖公平；三、借东西要还；四、损坏东西要赔；五、不打人骂人；六、不损坏庄稼；七、不调戏妇女；八、不虐待俘虏。

b. 三大纪律：一、一切行动不要不听指挥；二、不拿群众一针一线；三、一切缴获不要私拿。八项注意：一、说话不要粗暴；二、买卖不要不公平；三、借东西不要忘了归还；四、损坏东西不要不赔偿；五、不打人骂人；六、不损坏庄稼；七、不调戏妇女；八、不虐待俘虏。

何谓"等级/级差"（hierarchy）？世界上一切都有级别差异，如年龄长幼、官职高低、喜好程度，此乃"等级原则"要义。正因等级性无所不在，于是它就构成了个体象征行动的动机。"我们受到等级精神的刺激"，"为等级次序所动"[伯克（Burke），1966b：15]。等级意味着分化/分歧（division）和陌生化（estrangement），因此修辞就是认同努力，即缩小分化或陌生化，而让人们走向共场。

与等级有关的还有"辞屏"（terministic screen）①现象。何谓"辞屏"？这是伯克新创的反映现实的特定视角的术语。其灵感源于摄影术，摄影师使用不同的滤（色）镜，对同一物体拍成不同的镜像。虽说都是"呈现事实"，但形式和特点均有差异[伯克（Burke），1989：115 - 116]。言语和滤色镜同构，就是辞屏，人类就是通过语词的"辞屏"来观察、认知和描述世界万物。同摄影一样，语词凸显甲特征时其实也在掩盖乙特征、丙特征、丁特征。同摄影所看到或所得到的真实一样，语词世界的真实也不十分真实，只是"虚拟现实"（virtual reality）

---

① 其他译法有"术语屏、术语规范、规范网、词屏、终极的视界"。本书选用刘亚猛（2008）和鞠玉梅（2010）的译名。

而已(鞠玉梅,2010:41)。因为辞屏是在试图反映真实的时候选择了某个真实而遮盖了其他真实(鞠玉梅,2010:40)。

从这个意义上讲,语词作为辞屏是语言人和社会人"求真"的必需,也是"偏离/背离"真情实相的手段[伯克(Burke),1989:115]。我们选用"电脑、计算机"这样的说法,前者凸显该设备的仿脑性(思维特征),后者凸显其计算性(数学特征)。辞屏的双重性即选择性和偏离性,恰巧成了象征人及其象征行动的"使能条件"(enabling condition,刘亚猛,2008:339;2014:339)。可以说,人在思想、意图和态度上从来都不是中性/中立的,遇到辞屏便如鱼得水,常用以实施表态(态度,attitudinal)或劝勉(教义)(hortatory)的功能。换言之,辞屏从来都不是中性的,要么左,要么右,因为人总是带着自己的非中性态度或动机来行动[伯克(Burke),1989:79,176]。看两组"哭"习语,"卧冰哭竹、包胥之哭"明显是褒,"猫哭老鼠、鬼哭狼嚎"自然是贬。哪怕是貌似中性的"抱头大哭、秦庭之哭",在象征行动中也是自带一种说写者的态度。可以说,辞屏限制或制约着象征行动的视域和效果(见鞠玉梅,2005:117)。甚至可以说,从辞屏的特点可以看出,语言本身就是用于劝说/说服和规范的资源[普雷利(Prelli),1989:16],用来左右他人动机的形成、走向、变化,并"诱发合作"(induce cooperation),调节关系(鞠玉梅,2010:43)。同是"(老)虎"一物(一词),或者出自中央电视台的"动物世界"节目,或者出自俄裔美国科幻小说作家、科普作家、文学评论家阿西莫夫(Asimov,1920—1992)笔下的科普知识介绍,或者出自英国诗人布莱克(Blake,1757—1827)的诗歌《老虎》,通过各异的选词造句的辞屏手段或"指称框架"(frame of reference,鞠玉梅,2010:41),对我们进行了各不相同的劝说,让我们相信或接受不同的事理或情感。若如此,世界各地区的政治现实、文学现实、伦理现实、社会现实等(姑且称为"现实"),都是各种辞屏(浸润于各不相同的文化价值观而)构建起来的虚拟现实。

与等级有关的还有"神秘(性)"(mystery),即对等级差异所想知而不知的东西(鞠玉梅,2005:119),捍卫着等级尤其是社会差异。因为有了神秘这个工具,就能维护或操控某个等级——此乃神秘的第一个功用。神秘的第二个功用就是劝说,因为神秘具有一种震慑力量[伯克(Burke),1950/1969:278]。人们对神秘难测的神话(人物),对听不懂的外语或方言歌曲,对读不懂的文献,都怀有莫名的认同敬畏（因敬畏而认同），"一钱神秘胜过十斤雄辩"[伯克（Burke），1952：108]。

与等级息息相关的还有"完美原则"（perfection principle）。毕竟人心向上，向往完美，此乃"趋美潜势"（entelechy）（鞠玉梅，2005：131）。对完美、至善或完整（completeness）的追求或"趋美"，也构成了人类象征行动的动机。完美原则隐身地作用于象征系统的本质，作为象征行动的人时刻受到这个原则的驱动[伯克（Burke），1989：71]。就语言表达而言，人类受完美原则的策动，追寻着表情达意的最高精确度或生动度。

上述"负面、等级、完美"等的运作结果可能是"罪过"（guilt）或"污染"（pollution）。伯克的"罪过"源于人们共有但难以避免的一种消极心理状况，如焦虑、仇恨、厌恶、尴尬等。等级的存在，完美总是难以企及，罪过之感油然而生。只要是人，就会生于某个等级环境，会为自己未能完美（高升）而羞愧，"有一种基本的、悬而未决的紧张"[伯克（Burke），1984b：279]。既有罪过，何以削减？"代罪"（victimage）是在外界找一个罪魁祸首顶罪，例如晋升有困难就归咎于上级偏心或命运不济。不同的是，"苦修"（mortification）是甘愿受罚，如自我批评、自我否定、自我牺牲。例如，某个事业失败者可能卧薪尝胆，清心寡欲，闭关静修。我们也可以把"代罪、苦修"当作"净化"（purification）之法，"净化"的目标则是"救赎"（redemption）。人总是身处罪过/污染—净化—救赎的循环之中（鞠玉梅，2005：125）。

那么，何谓"伯克新修辞范式"？鞠玉梅（2005：133-197）吸收了伯克的上述核心思想，即关于修辞、语法和理学的精华，建构了一个伯克新修辞学语篇分析模式，该模式囊括（鞠玉梅，2005：190）：

第一，修辞的认同部分（立场认同、形式认同）。

第二，语法的戏剧主义部分[含五价体及其配比、立场（几何立场、家族立场、方向立场）]。

第三，理学的等级、完美原则、神秘等思想。

这三方面的分析（之一、之二，或全部），可以帮助我们洞察一个象征行动的"修辞动机"（rhetorical motive），考察是否实现了其劝说或认同目标。

譬如认同的分析，鞠玉梅（2005：173）以美国某任总统肯尼迪（Kennedy，

1917—1963)的就职演讲为例,进行伯克式新修辞范式的语篇分析,发现其演讲采用了"立场认同、形式认同"两种。肯尼迪的立场认同包括:① 共同价值观("自由、人权、进步、和平"等)。② 对立面(antithesis,"暴政、贫困、疾病、战争"等)。③ 无意识(性)[unconscious(ness),"我们(的)"]。肯尼迪的形式认同则有:① 规约性(conventionality,此乃就职演讲的仪式)。② 反复(性)(repetitiveness,如三段式的重复,"神旨"的首尾重复,"不要问 p,要问 q"等构式的重复)。③ 递进性[progressiveness,三段论式(演绎)推理]。④ 其他形式[other (minor) forms,即辞格类,如散珠格(连词省略法)、对偶、重复、排比、对比、隐喻、节奏]。

鞠玉梅(2003)分析了五价体配比在语篇分析中的作用。比方说两个同一类型的语篇,都是介绍写书的缘由,但语篇 1 是施动(者)—行为配比,由于施动的身份特殊("作为教了语言学、文学和写作 20 年之久的教师,作为做了八年写作教研室的主任"),论及自己写书的语气显得霸气,体现了权威式的叙述腔调。语篇 2 是场景—行为配比,因此叙事集中于某个场景下的行为("其他手册过去似乎强调写作的复杂混乱过程"),表达的是过往图书存在缺陷因此才有写书的念头。鞠玉梅说,语篇 1 的劝说力来自施动(者)的权威身份、语气和态度,语篇 2 的劝说力则来自试图"超越否定的场景的努力",呼唤着一种"正面的肯定"(鞠玉梅,2003:76)。

我们看看鞠玉梅(2005,207 - 212)如何用该模式分析一个语篇:

(80) Smoking in Public: Live and Let Live

Ours is a big world, complex and full of many diverse people. People with many varying points of view are constantly running up against others who have different opinions. Those of us who smoke are just one group of many. Recently, the activism of non-smokers has reminded us of the need to be considerate of others when we smoke in public.

But, please! Enough is enough! We would like to remind non-smokers that courtesy is a two-way street. If you politely request that someone not smoke you are more likely to receive a cooperative response than if you scowl fiercely and hurl insults. If you speak directly to someone, you are more likely to get what you want than if you complain to the management.

Many of us have been smoking for so long that we sometimes forget that others are not used to the aroma of burning tobacco. We're human, and like everyone else we occasionally offend unknowingly. But most of us are open to friendly suggestions and comments, and quite willing to modify our behavior to accommodate others.

Smokers are people, too. We laugh and cry. We have hopes, dreams, aspirations. We have children, and mothers, and pets. We eat our hamburgers with everything on them and salute the flag at Fourth of July picnics. We hope you'll remember that the next time a smoker lights up in public.

Just a friendly reminder from your local Smokers Rights Association.

拙译如下：公共场所吸烟：自己活也让人活

我们的世界庞大多元，人群复杂。人们观点不一，因此针锋相对、各执己见者甚多。话说吸烟者，也是诸多人群中的群体。可近日来，反对吸烟的人常常提醒我们这些烟民，不要在公共场所吸烟，要多考虑一下他人。

可是拜托呀！有完没了？！我们也想提醒不吸烟的朋友，礼貌是双向的。假如您彬彬有礼地请求某某不要抽烟，而非大喊大叫，带着羞辱语气，那么您更可能得到配合的反应。假如直接交流，而非动不动就告到上级部门，我想会更加有效。

我们这些老烟民很多都是一大把烟龄，有时难免想不到身边不抽烟的人闻不惯烟草味。但我们是人，我们对周围的人都有善意，虽然偶尔以烟触犯，也是无意的。我们绝大多数都是听得进善言相劝，愿意改善自己的行为。

烟民也是民，我们也笑，我们也哭，我们也有憧憬、梦想、希望。我们也生儿育女，也为人子，也喜欢宠物。我们也吃汉堡，也喜欢涂酱。我们也听国歌看升旗。我们只是希望，下次您看到某某在公共场所点烟的时候，不要忘了上面这些。

此乃吸烟者协会的温馨提醒。

下面部分为鞠玉梅的讨论。

原文是广告类语篇,旨在劝说受众(非烟民)认可烟民的权利。广告者自然明白吸烟有害健康,自然不能顶风冒险说吸烟有益而劝说大家支持烟民在公共场所吸烟,或者跟着学抽烟。可见广告者的劝说不是那么容易,必须开辟崭新的道路。先看她的认同分析。注意广告者把面对的非烟民当作受众,所讲为烟民和非烟民的人权平等和互相尊重问题。由于默认的反烟情绪,两个人群之间有分歧,第一段就说要"考虑一下他人",因为大家住在这样一个"庞大多元,人群复杂"的世界,"人们观点不一,因此针锋相对、各执己见者甚多"。第二段说及礼貌的价值。这段的措辞和句式都是服务于这个宗旨。"拜托呀!有完没完了?!"还有重复的"假如"句:"假如您彬彬有礼地请求某某不要抽烟,而非大喊大叫,带着羞辱语气,那么您更可能得到配合的反应。假如直接交流,而非动不动就告到上级部门,我想会更加有效。"注意这里构建的对立:"彬彬有礼地请求"对"大喊大叫,带着羞辱语气","直接交流"对"动不动就告",在彰显上述的分歧/分化。第三、第四段唤起受众对人权的尊重。我们烟民和你们非烟民一样,也有七情六欲,也有人权。注意"我们"这个词以及一系列的相关动词,即"烟民也是民,我们也笑,我们也哭,我们也有憧憬、梦想、希望。我们也生儿育女,也为人子,也喜欢宠物。我们也吃汉堡,也喜欢涂酱。我们也听国歌看升旗。我们只是希望",构成了有力铿锵的排比,着重阐明了吸烟是烟民的权利,而权利是不能不尊重的,至少是要"考虑一下他人"的吸烟权利吧。这样一来,对吸烟者"大喊大叫,带着羞辱语气"自然就错了,或者说这是以粗止粗的无效行为。广告者此时的含义,对公共场所吸烟的人,只能"以礼对礼"或者"以文对文"。

广告者的叙事方式,无形中把读者卷入辩论双方,或者让读者不自觉地加入某一方,或者是吸烟者,或者是非吸烟者。通过这样的价值分享,或者共享价值的温故知新,使得受众自然而然地认同上述主题的劝说(如果站在吸烟者立场,劝说更不在话下)。

再看广告的配比和立场。这里凸显的是场景—施动(者)配比。前两段的场景被构建成一个大世界舞台,"庞大多元,人群复杂""人们观点不一,因此针锋相对、各执己见者甚多",尤其是更具体生动的非烟民冲着烟民"带着羞辱语气""大喊大叫"以及"动不动就告"的场景。可见,烟民的人权遭到了严重的忽视。后半部分依靠家族立场刻画了烟民的施动(者)类型,"烟民也是民,我们也笑,我们也哭,我们也有憧憬、梦想、希望。我们也生儿育女,也为人子,也喜欢宠物。我们也吃汉堡,也喜欢涂酱。我们也听国歌看升旗"。由于这些家族立场是非烟民所共享的,即共场,更能助益主题劝说得到非烟民受众的共鸣,即认同。

语篇中本有等级,烟民和非烟民、老烟民和新烟民、公共场所吸烟和不吸烟的烟民、对烟民忍让者和零忍让者等,构成不同的等级。有趣的是,广告者在有意削弱这些等级的差异,削弱上述的分歧/分化,以便让受众把既有的分歧/分化作为社会黏合剂,以至于"不同而合""存异求同",终于,在语篇的末尾,烟民和非烟民得到调和。整个语篇的"温馨提醒"目的得以实现。

"伯克新修辞范式"的分析套路或关注点大致是:① 言说者何以劝说或认同? ② 言说者采用什么类型的象征符号? ③ 言说者是否启用共场手段? ④ 话语和非话语行为中有何修辞、语法和理学特征? ⑤ 以"(戏剧)五价体"分析之,尤其着力于行为、场景、施动(者)、动源、目的等的配比。

范式 19：话语分析范式

话语分析自然是分析话语(discourse),而这里的"话语"就是语篇,不论是口头语篇还是书面语篇。大凡语篇,其风格与语域(register)或所述学科(sciences,liberal arts)有关,因此,形成了不尽相同的话语分析路径,如政治话语分析、军事话语分析、法律话语分析、广告话语分析、新闻传播话语分析、学术话语分析等。

话语分析(discourse analysis)由哈里斯(Harris, 1950)创立,后来得到布朗和尤尔(Brown & Yule, 1983),库尔萨德(Coulthard, 1985),范戴克(Van Dijk, 1980 等),范戴克和金茨(Van Dijk & Kintsch, 1983),马丁(Martin, 1992 等),马丁和罗斯(Martin & Rose, 2003/2008),韩礼德(Halliday,1989),费尔克劳(Fairclough, 1995),布洛马特(Blommaert, 2005),施旭(Shi, 2005),吉伊(Gee, 2000),丁言仁(2004),成文、田海龙(2006),胡壮麟(2007),胡丹(2007),徐赳赳(2010)等的发展,使语言学视域扩展到社会学、修辞学、新闻传播学、心理学、教育学、文化学、人类学等。近 20 年来,不少学者采用功能语言学、语用学、社会学、修辞学、批评性话语分析、多模态话语分析、语料库语言学途径等方法进行话语分析,所涉领域十分广泛(见上)。

限于篇幅,下面略谈舆情话语分析和学术话语分析。

舆情话语分析是最近 20 年的热点研究,论著者不可计数。我们看两例舆情研究。

柯春梅、毛浩然(2019)以九寨沟地震后的"政务微博四川发布所发布的242 条与地震相关的微博信息为语料"研究在面对突发自然灾害中的舆情时,官方政务微博引领网民从正面理解的话语策略。他们发现其微博话语策略是:① 抢占"黄金四小时",消除民众恐慌。② 构建多模态话语,还原真实现场。③ 注重救援素描,体现救援效率。④ 丰富话语形式,使用亲民话语。⑤ 优化语篇结构,高效传达信息。⑥ 高频使用@,适时诉诸权威。彭雪梅(2019)认为,在新媒体时代,"高校网络舆情引导工作面临着更大的挑战",她以话语分析理论为指导,"从话语主体维度、高校官方媒体维度和管理者维度","探索多形式构建意识形态话语培养机制、多模式构建媒体话语引导体系和多层次加强网络管理话语畅通渠道等高校网络舆情引导路径",面对高校网络舆情,引导读者从正面解读(2019:94)。

而张天雪、张冉(2011)一文采用定量和定性的方法,分析人民网和新浪网教育栏目(2008—2010)的"样本选择、类目建构、频数统计和内涵解读"。阐释网民的"教育心态、期待、诉求和价值判断"。他们还"通过对不同话语主题(主题词)的出现频度和比例的分析"了解有关热点问题,"总结出教育网络舆情在话语上的特征""为更加民生化的教育政策制定与执行提供数据支持和建议"(2011:37-38)。他们论文的表 1 是"当前网络教育舆情主题类目频数分布",其频数信息如下(2011:38):① 教师待遇问题,232。② 教育理念,200。③ 教育体制改革,158。④ 文理分科争议,156。⑤ 考试制度改革,132。⑥ 素质教育实行,123。⑦ 学生减负问题,95。⑧ 教育领导问题,86。⑨ 英语教育问题,80。⑩ 教育公平,73。⑪ 教师职称评定,61。⑫ 农村教育环境,52。⑬ 高等教育改革,44。⑭ 教师素质,44。⑮ 德育教育问题,39。⑯ 教育投入不足,37。⑰ 学前教育,36。⑱ 课程改革,33。⑲ 绩效工资执行,32。⑳ 高中教育,30。㉑ 大学生问题,29。㉒ 教育腐败问题,27。㉓ 乱收费问题,24。㉔ 教师压力问题,22。㉕ 代课教师,20。㉖ 教育管理制度,19。㉗ 弱势群体子女,19。

㉘ 城乡教育差距，14。㉙ 民办教育问题，14。㉚ 教师惩戒权，12。合计，1943。随后，他们总结出 2009 年教育网络舆情几大热点话语，它们及其频数信息如下（2011：39）：① 教师待遇，232。② 素质教育，218。③ 教育理念，200。④ 教育制度，158。⑤ 文理分科，156。⑥ 考试制度，132。⑦ 教育领导，86。⑧ 教育公平，73。⑨ 教师职称，61。随后他们逐一评论。

金子惜等认为，就"国内外应对突发公共事件舆情的官方话语"而言，以往的研究主要"聚焦官方应对行为模型建构和案例分析，官方应对话语研究较少，官方应对话语模型固化和过分理想化，案例结合模型的分析和成果区别性特征不足，且缺乏官方应对话语理论体系研究"（2019：44）。她们认为，"后续研究可从话语模式、话语策略、话语主体、话语受众、话语语境五个层面开展突发公共事件的官方应对话语研究，剖析多元媒体与多元角色的官方话语，并构建更具解释力和可操作性的突发公共事件舆情应对官方话语理论体系"（2019：44）。

学术话语分析，多半以学术话语，如学术论著尤其是论文（学位论文或期刊论文）的写作方式、方法、策略进行量化分析（运用语料库，或自建语料子库）。这个领域有不少"元话语"（metadiscourse）研究。元话语是"关于文本的文本或作者对其演进中的文本的显性评论"[阿戴尔（Ädel），2006：20]。此类研究多为元话语的语篇功能或语用功能研究、跨/次语类研究、跨学科研究、跨语言研究、跨文化研究等（见李志君，2019：149–150）。

李志君（2019），如题目"中外语用语言学论文中的非人称元话语"所示，是基于反身元话语模型（reflexive metadiscourse approach[①]），通过应用语言学领域的 66 篇论文，包括中国学者的二语（L_2）论文和英美学者的一语（L_1）论文，对比考察论文中"非人称元话语"（impersonal metadiscourse，如"the writer/author/reader、this paper/article"，相对于 I、we、you 类）的使用情况。发现中国学者过度使用非人称元话语，可能是受汉语学术写作的"笔者"影响，而且有时还不够地道，说明中国学者较为注重"显性的文本结构"，学术（元）话语方面需要提高（2019：149）。李志君的另一篇文章（Li，2020）对比了社科研究领域

---

① 该模型"强调作者对当前文本的评论"（李志君，2019：151）。

的汉语和英语论文 60 篇,考察各自的人称和非人称元话语的使用情况,发现英语论文比汉语论文更频繁地使用元话语,尤其是人称元话语(I、me、my)。她认为这些差异可能产生于各自的语言、社会、文化和修辞,于是她建议中国学者写英语论文投稿国际刊物时要注意这些差异并顺应国际惯例(2020:57)。

李志君和徐锦芬(Li & Xu,2019)也是学术话语或元话语分析,探讨的是《语用学杂志》(*Journal of Pragmatics*)从 1978 年到 2018 年的全部论文(107期,650 篇)标题的长度、结构、措辞、词汇密度(lexical density)、语义(内容)等。其发现包括:① 该杂志的论文标题越来越长。② 词汇密度越来越高。③ 与以往或默认的名词短语做标题比较,该刊越来越多的论文喜好用并列结构做标题。④ 倾向于亮出研究方法或设计。⑤ 冒号越来越多见:1978 年 13 个,1988年 44 个,1998 年 63 个,2008 年 82 个,2018 年 87 个。⑥ 问号越来越多见,上述五年的问号数分别是 4、6、6、10、14。⑦ 双引号和单引号由少到多。⑧ 大胆启用句号:上述五年的句号数为 1、0、1、0、7。⑨ 最近 13 年的标题有 6 个逗号或惊叹号。⑩ 总之,其刊登论文的标题的信息/语义内容越来越充实。

"话语分析范式"的分析套路或关注点大致是:① 所分析者是书面语篇还是口头语篇? ② 其文体风格如何? ③ 有何语域特征、语境特征、音形特征、语法特征、语用特征、修辞特征? ④ 根据所属分析学科(如法律语言学)或相关论题(如舆情话语分析、学术话语分析)的需要,进行相关考量。⑤ 话语方式和策略是否有助于实现最终的话语目的(如政治目的、法律目的)? (参见范式 12)

范式 20:言语行为范式

从语用学视角讨论修辞问题的有顾曰国(1993 等),胡范铸(2003,2004),许钟宁(2011),蒋庆胜、陈新仁(2019)等,他们都是跨语用—修辞的讨论,可以说为"语用修辞学"的产生奠定了基础。

顾曰国(1993)探讨言语行为的施为效果和修辞效果之间的异同。许钟宁(2011)从语用学视角漫谈公关语言、谚语、语音、词汇、语句、语篇、语体等方面的修辞特点。蒋庆胜、陈新仁(2019)试图结合语用学与修辞学,宣称可以"兼顾实用与审美",并从"施为语用、社会语用、认知语用"3 个维度对"修辞话语"的"行事效果、人际效果、诗意效果"进行阐释,提出了一个"分析框架"(见其摘要)。

胡范铸(2003,2004)建议(汉语)修辞学要直接借力于语用学,甚至整合两个学科,他认为这是"可能的而且是必要的"(2004:8)。胡范铸说修辞学倾向于形而下,有表面化色彩,正好可从"形而上"的语用学取经(2004:8)。他建议以"言语行为"作为语用修辞分析的"核心概念"(2004:11),因为一切"修辞行为"都是试图有效实现特定目的的"言语行为"。

胡范铸以法律言语行为为例,说其构成性规则是:① 法典准则(行为服从法典规定)。② 证据准则(行为能被证实)。③ 话语权准则(行为者须有话语权)。④ 一致性准则(法律文本间一致,法律活动间一致,法律文本和法律活动之间的一致,等等)。⑤ 程序准则(行为通过程序认定)。⑥ 时间准则(行为有时间限制)。⑦ 易读准则(行为为大众理解)(胡范铸,2004:12。本书简化其措辞)。胡范铸(2003:4)还讨论了"突发危机管理"类言语行为的语用准则:① "序言"准则。② 话语权准则。③ 时间准则。④ 适度过激准则。⑤ 清晰准则。⑥ 差别化准则。

由此胡范铸提出新的修辞研究范式"言语行为范式",这样一来,其分析套路或关注点大致是:① 确定言语行为类别或者说言语行为的规定性要素。② 确定言语行为的构成性要素。③ 了解言语行为的策略性规则。④ 构成性规则和策略性规则在语言上的体现方式(胡范铸,2003:4;2004:1)。

"言语行为范式"的分析套路或关注点大致是:① 话语事件中出现了多少和哪类言语行为? ② 有无非言语行为? 是否可观察、可研究? ③ 对各语为进行"一语三为"式的浅析。④ 考察话语的施为效果和修辞效果。⑤ 考察话语的"施为语用、社会语用、认知语用"。⑥ 考察"修辞话语"的"行事效果、人际效果、诗意效果"。⑦ 各种语为受制于何种(社会、政治、语言)原则、法规、规约等? ⑧ 考察语为实施的成败、效果的高低。

6.5.2 对各范式的简评

范式1:吕—朱标准分析范式。对是对,只是凭语感为之。

范式2:大语言学视域下的小修辞学范式。自然有理,多年来学界一直把修辞学(和翻译学)置于(大)语言学的范畴之内。

范式3:语体修辞学范式。也是甚为合理。语言总是使用于一定的语体之中,学界素来认为,话语正确而和所在语体不协调,相当于穿着打扮和所参加的社会活动不协调。

范式4:文白对比范式。笔者赞同文白对比。另外,文白对比范式也适用于方言对比和汉外翻译对比。不论是从外语看汉语,还是从汉语看外语,都有收获。

范式5:比勘作家自我修改范式。一个作者在提交作品成品之前一定进行了多次加工,包括勘误更正、修补提升等,对比其前后不同的版本,对消极修辞研究势必有极大的帮助。

范式6:正误对比范式。像句法学的正误对比一样,修辞使用也有对不对、当不当、妥不妥的区别。除了"语法正误对比分析法",还可以有"语用修辞失误分析法"。

范式7:近义词语对比范式。这是消极修辞的老传统(算不得新法),自然要留用。

范式8:炼字择句范式。有用,不新,应该留用(同上一条)。

范式9:接受修辞学范式。关涉接受者的感受和理解,本书赞同谭学纯等(1992)的努力,正如修辞者使用任何修辞手法时意在取效,也即在听读者身上取效,而不研究听读者的感受效果,上述"效"何以"取"之? 何以察之?

范式10:语义和谐律范式。这是一种普适性方法,值得一试。可尝试多维的和谐律分析。

范式11:语言信息结构范式。这是融入了构式语法的方法,非常适合汉语语句的分析和同义句的辨析。

范式12:宏观—微观结构范式。有助于语篇的宏观和微观分析。

范式13:主位—述位信息范式。它是功能语言学的精华,有助于主位推进和连贯分析。

范式14:负熵流信息范式。它具有数学般的严谨缜密,不乏可操作性。

在范式12—14的阐述中,本书主要介绍了魏纪东(2017)的《信息修辞学》里的核心思想。这3个范式都涉及"信息",即"音讯、消息","语言、数据、信号等有序符号列所承载的消息内容",语义层面就是"语义、意义、修辞(意)义、语用(意)义"等(魏纪东,2017:1,9。另见王德春,1987:168)。所谓"信息修辞学",就是"采用信息语言学的方法来研究话语传递信息效果的修辞学分科",主要研究"话语信息(量)、信息损耗、剩余信息"及其修辞作用(王德春,1987：169。转引自魏纪东,2017：5)。这里的"话语信息"除了主要的思想感情,还有"美学信息"(如声韵和谐、生动形象、机智含蓄等产生的效果)。"思想感情"有客观和主观两个方面,因此分为理性信息和非理性信息(态度信息、会话含义、风格信息,见魏纪东,2017：5)。一句话或一个语篇的上述意义综合起来便是"话语信息量",那么,新颖活泼的话语,词密度较高的话语,话语信息量就大,而大白话、冗余表达式、陈词滥调等的话语信息量就小(魏纪东,2017：5)。信息有诸多属性：可识别性、可存储性、可扩充性、可压缩性、可传递性、(特定范围的)有效性、时效性(以及时滞性)、主客观两重性、无限延续性、不守恒性、真伪(两重)性、层次性、可转换性、可处理性、可还原性、(可)扩散性、可共享性、依附性、易逝性、反复性、省略性、连续性、可塑性、耗散性、非均衡性、多媒介性等(魏纪东,2017：11-15),后九"性"为魏先生所补述。考虑到修辞的艺术性、熟稔性、陌生性、模糊性、感召性、多模态性、可接受性、经济性、民族性、语境依赖性等,那么,修辞信息(或信息修辞)自然也就有了这些属性。因此,以上三范式,作为[魏纪东(2017)笔下的]信息修辞学的核心,分则各为"修辞结构"某个侧面的分析框架,行之有效,合则互补合力,助力"修辞结构"诸多方面的有效分析,因此值得分开或合并学习和效法。"宏观—微观结构模式"的确适合所有的语篇,包括一句话的语篇,如广告。以该模式进行消极修辞的分析,尤其是消极修辞的批评,有很高的价值,只是对积极修辞准则似乎无能为力。"主位—述位信息模式"是功能语言学的传统招牌,分析或批评句际衔接或不衔接,语篇连贯或不连贯,是十分高效的模式,但这也是针对消极修辞范畴,也即对积极修辞似乎无能为力。"负熵流信息模式"也是有用有趣的模型,对消极和积极修辞的分析都有作用,可惜如若真要进行负熵或负熵信息的计算,非要数学天赋不行。质言之,以上三范式是功能语言学、(信息结构)语用学等的经典课题,自然有益于消极修辞尤其是篇章修辞的研究。

关于范式15,语言结构效能量化范式。其分析套路或关注点大致是话语有多少结构核心,哪些是上位核心(大结构的核心),哪些是下位核心(从属结构的核心),根据"核心靠近原理",有多少"瞬间时块数",有多少"平均瞬间时块数",有多少"平均依存距离",话语是难还是易,是否"清通",等等。其量化分析法值得推广,可望助力修辞学走出一条数理科学路线。

关于范式 16,认知修辞与语篇叙述范式。谭学纯(2012)倡导的这一"话语认知范式",对作为有标记表达式的修辞话语是很有效的分析模型。不过,在语用学范围,话语及其/或者语词早就分为"刻意用法、随意用法",前者指向"刻意解读",后者指向"随意解读、寓意解读"(不是"随意的解读")。如果前者是无标记的、旨在达意的直陈式,后者则是有标记的(标记程度不等)、旨在取效的间接式、含糊式或修辞式。二者(即刻意用法、随意用法)相对于谭学纯范式的认知1 和 2/3("三者",便是"刻意用法、随意用法、寓意用法"的三分)。此外,谭学纯所说如何培养学生(作文)的语篇叙述能力,其实就是期待题目或关键语句(在一定程度上,这类语句越多越好)具有较高的修辞性或寓意性,此乃新颖度(高)的策源地。该范式对认知3 或者寓意用法具有较强的解释力,对刻意用法或无标记式的消极修辞表征解释起来恐怕有点乏力。

关于范式 17,言思情貌整一范式。首先,顾曰国的这个范式应该说是源于古代中国和现代认知语言学的"言知行论"(参看沈家煊,2003),还受到多模态语料库语言学、心理语言学、语用学(的合作原则)、修辞学的其他分析范式、王弼的《周易》解释等的影响。该范式值得推广和效仿。不过,顾曰国借用王弼的"执一统众"思想,用该词于上述模式的解释,认为只要"执"了上述原则的言行的这个不变的"一",就能"统"其他千变万化的、不遵守上述原则的言形之"众"。本书认为这个"一"应该是"言",这个"众"应该是"思、情、貌"。其次,顾曰国比较了上述(整一)原则和合作原则,认为合作原则适合"理性人",而上述"整一原则"适合"非理性人、鲜活整人"。在格赖斯看来,理性人默认的是遵守合作原则,理性人的非默认即有标记的言行是偏离(或蔑视)该原则,也即,遵守还是偏离都是理性人,因为我们一般不考虑疯子、失语症病人等非理性人。这样看来,上述"整一原则"也是如此。理性人只是一个默认模式,因为理性人也会失去理性,非理性人也会理性。再次,在顾先生的分析中,"思"等于"为"即"语力、语为",而实际上应该还有"为"之外的更多思想内容。最后,顾曰国的案例源于并用于所收集、转写的多模态语料,他没有说明该范式如何服务于单一模式或简单案例的修辞分析。而本书认为,像上面的"讨厌"例的任何语例都可以这样分析,而且可以抓住"四己"的"显赫(自)己"而不顾其他,分析时也可只顾显赫的侧面而无须面面俱到。也就是说，上例可以只有一两个凸显的"己"，而且该凸显的"己"有可能只有一两个或两三个凸显的面，那么，注入上例的"貌己$_8$"也许就是多余或莫须有的，或许"貌己$_{1-2}$"就足矣。

关于范式 18，伯克新修辞范式。伯克的修辞思想"富于探索精神"，"是对当代修辞学的一个突出的贡献"（温科学，2006：155），"具有突出的跨学科性和原创性"（刘亚猛，2008：336），可以说，20 世纪至今的修辞学界影响最大的论者是伯克［林德曼和安德森（Lindemann & Anderson），1982/2001：94］，是"亚里士多德以来西方最伟大的修辞学家"（李鑫华，2001：54）。伯克的学说，可归为 3 个板块，"修辞论、语法论、理学论"。每个板块都有一系列新术语/概念，都能帮助我们深刻地认识修辞话语，任选其一作为角度来分析一定的修辞语篇，也不是不可行。鞠玉梅（2010）就是以伯克的辞屏为题，阐释了伯克的语言哲学观，那么，当然也可以以此为介，解释一些语篇的修辞行为。我们知道，伯克的修辞学说，从 20 世纪 20—80 年代论著不辍，在思想界历经沉默、忽视、质疑、重视，一波三折，在最近的二三十年，伯克的修辞学说在广义修辞学视野受到越来越多的关注，被人掀起了一场"伯克（学）热"。

当然，对"伯克热"可以进行一番冷思考。从伯克著书的标题便知，他不纯粹是修辞学家，更不是研究修辞术或"小修辞"的作者，而西方"大修辞"的兴起和建设又不得不把他捧成标兵。伯克的情形如同语用学的维特根斯坦、奥斯汀、塞尔、格赖斯、哈贝马斯等，一些语言哲学家被误打误撞地请上了语用学的"贼船"，而我们若按语用学家的身份考量其论述贡献，岂非苛责？窃以为，修辞学不能没有伯克，但也不能过于依赖伯克。

以伯克为首（实际上是他一人，故有"独行侠"之名，刘亚猛，2004a：2）的西方或国际"大修辞"，范围太大，其"辖区"延伸到全人类的全部话语领域，试图"包揽"以任何"象征符号"为途径实施所谓的任何"知、行、造"作为。结果是贪多嚼不烂，而且没有从对其他（强势）学科（如哲学、文学）的"附骥"走出来，甚至没有挣脱对想挣脱的古典修辞学的依赖。于是，伯克也罢，其"大修辞"的跟随者也罢（如帕尔曼、泰特卡等），都很少能够有什么"深度、强度、精度和信度"的论著。

鞠玉梅一贯热衷于伯克研究，她的专著（2005）综合伯克的思想而提炼出一个"伯克新修辞范式",并以大小不等的语例进行案例分析。可以说,不论是对"认同、五价体/五位一体"等术语/概念的例示,还是对整个模式的例示,都是很新颖、有很价值的分析,是修辞分析的突破。当然,由于伯克的修辞学说庞杂深奥,不少论述还在争鸣或论述。其认同的三分似乎应该补上"赞同认同/一致认同"(agreement identification),即因为赞同他人的观点或和他人志趣相投而趋向认同。再者,鞠玉梅(2005)的伯克新修辞学语篇分析模式也只是一种个性化的解读和实验,是否具有广泛的、可效仿的有效性,还有待观察和论证。鞠玉梅在书中分析语例时,有意回避其他语篇分析的套路,仿佛伯克的修辞思想自成一体而无须其他任何修辞理论的联手。而本书认为,语篇千差万别,修辞行为也各不相同,什么方面具有关联凸显性,就用什么样的相关理论、术语、概念或者范式来语义解释,而不可"着相"地画地为牢。

关于范式 19 话语分析范式,因为它是一个无所不包而涉及诸多学科及各式语篇体裁的语言分析模式,所以它能运用的理论模式也是各种各样,难以穷尽。话语分析研究者最多,成果最为丰富,其成果和方法都不是任何一本话语分析教材所能统括。我们知道,任何语言学理论都不能满足于单词单句的分析,要能够服务于文本的分析,而话语分析作为语言学的分支学科[有时称"篇章语言学(text linguistics)"],其优点一不小心就成了它的缺点。

关于范式 20 言语行为范式,语用学者的语用范式多半是"言语行为分析模式"。语用和修辞"联姻、联袂",以"言语行为"为轴心,转动语用修辞分析的机器,很有创意。胡范铸(2003,2004)高瞻远瞩、高屋建瓴,看到了语用学和修辞学的优缺点和互补的契机,然而什么叫"言语行为"? 本书认为胡范铸过于泛化而又泛化不够。"过于泛化"在于把一切当作行为,例如他说的"法律言语行为"到底是什么行为? 法官的、律师的、证人的、被告的? 法庭的其他工作人员的? 都一样? 他的"言语行为"和语用学的经典论述(如塞尔的言语行为分类)有一段距离。说其"泛化不足"是因为他没有包括至少没有提及梅伊超越言语的"语为"[包括表露情绪,见梅伊(Mey),2008]。其次,有多少种"言语行为"? 如果有"法律言语行为、突发危机管理"而且分别有 7 条和 6 条准则,有没有其他"言语行为"及其准则? 这些"言语行为"及其准则是不是仁者见仁? 再说,胡先生提供的"言语行为"分析范式的四部曲,有语焉不详和以偏概全之嫌。一定语境下的某个语为,在交际者抑或分析者眼中凸显的也许不是或不都是这 4 个方面,也许只是其预设,或者含义,或者半隐义,或者语用含糊,或者态度意义。以批评、咒骂等为例,有真批评、真咒骂,假批评、假咒骂,半真半假的批评、半真半假的咒骂,等等。仇敌之间,上下级之间、朋友之间、情侣之间,批评话语或咒骂话语的语为本身已知,但其态度意义凸显到了高于和制约一切的程度,不可不察。不少人发现和研究了中国人(尤其是女子)的批评前系列(pre-criticism sequence)和戏谑性咒骂,前者如"不是我说你""有句话不知当(说)不当说",后者如"(你好)讨厌!""(你是大)坏蛋!""(你是大)傻瓜!"[郑荣馨,2014,171①;参见冉永平(Ran),2015;陈新仁(Chen),2019]其态度意义是凸显的语用意义。

　　该范式/模式虽然为语用修辞学打下了基础,但把修辞的语用分析简单化了,除了引进合作原则和言语行为理论,似乎没有其他新东西。

---

① 郑荣馨举例说明,女孩先后称男孩"好人、坏蛋、傻瓜",标志着双方的关系从陌生/一般关系发生了变化,"坏蛋"意味着"男朋友、女朋友","傻瓜"意味着"未婚夫、未婚妻"。

$7.$ 语用修辞能力和语用修辞失误[①]

在梳理语言分析或语法分析的语用修辞学路径的基础上,本书认为,语言能力或语法能力的提高,离不开语用修辞能力的提高。

语言学文献常有提高"能力"和防止"失误"之功用,前者往往指语言能力,相当于乔姆斯基(1965:4)的"能力"(competence):乔氏的"能力"是"一个理想的语言使用者对其母语种种规则的了解和掌握"。而所谓"失误"往往指语法错误(grammatical mistake)。在语用学文献里则分别是语用能力和语用失误。而基于语用修辞学,本书提出"语用修辞能力、语用修辞失误"二分的观点,希望相关阐述帮助人们提高语用修辞能力,避免语用修辞失误。

7.1 语用修辞能力和语用修辞失误的"前能力、前失误":文献综述

语用修辞能力和语用修辞失误并非空中楼阁,实以语法能力、语用能力、修辞能力等及其相应失误为基础,因此,在阐释语用修辞能力和语用修辞失误之前,先看学者如何看待其他能力和失误。下面先看语法能力、语用能力、修辞能力,再讨论语用修辞能力。

"语法能力"(grammatical competence),是人们对相关语言形式和意义的知识(knowledge of form and meaning)。语法能力"通过两种语感(intuition)

---

① 这部分初稿或刊于上海某刊。

来实现"："母语语句规范性(well-formedness)的语感"和"语句结构的语感"(侯国金,2014b：25)。其反面就是病词、病句、语病、语法错误、不合规范/非良构性(ill-formedness)。

什么是语用能力？在"知网"输入"语用能力",可发现 1505 篇论文[①],涉及国内外语用能力研究动态(如李民、陈新仁,2018),二语习得和商务英语的语用能力(如李清华、李迪,2018),语用能力测试(如韩宝成、黄永亮,2018),不一而足。国际语用能力研究论文有数百篇[②],如罗弗(Roever,2011),赛勒和加内亚(Saylor & Ganea,2007)等,最早的是托马斯(Thomas,1983)。"语用能力"(pragmatic competence),是"关于语言的合适使用以符合各种交际目的的知识",语用能力"意味着交际者能够把语言设置于使用的制度或机制背景下,把意图和目的同所掌握的语言表达方法联系起来"[乔姆斯基(Chomsky),1980：224-225][③]。人的语用能力要启动"背景知识和社会经验","使非语言信息在语句的理解和推理中发挥应有的作用"[乔姆斯基(Chomsky),1980：224-225]。莱考夫(Lakoff,1973)提出了"语用能力规则"(rules of pragmatic competence,转引自冉永平,2006：63)。规则 A 是"清楚";规则 B 是"礼貌",包括：① 不要强求对方。② 给对方留有余地。③ 让对方感到友好。当规则 A 和规则 B 相冲突时,牺牲前者。

武装以语用能力,人们就能减少各种"语用失误"(pragmatic failure)。托马斯(Thomas,1983：91-112)指出,"语法错误可能刺耳刺眼(irritating),从而导致交际受阻,语法错误浮于表面,听者能明显察觉。听者察觉言者尤其是非本土言者的语法能力有所欠缺,似乎都能体谅。比较而言,语用失误在非语言学家眼中却并非视为情有可原之物。倘若母语非英语者讲英语比较流利,母语为英语者倾向于把其语用失误理解为昭然失礼、公然顶撞、心怀敌意、缺乏教养,而非仅为语言欠妥。也即,语法错误只是言者的语言问题,语用失误则折射

---

① 搜索时间为 2022 年 8 月 14 日。下节的知网搜索时间同此。

② 据李民、陈新仁(2018：1-2)介绍,2006—2015 年就有 356 篇国际论文论及语用能力(pragmatic competence /ability)。

③ 原文是"knowledge of conditions and manner of appropriate use (of the language), in conformity with various purposes"。乔姆斯基在次页补充的话是"places language in the institutional setting of its use, relating intentions and purposes to the linguistic means at hand"。

出言者的负面社会形象"。托马斯说的语用失误主要是社会语用失误。

笔者认为(侯国金,2014b:26),"语用能力"主要解决为何这样说等问题,如话语交流中引入新话题,包含不可能的事、荒诞新奇的事、合意或不合意的事等。语用能力高超的人都有值得推崇的话语方式。对这三"事"的敏感性可称为"问题性/问题学"(problematicity/problematics)。因为一般说来,常人不可能没事说事,而应该就事论事。语用能力还蕴含"识别语境的能力、驾驭语言的能力"。

语用能力以其他基础能力为基础,如"语言能力、交际能力、认知能力、公关能力、社会语言(学)能力、话语能力、应对能力、隐喻能力"。此外,语用能力除了意味着少犯语用失误,还意味着说写和其他行为中基本遵守合作原则、关联原则、幽默原则、(最)省力原则等语用原则的主旨,还"不失时机地有所偏离以至于活用、巧用、妙用"(侯国金,2014b:26)。

"一个人具备语用能力意味着他明确自己和对方的语用目的,也意味着他能正确估算双方和多方之间的三大语用参数即语用距离、相对权势、要求大小,能限制或改变这些语用参数,以达到自己的语用目的"。换言之,他可以"根据三大语用参数和其他语境要素(contexteme)""选择恰当的语言、方言,策划自己的言语输出","正确使用和理解话语的显义和含义","采用恰当的话语方式和时空语境,尤其是采用恰当的语用策略,如积极礼貌策略(positive politeness strategy)、消极礼貌策略(negative politeness strategy)等"(侯国金,2014b:26)。

有必要提及海姆斯(Hymes,1971)的"交际能力"(communicative competence)。它以语言能力为基础,涉及:① 可能性(possibility),即语言系统的语言知识,相当于上面的"语言能力"。② 可行性(feasibility),指个人心理方面的语言记忆和认知,以及满足实施某一言语行为的条件。③ 合适性(appropriateness),即言语行为等的得体性[见尤尔(Yule),2000:197]。此外还有巴克曼(Bachman,1990:84)的"交际语言能力"(communicative language ability),它是"涉及语言的知识以及在语言交际中运用这种知识的能力,由语言能力(language competence)、策略能力(strategic competence)和心理—生理机制(psycho-physiological mechanisms)三部分构成"。其语言能力又可细化为组织能力(organizational competence)和语用能力(pragmatic competence)。组织能力由语法能力(grammatical competence)和语篇能力(textual competence)组成,他说的语用能力由施为能力(illocutionary competence)和社交语言能力(sociolinguistic competence)组成(本条改自何自然、陈新仁,2004：167)。本书认为,第一,上述语用能力基本涵盖了上述"交际(语言)能力"。第二,巴克曼的"施为能力",作为重要的语用能力,就是有效地实施言语和非言语行为,即梅伊(Mey,2008)的"语为"(practs),其实包括实施和理解各种语为,含眼神、表情、心绪、动念等,可改称"语为能力"。

何谓修辞能力？

在知网上输入"修辞能力",有 67 条结果,但以此为题者寥寥,如徐峰(2008)等。"修辞能力"(rhetorical competence)的定义,似乎可以从各种"修辞"定义中提取。既然陈望道(1976/1979：11)说,"修辞以适应题旨情境为第一义",那么修辞能力就是"说写适应题旨情境的能力"。既然陈望道(1976/1979：3)说,"修辞不过是调整语辞使达意传情能够适切的一种努力",那么修辞能力就是"调整语辞使达意传情能够适切的一种能力"。既然胡裕树(1997：394)说,"修辞是为适应特定的题旨情景,运用恰当的语言手段,以追求理想的表达效果的规律。修辞学就是研究这种规律的科学",那么,修辞能力就是"为适应特定的题旨情景,运用恰当的语言手段,以追求理想的表达效果的能力"。既然张志公(1991：209)说,"修辞就是在运用语言的时候,根据一定的目的精心地选择语言材料这样一个工作过程",那么修辞能力就是"在运用语言的时候,根据一定的目的精心地选择语言材料这样一种能力"等。

李克说,修辞能力是"运用修辞的能力"(2019：51),这句话用了"修辞",可惜有循环定义之嫌。他补充说,古典修辞学时期的修辞能力可"整合"为"演说者掌握修辞发明、布局谋篇、记忆、文体与演说技巧等修辞五艺,并在以公共演说为轴心的社会事务中劝说以达成解决社会事务的能力"(2019：52),而当今新修辞时期的修辞能力应该是"修辞者运用交际策略、话语策略、论辩模式等修辞策略对象征系统中的受众进行劝说并达成与受众同一的能力"(2019：52)。这两条都不错,尤其是后者,更适合当今社会(见§6.5.1范式16)。

本书认为,修辞能力应该同修辞地表达,至少同修辞地模仿有关。例如研究生面试中,老师要求面试学生仿照"她太狡猾了,简直是一只老狐狸"的结构,用其他动物名称造两个隐喻句。有修辞能力的学生会说"他太胆小了,简直是一只小老鼠","她不断地吃,简直是一只饕餮"。

又如 2002 年全国高考语文卷第 25 题要求考生仿照下文另写一组语句,用自己的本体和喻体,意思完整,字数可不同。

(81) 海是水的一部字典:/浪花是部首,/涛声是音序,/鱼虾、海鸥是海的文字。

考生甲:考试成绩是家长的晴雨表:/优秀是晴天,/及格是多云,/不及格是暴风雨。

考生乙:中国是华夏子孙的母亲:/大兴安岭是她的秀发,/喜马拉雅是她的脊梁,/长江黄河是她有力的脉搏。

考生丙:太空是自然的一桌餐:/太阳是西红柿,/月亮是香蕉,/星星是开心果。

王吾堂(2002)说,这三人得了满分(即 6 分),凭借的是其高超的修辞能力。原题四行,首行是主题句,统领另三行,每行都是隐喻。合起来构成一个语篇。上面三人的答案合乎要求,具有修辞价值,因此得到满分。按我们的理解,他们具有较高的修辞(表达)能力。

考生丁:中华五千年是一部字典:/华夏诞生是部首,/社会演变是音序,/伟大的人民是中华五千年的文字。

这个版本没有任何新喻体,四句基本套用原文,语义也比较混乱,仅得 2 分。也就是说,该生的修辞(表达)能力较低。

根据§6.5.1 的范式 16:认知修辞与语篇叙述范式,以及谭学纯(2012)以"这也是一种 X"(福建省 2009 年高考作文题)所展开的论述,这里的甲、乙、丙学生都远超认知 1(公共认知)和认知 2(逻辑认知),都达到了认知 3(修辞认知)。丁学生则徘徊于认知 1 和认知 2 之间。

本书认为,修辞能力和理解修辞性话语有关(遑论理解非修辞性话语)。据说外国留学生对"说得比唱得好听"这句话的误解率高逾 60%(刘颂浩,1999;转引自陈光磊,2006:8),也即多半出现理解的修辞失误。再如,周健、彭彩红(2005:58)指出,不少留学生不理解某报纸的标题"企业希望政府多做规范市场的实事,少当婆婆"的末尾"少当婆婆"。考虑到中国的婆媳关系,这个"婆婆"是管家的婆婆,动口不动手、动不动就指责的婆婆。作为隐喻,和上面的"多做实事"对比,"少当婆婆"大概指"少空管,少袖手旁观,少指责"等。我们认为理解修辞的能力是修辞能力的重要组成部分。

陈光磊(2006:7)从汉语教学出发,认为修辞能力是"运用目标语——汉语对应题旨情境的能力,即在社会交际生活中得体地、恰当地运用汉语",因为陈先生讨论的是对外汉语教学的修辞能力培养。针对其培养,陈光磊建议:① 与听说读写各门技能课的教学相结合,也就是在训练这些语言技能的同时,把相关的语用规约和修辞方式作为教学内容进行讲解和操练。② 与语言本体结构要素的教学相结合,也就是在进行语音、词汇、语法教学的同时,把相关的语用规约和修辞内容提炼为教学点,加以解释和操练。③ 与功能项目、文化内容的教学相结合,也就是在教学中注意揭示和讲解功能、文化在语言表达上的修辞特点。④ 在中外相关语言点、文化点的特点对比中,尤其是从中外语用和修辞手法的对比中进行汉语语用修辞教学。⑤ 不同对象、不同水平、不同层次、不同年级的对外汉语教学中语用修辞教学应具有不同的要求、内容和方法(陈光磊,2006:8-10)。

陈光磊的观点基本合理,但这仅是针对对外汉语教学的"修辞能力",且第⑤条不是培养的措施,而是注意事项。

尼尔和伯曼(Nir & Berman,2010:747)所言之"对比修辞"(contrastive rhetoric)涉及5个方面:① 表达选择(expressive options),各种表达形式的知识库(repertoire)可供选用。② 修辞偏好(rhetorical preferences),为修辞目的选用某个表达选项。③ 修辞策略(rhetorical strategies),通过重复、并列、对仗、寓意表达等手段操纵表达形式的方略。④ 修辞风格(rhetorical style),如何打造个人特色的表达方式,如散文式、诗歌式、赘言式、简便式、明晰式、含糊式、流畅式、杂乱式、平易式、直陈式、花哨式、折绕式等。⑤ 修辞目的(rhetorical purpose),说写者的交际目的、目标、意旨,如晓之以理(人们不知道的科学知识),说服劝说(受众采取行动),感染受众(给予难忘的印象)。本书认为,这5个方面的能力就是很好的、有代表性的修辞能力。

教育机构培养人才,不能忽视培养学生的修辞能力。鞠玉梅、彭芳(2014:

79)仿拟伯克的"公民批评家"(citizen critics)概念,提出培养"公民修辞家"的说法,指的是"能够独立思考,善于形成自己的观点,关注如何有效运用以语言为主的象征手段影响他人的思想、情感、态度和行为,在具体、复杂的社会、政治和文化语境中致力于发挥言语力量的公民",这大概就是(针对)"公民修辞家"的修辞能力。

考虑到新修辞学(neo-rhetoric)或宏观/广义修辞学[伯克(Burke),1989等]的泛修辞(pan-rhetoric)观点,如一切语为乃至一切人类象征符号或行为无不含有或体现修辞性,而其修辞性凸显的是象征性、动机性、互动性、戏剧性、语用性、策略性等——这样一来,修辞能力和语用能力达到了互相包蕴、互相渗透甚至一而二、二而一的程度。

7.2 语用修辞能力和失误的分析工具

语用修辞学是新兴的界面研究,其成长得力于以下几方面:

第一,20世纪80—90年代的"前语用修辞学研究":一是语法研究的"三个平面"大讨论,研究者如文炼、胡附、廖秋忠、施关淦、范晓、胡裕树、邵敬敏、杨成凯、范开泰、金立鑫、眸子、高万云、戴耀晶、郭圣林等。二是"语用—修辞双边关系研究",研究者如沈家煊、袁毓林、池昌海、张会森、温锁林、黎运汉、胡范铸、戴仲平、夏中华、黄衍、宗世海、刘文辉、周舒、蒋严、林大津、毛浩然等。例如,陆稼祥(1996:76)"热烈呼唤""修辞语用学"等"新学科的诞生"(另见胡范铸,2004:4)。刘瑜(2013:50)认为语用学和修辞学"存在着相同的语言学发展背景和相同的探究论题与结论","最终促成了语用修辞学这门新兴学科的建立,其主要任务是对'话语构建、话语理解、言语环境、角色环境、前提和背景、言外之意'等进行语用修辞(研究)"(见§5.3)。

第二,语用修辞学的问世得力于"准语用修辞学研究",如顾曰国(2013等)的"会话修辞学""言后行为的死胡同""语用与修辞:会话的协作方式""言思情貌整一原则与鲜活话语研究"等宏论,以及刘亚猛、朱纯深(Liu & Zhu, 2011)的"修辞—语用孪亲观""合作并竞争着"等新论。

第三,语用修辞学的到来得力于"语用修辞学研究",如蒋庆胜、陈新仁(2019)、侯国金(Hou,2020 等),侯国金和蒋庆胜(Hou & Jiang,2019)。

鉴于语用学和修辞学的共性尤其是其趋同发展的态势和学科融合潜势,本书厘清了两学科的异同、困惑以及学界的诸多误解[侯国金(Hou),2020：237 - 265；见§4.1—4.5],在前人如陆稼祥(1996)、蒋严(2009)等跃跃欲试的二学科联姻之倡议下,拟构了语用修辞学的蓝图[侯国金(Hou),2020：264 - 267]。语用修辞学可有 3 种研究范式：① 语用和修辞兼有且难分轩轾的语用修辞研究,此乃界面研究。② 运用语用学的修辞学研究。③ 运用修辞学的语用学研究。假如第①种是无标记或标准范式,那么,第②和第③种是有标记语用修辞研究范式[侯国金(Hou),2020：264]。正如语用学和修辞学都有自身的原则①,语用修辞学也应有其自身的原则——语用修辞原则(含 8 条准则,见§5.4.2)及其分析模式(见§5.4.3)。在实际分析中,语篇和语境中某个被分析的词汇—构式成分总会凸显某些方面的标记价值,而非凸显一切方面,分析者只需有的放矢地分析其凸显语用标记价值便可。无标记意味着无特殊语效,要么不予以语用修辞分析(因为没有特殊语用修辞效果可攫取或分析),要么予以语用修辞分析的批评(探究其语用修辞失误及其成因)。因此,我们一般以有标记词汇—构式成分进行语用修辞学分析。

7.3　语用修辞能力与语用修辞失误

语用修辞能力焉? 语用修辞失误焉? 在知网搜索"语用修辞能力"仅发现刘新芳、王云(2015)一文,没有论述,只列关键词,等同于其提要里的"语用修辞写作能力"或第一段的"写作能力"。结合语用能力和修辞能力以及上述各种认识,本书提出"语用修辞能力"(pragma-rhetorical competence)。语用修辞能

---

① 黎运汉、盛永生(2010：69 - 130)的"修辞原则"有 7 条准则,准则 1—4 属表达方面,准则 5—7 属接受方面。准则 1：结合现实语境,注意交际效果。准则 2：观照对象、自我、语境、前提、视点等的自洽。准则 3：注意得体性。准则 4：① 立诚,② 切旨,③ 切身,④ 适境,⑤ 合体。准则 5：符合主体律、环境律、话语律。准则 6：言境统一、言实统一、言人统一、言行统一、言德统一。准则 7：① 切合表达言语原意,② 切合表达主体自身因素,③ 切合表达语境。

力,① 涵盖全部语用能力,② 涵盖全部修辞能力,③ 囊括大部分语法能力、交际能力、话语能力、应变能力、幽默能力等,④ 涵盖言语和非言语手段的表达高效性,⑤ 涵盖言语和非言语手段的理解高效性,⑥ 符合语用修辞原则(各准则)的要义,⑦ 少犯或不犯各类语用修辞失误(大致为且大于语用失误＋修辞失误)。

本书的"语用修辞能力",指的是该能力体现的语用修辞高效(pragma-rhetorical effectiveness),其反面是"语用修辞失误"(pragma-rhetorical failure)。因此,下文有时叫"语用修辞高效",以对应其反面"语用修辞失误"。

论定义,可以由语用修辞原则的 8 条准则衍生出语用修辞能力的 8 条标准:

第一,语用修辞能力,是在一次语用修辞事件中,使用关联于语境和语用目的的话语,以达意达旨的语用修辞行为为首要交际目标的能力(基于准则 1);

第二,语用修辞能力,是话语所含信息量能够满足信息需要,不高于也不低于本次语用修辞事件需要的能力(基于准则 2);

第三,语用修辞能力,是使话语所含信息值真实可信,不低于自己信念和知识的能力(基于准则 3);

第四,语用修辞能力,是使话语关联于有关语境素,包括交际双方的身份、关系、位分、辈分、距离、交际需求以及本次语用修辞事件目的的能力(基于准则 4);

第五,语用修辞能力,是使用清晰明了、简明扼要良构性话语的能力(基于准则 5);

第六,语用修辞能力,是使话语所含文明礼貌价值根据本次语用修辞事件的需要做到慷慨、褒奖、谦逊、赞同或同情,在程度和方式上显得得体的能力(基于准则 6);

第七,语用修辞能力,是在一般人际交往中,根据本次语用修辞事件的需要做到文明、乐观、幽默、生动、表现/维持个性特色,在程度和方式上显得得体的能力(基于准则 7);

第八,语用修辞能力,是根据本次语用修辞事件的需要,实施足量的言语行为,如阐述、指令、表情、询问、宣告,并且符合相应的构成性规则和相关文化语境(或跨文化语境)的行为规范,满足相应切当条件的能力(基于准则8)。

总之,语用修辞能力意味着语用修辞地思考、语用修辞地施为(言语或非言语表达)、语用修辞地推理、语用修辞地反应。这就意味着,在思考、施为、推理、反应等方面少犯或不犯语用修辞失误。虽然这么说略带循环定义的属性,但也算高度概括,"语用修辞地"这几个字则囊括了上述8条定义的内涵,其反面就是语用修辞失误。语用修辞能力强意味着符合语用修辞的"思、情、貌、言、行",即语用地表达自己的并语用地理解他人的具有修辞特征和信息的思想、抒情、体貌、言语、行动。以顾曰国的"言思情貌整一原则"观之,至少"力图做一位言、思、情、貌协调和谐之人","做到言由衷、思透明、情真切、貌自然"(顾曰国,2013:16以及§6.5.1的范式17),还意味着能够通过语境化、神入化(认同、感同身受)、策略化等方式加工语用修辞信息,实施和理解有效语境化话语或行为,也即既是成功的意向性施为者又是成功的意向性语为的理解者和反应者。此种语用修辞能力涉及对交互主体/主体间性(intersubjectives/intersubjectivity)和语境、语码、构式、语法、语义、手段、辞格等诸多方面的认知语用能力、社会语用能力、语用修辞能力。

7.4 语用修辞能力/失误的例证

1987年春晚,马季等人的群口相声《五官争功》,在排练时被迫由40分钟表演砍到20分钟,而在上台前得到再压缩三五分钟的临时指令,也即只能演17分钟左右,这就需要演员们进行语用修辞方面的变通和协作。结果是,从整个演出效果看,除了刘伟有一次"吃螺丝",把"三六九等"错说成"三六九鼎"之外,其余无虞,大家表现出了高超的语用修辞艺术,该作品被评为"近乎完美",是为数不多的群口相声中的经典。再如2021年3月22日6时左右,爱犬乔治(George)走了。后来我在微信群(弟子群)发布讣告(半认真地补了一句,"要随礼的发给周子辉"),附上乔治生前和死后的照片两张,以及短诗一首(如下),也分别告诉了几个得意门生。语境前提是学生们多数见过乔治,同它一起爬过山,拍过照,至少听我多次说起它。

（82）送乔治

年方十八　你却离开了我们

让黑发华发送白发　十七年前我们

岂非白白收养了你　中壮年的我们

见你四处流浪靠施舍和垃圾为生　我们

当时寄居于翰林的书苑人多房少　但我们

还是带你回家视为己出子之弟之　我们

每天喂你三顿人食一起溜达一起旅游　我们

带你游遍了川渝的山川除了爱还是爱　我们

还让你娶妻生子开枝散叶　我们

还给你两个弟弟玩友小黑和比索普　我们

尤其是你妈妈 Rose 倾注了全部的爱　我们

不图回报只要你乖巧做他们的表率一直陪伴我们

安康幸福长寿哪曾想你才十八就走了　昨夜不睬我们

鸡蛋和牛奶都不闻不问　你知道我们

有多忧心　你妈妈一宿无眠 今晨六点我们

摸不到呼吸和脉动但有体温　我们

还没处够亲爱的 George　你有什么遗言给我们

嗖嗖的歌乐山风带着零星的春雨　我们

睁不开泪眼跟踉跄于上山的路　我们

选择了一个好墓地居高临下还临近小黑的坟　我们

会来看你　白白地走了如你白白地来　我们

只剩下几千张照片　静静地走了不如你活泼地来

弟子们的语用修辞行为如下（我增补了必要的标点）：

① 昨晚翻往年的朋友圈，还翻到了以前拍的 George 的照片，还在想念 George！带给了我们川外读研三载多少的欢乐！！！George 此生很幸运遇到了侯老师和师母，来生也定能再投个好胎的！

② 乔治在另一星球也要活泼开心。

③ Sorry to hear that. Hope Prof. Hou could get out of grief soon.

④ 老师节哀,George 定去了天堂,并永远活在诗中,活在关爱他的人的心中。

⑤ 祝可爱的狗狗 George 在天堂也能自由又快乐。

⑥ George 在天堂也会快快乐乐,还望老师与师母节哀。

⑦ 好难过,亲爱的 George。

⑧ May George rest in peace!

⑨ 天呐! 祝可爱的 George 安好!

⑩ 它已经到了极乐世界,那里没有痛苦,祈祷!

⑪ George 人间走一遭,感受到了无边的爱,它是带着微笑和幸福去了天堂。

⑫ 虽然没和 George 一起玩耍过,但是看照片是一只可爱的狗狗,一定给老师和师母带去了很多欢乐,留下了很多回忆。节哀! 希望 George 在天堂能继续做一只开心快乐的汪!

⑬ 还记得 George 天天守在猴哥川外办公室门口,跟我们一起爬歌乐山……有一次 George 刚陪复旦姐爬完山,下山路上遇到老师带着弟子一行上山,又陪着我们继续爬,累得都走不动了……hope you rest in peace!

⑭ 老师,您要保重自己身体哈。虽然心爱的小狗狗离开了您,但他一定会去极乐世界的,您不要太伤心呀。最近我们都在忙论文,没有时间陪您,您照顾好自己哈。所有的不开心、不如意都会随着时间的流逝被逐渐淡化掉的。

⑮ Mourning my brother with deep grief.... Please restrain your grief ... My condolences!

⑯ 我看他安详地躺着,猜想是时间到了,按人的话他怕是有百岁高龄了,生前得您一家宠爱,死后红绸披身,尽享哀荣! George 没有白活,没有遗憾。向您和师母致敬!

⑰ George 吗?(三个哭泣的表情包)老师您好有心,您哪里是让弟子纠错,明明是让曾经和 George 一起同行过的我们不留遗憾,歌乐山下,老师家中,校园里都有和 George 一起走过的回忆,还记得他那会一起爬山,边调皮地走,边吃橘子,边听老师讲学论道,感谢老师,为 George 祈福。(三个双手合十的表情包)

⑱ 看了好想哭,George 一路走好,还好有师父师母一直以来的照顾。

还有两个同行朋友发来的:

⑲ 乔治小狗走了,老师要节哀。

⑳ I can totally understand! What a magic! You had been together with George for 17 years! My daughter has a 4-year-old hamster. These days, she is training me to look after him as she is going to college. Thank you for your concern and your beautiful, rhythmic song! I recalled the hello from thee that day: ... Exactly on 22th, Mar. 2021 ... I'd like to share an 'unpublished' wechat moment with Doctor Hou ... (视频截图和图片) Have a good day!

比较而言,③可译为"惊闻噩耗,望教授节哀顺变",⑧可译为"愿乔治安息",⑮可译为"沉痛哀悼我的兄弟。……请节哀顺变!顺致敬怜",⑳可译为"理解理解。无巧不成书!乔治陪您 17 年时光,而犬女养了一只四岁大的仓鼠。近日来她教我如何照料,因为她要返校了。谢谢您的更新和美妙的歌曲!还记得您那天的问候。对,是 2021 年 3 月 22 日……下面让我和您分享一篇未发表的微文……祝好"。

这些表示安慰、吊唁的微信留言,多半有追忆和哀悼的色彩,都让我感动,尤其是①、⑫—⑭、⑯—⑰、⑳,以及子辉收到的 700 元礼金。一方面,他们的联合语用修辞行为抚平了我的创伤,另一方面,以上语用修辞行为的留言中,写得较长的,涵盖追忆、祝愿、慰问的留言,甚至有对话性以及与其他共享事件具有互文性的"点击",其语用修辞效果最高——因为我心灵深处麻木的神经主要是被它们触动的。也即,这些留言者以其近乎终极的人文关怀表现出了较高的语用修辞能力(以及情商)。

生活、学习和工作中也常见语用修辞失误。比如,学生把论文二稿(根据导师意见修改的稿件)命名为"final version"(终版),就是莫大的语用修辞失误,好像已经无懈可击,或者绝不再修改一字一符。不如改为"version 2(第 2 版)""revised version(修订版)"类。再如在研究生论坛的学生报告中,点评嘉宾三番五次打断而指出发音等谬误,算是双方的语用修辞失误。对报告人而言,犯这么多幼稚病自然不当,而该嘉宾不待报告结束点评之时挑刺,而是在中途屡屡打断,绝非绅士或淑女风范。再如,中央电视台某娱乐频道有一档叫"越战越勇"的节目，里面自然没有打斗，只有歌唱赛事，比喻成"战争、战斗、战役"，有好战或武力倾向，属语用修辞失误。改为"越唱越好、晒晒歌喉、亮他一嗓子"都更好。

下面以电视连续剧《甄嬛传》里的个案集，粗略展示个中人物的语用修辞高效和语用修辞失误。该剧主要讲述甄嬛在后宫成长和谋权的故事。该剧在电视台各频道播出，享有盛名，甚至还贡献了"网络方言""甄嬛体"。传说雍正元年，芳龄十七的甄嬛与好姐妹眉庄、陵容参加选秀，无意于皇宫的她却被皇帝相中。华妃嚣张，欺凌皇后以下诸多嫔妃，尤其是"三姐妹"。陵容变心，与甄嬛反目。皇帝防范年羹尧的野心，对其妹华妃只能忍耐。年氏倒台，甄嬛的父亲被文字狱牵连。甄嬛生下胧月公主后，心灰意冷地出宫修行。受到静白师太等的欺凌，却得到十七王爷的照顾，二人坠入爱河。有人误传十七王爷死讯，甄嬛为保腹中胎儿，且保族人安康，设计与皇帝"巧遇"，后以怀有龙裔的"钮祜禄氏"重回宫中，封为熹妃。甄氏一族因龙凤胎再度崛起。甄嬛多次躲过皇后的陷害，最终扳倒皇后。皇上借和亲之事愚弄甄嬛和王爷，命她毒害王爷。皇帝驾崩，新皇继位，甄嬛被尊为太后。

下文个案多半涉及宫廷礼仪和宫廷规矩，因此，不论是语用修辞高效还是低效/失误，多半与此有关，即遵守或违反了语用修辞原则的准则 4（身份、关系、位分、辈分、距离、需求）、准则 6（文明礼貌）。那么，在具体的案例分析时，就略去遵守或违反了哪条准则的相关标签[①]。

再者，下文个案皆为笔者观看该电视剧多遍所得，窃以为这些是该剧重要的语用修辞高效或低效/失误个案。当然我们必须承认，不同的观察者会得出不同的个案语料，其个案数量也不尽相同，因为理论上是无穷的，只要深究下去[②]。

---

① 也要承认，一些个案涉及准则 1（达意达旨）、准则 3（真实可信），都不细说。

② 有些事是语用修辞高效还是失误，具有相对性或不确定性，例如下毒。皇太后和皇上下毒（对华妃和襄嫔）是策略和高效，皇后、华妃、齐妃、安陵容、瓜尔佳文鸳、余莺儿等下毒[对纯元、沈眉庄、甄嬛、叶澜依、安陵容、孟静娴、温宜公主等(有的是重复或交叉实施或被害)]则是低效和失误[也有人认为华妃毒害眉庄之事，实为敬妃(代皇后)所为，以便栽赃华妃]。当然下毒者自有报应。再如太医在后宫行医要不要行跪礼？如果要跪嫔妃，那么要不要跪贵人、答应以及更低的官女子？给阿哥、公主甚至后宫的宫女(如皇后身边的竹息)瞧病也要跪？电视剧中这方面或多或少存在一些疑点，也即高效和失误的模糊性。

《甄嬛传》的语用修辞高效和失误

第1集,苏公公祝贺大将军年羹尧,年羹尧简慢无礼。——语用修辞失误(对每天伴驾的苏公公无礼近乎蔑视皇上)。

第1集,皇上不翻牌子,太后用其子嗣的数量和先帝比较。——语用修辞高效(说服了皇上)。

第1集,皇上在翊坤宫问及宫女年龄,答曰十七。皇上说华妃当年进入王宫也是十七,"真好"。引得华妃好生妒忌。——语用修辞失误(对三者而言皆为失误)。

第1集,选秀中,夏冬春对出身不高、穿着寒酸的安陵容在言语间百般刁难欺凌。——语用修辞失误(如此势利失礼,相煎何急?)。

第1集,甄嬛为安陵容解围,摘了一朵海棠花插到安陵容的发间。——语用修辞高效(俗中见雅)。

第1集,安陵容被撂牌子时,礼貌地恭祝太后和皇上福寿安康。——语用修辞高效(得以选中)。

第1集,选秀时,读过书的沈眉庄谎称"没读过什么书"。——语用修辞高效(皇太后喜欢只认识几个字、懂女红的女子)。

第1集,甄嬛选秀中解释自己的名字时,引经据典,"嬛嬛一袅楚宫腰"(说是蔡伸的词)。——语用修辞高效(显出知识女性风范)。

第1集,皇上说"儿臣听说一事",是对皇太后说的,但声音洪亮。——语用修辞失误(大家在场,应该叫"朕",即便剧中其他语境中对皇太后也自称"儿子")。

第1集,孙妙青在甄嬛答辩时大呼小叫,"御前失仪"。——语用修辞失误(遭到处罚)。

第2集,华妃因为嫉妒欣常在争宠,借机杀掉皇后所赐的宫女福子。——语用修辞失误(人家罪不至死,华妃的处罚过于狠毒)。

第2集,皇后祝贺皇上又得佳人。——语用修辞高效(显得大度,颇具"国母风范")。

第2集,甄嬛把陵容从客栈拉到家中居住和款待。——语用修辞高效(对未来的情敌不生妒忌,大方大度)。

第3集,华妃手下的颂芝挑走了最好的橘子。——语用修辞失误(为虎作伥,凸显华妃的专横)。

第3集,夏冬春大声讽刺安陵容收到了华妃的礼物,说最好的还是皇后的。——语用修辞失误(被华妃的主事太监周宁海听到,后来夏冬春被施以"一丈红"的极刑)。

第3集,大家向皇后请安,华妃迟到。——语用修辞失误(专横跋扈)。

第3集,沈眉庄夸赞华妃"国色天香"。——语用修辞失误(华妃笑纳,却笑话皇后,"这不是形容皇后的词吗?"因此沈眉庄对华妃的赞美险些成了对皇后的贬损)。

第3集,安陵容假意夸奖夏冬春世代骁勇,难怪也是智勇双全,结果夏氏欣然接受。——语用修辞失误(听不出话中讥讽她世代粗鲁)。

第3集,夏冬春要打安陵容,被华妃赐死。华妃还让甄嬛、沈眉庄和安陵容闭门思过。——语用修辞失误(新人夏冬春无权打人;华妃对其处罚也太过严重;编剧为何如此安排?)

第4集,皇上赏赐沈眉庄很多菊花,甚至搬来华妃宫中的菊花,还让她准备学着协理六宫。——语用修辞失误(惹得华妃等妒忌至极)。

第5集,首领太监康禄海不满甄嬛失势,主动请辞,要去服侍丽嫔。——语用修辞失误(求荣弃主)。

第5集,甄嬛在倚梅园祈福时念道,"逆风如解意,容易莫摧残",被附近的陌生男子(皇帝)和躲在附近的宫女余莺儿听到。余氏用了偷听的诗句,冒领了甄嬛应得的恩宠。——语用修辞失误(欺君)。

第5集,沈眉庄在宫中长街碰到余氏。余氏(晋为答应)令位分更高的眉庄(贵人)让路——语用修辞失误(恃宠而骄,不讲位分)。

第6集,次日,皇帝又去杏花树下与甄嬛相见,以秋千试其心性,又一起赏花谈词;甄嬛仰慕"陌生男人"的才华,答应他五日后再见。——语用修辞失误(她如此对待"陌生男人",作为"陌生男人"的皇上怎会不疑心她红杏出墙?)。

第6集,余答应借机把欣常在送到慎刑司。——语用修辞失误(她越位、越权,越猖獗越接近灭亡)。

第6集,甄嬛常在花园荡秋千,"陌生男人""王爷"(甄嬛以为是)来后面推她,她一直没反对。直到推到最高处才恐慌,被"王爷"抱住,这才下来。——语用修辞失误(不安分)。

第6集,甄嬛与王爷约定5日后见面。——语用修辞失误(虽然她央求"王爷"不要说出去,因为宫内人多口杂。到这里,甄嬛已埋下危险的种子,对自己是危险的种子,对果郡王则是死亡的种子)。

第6集,第三次约会,大雨,女子赴约,"陌生男子"(皇上)因见太后而迟到或爽约。——语用修辞失误(甄嬛约会的是皇上还是果郡王? 危机同上一条)。

第6集,余氏逼着小夏子手剥核桃仁,直到手指出血。——语用修辞失误(待下人不厚道)。

第7集,余氏在皇上的来路上静候,以期圣宠。——语用修辞失误[弄巧成拙(皇上此时是秘行,不喜让人猜到行踪)]。

第7集,余氏欺负位分高出自己的甄嬛。——语用修辞失误(被皇帝贬斥)。

第7集，第四次见面，甄嬛才知"王爷"是皇上。皇上一路抱着甄嬛回碎玉轩。——语用修辞失误（预告专宠甄嬛，惹来六官妒忌）。

第7集，甄嬛推荐小允子做主事太监，"历练历练"。——语用修辞高效（赢得他今后的不渝忠心）。

第7集，甄嬛未侍寝就晋封为贵人。——语用修辞失误（专宠的前兆，妒忌的引子）。

第7集，侍女崔槿汐对甄嬛说，不求皇上专心，只求用心。——语用修辞高效（后官生存之上上策）。

第8集，侍寝之夜，甄嬛以一双红烛祈求白头到老。——语用修辞高效（令皇帝感动）。

第8集，傍晚，皇上让人给甄嬛端来没煮熟的饺子，皇上说自己吃过了（谎言）。——语用修辞高效（逼迫她吃而不能吃，答曰"生的"，被蓄意解读为要生孩子的）。

第8集，甄嬛一连七天受宠。——语用修辞失误（引得华妃等人醋性大发）。

第8集，康禄海获知甄嬛得宠，想重回甄嬛身边伺候。——语用修辞失误（被甄嬛拒绝，也被丽嫔斥责）。

第8集，华妃借着甄嬛专宠，离间她和沈眉庄。——语用修辞失误（人家亲密无间，不在乎离间）。

第9集，晚上皇上到齐妃官中，齐妃穿着粉红衣服，老是聊三阿哥那些鸡毛蒜皮的事情。还说她多次告诫儿子好好读书，将来为皇上分忧。——语用修辞失误（皇上不喜欢她身上的粉红，不喜欢唠叨，不喜欢任何皇子过早地培养野心）。

第9集，甄嬛让皇上去齐妃那里……心里却舍不得，弹起了《湘妃怨》。——语用修辞失误（莫非是欲罢不能，要索回专宠？）

第9集，惠贵人和采月在千鲤池旁观鱼，彩月受颂芝指派，留下惠贵人。——语用修辞失误［造成溺水事故（其实是陷害）。也是华妃的失误——瓜田李下不避嫌疑］。

第9集，华妃借机惩罚采月，甄嬛以华妃名誉为由，暂时不罚。——语用修辞高效（很成功的劝说）。

第9集，甄嬛怀疑翊坤官的侍卫不得力，建议撤换。——语用修辞高效（得到恩准）。

第9集，甄嬛称皇上为"四郎"。——语用修辞高效（剧中的皇帝即清朝的雍正是先帝康熙的第四皇子。先皇后纯元对皇上称"四郎"，甄嬛在得宠时顺口叫"四郎"，皇上更觉得她像纯元皇后，因此甄嬛更得恩宠）。

第10集，有人在甄嬛汤药中加入会导致痴呆的毒药。甄嬛惊怒之下与众人设计抓出内奸。侍女花穗与小印子里应外合，原来是失宠的余氏所指使。——语用修辞失误（对余氏等都是灭顶之灾），语用修辞高效（甄嬛等捕获"毒枭"）。

第10集，皇上把余氏打入冷宫。甄嬛借机吟出"逆风如解意，容易莫摧残"。——语用修辞高效（致使皇上以欺君罪赐死余氏）。

第10集，安陵容为报答甄嬛，壮着胆子前往冷宫，告诉苏培盛用弓弦勒死余氏。——语用修辞失误（她的残忍让甄嬛和沈眉庄愕然生畏，从此没了"妙音娘子"）。

第11集，安陵容发觉丽嫔深信鬼神之说，便让小允子扮成女鬼，把丽嫔吓得当场说出华妃是幕后主使的真相。——语用修辞高效（以邪治邪）。

第11集，甄嬛发现丽嫔发疯，立刻派崔槿汐请皇后前来。——语用修辞高效（趁机从疯言疯语中攫取华妃等的罪证）。

第11集，浣碧在御花园烧纸钱祭祀亲娘（的忌日）。——语用修辞失误（被曹贵人撞见，问出隐私，曹贵人后来以此为把柄迫使浣碧不惜背叛甄嬛而给曹贵人及华妃提供情报）。

第12集，果郡王陪皇帝射箭取乐，一箭双鸽。——语用修辞失误（杀生何其残忍，还引起皇帝妒忌）。

第12集，甄嬛爱皇上，还是假冒果郡王的皇上，还是果郡王？生性多疑的皇帝质问甄嬛何时爱上他的。她说是从皇帝解余氏之围那时起感恩皇上。——语用修辞高效（避重就轻，由恩转爱）。

第12集，沈贵人轻信江太医的方子，更是轻信所谓的同乡太医刘畚。——语用修辞失误（造成假孕争宠的罪名）。

第13集，甄嬛的亲切态度，赢得年少不得宠的四阿哥的好感。——语用修辞高效[后来做他的养母，直接有助于其登基，也有利于她自己（后来的皇太后）]。

第13集，甄嬛离席"更衣"时到水边浣足取乐，偶遇果郡王并聊许久。——语用修辞失误（男女授受不亲，何况还有前面御花园真假皇上的秋千邂逅伏笔）。

第13集，王爷用言语调戏甄嬛的双脚。——语用修辞失误（王爷岂能就此开玩笑或觊觎皇上后宫的玉体？）

第13集，席间曹贵人借机让甄嬛跳惊鸿舞。——语用修辞失误（多数人知道惊鸿舞只有先皇后纯元擅长，甄嬛跳与不跳，跳得好坏，进退逶遭。没想到人家跳得很好，大出风头）。

第13集，宴会上，十四王爷言语不慎，说嫔妃们的舞技不及他府中的舞伎，甚至说更衣的甄嬛是尿遁。——语用修辞失误（粗俗无礼）。

第13集，甄嬛跳到一半时，王爷作为第二个伴奏吹着笛子进来。——语用修辞高效（于甄嬛之舞蹈），语用修辞失误（于王爷本人）。

第13集，舞毕，皇上赞扬。在涉及和纯元比较的"答辩"中，甄嬛不失讴歌的敬意和自谦的美德。——语用修辞高效（赢得大家及皇上的震惊、折服）。

第14集,失宠的华妃拿出早有准备的《梅妃传》中的《楼东赋》,伤感背出。——语用修辞高效(赢得皇上的同情)。

第14集,安陵容的父亲有罢官的危险,沈眉庄和甄嬛都帮过,皇后在关键时候出马。——语用修辞高效(皇后赢得安陵容的感激,安陵容以为皇后才是可倚靠的大树)。

第14集,皇后对甄嬛和安陵容说:"香炉里的死灰重又复燃了,这可怎么好呀?"甄嬛拿剩茶浇到香炉上面,说愿意为皇后分忧。——语用修辞高效(皇后喻指华妃重新协理六宫和得宠,甄嬛喻指灭掉其威风,都恰到好处)。

第14集,皇上来碎玉轩看甄嬛,她坐着没起身行礼。——语用修辞失误(得宠而失礼,也算编剧的语用修辞失误吧)。

第15集,皇上断定惠贵人假孕争宠,实施禁足,摔下她的簪子。——语用修辞失误(处理过分)。

第15集,甄嬛几次要见皇上而见不着。——语用修辞失误(对甄嬛和皇上都是失误:前者何故涉足风口浪尖? 后者何故如此绝情?)。

第15集,甄嬛终于见着皇上了,偏不提沈眉庄的事,只提女子装饰的问题。——语用修辞高效(借助悬念之法,王顾左右而言他,规避了帮惠贵人开脱的嫌疑)。

第15集,甄嬛让崔槿汐给芳若姑姑螺子黛,以便托她好好照顾禁足的沈眉庄。——语用修辞高效(以难得的化妆品螺子黛贿赂姑姑,想必不至于拒绝。万一被人知晓,可申辩只是交换小小礼品而已)。

第15集,敬妃用银针查了查内务府送来的饭菜。——语用修辞高效(小心无大错,果真发现有毒,既救了惠贵人的性命,又利于甄嬛引蛇出洞)。

第15集,太监黄规全把以为失宠的莞贵人的好花好草搬走了,留下残花败柳。——语用修辞失误(结果招致慎刑司的刑罚)。

第16集,皇上在敬妃面前分派三份螺子黛,她主动提出不要考虑她自己。——语用修辞高效(有自知之明,也免得皇上为难)。

第16集,华妃听说甄嬛得到一份螺子黛,非常生气。——语用修辞失误(间接嗔怪皇上偏心偏爱或分配不公)。

第16集,华妃抢夺曹贵人的女儿温宜公主。——语用修辞失误[自己受累(难以安睡),后来毒害公主(以便多睡少闹),引来曹贵人的愤恚]。

第16集,华妃给温宜公主喂了华妃自己的安神药。还说以后都用此法。——语用修辞失误(这是赤裸裸地毒害龙裔,不仅践踏曹贵人和公主的人权,还冒犯了皇权)。

第16集,夜里风雨交加,皇上冒雨离开了华妃,跑去陪伴甄嬛。——语用修辞失误(导致华妃发誓要"杀了她"）。

第16集，甄嬛帮助安陵容以一曲《金缕衣》引来皇帝注意。——语用修辞高效（助力安陵容得宠）。

第16集，皇上召回要离开的安答应。皇后约华妃离开，说有其他事要讨论。——语用修辞高效（给皇上创造和安陵容相处的机会）。

第16集，眉庄失宠禁足期间，甄嬛巧借要暗访之机，引来华妃"捉贼"失败。——语用修辞高效（还打击和挽救了"变节"的浣碧）。

第17集，浣碧穿着安陵容送给甄嬛的浮光锦。——语用修辞失误（高调招摇，引起安陵容的不悦）。

第17集，宴会中，甄嬛出来透气，走到桐花台，与果郡王闲聊良久。——语用修辞失误（缺席的时间被华妃利用，导致大家怀疑她给温宜公主的饮食下毒；当然还有其他潜在的危险）。

第17集，端妃到皇上和皇后身边为甄嬛做伪证，进门便说，"皇上，当夜莞贵人是和我在一起"，再施礼。——语用修辞高效（伪证有利于甄嬛），语用修辞失误（对皇上，应该先施礼后说话）。

第18集，华妃对皇上说，中元节要烧些东西，超度战死将士的亡魂。皇上赞许之时，拍了华妃的屁股。——语用修辞失误（是皇上行为失范？还是编剧或/和导演的失策？）。

第18集，皇上在甄嬛处吃完早饭，大家没给他擦嘴的东西，他没擦嘴就上朝了。——语用修辞失误（大家粗心大意，皇上则有失威仪）。

第18集，甄嬛怀疑浣碧但装作若无其事，引来她和曹贵人内外勾结。——语用修辞高效（欲擒故纵）。

第18集，曹贵人给皇上拿去剔除莲心的莲子。说莲子之心一般人无法体会。——语用修辞高效［皇上感其怜子之心（注意"莲子、怜子"的谐音效果），让她带回可怜的温宜公主］。

第18集，甄嬛和皇上议政。——语用修辞失误（皇上差点不高兴。这个皇帝也许比任何其他皇帝都更憎恨后宫议政、干政，除非事先说好只是说说而已）。

第18集，甄嬛送给曹贵人不少礼物，包括珍稀的香料"蜜合香"。——语用修辞高效（就是巧用此物查出了一时糊涂的"内奸"浣碧）。

第18集，华妃得到内报，以为甄嬛探视禁足的沈眉庄，想抓个现行，于是还没得到皇后的手令就来搜宫。——语用修辞失误（聪明反被聪明误，一无所获）。

第18集，芳若姑姑冒死拦住华妃搜宫。——语用修辞高效（姑姑严遵皇上的吩咐，得到皇上的嘉奖）。

第19集,甄嬛用计,不仅让华妃上当,受到皇上的责罚,还撤走了沈眉庄身边的侍卫。——语用修辞高效(一举多得)。

第19集,甄嬛趁着大家不备幽会眉姐姐。——语用修辞失误(万一外漏,前功尽弃。对编剧等而言,也算失误,因为这是犯险幽会)。

第19集,离开沈眉庄的甄嬛,为了躲开侍卫,躲到果郡王的船上。——语用修辞失误(万一叫多疑的皇上抓住把柄,两人的一切都会土崩瓦解)。

第20集,皇上宴请年羹尧和华妃。席上,年羹尧要苏公公给他夹菜。——语用修辞失误(犯上:苏公公一般只为皇上布菜)。

第20集,年羹尧附和皇上的话,说什么是"一家人吃饭",不宜说饭菜之外的事。——语用修辞失误(暗示皇上不该言及西北局势。此举乃御前失礼)。

第20集,苏公公当着皇上的面给年大将军献茶,年将军没理睬。——语用修辞失误(对苏公公无礼约等于无视皇权)。

第20集,告别时,苏公公告别年大将军,年将军没理睬。——语用修辞失误(对苏公公无礼约等于无视皇权)。

第21集,皇上在翊坤宫,华妃让安陵容和甄嬛一起唱歌助兴,俨然对待一般歌舞伎。——语用修辞失误(在皇上面前借助贬损得宠的二人而抬高自己,自己未必高出多少,反而开罪了三个人)。

第21集,安常在嗓子不舒服,华妃不仅讥讽她,还让她喝酒再唱。——语用修辞失误(擅歌者爱护嗓子,一般忌酒忌辣。华妃此举害得歌者无以为歌)。

第21集,由于安陵容嗓子有碍,甄嬛自弹自吟(秦观的《鹊桥仙》)。——语用修辞高效(又现多才多艺的一面,更得皇上欢心)。

第21集,年羹尧让王爷以下官员都要跪迎他。——语用修辞失误(狂妄至极,引起公愤,皇上听闻,龙颜大怒)。

第21集,安陵容在枕下藏了一个布娃娃,扎了很多针,常常边扎边念道:"华妃,去死!"——语用修辞失误(倘若被人知晓,恐小命难保)。

第21集,皇后抓住了这个把柄。——语用修辞高效(皇后趁机要挟利用安陵容,从此言听计从)。

第21集,富察贵人借淳儿搬到甄嬛处之机离间安陵容和甄嬛。——语用修辞高效(挑拨成功)。

第21集,华妃张扬自己的奢华,却说是受到娘家贴补。——语用修辞失误(暗示娘家的贪腐极奢)。

第21集,皇上和甄嬛用一同采摘的梅花酿酒待客。——语用修辞高效(显得同心同德,亲力亲为)。

第21集,同上,华妃和富察贵人不以为意。——语用修辞失误(对皇上不敬)。

第22集,年将军参见皇上,皇上有事,让等。年将军站在大殿门口正当中,苏公公提醒不可。他却说,只站一会儿罢了。——语用修辞失误(对苏公公、皇上和官规的冒犯)。

第22集,苏公公派小夏子搬来椅子,直到挪到近乎中央,年将军才肯坐下。——语用修辞失误(对苏公公、皇上和官规的冒犯)。

第22集,果郡王从大殿内出来,问候年大将军。年氏没起身,解释说自己有腿疾。——语用修辞失误(对王爷如此无礼,近乎无礼于皇上)。

第22集,年将军举荐过去自己罢免的官员赵之垣等,实际因为华妃向他们索贿了。年将军举荐时态度坚决,并要求立刻"破格"委任。——语用修辞失误(朝廷内外勾结,这是皇上最为忌惮和防范的事)。

第22集,安陵容从毫无心机的淳儿口中得知皇帝根本没把自己赠送的寝衣当回事时,黯然离去。甄嬛为淳儿向陵容道歉,差人送去玉钗一双。——语用修辞失误(淳儿失礼,甄嬛为何道歉? 结果陵容误会甄嬛护着淳常在且在炫富)。

第22集,殿外,年羹尧碰到莞贵人,只问这是哪位贵人,并没有施礼。得知是莞贵人后,还威胁了她,说她不该给华妃穿小鞋。——语用修辞失误(对嫔妃无礼近乎冒犯皇上)。

第22集,嫔妃们看戏,华妃说起唐朝的大将薛丁山。——语用修辞失误(意在彰显其兄长的战功)。

第22集,皇上夸华妃的服饰,华妃说是哥哥帮着做的。——语用修辞失误(娘家贪腐或者兄长张狂)。

第22集,说戏时,华妃谈嫡出和庶出等事,意在贬低皇后。——语用修辞失误(以下犯上)。

第22集,甄嬛吟诗,保护了皇后和安陵容的脸面。——语用修辞高效(以才尊上)。

第23集,太后当大家的面问甄嬛的文化水平,皇后说她"通诗书",甄嬛却说自己的字迹"拙劣"。——语用修辞高效(谦卑适度)。

第23集,晚上,皇上来看甄嬛。她躺着,没起身。后来坐起来,没起床。——语用修辞失误(甄嬛或编剧/导演的失误)。

第23集,妃嫔们一起,富察贵人说有喜了,并嘲笑沈贵人假孕争宠,还说自己的肯定是阿哥。——语用修辞失误(即使人家假孕争宠不对,富察贵人真孕也不能争宠。后宫毕竟有很多盼孕不孕的小主)。

第23集,甄嬛派人捉拿了刘畚,其证词有利于为沈眉庄翻案。——语用修辞高效(行动无外人知晓,战果有利于昭雪)。

第24集,两位江太医盗窃了温太医治疗时疫的药方。——语用修辞失误(剽窃、盗窃都是大罪,后来东窗事发招致死罪)。

第24集,皇上和太医来看怀孕的富察贵人,离开时,太医的屁股撞了跪地的宫女的脑袋。——语用修辞失误(太医还是编剧/导演疯了吧)。

第24集,皇上召见安陵容,同时还召见了甄嬛,结果让安陵容先走。——语用修辞失误("一山不容二虎",岂有一室同宠二女之理? 引起安陵容的嫉妒和怨恨)。

第24集,皇上翻安陵容的牌子,却为了安慰父亲降级的甄嬛转而去宠幸后者。——语用修辞失误[安陵容更加妒忌甄嬛(以及怨恨皇上)]。

第24集,皇上要晋封敬嫔为妃,敬嫔半天没施礼谢恩。——语用修辞失误(被皇上批评。敬妃可能受宠若惊,因此该失误可得到谅解)。

第25集,华妃问江太医何时能怀孕,江太医深知华妃无孕的缘由,只能三缄其口。加上她曾使他盗取温太医的治疗瘟疫的药方。——语用修辞失误(华妃问诸多太医,每次都是假大空的处方和医嘱。江太医说不知,甚为不悦)。

第25集,嫔妃们赏花,华妃赞芍药的妖艳,贬低牡丹。——语用修辞失误(意在抬高自己,贬低皇后,因为根据民俗语义学,牡丹有"国色天香"之誉,喻指皇后,而华妃以妖艳的芍药自喻)。

第25集,皇后以恶猫松子为凶手(利用安陵容和香料)扑向和杀掉富察贵人的胎儿。——语用修辞失误(以为此举天衣无缝、无人知晓,却受到太后的斥责)。

第25集,甄嬛(自己有孕尚不知情)被人推向富察贵人,被猫抓伤了脖子。——语用修辞失误(甄嬛本该躲在后面,结果却站在前列。众人会误当/诬告甄嬛扑倒了富察贵人;甄嬛自己受伤,甚至可能伤及龙裔)。

第26集,华妃闯到端妃宫中,打了她一个耳光。——语用修辞失误(位分相同,何以至此?)。

第26集,宫外的郎中陈大夫为华妃诊脉,说她"万安"。——语用修辞高效(叫她不要太急,还是其他太医的那一套,却骗得华妃安心)。

第26集,陈大夫给皇后身边的老佣竹息诊脉,竹息没病却劝陈大夫说有病。——语用修辞高效(便于"老奴"偷偷懒)。

第26集,甄嬛没有察觉安陵容对她的仇隙,收受了她的舒痕胶。——语用修辞失误(里面有导致滑胎的麝香)。

第 27 集，皇上来沈眉庄处，她却不冷不热。——语用修辞失误（不能跟皇上记仇，不领皇上的情，不给皇上面子）。

第 27 集，皇上夸甄嬛美丽，甄嬛说自己的妹妹（"不足十岁"）更美。皇上说要纳她为妃。虽说是玩笑，但后来真的要纳她为妃。——语用修辞失误[厚颜无耻，竟然要霸占甄氏三姐妹（甄嬛、浣碧、玉娆），遭到三人的反对]。

第 27 集，皇上对甄嬛讲，两个江太医治瘟疫时，收受贿赂，还说让没钱的自生自灭。——语用修辞失误（两个太医胆大包天！甄嬛说他们的药方盗自温太医之手。皇上说迟早要除掉他们）。

第 27 集，在碎玉轩，甄嬛问皇上华妃肚子为何没动静，皇上说她不会有孩子的。当时崔槿汐在场。——语用修辞失误（皇宫素有不可告人的秘密，皇上对宠妃泄密已是不妥，还不避讳其身边的宫人）。

第 27 集，皇上让果郡王操办一场生日庆典，让怀孕的甄嬛开心。后来果然别致。——语用修辞失误（王爷应该拒绝，因为办得好不好都不好。这也为王爷的悲剧埋下了苦种子）。

第 27 集，生日晚会上，人多口杂，甄嬛注意到某王爷的福晋有点不舒服，前去问候关照，赢得其好感。——语用修辞高效（后来与该福晋交好）。

第 27 集，在大庭广众中，有人参了年羹尧一本，说他昨夜把太医全都请去了。结果皇上表扬了年大将军，说他重情重义。——语用修辞失误（年羹尧真把自己当皇上了）；语用修辞高效（皇上的缓兵之计，因为要用年羹尧镇守西部，等到将来再做理会）。

第 27 集，甄嬛生日，果郡王受皇上吩咐操办。果郡王吹着笛子上前，笛声末了，他祝甄嬛生日快乐，却没有和皇上打招呼。——语用修辞失误（重女色轻恩义？）。

第 27 集，淳贵人放风筝，掉线了，死活不让人跟着。——语用修辞失误（撞见华妃和官员勾结收受贿赂的事，被灭了口）。

第 28 集，妃嫔们给皇后请安。随后大家给华妃请安。——语用修辞失误（敬妃也是妃，怎么也加入请安行列？此时，华妃还没封为贵妃）。

第 28 集，妃嫔们给皇后请安之后，华妃问皇后，皇上要给我晋位分是什么意思？皇后说，妃后是贵妃，贵妃之后是皇贵妃。华妃说："皇后错了，皇贵妃后面还有皇后呢。"——语用修辞失误（众目睽睽之下挑衅皇后的威仪，算古今恃宠而骄的魁首）。

第 28 集，皇上召见舅舅隆科多，见面就称"隆科多舅舅"。——语用修辞失误（应该叫"舅舅"，姓名乃多此一举）。

第 28 集，舅舅两次自称"奴才"。——语用修辞失误（称谓不当，应该叫"微臣、臣"）。

第 28 集，皇后"头疾"，敬妃和莞嫔来探视。皇后的宫女剪秋没施礼。——语用修辞失误(是下人无礼,还是编剧/导演失察?)。

第28集,同上,皇后"生病"却招不到太医,除了皇太后身边的两位太医之外,其余被年羹尧差去给他老婆治病。——语用修辞失误(年羹尧的重大失误。可惜他不知皇后的头疾是计)。

第28集,上头派人给华妃送来皇贵妃的服装,她忘乎所以,丝毫没有谦让。——语用修辞失误(后来却封为贵妃,并劝她退回皇贵妃的服饰)。

第28集(等),多次出现自称的"嫔妾",其实是"贫妾"的误写。——语用修辞失误(编剧或字幕工作者的偏差)。

第28集,素来不喜欢甄嬛的齐妃差下人给甄嬛送来有毒的糕点。——语用修辞失误(怎不叫人生疑? 愚不可及)。

第29集,华贵妃差太监要怀孕的莞嫔去听训示。因为甄嬛来迟一点,就要她在太阳底下罚跪。——语用修辞失误(丝毫不顾及龙裔而造成流产)。

第29集,十七爷(果郡王)私闯翊坤宫,救下流产的莞嫔。——语用修辞失误[虽是救人,但犯了两大忌:私闯后宫,以及抱走皇上的美人(就医)]。

第30集,甄嬛小产后,大家都到了碎玉轩,只见华贵妃来到门口,苏公公看到,没有施礼。随后她跪在门口。——语用修辞失误(苏公公不向华贵妃施礼便是失礼,也许是编剧或导演的过失)。

第30集,同上,安贵人、惠贵人和敬妃都来了,向皇上问安,没向皇后问安。——语用修辞失误(对皇后不敬? 也许是编剧或导演的过失)。

第30集,皇上问:"贱人在哪里?"指的是华贵妃。苏公公说:"华妃在宫门外。"没说"贵"字。——语用修辞失误(苏公公老糊涂了吧,有无"贵"字,谬以千里)。

第30集,华贵妃走进碎玉轩,问候皇上,没有理睬皇后。——语用修辞失误(忽视皇后是极大的无礼。不过,她素来不怎么敬重皇后。只是此时皇上等人都在场,此错便是大错)。

第30集,华贵妃犯错降级,年羹尧屡上请安折子,问及妹妹安好。说华贵妃不安,他也不安。——语用修辞失误(皇上理解为对皇上家事指手画脚,且咄咄逼人)。

第31集,碎玉轩里,温太医给甄嬛瞧病时,说了很多青梅竹马的事和诗。——语用修辞失误[隔墙有耳,被惠贵人窃听到,不悦。若是被他人(如不忠心的佣人)窃听到,后果不堪设想——编剧有责]。

第31集,说及一盒欢宜香,安陵容问甄嬛:"姐姐从哪里来的?"问的是香料。——语用修辞失误(语病,应该说"姐姐,这是从哪里来的?")。

第31集,皇上和嫔妃们一起娱乐,船上飘来妙音女子的歌声《金缕衣》。皇上到岸边,说："美人若如斯,何不早入怀?"完全一副色君的样子。——语用修辞失误(昏君丑态,也全然不顾众嫔妃在场吃醋)。

第31集,皇上在太液湖和嫔妃们娱乐,没有通知失宠降级的华妃,但华妃接到召见的通知(脸生的小太监问她是否有空前去),结果去了湖边却不得见,在烈日下白白受辱。——(这是华妃理解的)语用修辞失误,也是(皇后的)语用修辞高效(做套子让她钻)。

第32集,甄嬛对陵容争宠心存芥蒂,陵容哭诉受制于人的苦衷。——语用修辞高效(博得甄嬛的同情)。

第32集,甄嬛与槿汐到延庆殿探望端妃,还请温太医来治病。——语用修辞高效(结好端妃,后来得到了她的鼎力相助)。

第32集,在陵容受宠前后,浣碧屡屡语出讥讽。——语用修辞失误(加深了陵容和甄嬛的误解或仇隙)。

第33集以前,浣碧和十七王爷有一些联系,她承认有两次联系。如此回复甄嬛的质问。她之所以质疑,是因为看到今天浣碧见王爷行的是常礼。——语用修辞失误(浣碧背着主子私会宫外男子,而行礼的方式出卖了她)。

第33集前后,惠贵人对太后的话语和照顾,能替皇上尽孝。——语用修辞高效(皇上无心做孝子,惠贵人权且代为尽孝。后来,皇太后对皇上夸奖她)。

第33集,甄嬛失宠,不敢弹《长相思》,此时却传来《长相思》的笛声(果郡王的笛声)——语用修辞失误(被皇上听到怎么办?难道要让人家知道这二人心心相印?)。

第33集,同上,莞嫔依笛声寻找吹笛人。后来夜色中以"知己"身份聊天许久。——语用修辞失误(同上,在婚外情上玩火)。

第33集,惠贵人拽着丧子失宠的甄嬛到冷宫,让她看到冷宫的情景。——语用修辞高效(思想工作到位,让甄嬛一反常态,准备以崭新的面貌重获龙宠)。

第33集,甄嬛独自回宫,撞上了齐妃。富察贵人教唆齐妃教训甄嬛。后来,就令她在冷风中罚跪一个时辰,让翠果给甄嬛掌嘴。——语用修辞失误(富察贵人和齐妃岂有好报?此外,富察贵人没资格惩罚同为贵人的甄嬛)。

第33集,甄嬛受到齐妃责罚,翠果动了恻隐之心,并没有亲自动手重责。——语用修辞高效(甄嬛说今后她会得到好报的)。

第33集,甄嬛受罚,甄嬛推理皇后是装作不知情。——语用修辞失误(于皇后,佯装不知是失误);语用修辞高效(于甄嬛,何其聪明的推理!)。

第33集,失宠的甄嬛得到种种教训之后,要下人准备蝴蝶,蓄意重博圣上欢心。——语用修辞高效("有志者事竟成",后来如愿)。

第34集,甄嬛决定在年世兰复宠之前(其哥哥在前朝炙手可热),采取果断行动,即以色争宠。——语用修辞高效(实现了既定的目标)。

第34集,在惠贵人的劝诱下,皇上一行赶到倚梅园。只见甄嬛跪地为大清祈福。她起身时,很多蝴蝶从她身上四处飞扬。"蝴蝶也为你倾倒""也让朕心醉"。皇帝为她披上自己的外套。——语用修辞高效("朕和嬛嬛何时有过嫌隙?""从来没有。"重获皇上的恩宠)。

第34集,大雪纷飞,皇上来碎玉轩,可甄嬛假装睡下了。就是让自己成为不可轻得的美人。次日还如此。连续四天都如此。——语用修辞高效(这是崔槿汐所言的"欲擒故纵",皇上更是欲罢不能)。

第34集,皇上和嫔妃们一起商量和亲之事。说起皇上的妹妹朝瑰公主,皇后说十分合适,即使不和亲,将来所嫁的一定是朝中等人家,怎比嫁给准噶尔人体面尊贵。——语用修辞失误(这句话预设了嫁给准噶尔是很体面的事,和上文"那本是大清的一个边疆部族,索要嫡亲公主和亲是'得寸进尺'",结果皇上也附和说准噶尔是"上佳人选"。折射出剧情的不和谐)。

第34集,皇上送走和亲的仪仗队,郁闷地来到碎玉轩,甄嬛站起来,却未行大礼。——语用修辞失误(甄嬛或编剧/导演的失误)。

第35集,甄嬛复宠后,见到富察贵人和曹贵人,约到凉亭闲聊。甄嬛讲汉高祖时的人彘故事(吕后对戚夫人砍肢挖眼的酷刑)。崔槿汐讲了唐朝的"骨醉"(把人塞进酒缸里)。——语用修辞高效(既吓傻了富察贵人,又对曹贵人起到"杀鸡儆猴"的功效)。

第35集,同上,甄嬛跟曹贵人讲将来的和亲可能。——语用修辞高效(拉拢了惧怕女儿和亲的曹贵人)。

第35集,敦亲王穿着戎装上朝,另外,退朝后把朝上出言弹劾的文官张霖打晕了。随后敦亲王称病不上朝。——语用修辞失误(愚蠢蛮横)。

第35集,背景同上。皇上问计,甄嬛给皇上谋划,亲自出马,让福晋促使敦亲王登门致歉。若要惩治敦亲王,也要等待将来。——语用修辞高效(皇上说,"只有你能为我排忧解难""只有你最懂朕的心意")。

第35集,同上,甄嬛建议封敦亲王的女儿为"恭定公主"。——语用修辞高效(意在提醒他们安分守己)。

第35集,莞嫔对敦亲王的福晋自称"臣妾"。——语用修辞失误(应称"本宫")。

第35集,在甄嬛给皇上香囊后,安陵容也给皇上一个"小家子气"的香囊。在甄嬛在的时候,安陵容还赖着不走。——语用修辞失误(相形见绌,做电灯泡)。

第36集,敦亲王奏请追封自己的母亲,并葬入皇家妃陵。——语用修辞失误(皇上刚刚加封敦亲王的子女。至于对其母亲的做法，那是先皇的意思。皇上若准奏，是对先皇的不恭，因此皇上大怒）。

第36集，同上，甄嬛建议加封，并加封其他旧妃。得到更多的人心。——语用修辞高效（既给了敦亲王面子，也笼络了更多的人心）。

第36集，同上，甄嬛申请复年妃之位。——语用修辞高效（甄嬛以退为进，为的是皇上能稳住年羹尧。皇上对这个大格局、大度量的建议很惊喜，答应将来"一定还你一个公道"）。

第36集，皇上和皇太后聊起杀华妃孩子等事，太后身边的老侍女竹息在场。——语用修辞失误（竹息如此可信？她毕竟是太后身边的下人）。

第36集，安陵容见惠贵人，离间她和甄嬛（以甄嬛建议复位华妃之事）。——语用修辞失误（疏却间亲。虽然惹得惠贵人对甄嬛有些质疑和不爽，但人家终究是姐妹情深）。

第37集，皇上来到复宠的华妃宫内，问洗手的水为何那么香。宫女颂芝抢答。——语用修辞失误（侍女抢华妃的风头，华妃大为不悦）。

第37集，同上，后来皇上要颂芝布菜。——语用修辞失误（皇上和颂芝都有失误。她做和不做都不妥）。

第37集，安陵容又来见惠贵人离间甄嬛。——语用修辞失误（遭到惠贵人的严厉斥责）。

第37集，安陵容为了讨好甄嬛，给她煎了自己开的一服药，还用自己手腕的血作为药引子。——语用修辞失误（先开罪于人再讨好之？因此甄嬛不喝）。

第37集，以及多集前，年羹尧以至其奴才在人前人后耀武扬威，甚至让人跪迎。另外，纳官受贿，结朋营党。——语用修辞失误（皆为找死之道）。

第38集，年羹尧僭越皇上，对官员下达命令。——语用修辞失误（同上）。

第38集，华妃闻兄长失势，又见颂芝攀援皇上，刻意荐于皇上，封为"芝答应"。——语用修辞高效（一时笼络了圣心）；语用修辞失误［身边养了一个争宠的劲敌，搞成非仆非（小）主，时常尴尬和愤懑］。

第38集，华妃见到甄嬛（嫔），聊天不投机。身边的颂芝劝华妃不要跟甄嬛计较，"世间尊卑有道"。——语用修辞失误［结果，甄嬛以嫔的身份教训了答应身份的颂芝（以其人之道）］。

第39集，皇上的舅舅隆科多、敦亲王和年羹尧同情谋逆的允禩、允禟二人。——语用修辞失误（文官和皇上都以为不妥）。

第39集，皇上和妃嫔欢聚。颂芝献果子给皇上。甄嬛对她以及华妃冷嘲热讽。——语用修辞失误（这是皇上和甄嬛密谋的失误）；语用修辞高效（反过来是更深层次的高效）。

第 39 集,同上,皇上罚甄嬛到蓬莱洲思过。皇后派安陵容同去。——语用修辞高效(皇后之谋:安陵容陪伴"落难"的姐姐,赢得甄嬛和皇上的好感)。

第 39 集,华妃没来向皇后问安,太监周宁海来说,像这种问候的小事,"皇后娘娘不会计较吧?"——语用修辞失误(华妃及其太监目无尊长)。

第 39 集,甄嬛被罚去蓬莱洲思过时,苏公公带来了惠贵人的秋衣。——语用修辞高效(大难见人心,还是姊妹情深)。

第 40 集,皇上刚刚处理完敦亲王之事,年羹尧上表贺喜"夕阳朝乾",是"朝乾夕惕"之误。表中字迹潦草且有多处涂改。——语用修辞失误(本是赞扬皇上勤于政务,但奏表的失误让皇上不悦,决定不表彰其青海之功)。

第 40 集,后来,年羹尧申辩的折子,多有夸功之意。——语用修辞失误[加上原来的罪过,皇上撤他的职(川陕总督),贬他为杭州知府]。

第 40 集,同上,华妃闯到皇上的勤政殿,为哥哥申辩哭闹。——语用修辞失误(皇上不理不睬,讨厌后宫干政)。

第 40 集,嫔妃们见皇后,曹贵人(在甄嬛偷偷唆使之下)控告华妃诸多罪状,如毒害温宜公主和惠贵人,杀死淳贵人,年羹尧内外勾结,收受贿赂。——语用修辞失误(曹贵人背叛旧主,落井下石),语用修辞高效(甄嬛等策反成功,取得了最有效的罪证)。

第 40 集,撤职降级后的年羹尧迟迟不到杭州赴任,随后言语嗔恚。——语用修辞失误(被人举报,又降级为杭州城门看守)。

第 40 集,皇上要查处华妃的亲信同党,齐妃带头举报曹贵人。——语用修辞失误(齐妃没有好果子吃。结果甄嬛保了曹贵人,被封为襄嫔)。

第 40 集,年羹尧穿着黄马褂看城门,引起轰动。——语用修辞失误(让世人以为皇上不念功臣旧功,皇上十分生气)。

第 41 集,甄嬛之母进宫,要行大礼(跪礼),甄嬛劝阻。——语用修辞失误[甄嬛无知:皇权高于父权。其母说,若旁人看到,就会以为她不懂礼仪,更重要的是,以为她(以及整个甄家)不敬皇上]。

第 41 集,皇上问候皇太后。皇上自己提到隆科多,皇太后说可让他告老还乡,"颐养天年"。——语用修辞失误(皇上不喜欢包括皇太后在内的后宫干政。皇上更疑心这个舅舅)。

第 41 集,祺贵人首次给妃嫔们请安,说"给皇后娘娘请安,各位姐姐请安!"——语用修辞失误[第一,祺贵人给后宫嫔妃和贵妃施礼不能称"姐姐",而应称"娘娘"(尚可称嫔为"姐");第二,后半句少了"向/给"。具体说来,分别为社会语用和语用语言失误]。

第 41 集,同上,散会后,祺贵人追出来,向莞嫔和惠贵人问安。"莞嫔姐姐万福,惠贵人万福！"——语用修辞失误[对前者最好叫"娘娘"，待其说"可姐妹相称"再改口不迟，对后者可叫"（惠）姐姐"]。

第41集，祺贵人服侍皇上的第二天，为皇后梳妆。——语用修辞高效（报举荐之恩，让皇后感动）。

第41集，华妃降为答应后，在翊坤宫门口为哥哥烧纸。——语用修辞失误[犯了忌讳：一是不能在后宫门口烧纸，二是不能（间接）为亡兄鸣冤]。

第41集，年答应侮辱祺贵人后，皇上和妃嫔们在一起，襄嫔建议处死年答应。——语用修辞失误（对待旧主如此恶毒！后来，皇太后建议毒死襄嫔）。

第41集，甄嬛令浣碧叫眉姐姐过来，说了两遍"去请眉姐姐来吧"。——语用修辞失误（应该说"请惠贵人"，毕竟内外有别，尊卑存异）。

第41集，太监告诉甄嬛，年答应宫中的太监肃喜鬼鬼祟祟，带有火石。甄嬛叫他偷偷留心，不要打草惊蛇。——语用修辞高效（待其案发，逮个正着）；语用修辞失误（年答应和放火者何其愚也！）。

第41集，皇后和嫔妃们听戏。祺贵人拍马屁时说家里有两个庶出的妹妹，一起说话总不投机。不像在这里和娘娘如此投缘。——语用修辞失误（没想到皇后也是庶出，拍马屁拍到马蹄上了，几个人无比尴尬）。

第42集，年答应指使肃喜趁着祺贵人听戏未归到其居所放火，会烧到甄嬛处。提前知晓的甄嬛没有制止，反而"助火"——语用修辞失误（于年答应一伙而言，是天大的失误）；语用修辞高效（甄嬛与眉庄"助火"旨在让年答应"自掘坟墓"）。

第42集，说起欢宜香，从一开始到华妃死前，她都不知道皇上一直在限制她怀孕。——语用修辞失误（华妃理解失误：误解为小产，误解端妃、皇上等）。

第42集，年答应撞死。皇上给她体面，以贵妃礼仪厚葬，谥号"敦肃"。——语用修辞失误（端妃感慨："温厚为敦，她何时敦厚过呀？"莫非反讽？）。

第42集，年羹尧的幕僚汪景琪写书《西征随笔》歌颂年羹尧，称为"宇宙第一伟人"。——语用修辞失误（称颂当朝皇帝的死敌，后果可知）。

第42集，同上，有人指责"雍正"的"正"字做年号有些不妥，这样的皇帝大多没有好下场。——语用修辞失误（这是犯上，有妄议国讳之嫌）。

第42集，年羹尧死后，甄远道和鄂敏二人聊起来，甄远道隐含了皇上的惩治过严过重。——语用修辞失误（说者无意，听者有心。鄂敏在皇上面前指控甄远道为年羹尧同党）。

第42集，皇上对皇后、甄嬛、安陵容等说要封甄嬛为妃，结果当众说叫"莞嫔"去给他磨墨。——语用修辞失误（应改口称"莞妃"，因为皇上"金口玉言"，而中国的称谓一般就高不就低）。

第 43 集，皇上见太后，说"皇额娘近日可好些吗?"——语用修辞失误（皇上一般是每天至少一次向太后问候，上面的话好像/预设连日未见）。

第 43 集，同上，说起隆科多，太后说，隆科多不敢有异心，说"相识数十年"。——语用修辞失误（皇上说，"皇额娘不是常说后妃不得干政吗?"）。

第 43 集，皇上征求甄嬛有关处罚罪臣及其家属的意见，她提出了不要过多累及家属。——语用修辞失误（有干政之嫌：后来被皇后中伤诬陷，说是和他父亲一样同情皇上不喜欢的人）。

第 43 集，甄远道同情钱名世，并收藏了他的诗集。而钱氏有诗称颂年羹尧。——语用修辞失误（后来被鄂敏参了一本）。

第 43 集，甄嬛要封妃。送来的妃服有个大洞，修补需要三五天。姜公公建议用皇后拿去修的类似衣服，甄嬛认可。——语用修辞失误（那是纯元皇后的衣服，就算真是皇后的，也得征求皇后的意见）。

第 43 集，甄嬛的册封被终止，被禁足。惠贵人找皇后和太后说情，不得见。——语用修辞失误（都在气头上，自找不痛快）。

第 44 集，甄嬛被禁足，生病需要医治，却不让人出门找太医。流朱撞在侍卫的刀上，以死引起皇上的重视。——语用修辞高效（引起了重视）；语用修辞失误（丧命代价过高）。

第 44 集，禁足的甄嬛有孕，请求皇上让皇后负责其养胎事宜。——语用修辞高效（政敌皇后碍于皇上的面子不敢肆意害人）。

第 44 集，同上，浣碧说"小主都已经五个月了"。——语用修辞失误（谎报月份）。

第 44 集，同上，惠贵人无法来见甄嬛，托温太医带来字条："心不禁　得自在"。——语用修辞高效（甄嬛得到宽慰）。

第 44 集，同上，安陵容给皇后献计害甄嬛的胎儿。——语用修辞失误（皇后谴责她）。

第 44 集，同上，皇上发出最后通牒，给甄远道三天时间，要他写诗谴责钱名世。——语用修辞失误（无中生有地中伤他人?）。

第 44 集，甄嬛怀孕在亭中休息，祺贵人和欣贵人路过。欣贵人施礼，祺贵人不肯施礼，还不让欣贵人行礼，说"她只不过是失宠的嫔妃"。——语用修辞失误（目无尊卑）。

第 45 集，甄嬛孕期，皇上此时革职了其父亲甄远道（因为劝他不要大搞文字狱），圈禁其家人。——语用修辞失误（皇上这样做有利于龙裔吗?）。

第 45 集，皇太后跟皇后讲"螽斯门"，意在劝她保护皇上的龙裔。——语用修辞高效（诗经的话，"螽斯羽，诜诜兮。宜尔子孙，振振兮。"算是给了她一个严重警告）。

第45集，甄嬛的胎儿有8个月了，安陵容派脸生的太监到甄嬛身边，告知她父亲下狱之事。——语用修辞高效（造成伤心不已，动了胎气），以及语用修辞失误（缺德）。

第45集，同上，安陵容派脸生的太监到监狱甄远道的牢房放耗子。——语用修辞高效（极大地打击了牢中之人），语用修辞失误（缺大德了）。

第45集，甄嬛生了个公主，皇上来探望，她没问候。——语用修辞失误（目无皇上）。

第45集，皇上对生下公主的甄嬛说："只要你肯，你还是朕的宠妃，朕待你还和从前一样。"——语用修辞失误（不赦免其父母，任何嘉奖都不算嘉奖，因此心里不领情）。

第45集，皇上让甄嬛到外面的寺院甘露寺静修。临别，念诗祝祷皇上。——语用修辞高效（心有嗔怪，但口中为皇上祈福，着实感人）。

第46集，甄嬛带发修行，改名"莫愁"。静白百般刁难。——语用修辞失误（皆为修行，相煎何急？）。

第46集，甄嬛出宫后，敬妃当着很多人的面和皇上议论胧月公主的长相。皇上说起哪里哪里像皇上，敬妃说其像莞嫔。——语用修辞失误（皇上大怒，因为犯了皇上先前的不许提起甄嬛的禁令，真是哪壶不开提哪壶）。

第47集，皇后一行到甘露寺敬香祈福。莫愁在擦地。大家（除了惠贵人）对她如同陌路。祺贵人踩了莫愁的手，还用语言折辱一番。——语用修辞失误（世态炎凉，落井下石）。

第47集，惠贵人孝敬太后，趁机为莫愁说好话。——语用修辞高效（说动了太后派人探视莫愁）。

第47集，太后派芳若姑姑来探视，说你不关心皇上了？甄嬛回答，"若有国丧，天下皆知，就不劳姑姑来告诉娘子了。"——语用修辞失误["娘子"不当，应为"贫尼"。甄嬛态度不当，竟然隐含诅咒皇上之意，（崔槿汐也犯上地批评了她）]。

第47集，太后让甄嬛亲自抄录佛经，会派姑姑亲取。这句话在寺外大声地说，就是让那些尼姑听到，不要再欺负莫愁。——语用修辞高效（谁敢再欺负莫愁？）。

第47集，舒太妃，即冲静元师，对来访的莫愁说，"这是我的贴身侍女，名叫积云。"——语用修辞失误（修行之人哪有侍女？可称"我原先的侍女，目下的同修/道伴/道侣/烟霞侣"）。

第47集，甄嬛和浣碧拿琴去见太妃，王爷从北方来。甄嬛和王爷没有互相施礼。甄嬛称呼太妃"太妃"。——语用修辞失误（不施礼预设十分熟悉，另外，修行的太妃当称"师太"类，此时此地，何妃之有？）。

第47集，王爷为浣碧和阿晋提亲，看不出浣碧暗恋王爷。——语用修辞失误（惹得浣碧不悦）。

第47集,浣碧怀疑王爷提亲是为了方便王爷和甄嬛幽会。——语用修辞失误(以下犯上,还误解王爷美意)。

第47集,阿晋告诉甄嬛等,太后要安排王爷和沛国公之女孟静娴结婚。浣碧言语不悦。——语用修辞失误(和浣碧无关,她为何气恼?)。

第48集,静白等诬陷甄嬛偷了燕窝(因她在吃燕窝)。——语用修辞失误(纯属诬告,忘记了皇太后的隐含警告。再者,贫穷的寺院怎会有奢侈品燕窝?)。

第48集前后,王爷和甄嬛有多次接触,以至酿成真情,还燃烧成爱情。把寺院(凌云峰)当成了闺房。——语用修辞失误(不仅是佛家大忌,更是皇家大忌)。

第48集前后,这样的事竟然没人知情并向皇上或皇后告发。后来告发的事也只是莫须有。——语用修辞失误(编剧欺众如斯)。

第48集,甄嬛高烧不退,王爷找到一个叫"清凉台"的地方照顾甄嬛,还有几个侍女,其摆设不亚于皇宫。——语用修辞失误(几个侍女和这样的摆设怎么可能?仅为了悦观众之目?)。

第48集,皇上一行造访清凉台,皇上说王爷好久没去皇宫,连个谈诗说赋的人都没有。"要是当年她还在……"——语用修辞失误(禁忌话题,尤其是对被有所怀疑的王爷而言)。

第48集,甄嬛康复了,到隔壁房间看望帮过自己而患重感冒的王爷,叫他"允礼"。后来皇上来了,走了,她又叫王爷"王爷"。——语用修辞失误(称呼和态度迥变,理由是"皇上的到来叫我更加清醒")。

第49集,甄嬛和王爷很亲热地讨论画像,被温太医看到。甄嬛还说,"允礼不是外人。"——语用修辞失误(对人称"允礼",岂有此理?)。

第49集,太后求皇上赦免他"舅舅"隆科多(她的旧情人)不成,她为了江山社稷和皇上的颜面亲自毒死了他。——语用修辞失误(母子二人何其毒辣?这位"舅舅"昔日所为本是玩火)。

第49集,太后一病不起,皇上却不来请安或探望,只有眉庄照料。——语用修辞失误(绝情至此);语用修辞高效(眉庄替皇上尽孝,深得太后欢心)。

第50集,安陵容诱惑皇上纵欲生病发烧。——语用修辞失误(引起太后不满)。

第50集,惠嫔对敬妃说:"可嬛儿终究是胧月亲生的额娘。"——语用修辞失误("亲生的"要改为"生身的、嫡亲的、真正的"类)。

第50集,齐妃和三阿哥诉苦,告了皇后的状,还说盼着阿哥当皇上。——语用修辞失误(被剪秋偷听到,造成皇后决计杀齐妃夺阿哥)。

第51集,皇上对苏公公说:"传张廷玉大人进来。"——语用修辞失误(该语境不宜称

"大人")。

第51集,王爷要到外地考察,甄嬛带着浣碧租马车过来送别。王爷大喊"嬛儿",还抱她。——语用修辞失误(难道不怕隔墙有耳、隔山有耳? 至少有马夫和浣碧在场!)。

第52集,皇后暗示齐妃毒害叶答应。齐妃照做,事后皇后责罚齐妃,逼其自杀,夺去其子。——语用修辞高效(皇后胜利,成了三阿哥的养母);语用修辞失误(齐妃害人害己,招致名败身亡)。

第52集,皇太后和皇后对话,谴责其杀母夺子行径,皇后顶嘴。——语用修辞失误(犯上,至少不守儿媳妇道之德)。

第53集,听说王爷死了,而自己的父母都在宁古塔受苦,怀孕的甄嬛决定打皇上的主意,翻盘复仇。——语用修辞失误(制造了宫廷混乱);语用修辞高效(最终达到了目的)。

第53集,崔槿汐愿意和苏公公结成"对食",作为甄嬛回宫的一计。——语用修辞高效(对皇上身边的苏公公以身相许,得到了最给力的帮助)。

第53集,苏公公趁着"二月二,龙抬头,大仓满,小仓流"的日子,劝皇上到甘露寺和凌云峰踏青春游、敬香赶庙会。后来,惠嫔也劝诱皇上前往。——语用修辞高效(劝诱得逞)。

第53集,惠嫔等带着公主胧月玩。皇上来了,说了许久,惠嫔才让胧月问候皇阿玛。——语用修辞失误(应该问候在先,其他在后)。

第53集,皇上来到甘露寺,听说甄嬛生病搬到凌云峰。皇上生气,尼姑们下跪。——语用修辞失误(出家人大可不必对皇上下跪,合掌作揖即可)。

第53集,知道皇上要来凌云峰,甄嬛以茉莉花洗头,以素服面君。——语用修辞高效(皇上在后宫见惯了脂粉,见如此素颜美女还是头一遭)。

第53集,同上,甄嬛和皇上独处。苏公公叫尼姑们都走开,说:"一只苍蝇也不能放过来""今儿的事谁要是说出去,就是不要脑袋了"。——语用修辞失误(欲盖弥彰。再者,凌云峰算是甘露寺的别院,不宜谈情说爱)。

第53集,甄嬛有孕,因王爷出事,又想翻案复仇,于是设计重回皇上的怀里。——语用修辞高效(达到了目的,以致后来皇上以为是龙裔)。

第54集,舒太妃听说儿子允礼死了伤心欲绝,甄嬛过来看望,说及自己怀了允礼的孩子。却执意要回宫。——语用修辞失误(不怕有人说出去? 不怕太妃伤心?)。

第54集,皇后要害死四阿哥,惠嫔建议皇太后把他养在身边。——语用修辞高效(皇太后从其言,保全了四阿哥)。

第54集,皇后闹了个"危月燕冲月"的天象。——语用修辞高效(困住了甄嬛,不让她回宫)。

第55集，皇上给太后请安，皇后也在。皇上先说，"皇后也在?"再跟太后请安。——语用修辞失误(中国礼仪讲究上下先后，这里应先给太后请安)。

第55集，皇上决定弃"莞"字，用"熹"字，取光明之意，是故"熹妃"。称"钮祜禄"氏是四阿哥生母，年岁都要大到32岁。——语用修辞高效(名字很好。另外，"金口玉言"，谁敢说不?)。

第55集，王爷平安回来，浣碧扑到王爷身上痛哭。——语用修辞高效(做浣碧后来嫁给他的铺垫)；语用修辞失误(此时身份不符)。

第56集，熹妃回宫，皇上和嫔妃们一道迎接。皇上和熹妃回永寿宫，大家没有施礼。——语用修辞失误(莫非编剧或导演不知?)。

第56集，永寿宫内，熹妃对崔槿汐说，"叫温实初来"。——语用修辞失误(叫名字? 应该称"温太医")。

第56集，甄嬛拜见太后。太后让请安的孕妇甄嬛跪了许久。怀疑甄嬛对皇上"狐媚惑主"，进行答辩。是设计? 是偶遇? 当初离宫心切，为何还愿意和皇上一起? 回答说只恨诬陷之人，现在更知皇上重情重义。太后批评惠嫔不提醒她。孕妇岂能久跪? 惠嫔说是一家人跪着请安表示敬意，无法劝止。——语用修辞高效(二人的回答都很巧妙)。

第57集，有人在路上放一些鹅卵石，让孕妇甄嬛的轿子滑了一跤。皇上要惩罚，甄嬛求情宽容。——语用修辞高效(君子不计小人过，也更显得修行后的她更加包容)。

第57集，祺嫔和欣贵人来拜访熹妃。祺嫔说话对熹妃多有不敬。而且来访者自己吵了起来。祺嫔以身体不适为由早退了。——语用修辞失误(祺嫔有多重失误)。

第57集，皇上留宿欣贵人处，隔壁的祺嫔吵闹着说梦魇了，就是诓骗皇上亲近。——语用修辞失误(祺嫔的"梦魇"之说是痴人说梦，结果导致协理后宫的甄嬛让她喝下难喝的"糙米薏仁汤")。

第58集，甄嬛分析祺嫔和安陵容不和，准备用计离间之。——语用修辞高效(效果不错)。

第58集，祺嫔因争风吃醋责打全部宫女，摔杯至门口，差点打着造访的皇上和熹妃。皇上看到了服侍过熹妃的宫女身上的重伤，加上欣贵人帮腔，决定禁足祺嫔。——语用修辞失误(祺嫔简直是泼妇)；语用修辞高效(熹妃一箭双雕：罚了一个，救了一个)。

第58集，熹妃撤换了钦天监，副手季惟生来到皇上身边，对答如流，不同于正手当初的话。——语用修辞高效(还借用"御花园东角双亲姓名带木的"星宿不利，拆散了皇后和安陵容。副手升为正手)。

第58集，惠嫔和皇上一起饮酒，皇上觉得她没有原谅他，就走了。她却叫来了温太医，和对方一起喝下太后所赐的暖情酒。——语用修辞失误(导致怀孕,而且万一事发,万劫不复)。

第58集,甄嬛回宫后,送给宁贵人衣料,后来再次示好。——语用修辞高效(宁贵人纵然有恶意也不至于太过分,到后来成了甄嬛的知己和助手)。

第59集,温太医给惠嫔把脉,说有喜了。两人密谋生下孩子。惠嫔穿着"娇而不妖"的好看衣服到皇上身边找镯子,诱惑皇上一同喝茶。——语用修辞高效(让皇上戴了绿帽子而不知,视将来的孩子为己出);语用修辞失误(埋下惠嫔悲剧的伏笔)。

第59集,苏公公施礼时掉下一个璎珞,敬妃说这像是崔槿汐的手艺。——语用修辞失误[对两个人而言:一个不该掉(这是他和崔槿汐的绝密),一个不该说(借此扳倒扳不倒的熹妃)]。

第59集,为了留住胧月,敬妃被皇后利用,揭发苏公公和崔槿汐对食。——语用修辞失误(皇上惩治两人后,宽恕他们并允准二人做伴,而熹妃则可能要责罚敬妃)。

第59集,惠嫔的宫女告诉皇上,安陵容每次来就让惠嫔睡不好。——语用修辞高效(皇上命令安陵容不要出来,近乎禁足)。

第59集,事发后,熹妃没有处罚敬妃,而是感恩其带大胧月予以宽宥。——语用修辞高效(结好、修好,以为今后的统一战线)。

第59集,崔槿汐在房间里藏着少儿不宜的东西。——语用修辞失误(被皇后查出,送到慎刑司服役,险些送掉性命,还连累主子熹妃"管教不严")。

第59集,苏公公受到牵连也去慎刑司服刑。小夏子给皇上献茶时,茶凉到七分热,"茶香都淡了",皇上生气。甄嬛为他开脱,说他只是个孩子。——语用修辞高效(小夏子后来总是帮着甄嬛)。

第59集,熹妃亲自去慎刑司看受罚的崔槿汐。——语用修辞高效(亲自赶到慎刑司,感动崔槿汐和身边的太监,坚定了解救的决心,也是为了自保——万一崔槿汐受刑说出自己和王爷的事,那就惨不忍睹了)。

第59集,苏公公被拷问,没有说出崔槿汐。——语用修辞高效(崔槿汐很感动,于是熹妃上下打点,让人照顾苏公公)。

第59集,苏公公和崔槿汐出事后,熹妃不直接在皇上面前说情,却请端妃帮忙。——语用修辞高效(免得落下口实,让皇后抓住把柄。再者,皇上和端妃闲聊,后者发表的意见有利于苏公公和崔槿汐。以孟子的道理批评朱熹灭人欲的说法。否则,后宫"如何延绵子嗣"? 又有"不痴不聋,不做家翁"的说法。最后,端妃还利用两个孕妇,不能见到打打杀杀之事,导致皇上决定从轻处理苏公公)。

　　第60集，嫔妃们一起议论熹妃和崔槿汐。祺嫔说熹妃宫里是"上梁不正下梁歪"。——语用修辞失误（祺嫔遭到崔槿汐的驳斥，无言以对）；语用修辞高效（崔槿汐的话语策略是拉大旗作虎皮，既然熹妃的实力不够，就借力于皇上，说尊卑有别，您难道批评皇上不正？）。

　　第60集，宴会上，熹妃逃席，王爷出来，私会良久。——语用修辞失误（幸亏只被宁贵人窥到，而她无意害人）。

　　第60集，熹妃生下龙凤双胎。皇上来看，崔槿汐恭喜皇上。——语用修辞高效（熹妃身边的所有人加了半年俸例）。

　　第60集，苏公公道贺，熹妃让皇上赏赐一个大的，结果把崔槿汐赐给苏公公做"妻子"。——语用修辞高效（熹妃报答了苏公公）；语用修辞失误（太监和宫女的"对食"合法化，能称夫道妻？）。

　　第61集，皇上对熹贵妃称赞浣碧的相貌。——语用修辞失误（那是娘家来的陪嫁丫头，难道您动了非分之想？皇上被怼了回去）。

　　第61集，熹贵妃单独面见敬妃。后者称呼前者"娘娘"，熹贵妃说这是见外。熹贵妃说敬妃完全可以做贵妃。——语用修辞高效（二人都是损己尊人的礼貌策略，结果没有为前事记仇，反而更亲）。

　　第61集，同上，敬妃聊起坑害熹贵妃的前科，甘愿服罪。熹贵妃原谅她，并感激她代为抚养孩子，还请她继续抚养。——语用修辞高效（敬妃本来生怕她怪罪或夺走孩子，感动得一塌糊涂）。

　　第61集，熹贵妃告诉敬妃，是皇后故意透露敬妃害她的消息。——语用修辞高效（熹贵妃成功瓦解皇后和敬妃的临时联盟，并拉拢了敬妃）；语用修辞失误（敬妃尤其是皇后演技蹩脚）。

　　第61集，熹贵妃封贵妃时还不忘"却辇之德"，即不愿坐车，而是步行跟随。——语用修辞高效（位高亦德高，皇上赞叹不已）。

　　第61集，宴会上，皇上公开说今晚去甄嬛宫中，甄嬛劝他去胧月和敬妃那里。——语用修辞失误（皇上重拾专宠伎俩）；语用修辞高效（甄嬛以此答谢敬妃抚养公主之恩）。

　　第61集，熹贵妃收下王爷的珊瑚串，后来被宁贵人瞥见，嫉妒中看清是王爷的礼物而原谅了她。——语用修辞高效（宁贵人重情，尊重所爱的人的选择，怨而有度）；语用修辞失误（熹贵妃和王爷的"礼尚往来"若被皇上察觉就万分被动）。

　　第61集，安陵容和祺嫔争宠多年，祺嫔下药致使安陵容永久失声。——语用修辞高效兼语用修辞失误（虽成功地实施了害人的阴谋，但害人者终究害己）。

　　第62集，王爷骑马摔下来，此时发烧。熹贵妃派浣碧前去照顾，还派温大人去医治。——语用修辞高效（浣碧仰慕王爷已久，势必精心照料。温太医的医术和人品则最为可靠）。

第62集，皇后召集大家，以便祺嫔公开控告熹贵妃和温太医私通。——语用修辞失误（莫须有，所缺者，铁证也）。

第63集，熹贵妃问证人斐雯（自己宫中的叛徒侍女），出来前是否擦了紫檀桌上的琉璃花樽？——语用修辞高效（对方说是的，预设有琉璃花樽，其实没有。意味着她的话不可靠。此外，"斐雯"谐音于"绯闻"，隐含她捕风捉影制造绯闻）。

第63集，静白师傅前来作证，说熹贵妃和温太医有私情。——语用修辞失误（没有铁证，何况自己是红尘之外的尼姑）。

第63集，皇后提议滴血验亲。——语用修辞高效（致命武器）。

第63集，熹贵妃提议保护龙体，只需检查六阿哥和温太医的血便可。——语用修辞高效（看似毫无破绽——根据皇上的怀疑。当然，从医理逻辑出发，这样未必证明其清白，只是足以应付那些医盲）。

第63集，皇后准备滴血验亲的东西。——语用修辞高效（皇后在水里动了手脚，加了白矾，几乎扳倒贵妃）。

第63集，熹贵妃指出，水有问题，然后扎了苏公公的血，几人的血照样融合。崔槿汐刺了一滴血，也是如此。——语用修辞高效（证伪上述指控）。

第63集，苏公公准备干净的水，再验。——语用修辞高效（彻底辟谣）。

第63集，皇上疑心皇后在水里动了手脚，皇后的宫女绘春说是自己用手动了白矾才弄成这样。——语用修辞高效（绘春丢卒保车，给皇后一个好台阶）。

第63集，寺院的莫言一进来就问娘娘手上的冻疮是否好了。——语用修辞高效（巧妙地预设了娘娘即当时的莫愁在寺院修行时百般辛苦，尤其是遭到静白的虐待）。

第63集，莫言的证词有利于熹贵妃。还说，要是温太医和熹贵妃有私，就不必在那里受苦，只要远走高飞就好。——语用修辞高效（皇上深信贵妃清白）。

第63集，宫女玢儿露出伤疤，证明是祺嫔强迫她做的伪证。——语用修辞高效（给指控方致命一击）。

第63集，怀孕临盆的惠贵人听说熹贵妃有险，执意前去。——语用修辞失误（去也于事无补，干着急造成难产）。

第64集，皇上站着吩咐熹贵妃掌管六宫，敬妃和端妃协助。此时，熹贵妃就坐下了。——语用修辞失误（要等皇上离开才能安坐）。

第64集，温太医自宫了。——语用修辞失误（这样也未必能洗清自己，无非让疑者解恨罢了,而且后来也无法帮助难产的惠贵人)。

第64集,惠嫔很难闯过难产难关。皇上叫人告诉她,封她为妃。——语用修辞高效(嘉奖和鼓励难产者,使其安心生产)。

第64集,皇上嘉奖甄嬛的妹妹勇闯皇宫救人的义举,赏赐了一对步摇。——语用修辞失误(后来选秀之意被二人驳回)。

第64集,玉娆说,步摇上有海棠花,那是姐姐喜欢的,我不能喜欢。——语用修辞高效(拒绝皇上的好借口)。

第64集,熹贵妃利用公主静和开导郁闷的温太医。——语用修辞高效(劝他为了孩子也要振作起来)。

第65集,皇上试探着要封浣碧为常在,浣碧拒绝,说有心上人,而甄嬛说要留着唯一的一个陪嫁丫头。——语用修辞高效(上好的理由)。

第65集,鄂敏提出立太子以固国本,皇上告诉甄嬛,她则谴责鄂敏,因为皇上还很年轻。——语用修辞高效(于甄嬛);语用修辞失误(于鄂敏)。

第65集,宫廷盛会,果郡王喝高了,左手举杯和小王爷允禧敬酒。——语用修辞失误(应用右手或双手)。

第65集,果郡王酒醉,掉下一个女儿家的袋子。——语用修辞失误(皇上打开,发现剪纸画像,有人说像熹贵妃,酿造了一次庭审)。

第65集,同上,宁贵人马上说,像二小姐以及浣碧。——语用修辞高效(几乎解围)。

第65集,同上,浣碧承认是自己的剪纸像,并一直仰望果郡王,还说及里面有杜若花瓣。——语用修辞高效(皇上打开,见如此细节都如她所云才不疑心)。

第65集,同上,宁贵人添油加醋,提起王爷生病时浣碧照顾过他。——语用修辞高效(皇上几乎彻底释疑)。

第65集,浣碧说配不上王爷,甄嬛提议收她为义妹,以后再嫁。——语用修辞高效(皇上准奏并立马指婚)。

第65集,同上,甄嬛喝高了,出来醒酒,王爷跟着出来了,两人且说且哭。"此生以今日为界"。——语用修辞失误(万一被人看到,并密报皇上,将如何收场?)。

第65集,同上,甄嬛告诉王爷,浣碧是她的亲妹妹,嘱咐他善待。——语用修辞高效(正如睹物思人,他也可以睹彼人思此人)。

第65集,皇上说沛国公之女听说果郡王要结婚以至于卧病不起。皇上命令王爷娶二者为侧福晋。——语用修辞高效(既为皇命,不得不从。也给仰慕王爷的二女一个好归宿)。

第65集,甄嬛的父母入宫,父亲称呼甄嬛"嬛儿"。——语用修辞失误(父母应跪拜,应称贵妃"娘娘"）。

第65集，同上，父母这边和甄嬛这边（含玉隐、某官女）互相跪拜。甄远道劝"贵妃娘娘"不要行此大礼。——语用修辞失误（甄嬛在后宫对父母行大礼，置父权于皇权之上；那官女不应和甄嬛姐妹俩并排跪拜）；语用修辞高效［甄嬛的父亲批评得对。这里的安排不如《红楼梦》中的元妃省亲：在外家人跪她，在内（内室）她跪父母和祖母］。

第66集，皇上给玉娆赐名"玉婉"，有纳娶之意。甄嬛说不要全家都做小。——语用修辞高效（拒绝的好理由）。

第66集，皇上给玉娆一块贵重玉佩。——语用修辞失误（后来玉娆完璧归赵）。

第66集，冷宫中的祺贵人跑了出来，碰上皇上在处决其家人。废她为庶人。结果她口无遮拦地破口大骂甄嬛。——语用修辞失误（导致苏公公命人私下里将其乱棒打死，拉到乱葬岗埋了）。

第66集，玉隐让身边的瑛儿到皇上身边服侍，果然封为答应。后来她赢得了三阿哥的欢心，造成父子反目，断了皇后的梦想。——语用修辞高效（这是熹贵妃这边的连环计）。

第67集，皇太后重病，都来看望。皇上和太后有话要说。太后要见老十四，不允。皇太后批评他手足相残。皇上数落了她几句，致使她咽气。——语用修辞失误（皇上对皇太后的最后要求如此不近人情，不是仁君或孝子所为）。

第67集，太后仙逝，四阿哥给皇上带来参汤。——语用修辞失误（四阿哥受到甄嬛的批评，因为这是女儿家的事，应该替皇上守灵）。

第67集，安陵容有孕了，皇上要封她为妃，和甄嬛讨论封号。甄嬛说服皇上选择"鹂"，因为它有"能歌善舞，和顺多子"之意。皇上同意，后来赐给安陵容很多黄鹂。——语用修辞高效（欲抑先扬，假扬实抑。隐含安陵容如同畜生之意）。

第67集，甄嬛趁着安陵容封妃，祈求皇上封了多人：二人封为皇贵妃，妃升贵妃，连欣贵人也荣升为欣嫔。——语用修辞高效（熹贵妃抑制安陵容的风头，并抬高了自己的"仁德贵妃"地位）。

第67集，太监们商量册封典礼。两个小太监过来巴结安陵容。——语用修辞失误（站错了队，被打四十大棍，送到慎刑司服役）。

第67集，熹贵妃来看望怀孕的安陵容，送的礼物都让太医仔细检查。——语用修辞高效（以免日后生出被反咬一口的幺蛾子）。

第67集，同上，贵妃令小允子从安陵容宫中偷出几颗红药。——语用修辞高效（偷窃成功，也是取证成功。问太医卫临，说是迷情药）。

第67集，安陵容肚子不舒服。甄嬛问询太医卫临，说她可能用了艾叶，有流产的可能。——语用修辞高效(获得了她自我流产的证据)。

第68集,甄嬛发现陵容有时用暖情香勾引皇帝,某天预知皇上要留宿延禧宫,就派人用其香涂在百合花蕊上,送至陵容处,导致皇上情不自禁以及陵容流产。——语用修辞高效(甄嬛得逞);语用修辞失误(安陵容成也香,败也香;皇上不顾孕体而酿成恶果也很失败)。

第68集,端皇贵妃等向皇后等指控安陵容用香诱惑皇上。太医卫临说安陵容有用艾叶即流产的可能。——语用修辞高效(言之凿凿,难以否认,难以袒护)。

第68集,苏公公突然派人到延禧宫搜宫。——语用修辞高效(上面所疑之物尽皆搜到)。

第68集,同上,安陵容说苏公公是"阉人"进行折辱。——语用修辞失误[如此肆无忌惮地得罪皇上身边的苏公公,看来是不想活了(和当初的年羹尧一般)]。

第68集,皇后说要宽恕安陵容,熹贵妃附议,毕竟她制宁曾帮过自己。卫临进来检查舒痕胶。说有导致滑胎的麝香。——语用修辞高效(甄嬛假扬真抑,一告致命)。

第68集,苏公公给熹贵妃请安,没叫他起来就起来了。——语用修辞失误(至少一人有误)。

第68集,甄嬛来延禧宫见垂死的安陵容。——语用修辞高效(叙旧,了解到安陵容临死的话,如"皇后杀了皇后")。

第69集,四阿哥回复宁嫔说不会背那些文章,其实是会的。——语用修辞高效(谦虚)。

第69集,皇后给三阿哥介绍女友,是皇后的外甥女青樱。他人都在场,胧月公主上前摸摸青樱的衣袖,她却把小公主推开了。——语用修辞失误(如此没有亲和力,贵妃们和三阿哥都不喜欢她了)。

第69集,园中,三阿哥和公主见到瑛娘娘,胧月叫她姐姐。——语用修辞失误(小公主乱了辈分,当然更大的失误在于皇上娶了这么年轻的女子)。

第69集,皇上和瑛贵人弹琴,三阿哥过来,夸了她的筝,偷看了她一眼。——语用修辞失误(觊觎皇上的女人)。

第69集,皇后把三阿哥看不中的外甥女青樱介绍给四阿哥,熹贵妃让四阿哥接受。——语用修辞高效(显得大度潇洒)。

第69集,两个贵妃碰上了果郡王和侧福晋孟静娴,侧福晋向甄嬛施礼,没向敬贵妃施礼。——语用修辞失误(厚此薄彼?)。

第69集,三阿哥在园中见到瑛贵人,赶走侍女,拉着要抱瑛贵人。——语用修辞失误(儿子动父亲的女人)。

第70集,三阿哥勾引瑛贵人事发,皇上处死女的,轻罚男的。——语用修辞失误(女子罪不至死,何况是三阿哥挑起来的);语用修辞高效(保全皇家颜面)。

第70集,皇上怀疑玉隐或果郡王以瑛贵人诱惑三阿哥来谋取皇位,问熹贵妃,她说,"臣妾也敢担保。"——语用修辞失误(这句话不妥,你何以担保玉隐或果郡王不是如此?近乎不打自招)。

第70集,皇上派苏公公把自己要吃的点心送到永寿宫,"让她知道朕惦记她。"——语用修辞高效(他不知道此时她又有孕了,有孕者有点感动)。

第70集,太医卫临和温实初检查熹贵妃的身体,发现她难以生下这个孩子,最多能怀五个月。熹贵妃决定用孩子做武器扳倒皇后。——语用修辞高效(后来事成)。

第70集,"皇后杀了皇后"这句话引起三个(皇)贵妃的重视,决心偷偷调研。——语用修辞高效(最后的推理是,这个皇后杀了那个皇后,即先皇后被皇后所杀)。

第70集,胧月听到敬贵妃叹气,问何故。敬贵妃叮嘱她,无论何时都要保护熹娘娘,不让皇额娘害她。——语用修辞高效(孩子在后来的关键时刻帮助了熹娘娘)。

第70集,张廷玉向皇上汇报,三阿哥有时会见大臣,想为皇上分忧。——语用修辞失误(三阿哥难道急着上位?龙颜不悦)。

第70集,熹贵妃对皇上谎称孩子在肚子里闹腾了一宿。——语用修辞高效(皇上以为是健康的大皇子,给予关心)。

第70集,皇上问熹贵妃带哪个皇子参加祭祀活动,她推荐三阿哥。——语用修辞高效(虽然皇上不赞同,但不怀疑熹贵妃偏心自己的孩子)。

第70集,皇上送熹贵妃珊瑚,她要求宫里位分最高的即皇后来安置珊瑚。皇上答应,并下旨请皇后。——语用修辞高效(皇后很宅,只有皇上的圣旨才能请得动)。

第70集,熹贵妃请求皇上允许皇后和另外两个贵妃把法师送来的平安符系到熹贵妃的床头。——语用修辞高效(皇上只好照做)。

第71集,在适当的时机,崔槿汐送上安胎药。——语用修辞高效(其实是打胎药)。

第71集,室内,两个贵妃祈福完便走,剩下熹贵妃和皇后。贵妃故意挑衅皇后,说能不能安全生产就看皇后的了。胧月在暗处偷窥到了争执。甄嬛似乎故意摔倒,流产。——语用修辞高效(皇后推搡至此,跳到黄河也洗不清了)。

第71集,皇上论起刚才的争执,温太医说肚子有撞伤的印记,加上胧月作证,说是"皇额娘推了熹娘娘"。——语用修辞高效(利于熹贵妃,不利于皇后。"童言无忌",皇上不疑)。

第71集,熹贵妃让四阿哥怂恿三阿哥趁着八叔生辰之日去看望。——语用修辞高效(怂恿他冒险)。

第71集,三阿哥果然劝诱皇上宽恕八叔、十四叔等。——语用修辞失误(皇上最忌惮这几个不同心的兄弟）。

第71集，三阿哥劝皇上放出两个王爷。——语用修辞失误（遭到严惩，断绝父子关系）。

第71集，剪秋和江福海商量毒死熹贵妃，结果在宴会上毒死了果郡王的侧福晋孟静娴。——语用修辞失误（皇后这边歇斯底里，慌不择计，快要"玩完了"）。

第72集，皇上有废后之念，孙姑姑送来太后的遗诏。——语用修辞高效（及时制止了废后之举）。

第72集，可汗出题，让大清（任何）人解开九连玉环。——语用修辞高效（羞辱了大清）。

第72集，同上，他人无计可施之际，胧月公主砸碎九连环。——语用修辞高效（题目没有条件限制，孩子百无禁忌而解开）。

第73集，皇上和甄嬛独处，考问她和摩格是从何时开始的。果郡王在门外窃听到大概。——语用修辞失误（皇上告诉苏公公不让任何人进来，怎么会让果郡王靠近？）；语用修辞高效（皇上引果郡王前来，以甄别其是否对她有意）。

第73集，皇上逼迫熹贵妃答应和亲，她只能答应，果郡王"贸然闯殿"劝阻。——语用修辞高效（皇上可逼出一些发现来）；语用修辞失误（果郡王沉不住气，铤而走险）。

第73集，为了劝阻皇上，果郡王请求出关战斗。——语用修辞失误（皇上疑心他是为了她，更加相信外面的传言）。

第73集，皇上对外说熹贵妃重病，不许探视。——语用修辞高效（进一步试探果郡王）。

第73集，皇上派出和亲仪仗队，其实轿中无人，是为了试探果郡王。——语用修辞高效（果郡王果然上当）。

第73集，同上，果郡王上钩了，提着剑出去。——语用修辞失误（授人以柄）。

第73集，关于果郡王出关，皇上和甄嬛进行论辩。甄嬛说自己什么也不知道。皇上问苏公公，他也说熹贵妃没错。——语用修辞高效（苏公公的话，皇上比较相信）。

第73集，熹贵妃离开皇上，在门口见到四阿哥，说，"给你皇阿玛去请安吧。"——语用修辞失误（这个"去"字不合语法）。

第73集，果郡王请罪，请求驻守边关。皇上恩准，还假意嘉奖予以晋升（果亲王）。——语用修辞高效（于双方都是高效，果郡王外出则可避险避祸，皇上嘉奖并遣走王爷，既能撵走情敌，又给人厚待兄弟的印象）。

第73集，果亲王写回很多书信，多半提及甄嬛。——语用修辞失误（瓜田李下，还不收敛？或许是编剧的错）。

第73集，述职后，果亲王左手提杯向皇上敬酒。——语用修辞失误（左手敬酒不够尊重）。

第73集，皇上问果亲王，和熹贵妃有无苟且之事？他装醉，说自己什么都没有。——语用修辞失误（王爷的话大概隐含了肯定回答。皇上骂他不配有任何东西）。

第74集，皇上让甄嬛毒死果亲王，她答应了。不忍心下毒手，只能毒死自己。而果亲王看出破绽，选择喝下毒酒。——语用修辞高效（于男方）；语用修辞失误（于女方）。

第74集，甄嬛了解到，皇上因果亲王的书信而疑心加重。——语用修辞高效（从此更加谨慎）。

第75集，皇上一直在吃延年益寿的丹药。——语用修辞失误（丹药不可信。导致后来被宁嫔利用）。

第75集，关于立储，皇上问甄嬛。她推荐四阿哥。——语用修辞高效（没有任人唯亲地推荐自己的亲生儿子，皇上说有意让她做皇后）。

第75集，皇上命人砍去合欢花，因为妒忌先帝对王爷（15岁时）的偏爱。——语用修辞失误（使得宁嫔和熹贵妃生出报复之心）。

第75集，皇上服用"山人"新献的丹药。——语用修辞失误（服药后有雄风假象，纵欲过度，差点驾崩）。

第75集，玉娆说，乳母说六阿哥和堂弟像亲兄弟。——语用修辞失误（导致皇上更加怀疑龙裔的是非）。

第75集，宁嫔偷窥到皇上派人再次验血，告诉熹贵妃。——语用修辞高效（及时处死了夏刈，挽救了熹贵妃和孩子）。

第75集，熹贵妃告诉皇上孙答应和某太监偷情。——语用修辞高效（有意惹怒皇上，病情加重。至于近乎弑君的不忠行为，暂且不论）。

第75集，熹贵妃对气头上的皇上说："皇上息怒，皇上要杀要剐都行。"——语用修辞失误（这句话指代有歧义，到底是杀谁？）。

第76集，皇上问甄嬛，六阿哥是不是他的孩子，回答说："当然，天下子民都是皇上的子民。"——语用修辞高效（惯撞，答非所问，也算答是所问）。

第76集，皇上病重期间，甄嬛把眉儿和温太医的事，自己和王爷的事，对皇上和盘托出。——语用修辞高效（让他一气之下驾崩了）。

第76集，四阿哥继位。甄嬛让六阿哥过继到十七爷门下，成了四阿哥即新皇的堂弟。——语用修辞高效（新皇上再无疑心，永保皇额娘和弟弟一生富贵）。

第76集，失望悲伤的宁嫔自杀。——语用修辞高效（编剧和新皇帝就省心了：不用追查她毒害皇上的罪了，又显得她钟情于王爷）；语用修辞失误（此时何必殉情？）。

第76集，甄嬛做了皇太后之后，去景仁宫见旧皇后。折辱一番，说旧皇后现在还是"皇后"(因为先帝说过"死生不相见")。他日历史上不会记载她任何一笔。——语用修辞高效（对方当夜殁了）。

7.5 语用修辞能力/失误小结

本节先讨论了语法能力、语用能力、修辞能力等，展示了语用修辞学及其"语用修辞原则"和分析框架。语用修辞学至少有三种研究范式：语用和修辞各半的界面研究范式、语用修辞学范式、修辞语用学范式（见§5.3）。本书提出语用修辞能力和语用修辞失误的二元划分。语用修辞能力涵盖全部语用能力、全部修辞能力、大部分语法能力、交际能力、话语能力、应变能力、幽默能力等，涵盖言语和非言语手段的表达高效性，涵盖言语和非言语手段的理解高效性，符合语用修辞原则（各准则）之要义，从而少犯或不犯各类语用修辞失误。语用修辞能力强意味着语用修辞的"思、情、貌、言、行"，实施和理解有效语境化话语或行为，可见语用修辞能力涉及对交互主体、语境、语言的音形义、语用策略、修辞方式等诸多方面的认知语用能力、社会语用能力、语用修辞能力。本书还提出了8条语用修辞能力或高效的标准。交际者均需注重语用修辞能力从而避免语用修辞失误，以达语用修辞高效。本书还运用上述分析框架，分析了一些语用修辞高效或失误的案例。因篇幅限制，没有讨论更为具体的提高语用修辞能力的措施，也没有涉及翻译行为、人机对话、网络交际、政治话语、法律话语、医护话语等交际的语用修辞高效或失误，这些都有待进一步研究。

8. 语用修辞分析案例

语用修辞学既立,拥有"语用修辞原则"作为指导原则,"语用修辞分析模式"作为分析工具,那么我们尝试以此进行切实的言语和非言语行为的语用修辞学批评。再者,翻译是跨文化交际,具有大同小异的语用修辞属性,也就可以进行类似的、不同于以往的语用修辞学分析或译评。由上述原则和模式引出直接服务于翻译和译评的"语用修辞学翻译原则"。最后,本章运用语用修辞学的原则和模式进行语篇分析。本章以 108 个案例对以上三个方面进行语用修辞学分析。

8.1 言语与非言语行为的语用修辞学批评

以下为各类言语或非言语语用修辞行为的个案分析,即以语用修辞原则及其分析框架,分析语用修辞行为的利弊高低,也就是各例的语用修辞高效或失误。为悬念故,每个案例原题不用着重符号。笔者所做的语用修辞分析只是一种尝试,绝非正确无比,亦非只能严格依此分析之意。

案例 1:电视连续剧《穆桂英挂帅》第 22 集,坏人抢夺降龙木后见有人追赶甚急,投入水中后逃遁。穆桂英命人下水打捞。彩云浮出水面,"水太深了,我浮不下去呀!"

语用修辞学浅析:

这是认知语用标记凸显,以选词错误为关键。"我浮不下去呀"的"浮"字不妥,应该改为"沉、潜"。违反了语用修辞原则的准则 5(明了),犯了语用语言失误。这个语用失误前后出现两次,可见该剧的台词有待改善。

案例 2："初墨，多么诗意的名字啊，可她姓熊。"（微文片段）

语用修辞学浅析：

这是修辞语用标记凸显，以析字和花径为关键。前半句给人诗情画意之感，因为"初墨"让人联想到某人初次尝试用墨汁写作或画画，即处女作之类。后半句给人粗俗之感，而"熊"加上"初墨"，谐音"熊出没"，这正巧是一个儿童剧的名称——此乃花径之效。这是微文上的调侃手段，符合语用修辞原则的准则7（幽默、生动），可望取得一定的语用修辞效果。

案例 3："对儿子百依百顺，要什么给什么，人称孝子。"（微文片段）

语用修辞学浅析：

这是修辞语用标记凸显，以别解为关键。该例是结构别解。"孝子"本是定中构式或偏正词组，意为"对父母孝顺的儿子，父母死后居丧的人"（现代汉语词典），但这里改其结构为动宾构式，取得新的构式义："孝敬（自己的）子女（的行为）"，对"孝（敬）子（女）"的父母们是一个讽刺性的忠告，符合语用修辞原则的准则1（达意达效）、准则7（幽默、生动）。

案例 4：某人咳嗽求医，医生说出一大堆毛病，开了一大堆中西药，病人交了数千元，半月后痊愈。

语用修辞学浅析：

这是社会语用标记凸显，以不诚信和不文明为关键。也即，该例涉及诚信和医德，违反了语用修辞原则的准则7（文明）和公德（诚信）。

案例 5：甲乙是老同学，三年前甲向乙借钱五万，说一年后还清，外加五千元利息。直到三年后的某日在乙方问及时才还款，没有利息。

语用修辞学浅析：

这是社会语用标记凸显，以不诚信和不文明为关键。该例涉及诚信，违反语用修辞原则的准则7（文明）和社会主义核心价值观的"诚信"。

案例 6：老头子多次收到儿子和儿媳的快递礼物，从不打电话反馈或致谢。

语用修辞学浅析：

这是社会语用标记凸显，以失礼为关键。父亲有资格接受子女辈的礼物，但收到后应该通报收讫并致谢，至少让对方放心安心。这个父亲违反了语用修辞原则的准则6（不够礼貌），有点倚老卖老。不符合语用修辞原则的准则4（辈分、需求)、准则 6(谦逊、礼貌)和"友善"。

案例 7：某青年六月十一日要结婚,给阔别的姑父发了一条微信:"十一号你回来不回来?"

语用修辞学浅析：

这是社会语用标记凸显,以失礼为关键。甲对阔别的姑父发出间接送礼的邀请时没有称呼、问候、事由,自然违反了语用修辞原则的准则 4(辈分、需求)、准则 6(礼貌)和准则 7(文明)。

案例 8：儿子托在高校工作的父亲找本科生蔡某到图书馆借来三本书。后来学生蔡某催着要还书,父亲告诉儿子联系她。他要父亲代他还书,遭到拒绝。后来儿子微信告诉父亲他亲自还了。父亲微信告诉学生蔡某书已还,并致谢。

语用修辞学浅析：

这是社会语用标记凸显,以误解和失礼为关键。该例有两个问题,一是父亲并不知所借图书能否被第三方或第四方代还,就算可以,父亲并不知,而儿子以为父亲知道,于是误解父亲知道可行却冷漠拒绝。父子交流因"知识沟"和欠交流导致不和谐、不融洽。二是儿子没有当面或亲自感谢为他借出图书的蔡某,更无谢礼。这个儿子违反了语用修辞原则的准则 2(信息量)和准则 6(礼貌)。

案例 9：春眠不觉晓,/处处蚊子咬。/夜里一翻身,/压死知多少!(微文片段)

语用修辞学浅析：

这是修辞语用标记凸显,以仿拟或仿体/仿篇为关键。该例仿拟孟浩然《春眠》,作为仿体重复了本体(原作)20 个字中的 11 个字(9 个字为仿点),读者一下子就能看出仿拟的痕迹。这个仿拟的败笔在于第一个字,因为论蚊虫的多寡,春不如夏。若改之为"夏",既能继续仿拟,又不至于与人们的常识相抵牾。关于仿篇的更多语例,参看谭学纯等(2010：80 - 81)、吴礼权(2018：220 - 221)。因此该案例一半成功一半失误/失败。

案例 10：中国高校的外国留学生联系老师/导师,"老师,我想找您谈话。"(改自陈光磊,2006：6)

语用修辞学浅析：

这是社会语用标记凸显,以词语误用和失礼为关键。"谈话"一有"交谈"之意,二有(上对下)"了解情况、做思想工作"之意(现代汉语词典),这里优选后者,学生如此一说便是"违背了尊上的文化规约"的语用失误(陈光磊,2006：6)。学生违反了语用修辞原则的准则4(身份、关系),犯了社会语用失误。笔者作为教师,经常被学生这样"约谈"。若说是认知语用标记凸显,则是留学生不理解"(找人)谈话"的"上对下"的社会规约含义[违反了准则5(明了)]。

案例11：在旧社会,有人说："老百姓肚皮都吃不饱。"

语用修辞学浅析：

这是认知语用和修辞语用标记凸显,以"吃"构式和夸张为关键。"吃"为一般动作,可构成动补构式,注意未必是动宾构式,如"吃饭、吃饭馆、吃粮票、吃父母、吃救济、吃大户、靠山吃山、你是干什么吃的"等。另外,"连……都……"构式激活一个霍恩等级,而该构式所处的是最低等级,那就更不用说其他了,如开豪车、住豪宅。当然,论修辞,这是夸张辞格。这个例子没有问题,是良构构式,除了达意,还能取效。其他类似的构式有"在旧社会,老百姓连饭/稀饭/地瓜/野菜粥/肚子都吃不饱"。符合语用修辞原则的准则5(明了)。

案例12：称呼面前加个"素"字都是假的,比如"素肉、素鸡、素三鲜",还有"素颜"。(微文片段)

语用修辞学浅析：

这是修辞语用标记凸显,以拈连为关键。"素"字组词构成上述四项,但将人的"素颜"和非人的食物类"素"短语并置,则是拈连,符合语用修辞原则的准则7(幽默、生动)。如果把"素颜"放在中间,就失效了。

案例13：比较而言,"不耻下问"并不是最难的,在上者问在下者,起码可以落一个"虚怀若谷"的美名。最难的则是"不耻中问",因为平辈之间是相互竞争的关系。(微文片段)

语用修辞学浅析：

这是修辞语用标记凸显,以仿拟为关键。文中的"不耻中问"是对"不耻下问"的仿拟,十分生动。那么,在一定的语境中,说"不耻上问"也同样高效,符合语用修辞原则的准则5(明了)、准则7(幽默、生动)。

案例14：一女子刚学会开车,在路上撞倒一名男子。"对不起,都是我的错!""不,是我的错。其实我在300米外就看到了你,可我没来得及爬到树上去。"

（微文片段）

语用修辞学浅析：

这是修辞语用标记凸显，以含蓄为关键。笑话高手试想借此挖苦一下学车的司机。符合语用修辞原则的准则7（幽默、生动）。当然，这可能是性别歧视，小心被女同胞骂。

案例15： 中国高校的某国留学生对人说，"如果没有父母的教训，现在肯定没有这样的我。"（陈光磊，2006：6）

语用修辞学浅析：

这是认知语用标记凸显，以词语误用为关键。陈光磊（2006：6）认为，该句"很难说有什么语法上的错误"，但"明显地缺乏汉语表达的修辞性"（2006：6）。后半句似乎应改成"也就不会有我的今天"或"也就不会有今天的我"（2006：7）。本书同意陈光磊的见解。学生的话算作表达的语用语言失误，而且前半句的"教训"也算此种失误，似乎该改成"教导"。留学生违反了语用修辞原则的准则5（明了）。

案例16： 人到中年，就是一部西游记。悟空的压力，八戒的身材，老沙的发型，唐僧一样的絮絮叨叨……关键还TM的离西天越来越近了！（网络笑话）

语用修辞学浅析：

这是修辞语用标记凸显，以典故和异语为关键。这个笑话用了文学典故，将取经的师兄弟和师傅串在一起，描述了中老年的"低迷"生活。末尾的TM算是粗俗语"他妈（的）"的异语变体。符合语用修辞原则的准则7（幽默、生动）。当然，这样的网络方言异语还是要小心，中考和高考是要罚分的，因为违反了"文明、和谐"，算社会语用失误。

案例17： 公司开早会，领导在长篇大论，我昏昏欲睡。突然，旁边的女同事用手指在我胸前猛戳。我一惊：干吗？女同事：看你进入待机状态了，我触一下屏。（网络笑话）

语用修辞学浅析：

这是修辞语用标记凸显，以拟物类隐喻为关键。这个笑话用了拟物，把人当手机、平板等。这也算是网络方言的活用。符合语用修辞原则的准则7（幽默、生动）。当然，这个笑话也有不合适之处，预设"我"为男，女同事提醒我有很多得体的方式,不必"戳"我的胸,更不必"猛戳"。显然,这个段子有点牵,违反了语用修辞原则的准则4(语境、身份、关系),算社会语用失误。如果这个"我"为女,该语用修辞失误或会小些。

案例18:只有弱者才会在分手时痛哭流涕求他不要走,我们强者都是跪在地上抱着对方大腿让他寸步难移。(网络笑话)

语用修辞学浅析:

这是修辞语用标记凸显,以花径为关键。前半句直到"我们强者都是",读者的解读和期待都是勇敢的男子汉行为,后半句的"跪在地上抱着对方大腿让他寸步难移"让人惊诧不已,这还不如前面呢。那么我们对前面"弱者"如此这般的解读或预判就被这个花径推翻了。符合语用修辞原则的准则7(幽默、生动)。不过,这样的微信桥段有点泛滥的趋势,有点俗套,文明人要谨慎。

案例19:中国高校的某对外国留学生夫妇没有孩子,中国朋友说,"什么时候请我们吃糖呀?"数日后,他们给他买了一包糖。(改自陈光磊,2006:9)

语用修辞学浅析:

这是认知语用标记和社会语用标记凸显,以话语误解为关键。这是留学生的误解,算作语用语言失误和社会语用失误。本书同意陈光磊(2006:9)的分析。中国朋友的"糖"是喜糖,全句的含义是"你们什么时候生孩子?别忘了告诉我。到时候我来道贺"。当然,考虑到人家是外国人,这个朋友若有更高的语用修辞能力,可改为或补上"什么时候请我们吃喜糖?"如若还有疑问,人家可能会发问(如"为什么是喜糖?""什么是喜糖?"),而不至于造成上述失误和笑话。留学生主要违反了语用修辞原则的准则5(明了),犯了语用语言失误。

案例20:中国高校的某对外国留学生夫妇快生孩子了,中国朋友说,"什么时候请我们吃蛋呀?"留学生夫妇面面相觑,心想,蛋有什么好吃的?要吃自己买好了。数日后,他们给那个朋友买去几个茶叶蛋。(改自陈光磊,2006:9)

语用修辞学浅析:

这是认知语用和社会语用标记凸显,以话语误解为关键。这是留学生的误解。在中国的一些地区,生孩子时可能请人吃红蛋(蛋壳染成红色)。朋友的含义是"你们什么时候生孩子?别忘了告诉我,我来道喜。"当然,考虑到人家是外国人,这个朋友若是有更高的语用修辞能力,可以改为或补上"什么时候请我们吃红蛋?"如若还有疑问,人家可能会发问(如"为什么是红蛋?"),就不至于造成上述失误和笑话。留学生主要违反了语用修辞原则的准则 5(明了),犯了语用语言失误。

案例 21：两个相爱的玉米粒决定结婚,可是办婚礼时找不到新娘了,新郎问一直跟在身边的一个爆米花,爆米花害羞地说:"讨厌,人家穿的是婚纱!"(网络幽默)

语用修辞学浅析：

这是修辞语用标记凸显,以拟人为关键。玉米不能结婚,却说成结婚,把爆米花说成是穿了婚纱的新娘,也许是形容其(突然)体胖。笑话作者以此拟人逗乐读者,符合语用修辞原则的准则 7(幽默、生动)。

案例 22：2021 年 3 月 1 日深圳《晶报》刊登文章《雾霾再袭　沙逼北京》,报道的是"气象部门预测,两会期间北京将有轻度雾霾",沙尘暴再次来到首都。

语用修辞学浅析：

这是社会语用标记凸显,标题以谐音和禁忌为关键。前半句无碍,后半句由于谐音使人联想到粗俗语"傻逼"(有时写作字母词 sb),那么这个主谓宾构式就成了定中构式,是对北京(人)的侮辱,至少后半句具有构式歧义性。难怪引来不少(北京)读者的抗议。该报于 13 日公开致歉,承认有"严重不妥"。一些报刊和网络文章的标题,受"标题党"影响,一味追求"吸睛"的轰动效应,有时无所顾忌,造成不良的社会语用结果/效应,自然也就谈不上什么语用修辞效果了,因为违反了语用修辞原则的准则 7(文明、幽默、生动),以及"文明、和谐、友善",算社会语用失误。

案例 23：照片上一个高个女子和一个小个子男子,以及这句话:"这印度男子娶了近 2.4 米高的模特做老婆,后来被评为优秀老公,理由是从来没打过老婆的脸。"然后是几个笑脸和竖起拇指赞扬的表情包。(微信笑话)

语用修辞学浅析：

这是修辞语用标记凸显,以折绕为关键。这是折绕地表达"个子太矮,够不着老婆的脸",也算是折绕地讽刺了那一表彰,不乏诙谐,符合语用修辞原则的准则 7(幽默、生动)。无标记表达大概是"……好不般配。后来居然被评为优秀老公,理由是从来没打过老婆的脸,其实是想打也打不着。要论优秀,应该给我们一个新理由"。当然,这个直陈式其语用修辞价值就低了。

案例 24:锄禾日当午,/贪官也辛苦。/白银两万五,/关门把钱数。/白天怕督促,/晚上惊搜捕。/夜半敲门声,/汗流把头捂。/来者是何人,/心中没有谱。(微信笑话)

语用修辞学浅析:

这是修辞语用标记凸显,以仿拟或仿体/仿篇为关键。该例是对李绅《悯农》的仿拟和延伸(除了前五个字,其余都是仿点)。可见,只要前面仿拟成功,后面保留相关形式,可无限延伸。本体(原诗)是悯农,即对农夫劳作的珍惜和同情,自然也是对粮食的爱惜。而仿体(仿拟之作)是讽刺贪官的辛苦和忐忑。该例符合语用修辞原则的准则 1(达意达效)、准则 7(幽默、生动)。

案例 25:在公交车上的时候,一个爸爸在对他儿子说:"都那么大了还打不过你妈妈,我十二岁就能打过你奶奶了!"旁边一哥们冲那爸爸吼道:"有你这么教育孩子的吗? 会不会当爹啊!"那男的愣了愣,说:"我说的是羽毛球!"(微信桥段)

语用修辞学浅析:

这是修辞语用和社会语用标记凸显,以花径和公德为关键。"打"构式有多种语式,"打得过某某某",在这个(默认)语境中被有限解读为打人、打架打得过某某某。旁听者的解读就是如此,于是才有谴责。这个父亲后面的解释,当然使旁听者恍然大悟,原来他说的是打球。若如此,大人打不过小孩,长者打不过晚辈,就不奇怪了。也即,车上的父子对话本来无碍,但若是他故意如此,则是创造了一个花径,符合语用修辞原则的准则 7(幽默、生动),基本可行。但我们要考虑到这个花径(如果不解释,也就没花径效果)在公共场所终究是语言暴力(行为),有违公德和"文明、和谐",须格外慎重。

案例 26:"人的心情,三分天注定,七分靠 shopping。"(微信笑话)

语用修辞学浅析:

这是修辞语用标记凸显,以异语、押韵和引语/典故为关键。受众看到这个句子,初读就是如实如是地解读,而再思就是联想到闽南民歌《爱拼才会赢》,里面有一句说"三分天注定,七分靠打拼",算是引用/典故。这里的 shopping(购物)采用英语单词是异语手法,又和前面的"注定"押韵。整个句子的意思虽然明显是鼓励购物，但三四种辞格的叠用，其劝说功效连同幽默效果十分了得！符合语用修辞原则的准则1（达意达效）、准则7（幽默、生动）。

案例27：大炮对准红薯地——轰苕（哄苕）（武汉歇后语）

语用修辞学浅析：

这是修辞语用标记凸显，以谐音和隐喻为关键。通过谐音紧密地联系二者，虽然二者本来无甚关联："轰苕、哄苕"谐音而双关，由于武汉方言的"苕"意为"傻子"，那么"哄苕"乃至整条歇后语便是"（你）骗傻子、你骗人（的吧）"的意思，《现代汉语词典》没有收入该方言用法。另外，该歇后语以红薯/苕喻人（傻子），因为红薯个大色红，或烤或煮，任人摆布。符合语用修辞原则的准则1（达意达效）、准则7（幽默、生动）。

案例28："人被逼急了什么都做得出来，除了小学奥数题。"（微信笑话）

语用修辞学浅析：

这是修辞语用标记凸显，以急转、衬跌和花径为关键。该例前后层次不一，如同在不知情的情况下感觉车子在突然下坡或急转。普通受众听读到"人被逼急了什么都做得出来"，能想到或预判的（规约隐含）是"骂人、打人、跳楼"等过激行为，没想到说写者来了一句"除了小学奥数题"，意思明显，而含义1是小学奥数题对小孩很难，含义2是对大人也难，含义3是任何人都会被小学奥数题逼疯，含义4是做孩子难，做家教的父母更难。该例的花径效果远胜过无标记表达式"小学奥数题真难""人们说'急中生智'，其实逼急了也做不出小学奥数题，因为太难了"。符合语用修辞原则的准则1（达意达效）、准则7（幽默、生动）。

案例29："朋友圈发自拍不要太过分，大家都是见过面的。"（微信笑话）

语用修辞学浅析：

这是修辞语用标记凸显，以隐含为关键。针对一些网民在网上晒自己的美照，有人如此一说，其含义是"我知道你没那么漂亮，为何p出如此艳照？"是奉劝爱好晒照片的网民p图晒照时要注意分寸。比较无标记式"朋友圈发自拍不要太过分，因为你本来没那么漂亮，难道我们都不认识吗?"，上文的话语具有更高的语用修辞效果，符合语用修辞原则的准则1（达意达效）、准则7（幽默、生动）。

案例30：2019年9月1—2号，有朋友发来这个："中央气象台最新公布，今年第13号台风'玲玲'（强热带风暴级）的中心今天（4日）5时距离台湾省宜兰县东南方向约 390 公里。中心附近最大风力有 12 级,33 米/秒,中心最低气压为 975 百帕。预计'玲玲'将以每小时 10 公里左右的速度向北偏东方向移动,强度逐渐增强。"随后我就发微信给几个认识徐玲玲、侯玲玲、何玲玲的朋友:"玲玲要来了,要设防哈。"

语用修辞学浅析:

这是修辞语用标记凸显,以花径为关键。不知道台风"玲玲"的朋友都莫名其妙,最后当然好多是哈哈大笑,因为终于(通过读报、看电视、上网等了解到这个玲玲不是我们身边叫玲玲的女子)取得了花径的"啊哈效应",符合语用修辞原则的准则 1(达意达效)、准则 7(幽默、生动)。

案例 31:我国某高校的一个外国留学生应邀到中国同学家做客。吃饭时,同学父母说"慢吃,慢慢吃。"他以为是吃快了,于是减慢。但他们还是说"慢吃,慢慢吃。"于是他都不好意思动筷子了。(源于陈光磊,2006:6)

语用修辞学浅析:

这是认知语用标记和社会语用标记凸显,以误解为关键。这是理解的语用失误。本书认为这是双方的语用修辞失误。当然,不是任何时候都可以说"慢吃,慢慢吃"的,而且"慢吃"和"慢慢吃"也不一样。前者多半是自己吃完了的客套话,相当于"我吃完了,你继续",而后者主要是(但不绝对是)劝告对方小心地吃什么难以处理的食物(如带刺的、带骨头的、太烫的)。有时,"慢慢吃"还隐含"还有好多,不着急,也别客气"。若如此,在客人正常进食时,东道主不宜说,至少不宜反复说"慢吃,慢慢吃"。违反了语用修辞原则的准则 5(明了),犯了语用语言失误以及社会语用失误。

案例 32:在巩汉林和赵丽蓉的小品《如此包装》里,总监说要为赵老师拍 MTV,赵老师说,"那就 TV 吧,先 T 哪儿?"

语用修辞学浅析:

这是修辞语用标记凸显,以异语、节缩和转品为关键。MTV 是音乐电视(music television)的意思,算是外来词,删除缩略词 TV 转品为动词(那就 TV 吧),字母 T 转品为动词,谐音"踢":"先 T 哪儿?"因为赵丽蓉作为评剧演员会一点拳脚。MTV 这个网络方言词(外来成分)由来已久,用用无妨。但在小品里,赵丽蓉头回听说,就能活用,表现出还未"包装"就已经入时入戏。这(些)正是该小品的成功之处。比较无标记式"拍音乐电视短视频""那就拍吧""先拍哪儿?"其语用修辞效果不可同日而语。该例符合语用修辞原则的准则1(达意达效)、准则4(身份、关系)、准则7(幽默、生动)。

案例33：老实讲，我是有收藏信件的癖好的，但亦略有抉择：多年老友，误入仕途，使用书记代笔者，不收；正文自第二页开始者，不收；横写或在左边写起者，不收；有加新式标点之必要者，不收；没有加新式标点之可能者亦不收……因为有这样多的限制，所以收藏不富。(梁实秋《信》)

语用修辞学浅析：

这是修辞语用标记凸显，以折绕为关键。说这么多其实就是折绕地表达了一句话："我只收藏老友的亲笔信"。但作者为什么绕来绕去呢? 一是含蓄委婉，二是增添细节，否则沦为清汤寡水的平铺直叙。符合语用修辞原则的准则1(达意达效)、准则7(幽默、生动)。

案例34：我家有爸爸妈妈和我，每天早上我们三人就分道扬镳，各奔前程，晚上又殊途同归。爸爸是建筑师，每天在工地上指手画脚；妈妈是售货员，每天在商店来者不拒；我是学生，每天在教室呆若木鸡。我家三个成员臭味相投，家中一团和气。但我成绩不好的时候，爸爸也同室操戈，心狠手辣地揍得我五体投地，妈妈在一旁袖手旁观，从来不曾见义勇为。我每次考试成绩下来后，80分以下女子单打，70分以下男子单打，60分以下男女混合双打。这就是我的家——一个充满活力的家。(某小学生的作文)

语用修辞学浅析：

这是修辞语用标记凸显，以别解和飞白为关键。例中的"分道扬镳、各奔前程、同室操戈、五体投地、女子单打、男子单打、混合双打"表达的都不是这些词语的本意或默认寓意，而是别解新义。家内每每看到我对厌学的子女或学生进行教导时，就不无讽刺地说"又在求学了""又在求教了"。汉语的"求学"和"求教"是甲请求乙教甲才艺或知识，在家内的话语中却别解为甲请求乙允许甲教乙才艺或知识，除了对我"杞人忧天""好为人师"的嘲讽，还算对那些不上进的晚辈后学的针砭。上例若是转述，则有语义飞白，符合语用修辞原则的准则1(达意达效)、4(身份、关系)、7(幽默、生动)；否则，误用颇多，算语用语言失误。

案例35：前几天去杭州游玩，走到"岳母刺字"雕像前，听到一个男子说：

"也就岳母舍得刺女婿，亲妈绝对不忍心干这事。"（微文笑话）

语用修辞学浅析：

这是修辞语用标记凸显，以飞白和嘲讽为关键。这里的"岳母"是宋朝抗金名将岳飞（1103—1142）的母亲，传说她在儿子背上刺字"精忠报国"以作鞭策。这个游客不懂原委就当众乱评，算逻辑—语义飞白。符合语用修辞原则的准则1（达意达效）、准则7（幽默、生动）。也不排除那游客装无知，那就是假飞白了。

案例36：薛蟠笑道："你提画儿，我才想起来。昨儿我看人家一张春宫，画的着实好。上面还有许多的字，也没细看，只看落的款，是'庚黄'画的。真真的好的了不得！"……众人都看时，原来是"唐寅"两个字……（曹雪芹《红楼梦》第二十六回）

语用修辞学浅析：

这是修辞语用标记凸显，以飞白和嘲讽为关键。该例中，作者除了利用也许是不雅的字画，还利用字形飞白（以为"唐寅"是"庚黄"）狠狠地讽刺了一下不学无术却卖弄学问的薛蟠。符合语用修辞原则的准则1（达意达效）、准则7（幽默、生动）。若用无标记式，则语用修辞效果大跌：也没细看，只看落的款，不是"庚黄"就是"唐寅"。

案例37：某相声节目中演员李丁演逗哏，陈静演捧哏。说起陈静某次表演的台词，李丁说，"你的表演，就是贱"，陈静和观众惊诧不已，李丁改口说，"见仁见智"。过一会儿他又说，"你的台词，就是烂"。大家惊诧了，他改口道，"烂熟于心"。再过一会儿他说，"你说的话，简直是猪"，大家惊诧，他补充道，"诸子百家一样的智慧"。

语用修辞学浅析：

这是修辞语用标记凸显，以急收和花径为关键。李丁采用的是急收和花径手法，即欲言又止地先让人对听后解读的内容产生惊异，然后改口追加以同音或谐音的其他说法，让听众"再思"原来的语词，以获得新解。这个过程中会产生一定的"啊哈效应"。相声的逗哏逗着捧哏和观众，实为逗乐取笑，既然取笑，也即取效，符合语用修辞原则的准则7（幽默等）。

案例38：一个四十岁左右男子的微信名是"老张"，他所在的群有他的同龄人,也有比他大的人、比他小的人。

语用修辞学浅析：

这是社会语用标记凸显,以不得体、不礼貌为关键。若是在任何人面前以自谦的"小张"出现倒没什么,但长者如何面对这个小小的"老张"? 他的网名违反了语用修辞原则的准则4(没注意辈分、身份等)。最近在网课上我看到有不少人都是千奇百怪的网名,就算合格,也要临时改为实名,以便班长、课代表和上课老师点名之用,否则都是社会语用失误:不符合语用修辞原则的准则4(身份、关系)。

案例39: 某青年在演讲中说到父亲被害,"那时,我的心荡起了悲哀的浪潮,两眼犹如双泉,盈满了晶莹的泪水,两行泪水像断了线的珍珠,纷纷落下。"(鞠玉梅,2011:129)

语用修辞学浅析：

这是认知语用和社会语用标记凸显,以矫饰为关键。鞠玉梅(2011:129)评论说,"台上声嘶情悲,台下阵阵嘘笑",为什么? 因为修辞者没有考虑"修辞场合","不合语境地使用辞格""过分修饰语言"以"追求华丽与新奇",致使受众只看到了一个"炫耀文采"的人,而非有悲痛故事需要分享和认同的人。我们身边有些人,尤其是一些常做报告的人,往往有此种矫饰,可称"修辞过度、过度修辞",与主旨及文体不相吻合。不符合语用修辞原则的准则1(达意达效)、准则4(身份、关系)。

案例40: 2021年3月7日上午,中央电视台3台的"黄金100秒"节目,中年女子上台演唱儿歌《种太阳》,屏幕上显示"经典童声歌曲惊喜亮相""当之无愧的'教科书式'演唱"。

语用修辞学浅析：

这是修辞语用标记和社会语用标记凸显,以夸张为关键。选手演唱的《种太阳》不仅是儿童歌曲,而且和几代中国人耳熟能详的童音版即蔻丹演唱的《种太阳》几乎无二,因此屏幕上写着"当之无愧的'教科书式'演唱"不算夸张过度,何况20多年前灌录音带、音碟的就是她。由于一般观众不知详情,屏幕字词的夸张纯属广告。待大家品味,尤其是通过主持人杨帆和蔻丹的聊天得知详情,又是折服,又是庆幸。这个夸张是合适的、得体的,符合语用修辞原则准则3

（真实等）、准则 7（幽默等）。

案例 41：世界围棋最强战弈罢九轮　副帅马晓春马失前蹄（《文汇报》1995年 1 月 13 日某标题）

语用修辞学浅析：

这是修辞语用标记凸显，以隐含为关键。"马晓春马失前蹄"是"马晓春惨败"的委婉表达式。"马失前蹄""比喻偶然发生差错而受挫"（现代汉语词典），窃以为是古代军事用语，战将的坐骑如果跌倒，可能导致战将战败甚至毙命，这里是隐喻，喻指马晓春下棋因失误连连而败绩（参见吴礼权，2018：45）。当然，更奇妙的是这个委婉语"马失前蹄"还从马晓春的姓氏借力，从而更加关联贴切。整个标题的幽默还来自其对偶和仿拟（"战弈"仿拟了"战役"）。有趣的是，汉语中失败或失利的委婉语有几十条，如"落榜"（没考中）、"名落孙山"（没考中）、"挂拍"（球员停赛）、"走路/走人/炒鱿鱼"（被解雇）、"下野"（脱离政界）、"走麦城"（身处逆境）等（吴礼权，2018：46）。这里选用"马失前蹄"和选手的姓名关联贴切，符合语用修辞原则的准则 1（达意达效）、准则 7（幽默、生动）。

案例 42：Do not seek the because — in love there is no because, no reason, no explanation, no solutions.〔Anaïs Nin, *Henry and June: From the Unexpurgated Diary of Anaïs Nin*；转引自卡尔佩珀和哈夫（Culpeper & Haugh），2014：59〕

语用修辞学浅析：

这是修辞语用标记凸显，以转喻为关键。该例可译为"别找因为——爱情这种事没有因为，没有理由，没有解释，没有结果"。because 是连词，意思是"因为、由于"，引出原因从句。但这里作者活用连词为名词，算语法转喻，转喻了because 后接的任何从句，即任何理由。符合语用修辞原则的准则 5（明了）和准则 7（生动），取得了较高的语用修辞效果。不过，按照这个风格，下面的"no reason"（没有理由）实属重复。"no explanation"也是。可依据此风格继续转喻："Do not seek the because—in love there is no because, no why, no if, no so, no therefore."（别找因为——爱情这种事没有因为，没有为何，没有如果，没有所以），则有更高的语用修辞价值。

案例 43：方操送宫下楼时，布告玄德曰："公为座上客，布为阶下囚，何不发一言而相宽乎?"玄德点头。及操上楼来，布叫曰："明公所患，不过于布；布今已服矣。公为大将，布副之，天下不难定也。"操回顾玄德曰："何如?"玄德答曰："公不见丁建阳、董卓之事乎?"布目视玄德曰："是儿最无信者!"操令牵下楼缢之。(《三国演义》第十九回)

语用修辞学浅析：

这是修辞语用标记凸显，以折绕、含蓄、避实和典故为关键。曹操抓到吕布，动了爱才之心，于是问身边的刘备有何高见。既然吕布求他美言，加之曹操问询，刘备不得不表态。他的真话(本意)是"必须杀吕布"，但过于直接，有失君子风范，于是折绕："公不见丁建阳、董卓之事乎?"别说曹操，就是身边的不少人，都能领悟个中情由和含义。吕布所拜的两个干爹先后死于吕布之手。可见此人素无信义，若如东郭先生可怜那匹狼，自然会丢了卿卿性命。换言之，刘备不好意思明言吕布不可留用，于是采用吕布拜了两个义父却亲手杀害义父的典故达到避实达意的目的。《三国演义》多处借古喻今以避实，再如诸葛亮和刘备说起周瑜帮刘备攻打西川而需要刘备出城劳军之事是"假途灭虢"(《三国演义》第五十六回)。据《左传·僖公五年》记载，晋国向虞国借路去攻打虢国，在灭虢后的回师途中，把虞国也灭了。诸葛亮说破周瑜的诡计，指的是周瑜假装打西川实际是图刘备以索还荆州。又如曹操有废长立幼的立嗣念头，多次问计于贾诩，贾诩说"有所思"，"思袁本初、刘景升父子也"(《三国演义》第六十八回)。这是"避实"地暗含袁绍和刘表的失败因由(废长立幼)。今人说话也是如此，例如借用孟母三迁的故事说明为什么带小孩(搬家)。这些其实也是典故法。刘备的上述话语符合语用修辞原则的准则1(达意达效)、准则3(真实可信)、准则4(身份、关系)、准则7(幽默、生动)。

案例44：2021年3月，笔者生活的小区电梯间的循环广告中包括一个叫"铂爵旅拍"的婚纱摄影动态广告，一对男女对喊"铂爵旅拍"，之后是他们的复制和放大，仿佛千千万万的人在参与，号召大家找他们做婚纱摄影。

语用修辞学浅析：

这是社会语用标记凸显，以语境、公德和效果为关键。这个广告只适合未婚者，但电梯里的受众各种各样，该广告先出现一对男女，随后是人群的高分贝大喊大叫，"铂爵旅拍，想去哪儿拍就去哪儿拍"。像吵架或打群架，而且虽说是

"旅拍",但该电梯广告没有丝毫的旅或丝毫的拍,它让人不舒服甚至反感。该电梯广告(笔者不知这个广告是否有其他媒体的广告变体,无意中伤)违反了语用修辞原则的准则1(达意达旨)和准则7(文明、生动)。电视上很多频道的很多广告,尤其是对年长者推销产品的广告,多半是大呼小叫,而且在一些节目的热播节点中横加插入,都算违反上述原则和社会公德(文明、和谐、诚信)。广告法对此应有所限制。同样,网络上的"流氓广告"严重影响了网民的网络生活尤其是网课。今后的网络管理应该予以制约。

案例45: "立双台于左右兮,有玉龙与金凤。揽二乔于东南兮,乐朝夕之与共。俯皇都之宏丽兮,瞰云霞之浮动……"(《三国演义》第四十四回)

语用修辞学浅析:

这是修辞语用和社会语用的双重标记凸显,以曲解、歧义和双关为关键。说的是《三国演义》赤壁之战前夕,刘备派诸葛亮过江联合孙吴抗曹,怎奈周瑜假装欲降曹操,诸葛亮戏说不用打仗,只需送去两个美女便可保江东平安。作为凭证,他为周瑜和鲁肃背诵曹操幼子曹植的《铜雀台赋》,蓄意"曲解"其中一句即"揽二桥于东南兮,乐朝夕之与共"①中的"二桥"为"二乔"(谐音歧义/双关)。不说周瑜折服于诸葛亮非凡的记忆力,单说曹贼觊觎孙伯符和周公瑾的妻子即大乔和小乔这一曲解就让周瑜七窍生烟,大骂"老贼欺吾太甚",立刻发誓"吾与老贼势不两立"。诸葛亮对区区二字的曲解很成功地逼迫周瑜表明破曹决心以及随后联刘的意向。之所以成功,是因为他很好地假装只知二乔是乔国老之女而不知是孙策和周瑜之妻②。诸葛亮的话语符合语用修辞原则的准则1(达意达效)、准则4(语境、身份、关系)、准则7(幽默、生动),偏离了准则3(可信)。

当然,我们这里说"很好地假装"是要打折扣的,不知作者罗贯中是欺读者还是欺周瑜与鲁肃。二乔之美名尤其是以弹琴和孙、周相交直至托以终身的爱情故事或浪漫传说在民间(至少在东吴地界)不胫而走,诸葛亮既知她们是乔公之女,岂能不知她们和孙、周的关系? 周瑜怒骂曹贼时,"孔明佯作惶恐之状,曰:'亮实不知。失口乱言,死罪! 死罪!'"依笔者看,诸葛是故意甚至恶意曲解

① 《三国志》里是"连二桥于东西兮,若长空之虹蝶"。
② 原文有:"久闻江东乔公有二女,长曰大乔,次曰小乔……将军何不去寻乔公,以千金买此二女……?"

词句以激周瑜,公瑾和子敬难道是愚人？不过,小说终归是小说,我们一方面认可孔明曲解和背诵的高超,也要看到这里弄巧成拙或弄险的弊端和风险。窃以为,如果作者不交代诸葛知道二乔是乔公二女的事,此曲解就更为妥帖。

案例 46：**学生**：老师你教的都是没用的东西！

老师：我不许你这样说自己！（微信笑话）

语用修辞学浅析：

这是修辞语用标记和社会语用标记凸显,以曲解为关键。"没用的东西"指的是没用的知识（教学内容）,而老师却曲解其为教学对象即学生们,因为"东西"可以用来骂人。老师表面上客气,不让学生妄自菲薄,实际上是借用曲解手法责骂了学生一番。老师可以假借曲解来教育学生,反之若是出自学生之口则不然。该例的无标记表达大概是"都有用,关键是你们自己要有用才行"。若如此,便无特殊语效。该例老师的话语符合语用修辞原则的准则 1（达意达效）、准则 4（身份、关系）、准则 7（幽默、生动）。

案例 47：President George W. Bush was called out for several malapropisms, perhaps the funniest being 2000's "We cannot let terrorists and rogue nations hold this nation hostile or hold our allies hostile". Close, but we're pretty sure he meant "hostage", not "hostile"!（网络片段）

语用修辞学浅析：

这是修辞语用标记凸显,以口误和飞白为关键。该例只是口误（slip of the tongue）,不是飞白。该例可译为："乔治·布什总统总是叫人揪住口误的小辫子,最逗的莫过于 2000 年的'我们不能容忍恐怖分子和一些流氓国家与我们和我们的盟友为敌',其实他后面想说的是扣押作'人质',不是'为敌'"。是有人拿美国前总统小布什有时语急而出现的口误,即这里本应说 hostage（人质）而误说 hostile（敌对的）。虽然一些国家主张的相对民主似乎能够许可或纵容此等挖苦领导语病的行径,但此非修辞行为,算不得飞白,只是揭露一个错误而已。当然,桥段传播者这么传来传去则是飞白了。

案例 48：鲁肃邀请庞统入见孙权……乃问曰："公平生所学,以何为主？"统曰："不必拘执,随机应变。"权曰："公之才学,比公瑾如何？"统笑曰："某之所学,与公瑾大不相同。"权平生最喜周瑜,见统轻之,心中愈不乐,乃谓统曰："公且

退。待有用公之时,却来相请。"(罗贯中《三国演义》第五十七回)

语用修辞学浅析:

这是语用修辞标记和社会语用标记凸显,以敬谦和隐含为关键。孙权称庞统"公"。庞统除了以"某"自称,其他处没有任何谦虚或敬谦。"某之所学,与公瑾大不相同"隐含了瞧不起周瑜以及自己很了不起之意。因此其结果是孙权对鲁肃说"吾誓不用之"。倘若庞统改用敬谦之法,如"小人实无所学,岂敢与公瑾相提并论? 公瑾乃旷世奇才。不过,吴侯若抬爱错用,小人也有抗曹拒刘之雕虫小技",结果就会截然不同。换言之,庞统这个军事奇才在东吴最需要周瑜类军事天才之时得到如此冷遇,除非他不想被聘用而飞黄腾达,实在是社会语用失误:偏离了语用修辞原则的准则 1(达意达效)、准则 4(身份、关系)。后来他在刘备处开头的"龙广"故事如出一辙,好在尚能补救。

案例 49: 教师:家长您好! 我是您家孩子班主任,期末考试成绩孩子带回
   家没?

家长:语文 59,数学 59,英语 59。已经打过了。

教师:打到什么程度?

家长:住院一段时间,不耽误下学期上课。

教师:多谢家长配合,值得表扬,是一个尽职的家长。

家长:不客气,还是老师教得好,没有偏科。(网络笑话)

语用修辞学浅析:

这是社会语用标记和修辞语用标记凸显,以体罚和反讽为关键。教师(班主任)联系学生家长,就孩子的教育和成绩进行沟通,这是正常的。但是这个对话显示,教师希望家长采用家暴的方式对待孩子,而这个心领神会的家长自然是体罚了孩子的。问题是,体罚过重(假如家长的话没有夸张),实属违法行为。教师没有理解为夸张,没有对受罚的孩子表示任何同情,反而赞扬家长的残暴,这是极不恰当的。最后家长赞扬教师(们)"教得好",因为孩子的成绩"没有偏科"(都是 59 分),这是反讽。只有孩子的几门课都是一样的高分才是合意的"没有偏科"。可见,在家长看来,学校教育也是一塌糊涂了。对话违反了语用修辞原则的准则 6(同情)和准则 7(文明)。

青少年教育是学校和家庭合作完成的工程,家长应该过问或参与。但学校

教育要尽责,不能把过多的任务交给家长。再者,当前不许教师对学生(不论多调皮捣蛋)进行任何责罚,此例中老师的态度也不适宜。上面的对话中,教师应该有"骂骂就可以了,不能打""象征性地打打无妨,但不能过分""以后可不能打骂孩子了""没教好我们负主要责任"类话语,而家长应该有感谢类话语和拜托类话语,才算得体。

案例 50：在勃朗特(Brontë,1816—1855)的小说《简·爱》(*Jane Eyre*)里,地主罗切斯特对家庭女教师简·爱说："Well, what did you learn at Lowood? Music? Do you play?"简·爱说："A little."

语用修辞学浅析：

这是修辞语用标记和社会语用标记凸显,以敬谦和模糊为关键。罗切斯特问简·爱在罗沃德寄宿学校都学了些什么,会不会音乐,会不会弹(钢)琴,她回答以"一点"。是模糊话语。"一点"到底是多少？撇开该短语的模糊不谈,作为应答它既可以是直陈事实,又可以是表谦虚的弱陈(是反夸张),算是达到了一定的语用修辞效果。在小说里,作者利用几句话的"a little"勾勒出一个多才多艺而谦虚怯懦的家庭女教师形象。因此,我们可以说该例的答语是主人公(和作者)很高的元语用意识驱动的应答,是语用含糊,而不是模糊不清。若改说"I can play the piano very well."(钢琴我弹得很好),即使是事实,也显得不够礼貌,而且与小说中塑造的出身卑微、寄养在舅妈家里饱受歧视、历经寄宿学校的磨砺、长相平平、终于找到做家庭教师机会的简·爱形象极不相符(侯国金,2005a：43)。该例女主角的话语符合语用修辞原则的准则 1(达意达效)、准则4(身份、关系)。

案例 51：(奥运后得了季军的 *Peter* 对好奇的邻居 *Alice* 说：)I won a medal.

语用修辞学浅析：

这是修辞语用标记凸显,以语用含糊为关键。这句话的意思是/可译为"我获奖了"或"我获得了奖牌"。如果爱丽丝问他是否得奖,该例就是该模糊就模糊,也是无标记。假如她问他得了第几名,他想说而不会(或不愿)说铜牌(bronze)这个词,又不想谎称金牌(gold)或银牌(silver),这是"负向有标记",是模糊,而不看作语用含糊。若是故意模糊,以便让人联想到金牌或银牌,此乃

"正向有标记"，是语用含糊。彼得的话在一定语境里到底是阐述、宣告或间接指令，也有该清楚就清楚、该模糊就模糊、该清楚而模糊、该模糊而清楚等各种情况，因此也有无标记和（有）标记之分，以及正向和负向（有）标记之别（侯国金，2005a：45）。该例符合语用修辞原则的准则 1（达意达效）、准则 7（幽默、生动）。

案例 52："言吾之所以无所毁誉者，盖以此民，即三代之时所以善其善、恶其恶而无所私曲之民。故我今亦不得而枉其是非之实也。"（朱熹《论语集注·卫灵公第十五》）

语用修辞学浅析：

这是认知语用标记和修辞语用标记凸显，以转品和复叠为关键。孔子的话是"吾之于人也，谁毁谁誉？如有所誉者，其有所试矣。斯民也，三代之所以直道而行也"。意思是"我对人有过诋毁或赞美吗？如有所赞美，一定是经得起考验，如夏商周三代那样能直道而行的人，正是有这样扬善抑恶的民风，历代的直道才得以畅行"。孔圣人的含义是在评价人时批评而不诋毁，赞扬而不过誉，而无论褒贬都是实事求是，是对事不对人，是为了扬善抑恶，所谓"君子成人之美，不成人之恶"。朱熹注解的第一组复叠"善其善"的第一个"善"字是动词，是"扬升、颂扬"之意，后一个"善"是名词，表"美（德）、善良、优秀"之意。第二组复叠"恶其恶"的第一个"恶"是动词，是"抑制、厌恶、批评"之意，后一个"恶"是名词，表"恶劣行径、丑（行）、不当言行"之意。符合语用修辞原则的准则 5（明了、良构）和准则 7（生动）。

案例 53：In *Much Ado About Nothing*, Constable Dogberry uses multiple malapropisms — and is so known for them that "Dogberryism" has become another name for malapropism. At one point, he says, "Our watch, sir, have indeed comprehended two auspicious persons." There are two malapropism examples in this line：He should have said "apprehended", not "comprehended", and "suspicious" rather than "auspicious". （网络片段）

语用修辞学浅析：

这是修辞语用标记凸显，以飞白为关键。是飞白，尽量直译，便是："在莎士比亚的喜剧《无事生非》里，这位多格贝利警官有多次口误，也因此名声在外，

'多格贝利主义'成了口误的代名词。有一次，他说，'我们值班的的确明白了俩吉利分子'，这句话有两个口误。他不该说'理解'，该说'逮捕'；不该说'吉利/富裕'，该说'嫌疑/可疑'。"也即，多格贝利警官错把 apprehended（逮捕）说成 comprehended（理解），错把 suspicious（嫌疑/可疑）说成 auspicious（吉利/富裕）。结果是把全句"我们值班的的确是抓了俩嫌疑人"说成了"我们值班的的确明白了俩吉利分子"。而且，原句还有语法飞白，谓语部分应该用单数的 has 却用了复数的 have。其实，如上文所言，多格贝利警官在剧中多次犯错，此等飞白正是作者用来刻画其形象的工具，自然是飞白，具有较高的语用修辞价值，符合语用修辞原则的准则 7（幽默、生动、个性特色）。

案例 54：某资深作者四次投稿到湖北某大学学报（哲社版），都在一个月后遭到拒稿，没给出理由，也没有反馈审稿意见。几年后作者投来第五篇自以为是力作的稿件，系统上数日后显示"责编处理中"，数月后如此，两年后如此。电话则不通。

语用修辞学浅析：

这是社会语用标记凸显，以学术道德和文明礼貌为关键。作者投稿给某家杂志编辑部，是尊重和信任这家杂志及其编辑部，应该得到尊重的回报，即认真组织审稿专家及时审稿。若需要"退修"，则及时修书告知退修意见。若是"毙稿"，就及时通告，以便作者另投他刊。观察这家学报对该作者前四篇投稿的态度，可以看出编辑部根本没有给予应有的尊重，甚至没有请人审阅。再看第五篇，那么短的时间内就显示"责编处理中"，要么是工作失误，要么是哄骗作者。责编处理一般是在通知用稿后对文章进行技术编排，以便适时刊登。也就是说，责编不决定稿件是否刊登，而这个显示预设了稿件通过了评审。事实证明这个预设不成立，而两年多的"责编处理中"是在诱骗作者。此时的作者进不能进，退不能退。打电话则永远不通。万一投稿他刊，则两家可能同时刊登而造成学术不端，谁负责任？作为弱势群体的作者势必背黑锅。本书认为，该编辑部（以及很多类似的编辑部）违反了语用修辞原则的准则 1（达意达旨）和准则 3（信息值真实可信），属学术上的不道德行径，严重地伤害了投稿人的利益和身心健康。窃以为，凡收投稿，都须及时反馈。该案例的编辑部也违反了文明、平等、诚信、敬业等价值观，算严重的社会语用失误。

案例 55：孔子的话，"三人行，必有我师焉。"杨伯峻 1980 年的《论语译注》（中华书局）的解释是："几个人一块走路，其中便一定有可以为我所取法的人"。

语用修辞学浅析：

这是认知语用标记凸显，以典故和词义为关键。根据石毓智在《咬文嚼字·语苑新谈》（2021）的观点，上述解读是误读，主要是误读夫子的"行"字，那么整个解读也就难免有偏差甚至误人子弟。孔子这里的"行"绝不是"行走、走路、散步、奔跑"，我们在旅程中碰到千千万万的旅客，连招呼都不打，又何以得知其他"行人"的优点且何以进而"取法"？"行"在《论语》中的无标记即表"行走"的动词用法，如"见其与先生并行也"并不多见，更多表示"做事"，搭配甚多，如"行君子、行诈、行之"（以及做名词的有标记情形）。回到"三人行，必有我师焉"，"行"是"做事、共事、（做）同事"，唯有如此解读才能看到人家的强项或优点并谦虚向学。石毓智总结说，孔老夫子这句话的"深意"是鼓励我们和他人"合作共事"，因为这是"成长的必需"，那么，人家之长，学；人家之短，避。《现代汉语词典》没有收入上述用法。该例是语用语言失误，译文似与语用修辞原则的准则 5（清晰明了）有一定距离。

案例 56：某外语教师讲课："论委婉语，英语的 cloakroom 等于汉语的'更衣室'，'to wash one's hands'等于'洗手'，'bedroom affairs'等于汉语的'房事'，'an unmarried wife'等于'未婚妻'，convenience(s) 等于'方便'，'to go west'等于'归西'。汉语的这些说法都是从英语的上述说法翻译过来的。"

语用修辞学浅析：

这是认知语用标记凸显，以典故、委婉为关键。① 英语的 cloakroom 几乎等于汉语的"更衣室"。李国南（2002：239 - 241）介绍，英美旧时车站、剧院等公共场所有一个让人寄存衣帽的地方，后来委婉转喻上厕所。汉语的"更衣室"并非由英语翻译而来，而是源于旧时贵族如厕前多要脱掉长长的外衣。② "to wash one's hands"和汉语的"洗手、净手"也是惊人的相似，但汉语早就用这样的委婉语（不是舶来品），据说源于谐音的"解溲"（如厕）。③ 英语的"bedroom affairs"（卧室里的事务）转喻婉指不正当的性关系，多含贬义，而汉语的"房事"是正常或合法的行为，属中性。④ 英语的"an unmarried wife"（未婚之妻）是情妇，汉语的"未婚妻"是订婚后或结婚前的女友，褒贬不同。⑤ 英语的 convenience (s)的"方便"婉指厕所,汉语"方便"婉指大小便,二者具有不同的词源。⑥ 英语的"to go west"源于太阳日落西山,没有宗教色彩,而汉语的"归西"有宗教色彩,"西方"指佛教所说的"西方极乐世界"。可见,上述教师违反了语用修辞原则的准则3(真实可信)和准则5(清晰明了),忽略了这些英汉对照委婉语的异同,或者说夸大了同,忽略了异,更为错误的是,乱画等号,乱说词源。

案例57:不知不觉间,梅贻琦做清华校长已经六年了,没有再提出更换校长,有人问其中的奥妙,梅贻琦幽默地回答:"因为我姓梅,大家倒这个倒那个,就是没有人愿意倒霉。"(上海卫视纪实频道《大师》系列之梅贻琦,转引自吴礼权,2018:30-31)

语用修辞学浅析:

这是修辞语用标记凸显,以双关为关键。虽不知真假,但故事中梅校长巧用"倒梅"(打倒姓梅的,换掉姓梅的)和"倒霉"的谐音(同音)造成了双关效果,既表达了"没有人愿意倒霉",又表达了"没有人愿意倒梅"。同时这也是低调陈述(比较"因为他们认为我是优秀校长")。20世纪30年代的清华园,校长不好当,梅贻琦坚持教授治校的理念,深得人心,无人要改变这个现状,也就希望他继续管理清华园。在这样的语境下,上例的幽默不难理解。校长的回答并不骄傲,反而自谦,梅氏幽默不胫而走,成为美谈(参见吴礼权,2018:30-31)。该例梅校长的话语符合语用修辞原则的准则1(达意达效)、准则4(身份、关系)、准则7(幽默、生动)。

案例58:(张三和李四都是大学副教授,微信聊天时李四说起科研之难,于是有下列对话①:)

张₁:我想到刘教授的一句话,"我们现在很多人做学问,上又上不去,下又下不来。"

李₁:我是上不去。在下面太久。

张₂:他讲的是范畴的分类,可分为上层(superordinary level)、基层(basic level)、下层(subordinary level)。刘教授说的"上不去"指的是,我们很多人停留在中间层,不能抽象、归纳到上位概念,所谓"下不去"指的是不够具体、细致。我想

---

① 感谢湖南友人张征和刘正光教授。

上应该是原理、通则,下应该是事实。多数人停留在概念、主题等的中间层。(见图8-1)

李₂:是的是的。

……

张₃:……

李₃:……

语用修辞学浅析:

这是修辞语用标记凸显,以花径为关键。张三和李四都是大学副教授,微信聊天时李说起科研之难,于是有下列对话:张三第一轮话语的"做学问,上又上不去,下又下不来"默认的解读就是难以提高,

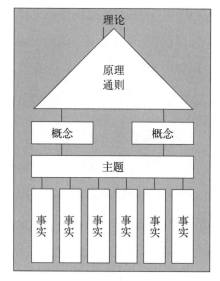

图 8-1　知识和范畴的三层次图

例如在更高级别刊物发表论文,或获得博士学位,至少不甘落后(连续低聘)。李₁"我是上不去。在下面太久"就是这样理解的。张₂马上追加以刘教授关于范畴类的论述,让李四理解了刘教授说的"上不去、下不去"的真实意义是"很多人停留在中间层,不能抽象、归纳到上位概念"而且"不够具体、细致"。至此,李₂"是的是的"证明他理解了张₁的话,更发现自己先前的解读为误读。此乃语用花径。后面的图是加强和阐释张₂的话语。张三的话语构建就是先巧设花径,随后一一阐释,让李四恍然大悟,并从花径中得到一些"啊哈"幽默。若是换成无标记式,前面大概是:"刘教授讲到研究的范畴,有上层、基层、下层",随后抛出那个图,继续说,"我们很多人停留在中间的基层,不能上升到抽象、归纳的上层,也即'上不去';也不能落到具体、细致的下层,即'下不来'。"若如此,没有花径,表意无妨,就谈不上花径语效。该例张三的话语符合语用修辞原则的准则 1(达意达效)、准则 4(身份、关系)、准则 7(幽默、生动)。

案例 59: 在罗斯林父子(Hans Rosling & Ola Rosling)的题为《如何增进世界常识》(How not to Be Ignorant about the World)的 TED 演讲中:① 父亲演讲前半段,儿子演讲后半段。② 观众用仪器答题,答案正确率偏低,低于大猩猩,高于瑞典人(事先调查过)。③ 这个"父亲"说他的老板是他儿子。④ 这

个"父亲"从地上拾起一根钓鱼竿充当教鞭在幕布上指指点点。⑤"父亲"设问："到底是谁担任那么差的全球健康课程的教授？是我，是我。"⑥ 还说遇到这样的选择题时，大家就看大猩猩选什么，跟着选，不会错的。⑦ 说有一次就类似的国际问题咨询了著名媒体的人物，结果是都答错了，因为媒体不懂媒体。

语用修辞学浅析：

这是修辞语用标记凸显，以反讽和嘲弄为关键。一般的 TED 演讲者是一人，而本场是有标记演讲：父子先后出场，讲到技术咨询问题时儿子出场（这是得体的）。

关于④，"父亲"拿起钓鱼竿做教鞭，这是有张力的行为，若是在大学课堂便不得体，但在这里，是得体幽默的，因为这里可能没有准备教鞭，还因为他是长者，演讲之前或之后可能钓鱼，情有可原。鱼竿做教鞭的张力增添了几分幽默。

关于①②③⑤⑥⑦，这些全是情境反讽，十分滑稽可笑。由于上述的①—⑦的幽默，该演讲多次引起笑声，体现了 TED 的第二个字母的理念（E 是 entertainment 的首字母，意为"娱乐"①）。注意，这个"父亲"取笑听众选题不如大猩猩，是得体的，一是因为他是长者，二是因为西方文化中具有这种被善意嘲弄的幽默感。至于他挖苦瑞典人，由于父子二人就是瑞典人，这算是自嘲类幽默。

质言之，演讲者的上述语用修辞行为都符合语用修辞原则的准则 7（幽默、生动），取得了很好的效果。

案例 60： 科克斯（Cox）的 TED 演讲《火星上几点了？》（What Time Is It on Mars?）中：① 说起火星上的巡视器（rover），用代词 she/her。② 戴两块手表，显示地球和火星时间。③ 他们捏造一些词：sol（火星的一天），tosol（今天），yestersol（昨天），nextersol/solorrow（明天）。④ 负责巡视器的说 tosol，其他人说 tosoul。⑤ 一帮人每天晚起 40 分钟，直到把半夜当白昼，所为都是白昼所为，演讲者称之"火星人"。⑥ 她说她们的眼光是多星球的（multi-planetary）。

---

① TED 是"technology, entertainment, design"的缩写组合，意为"技术、娱乐、设计"，大凡 TED 演讲，都是 10—18 分钟的英语演讲，要有技术含量（T），要有一定的娱乐性（E），要让人开阔眼界或受益良多以便重新设计人生（D）。本书认为还有 L，代表 Love（爱），一定要有人文关怀。

⑦ 最后,她说,"下次你说没时间,记住我的话,那只是站在地球视角的认识。"

语用修辞学浅析:

这是修辞语用标记凸显,以仿拟、比拟/类比为关键。根据该演讲,科学家要派送机器人和巡视器到火星表面工作。为了让其高效工作,这些在地球遥控的工作者必须掌握火星时间。火星一天是 24 小时 40 分钟,比地球多 40 分钟,这就意味着在地球工作的火星专家每天要延长 40 分钟,以至于到一定的程度,地球的晚上成了他们[火星(工作者)]的白昼,而他们和地球人的交往就会有些时间冲突。

关于①,说起火星上的巡视器用女性代词 she/her 类,表现出女权主义。斯波伯和威尔逊(Sperber & Wilson,1986/2001)也是这样做的。我们多年来默认的做法是以男性代词 he/his/him(汉语是类似的"他、其他、他类、他者"等),既能指男又能包揽男女,女权主义者反着说也无碍,只要不造成代词指称混乱便可——符合语用修辞原则的准则 5(明了)。

关于②,戴两块手表,显示地球和火星时间,这是有张力的行为,是为了方便他们的地球生活和(为火星系统的)工作。普通人看了自然好奇,这是情景反讽。

关于③,他们捏造一些词:sol[(火星的)一天],tosol(今天),yestersol(昨天),nextersol/solorrow(明天)。这些分别仿拟了英语单词 today、yesterday、tomorrow,也是为了方便讨论和工作。该仿拟本身就很幽默。

关于④,负责巡视器的说 tosol,其他人说 tosoul,演讲者说这些火星人也有方言差异。这种方言差异符合社会语用学原理,人多了自然有方言和口音的差异。这不仅有比拟/类比幽默,还有夸张幽默——夸张他们"火星人队伍"人多势众。

关于⑤,"一帮人每天晚起 40 分钟,直到把半夜当白昼,所为都是白昼所为,演讲者称之'火星人'",这是有趣的人所做的有趣的实验,要么是表达对"火星人"的敬意,要么是为参与未来的火星计划做热身。

关于⑥,演讲者说她们这些火星人的眼光是"多星球的",这是仿拟幽默。比较而言,我们最多是"多视角、多媒体、多模态、多学科、多元、多国、多边"等,人家都"多星球"了,不可同日而语!

关于⑦,演讲的最后,科克斯说,"下次你说没时间,记住我的话,那只是站在地球视角的认识"。这就以最幽默的话语把演讲推向高潮。生命以时间计算,我们总抱怨时间过得快,以没空为由耽误应尽的责任,每每听到此句,自会羞愧难当。但她也有道理,我们说没时间实指按地球时制算没时间,如果加入火星计划,每天就多了40分钟,岂不是有更充裕的时间?

质言之,演讲者的多数语用修辞行为符合语用修辞原则的准则7(幽默、生动),取得了理想的语用修辞效果。

案例 61：It is a truth universally acknowledged that a single person in possession of a fine dictionary must be able to access the correct meaning of a piece of language. [卡尔佩珀和哈夫(Culpeper & Haugh),2014：2]

语用修辞学浅析：

这是修辞语用标记凸显,以仿拟和语篇连贯为关键。这是仿拟英国女作家奥斯丁(Austen,1775—1817)在小说《傲慢与偏见》(*Pride and Prejudice*)的开篇第一句："It is a truth universally acknowledged that a single man in possession of a good fortune must be in want of a wife."可译为"普世公认的一条真理是,家财万贯的单身人士定然需要娶妻"。原话是一个断裂句(cleft sentence)强调构式,it 是虚主语/形式主语,that 从句是真主语/逻辑主语。从句里面是一个表推测意义的判断句,为整部小说女儿们的婚嫁故事定下了步调。卡尔佩珀和哈夫的这句话意思是/可译为"普世公认的一条真理是,家有好词典的单身人士定然可以得到语词的确切意义"。在结构上,前半部分一模一样。that 从句的开头部分也一样,只是在"in possession of"(拥有)后面的成分才有出入,随后的"must be"(一定是)也是复制奥斯丁的,也即,他们的这句仿拟在结构上有两个大仿点,一是"must be"之前的"fine dictionary"(好词典),二是其后的"able to access the correct meaning of a piece of language"(得到语词的确切意义)。

他们的这句话出自著作《语用学和英语语言》(*Pragmatics and the English Language*)1.2 的"语境中的意义"(meanings in context)的§1.2.1《语码之外》(beyond the linguistic code)的开篇首句。作者从第二句开始,反其道而行之,说这句话不符合现实,具有反讽性,因为语言使用中的语义推导往往不是词典说了算。卡尔佩珀和哈夫这句仿拟符合语用修辞原则的准则1(达意达效)、准则7(幽默、生动),十分得体高效。比较而言,无标记的表述大概是

（接其下文）："It is common knowledge that a fine dictionary can help us access the correct meaning of a piece of language. But how helpful is such a dictionary in determining lexical or sentential meaning in a context?"（好词典能帮助我们确定词义,这是常识,但在一定语境中确定词义和句义上,词典到底有多大的作用呢?）。这个表达式就沉闷多了。

案例62：最近我给朋友们发去一幅图,是美国宇航局阿波罗8号（Apollo 8）的宇航员比尔·安德斯（Bill Anders）从月球表面拍地球升起的照片。当然我不会明说是"地出图",随后发去"你在地球那边还好吧?"对方一般回复说"很好,谢谢"类话语。

语用修辞学浅析：

这是修辞语用标记凸显,以双关和花径为关键。"地出"图的近处是灰白的月球表面,远处是蔚蓝的地球。我的话"你在地球那边还好吧?"当然算问候。对方的理解是,这是地球,你我同在,只是天各一方,我在地球这边问候地球那边的你。对方的回复"很好,谢谢"类话语足以证明他们就是这样解读的。实际上,我利用了话语的结构歧义："你在地球那边"可以是"你我都在地球,我在这边,你在那边",也可以是"我在其他星球（这里指月球）,而你在那边的地球"（因此说"地球那边"）。当然,我是夸张地表达我在很遥远的远方,倒不是真的说在月球。我自然是故意制造了一个歧义,作为今后后续"微聊"的噱头。从文到图,我的话是语用花径。待对方问及是谁何时何地拍的（地球）照片时,我再追加上述阿波罗8号和安德斯的故事,对方才领悟悬念的花径幽默（解读）。遗憾的是,一些朋友就停留在"很好,谢谢",也无所谓双关和花径了（算解读的语用修辞失误）。对方/解读者能否取得双关和花径的效果,一要看其幽默能力,二要看表达者/我的幽默能力和幽默意识。说实在的,我并不期望每个微友都能获得上述的语用修辞丰收。该例符合语用修辞原则的准则1（达意达效）、准则4（身份、关系）、准则7（幽默、生动）。

案例63：某国际商务信函如下：

Dear XXX,

Thank you for your great support always. However, I need to inform you the bad news today, sorry. Because one customer of retail shop had finger cut by sharp edge of mirror plate. So a side must rework all system from now on. We must discuss rework fee and so on. Of course, you must rework the next lot in your factory. Please understand our urgent situation. Best regards,

YYY(Yao et al. 2021：291)

语用修辞学浅析：

这是社会语用标记凸显,以面子威胁、言语行为、礼貌等为关键。

大概可译为:"敬启者,谢谢您一如既往的大力支持。不过,我有必要通知您今日的坏消息,不好意思。只因某零售客户被镜片划伤手指,因此有关方面必须重新加工整个系统,我们也有必要重新协商加工费事宜。还请贵方务必在贵厂加工其他零部件。情况紧急,万望理解。顺祝安康,某某顿首。"

根据姚俊等(Yao et al.，2021：291)的介绍,国际商务的英语[作为非英语国家的共通语(lingua franca)]函电,若是威胁对方面子的语用行为,如索赔,一般要注意缓和,而且采用如下的"五部"语篇模式:

第一,开头(openings),或有缓冲语[buffer,作为支撑步骤1(supportive move)],或无缓冲语。

第二,解释(reasoning/justification/explanation),作为支撑步骤2。

第三,核心语为(headacts),如反对、拒绝、抗告、诉说、要求。

第四,缓和(mitigation),作为支撑步骤3。

第五,收尾(closings)。

若如此,上例贴上"五部曲"标记便是如此[改自姚俊等(Yao et al.)，2021：291]:

开头:Dear XXX,[另起一行] Thank you for your great support always.(置信开头套话、致谢)

缓冲语:However, I need to inform you the bad news today, sorry.(缓和语、致歉)

解释:Because one customer of retail shop had finger cut by sharp edge of mirror plate.(原因) So a side must rework all system from now on.[(笼统)结果]

核心语为：We must discuss rework fee and so on.［(具体)结果1］Of course, you must rework the next lot in your factory.［(具体)结果2］

缓和：Please understand our urgent situation.（请求）

结尾：Best regards,［另起一行］YYY(告别套话、落款)

当然，不同国家、民族和文化的类似商务信函会有细微差别。姚俊等（Yao et al.，2021：287,298)指出，中国人和日本人都偏爱"解释性支撑步骤＋核心语为"的函电构式。论缓和策略，中国人用得比日本人多，而且中国人偏爱致谢，日本人则偏向反意/附加疑问句(tag question)和致歉。

上例是该类国际商务函电的范例，符合语用修辞原则的准则1(达意达效)、准则4(身份、关系)、准则5(清晰明了)、准则6(礼貌得体)，可取得预期的交际目的和相应的语用修辞效果。

案例64：

(1) 今儿个是小长假后的第一日，留学虽要紧，却也不能忘了专业二字。如今的留学机构虽是越发得多了，但今日不比往昔，杂乱的留学行业必是车水马龙，热闹得紧，假的更是……若是找了家不专业留学机构，钱也没了，人也毁了，这……这……真要败了。(留学版)

(2) 方才察觉自己未来的英语水平再提升空间极是微小，私心想着下一步得大力提高一下汉语能力，从而定可中外兼修，方不负恩泽，对于学贯中西想必也是极好的！说人话：好好研究我的这本汉语书。(学外语版)

(3) 私下想来，明星为何年老无皱？方才在网上查了下，原来电波拉皮除皱很不错，有皱纹做电波拉皮，定可除之，真真是不错啊，若本宫有钱做电波拉皮除皱，定可年轻靓丽！说人话：电波拉皮除皱就是好。(美容版)

(4) 私下想来，发票换章时就该提的，断不至于还用着旧章，倒是这新章印模，知道要来报备的不多。今个儿给各位小主提个醒，赶紧把发票章往那白纸上盖个红印，递给税管员备个底儿，也别忘了在自个的证上头盖个红印。如若不然，往后这发票便不好购了。(公文版)

语用修辞学浅析：

这几则网络片段是修辞语用标记凸显，以仿拟或仿体为关键。例(1)—(3)的不同版本"甄嬛体"读来趣味横生，符合语用修辞原则的准则1(达意达效)、准则 7(幽默、生动)。但也要注意,一个语篇或场合使用过多此类就会俗套、俗气,而且公文类,如例(4)"甄嬛体",就不得体。

案例 65：2021 年 4 月 4 日前后,兵团卫视常常播送一个名曰"泰山蜂巢蜜"的广告,该广告请来几位中国大爷和大妈大口地吃着蜂巢蜜,让他们边吃边赞。说商场卖 798 元一箱,这里只需 98 元。某女子说,"儿子送两箱,闺蜜送两箱"。说一大箱够吃半年,号召大家"抢定吧"。声音越来越高,类似的画面连续播送三四遍,达十几分钟。

语用修辞学浅析：

这是社会语用标记和修辞语用标记凸显,以夸张、真实、得体、公德等为关键。第一,我没有尝过广告的那个"泰山蜂巢蜜",不能也不敢诽谤。但假如真的这么好,怎么会那么便宜,98 元,比商场的类似商品便宜好多? 诚如广告所言,这样(近乎赔本的买卖)是为了赚个口碑,引来回头客,这就是说要在第二次买卖中大赚一笔了。若如此,任何人都可以试吃,试买第一回,但绝不买第二回,商家岂不是亏了? 第二,商界或广告界的规矩是不能明着损人利己,但该广告就是明着比较商场卖的蜂蜜和他们广告的蜂蜜,他们的话语要么是假话,要么算不道德。第三,蜂蜜除了老年人,其他人尤其是病人(年龄不论)都可以享用,但广告中清一色青睐中国大爷和中国大妈,而且是好多个、好多对,大快朵颐,互相对吃,边吃边说,不符合"食不言"的祖训,实在不雅。第四,"儿子送两箱,闺蜜送两箱"有歧义,"儿子、闺蜜"在句中是送礼的施动还是受动/受益人? 第五,总说"一箱、一大箱"类,从来不交代一箱有几瓶? 在关键处进行了刻意模糊处理。第六,"抢定吧"恐怕是"抢订吧"的误写。第七,为什么持续地用 85 至 120 分贝的大嗓门喊广告? 第八,为什么要连续多遍地重复,长达十几分钟? 质言之,窃以为这就是语言暴力,甚至还是商业欺诈。由于它违反了语用修辞原则的准则 3(真实可信)、准则 5(简明扼要)、准则 7(文明生动),因此不得体,算严重的语用修辞失误。

案例 66：在某国的对外汉语教学课堂,学生问老师什么是"灿烂",老师说这两个字都是 bright 的意思,合起来就是"very very bright"的意思。学生又问老师"薪水"是什么意思,老师说是 salary、wages 或 pay。学生问为什么叫"薪水",老师说不知道也没必要知道为什么,就理解为 salary、wages 或 pay 就好了。

语用修辞学浅析：

这是认知语用标记凸显，以构词法、理据性、认知语用、教学法等为关键。

汉语双字构式语词，有的是"透明词"（transparent word），有理据，有的则是"晦涩词"（opaque words），相对无理由。在教学尤其是对外汉语教学中，我们处理前一类双字语词时，一定要晓之以理，这个"理"就是理据。该例的"灿烂"二字都是"光明、明亮"之义，组合成单纯词（即不能拆分使用）"灿烂"后表达"十分鲜艳光明"的意思。类似的透明语词还有"中文、文科、民族、数量、商店、斑马、茶杯、雷雨"等。这些透明词是如此透明，我们甚至可以采用组合的方式予以翻译，如"中文"就是"the Chinese language"（回译便是"中国的语言"）——当然一般（可）译成约定俗成的光杆名词 Chinese。"文科"就是"social science disciplines"，其余类推。

还有一类相对晦涩或相对不透明，也即透明度有限，如"薪水、房东、空气、东宫、文静、雷达、闪光、听话、可乐、咖啡、雪茄"等。注意"相对"二字，即我们从语词发生或本体（ontology）的视角看，认为语词归根结底是理据的，只是我们有时难以探本求源以得理据，或者其理据在语词演变中受到一定程度的腐蚀（erosion），而且在对外汉语教学或似乎必要的翻译中，难以组合翻译。例如，"薪水"不能翻译成"firewood and water"（回译：柴火和水），若如此就是误译。试想公司员工之间说某人的薪水很高或很低，译者不能处理成"His firewood and water are high."（回译：她的柴火和水都很高）。同样，"文静"不是"literature (being) quiet"（回译：文学很安静），"房东"也不是"east of the house"（回译：房子以东）。

《现代汉语词典》说"薪"是"柴火"的意思，固定搭配有"薪水"，但没介绍"薪水"的理据即何以表"工资"。问题是，在诸如上例背景的教学中，如果为师者能"晓之以理"，（二语）学生定能事半功倍地掌握和运用这些欠透明的双字语词。根据高哲（Gao，2020：13-14），不妨教学生"薪水"是"salary、wages、pay"，而且追加上"A salary helps pay for firewood and water."（回译：薪水就是买薪即柴火和水的）。也即，老师采用的是"阐释性解码"（elaborative decoding）[①]，

---

① 原文说"解码（encoding）"，本书认为此处更像"解码（decoding）"。

即补充理据信息①。具体方法是：① 呈现拼音"xīn shuǐ"。② 提供单字的理据意义"firewood＋water"。③ 加上单词英译"salary、wages、pay"。④ 补充上述的整句解释"A salary helps pay for firewood and water."（意思是/可译为"所谓'薪水'就是用来买薪/柴火和水/饮用水的"）。同样，"听话"包括：① 教学生"tīng huà"的发音。② 组合地阐释解码为"listen＋speech"。③ 给予善译"being obedient/ a good child"（回译：听话的/顺从的/好孩子）。④ 整句解释的"Obedient children listen to their parents' words."[高哲（Gao），2020：22。回译：听话的孩子听从/顺从父母的话语]。

比较"阐释性解码"教学法和"死记硬背"（rote memorisation）教学法，不难发现，论心力，前者逊于后者。但论教学语效，前者远胜后者。但说准确性，通过学完就考的即时测试，发现前者胜过后者10％以上，5 天后和 14 天后分别测试，前者比后者高 13％和 17％[高哲（Gao），2020：15]。也即，比较两种教法，时间越久，高效和低效的距离就越大，也越明显。其实，在处理晦涩双字语词的对外教学中，阐释性解码教学法除了准确性的高效，还有生动性、记忆持久性等的高效，而相反，一般教师和教科书的其他教法，可概称为"死记硬背"教学法，就是以它们的标准英译来对付，比较起来是低效的，算是语用修辞失误（近乎误人子弟）。本案例的"薪水"教学便是如此，违反了语用修辞原则的准则 1（达意达旨）以及准则 2（有信息差）。

最后，需要说明的是，即便我们要采用上述高效之法，也要讲究真正科学（如实、准确）的阐释性解码。纵观高哲（Gao）的附录（2020：21 - 23）的 26 条汉语晦涩合成词的此种解释，也有欠科学、欠合理的条目。例如"Naive people seek truth in the sky."（回译：天真的人在空中寻求真理）。其实"天真"可解读为"天生的""真真切切，不造作"。那么前者应该是"divine-given、natural、born（so）"，若要笔者来予以阐释性解码便是"**Naive** people seek the *truth* in ways like a *newly-born* baby."（回译：天真的人寻求真理的方法如同婴幼儿一般。我们建议凸显"天、真"）。她对"有名"的解释是"A famous person has their name on everything."（回译：有名的人在一切方面都有名字在里面）。

① 她称之为"释义法"，称另一种为"机械记忆法"[高哲（Gao），2020：23，汉语提要]。

"有名"实际上是在某个领域（如学科）的主要人物名单上有其名字，即"**A well-known person** is known by his *name* for his special achievements in a field. "（回译：有名的人指的是在某个领域有卓越的成就，其名字广为人知）。"欢快"：她的解释是"A cheerful person becomes happy very fast. "〔回译：欢快的人很快就欢（乐）了〕。其实，"欢"是"欢乐"，"快"是"快乐"，二者是近义词，也即后者不是"快捷"，非要说"欢快之人很快就欢乐了起来"，有点牵强附会。不妨改为"**A cheerful person** is *happy* and *delighted*. "（回译：欢快之人欢喜快乐/欢乐之人何等欢欣何等快意）。

案例 67：

（1）老先生留下来的传统相声总共有一千多段，经过我们演员这些年不断的努力吧，到现在基本上已经失传了。……（郭德纲相声片段）

（2）你无耻的样子很有我当年的神韵。……（郭德纲相声片段）

（3）每次买东西砍价只要能砍下来就觉得自己上当了。（微信笑话）

（4）不要脸这事如果干得好叫心理素质过硬。（微信笑话）

（5）某店打出幌子，小字"本店离"，大字"百年老店"，再加小字"还有 99 年"。

语用修辞学浅析：

这些是修辞语用标记凸显，以假悖和花径为关键。有一种修辞手法名叫"假悖"，即"有意作违反矛盾律的表达"（谭学纯等，2010：126），这几例都是。例（1）所说的老相声段子理应努力保存、保护、继承下去，可末尾却说"失传了"，那么前面的"努力"也就是反话（反讽）了，讽刺中青年演员不够努力。例（2）既然批评对方"无耻的样子"，后续话语应该是批评类，然而这里却接上赞许的"神韵"。谭学纯等认为这是前后"自相矛盾"，产生了"特殊的幽默效果"（2010：126）。本书认为这是花径，或者说"假悖类花径"，因为有花径的结构，有受众的期待解读受阻以及再思，有再思后的新解读。例（1）前半部分直至"基本上"，给读者的关联期待是积极的举措，当听者听到"失传了"时，必须回头想想前面的内容尤其是"经过我们演员这些年不断的努力吧"，再思的结果是"我们这些人不努力"或者"我们在做相反的努力"，好不讽刺！例（2）"神韵"前面的内容给听者的期待是消极的名词，那就是批评和自我批评，但当听到"神韵"一词，回头想想才发现"神韵"是反讽类评价，明里褒，暗里贬，是他讽兼自讽。例（3）前面的砍价是议价商店或货摊的家常便饭，默认的解读是商家出价很高，等待顾客砍价，双方拉锯战一般直至最后商家妥协，也即顾客"砍下来"，本是顾客大喜之事，以合适价格买到了称心商品，末尾却话锋一转，"觉得自己上当了"，前后矛盾，却不失道理，因为俗话说得好，"只有错买，没有错卖"。例(4)前头的"不要脸"的事情不论怎么干都是坏的，却美其名曰"干得好"，这是假悖之一；另外，还补充称赞"心理素质过硬"，是假悖之二。这是对一些人公开不要脸的嘲弄。例(5)想吹嘘自己的店是百年老店，又恐被人指控欺骗，于是加上小字，既然还有"99 年"，就隐含了这是新开张的小店。看似符合语用修辞原则的准则 1(达意达效)、准则 7(幽默、生动)，但有商业欺诈之嫌。

案例 68：明天早上，辛楣和李梅亭吃几颗疲乏的花生米，灌几壶冷淡的茶，同出门找本地教育机关去了。……(钱锺书《围城》)

语用修辞学浅析：

这是修辞语用标记凸显，以移情为关键。该例出自钱锺书(1910—1998)的小说《围城》。话说方鸿渐一行已经囊中羞涩了，通过电报请求校长汇款过来以解燃眉之急。款子是汇了过来，不过人家说非得在当地找个有头有脸的人担保才能取钱，结果一方面找人很难，另一方面这过程也是饥寒交迫的逆境，他们没少受世人白眼。吃的不过是"几颗疲乏的花生米"，喝的不过是"(灌)几壶冷淡的茶"。"疲乏的"本是人因此也只会修饰人，但这里偏偏修饰作为食物的"花生米"，不仅表明他们身心疲惫，而且连同"非人"的事物好像也跟着一起疲乏了起来，好不累人！再者，"冷淡"者一定是人，是对待(招待)他们这一行捉襟见肘的知识分子的人的态度(以及脸色和言语)。由于移就地使用了"冷淡的茶"(外加前面的动词"灌")，喝起来也只能解解渴，压根没有品茗的雅趣。没有钱，或者钱不多，周围的人怎么看你？冷淡。你的身心也就只剩下疲倦了。该例的移就造就了"物我不分""物我一同"的移情，有利于移情共鸣(吴礼权，2018：264)。符合语用修辞原则的准则 1(达意达效)、准则 7(幽默、生动)。

如果不用移就，该例大概是这样的(无标记)变体："吃了几颗花生米，很是疲倦，又灌了人家冷淡地端上来的几壶茶……"这里是人"疲倦"，是"人家冷淡"，不如原文经济，也不如原文生动。

案例 69：2019 年 9 月 2 日男篮世界杯 A 组小组赛，中国男篮队在自己的国家体育馆迎战客队波兰队。72—72 平之后的加时赛中,中国队以 76—79 惜败波兰队。本来上半场是中国队遥遥领先,后来失误接踵而至,尤其是关键时刻周琦几个莫名其妙的失误,使得我队败绩。我国网友在各种媒体扼腕叹息,有图(略)有文:"我太楠了""忍琦吞声""姚头叹气""出琦制胜""联声叹气""楠辞琦咎""夸夸琦谈""自食琦言""莫名琦妙"。

语用修辞学浅析:

这是修辞语用标记凸显,以成语仿拟为关键。有时,因为一件事,可能出现很多个、很多种仿拟。不难看出,这些图文都是利用教练李楠、球员周琦、易建联、看球的老队友姚明的姓名来仿拟某个俗语、套话、成语而表达的叹息:

(1) 我太楠了(仿拟"我太难了",关联李楠)

(2) 忍琦吞声(仿拟"忍气吞声",关联周琦)

(3) 姚头叹气(仿拟"摇头叹气",关联姚明)

(4) 出琦制胜(仿拟"出奇制胜",关联周琦)

(5) 联声叹气(仿拟"连声叹气",关联易建联)

(6) 楠辞琦咎(仿拟"难辞其咎",关联李楠和周琦)

(7) 夸夸琦谈(仿拟"夸夸其谈",关联周琦)

(8) 自食琦言(仿拟"自食其言",关联周琦)

(9) 莫名琦妙(仿拟"莫名其妙",关联周琦)

这些仿拟多半只有一个仿点,只有(6)有两个仿点(楠、琦),这也是这里最奇妙的仿拟。效果最差的仿拟应该是(4)。本来是批评周琦没有发挥好,何来"出琦制胜"? 不妨改为"出琦制败",也即创造两个仿点。另外,(1)不是成语,既然汉语有两百多个带"难"字的成语,不妨改为成语仿拟,如:

(10) 多灾多楠(仿拟"多灾多难",一个仿点,隐含李教练若继续执教还会失败之意)

(11) 避楠就易(仿拟"避难就易",两个仿点:"楠""易",隐含多发挥易建联的作用,甚至让其挂帅之意)

(12) 好梦楠圆(仿拟"好梦难圆",一个仿点,隐含李教练很难率领中国队取胜之意)

（13）家贼楠防（仿拟"家贼难防"，一个仿点，隐含李教练可能是他方打入我方的卧底之意）

（14）楠得糊涂（仿拟"难得糊涂"，一个仿点，隐含李教练指挥无方之意）

（15）救苦救楠（仿拟"救苦救难"，一个仿点，隐含拯救李教练之意）

（16）劫数楠逃（仿拟"劫数难逃"，一个仿点，隐含李教练命中注定要失败之意）

（17）名实楠副（仿拟"名实难副"，一个仿点，隐含李教练不胜任之意）

（18）排除万楠［仿拟"排除万难"，一个仿点，隐含李教练以及像他（如也叫什么"楠"）的教练都不能聘用之意］

（19）一木楠支（仿拟"一木难支"，一个仿点，隐含李教练一人难救中国男队之意）

（20）有口楠言（仿拟"有口难言"，一个仿点，隐含李教练蒙受了些许冤屈之意）

（21）朽木楠雕（仿拟"朽木难雕"，一个仿点，隐含李教练无法进步之意）

（22）有翅楠飞（仿拟"有翅难飞"，一个仿点，隐含李教练难以取得胜绩之意）

（23）疑楠杂症（仿拟"疑难杂症"，一个仿点，隐含李教练的指挥问题多多之意）

（24）骑虎楠下（仿拟"骑虎难下"，一个仿点，隐含李教练进退两难之意）

（25）覆水楠收（仿拟"覆水难收"，一个仿点，隐含李教练一人没有回天之力之意）

（26）楠兄楠弟［仿拟"难兄难弟"，两个仿点（重复），隐含这是李教练的兵，大家有难同当之意］

（27）好梦楠成［仿拟"好梦难成"，一个仿点，隐含李教练率队打入下一轮的梦想是黄粱美梦之意，同（12）］

（28）天理楠容（仿拟"天理难容"，一个仿点，隐含应该跟李教练秋后算账之意）

（29）悔海楠填（仿拟"悔海难填"，一个仿点，隐含李教练肠子都悔青了之意）

（30）巧妇楠为无米之炊（仿拟"巧妇难为无米之炊"，一个仿点，隐含李教练一人难以拯救中国男篮，队员们要争气才行之意）

（31）庆父不死，鲁楠未已（仿拟"庆父不死，鲁难未已"，一个仿点，隐含必须换帅之意）

（32）江山易改，本性楠移（仿拟"江山易改，本性难移"，两个仿点，隐含李教练无法改进，建议让易建联挑起大梁之意）

当然，这些全部是非正式话语中可用的仿拟变体，本书并非怂恿人们这样做，否则，若堆砌过多，难免落入窠臼或不伦不类；而是说以上述事件所做的仿拟，若想取得更高的语用修辞价值，原则上可以这样做。

案例 70："day by day、day after day"同样是"一天天"，其间有什么区别？"花墨说英语"的网页解释①如下：从字面上来说，"day by day、day after day"都翻译成"一天天、一天又一天地"，但从深层次来说，二者之间还有一些区别。"day by day"的意思是"一天天地"，更强调天与天之间连续，意味着"每天都会发生或重复同样的情况"，而且含有"逐渐转变"的意味。"day after day"的意思是"一天又一天地"，这个更强调把日子看成连续体，着重突出时间很长。

语用修辞学浅析：

这是认知语用标记凸显，以不准确或不恰当为关键。我们给原句配上译文，便于讨论，下同。近义词等的辨析是外语教学的重要内容，但教师和作者多半只顾意义层面，而不顾概念意义之外的语义差别，如搭配意义、文体意义、反应意义、情感意义、社会意义等的差别。上述网页解释如此，学生仍然将两者混淆。

再看《有道电子词典》的解释。"day by day"，说是"一天天、整日"，还引用了《牛津英语词典》等的例句，如：

（1）My husband is getting better *day by day*.（我丈夫一天天地好起来了。笔者加点以示凸显，下同）。

（2）*Day after day* we waited for news from Coco.（我们一天又一天地等着可可的消息）。

---

① 本书增加了序号，调整了几处标点。

(3) They're improving *day by day*.（他们在一天天地改进）。

(4) *Day by day* his condition improved.（他的健康状况一天天好转）。

(5) We will muddle through and just play it *day by day*.（我们会混过去的，就一天天混下去）。

(6) Transportation and communications are becoming easier *day by day*.（交通日臻便利）。

那么"day after day"呢？其解释/翻译是"日复一日"。"有道"摘引其他词典例句如：

(7) She hates doing the same work *day after day*.（她讨厌日复一日做同样的工作）。

(8) The newspaper job had me doing the same thing *day after day*.（这份报业的工作让我日复一日地做同一件事情）。

(9) New things emerge *day after day*.（新的事物每天都在出现）。

(10) Nobody knows how hard it is to lie here alone, *day after day*.（没人知道一个人躺在这里，日复一日，有多难）。

到此为止，只有翻译，没有解释，读者还是糊里糊涂。违反了语用修辞原则的准则2(信息量)和准则3(可信)，犯了认知语用或语用语言失误。

论本质，"day by day、day after day"的确是近义词，但分属褒贬、正反、积极—消极、合意—不合意的"语义韵"。

"语义韵"(semantic prosody)有如下解释：辛克莱(Sinclair, 1996：87-88)认为，语义韵有态度功能和语用功能，这两个功能在一个"意义单元"(a unit of meaning)里发挥核心作用。其"意义单元"是一个意义串，多于一个语词，如"naked eye"(肉眼)这个单元的语义韵是"困难、难度、不易"，通常用于"用肉眼看不见"的语义韵。再如"set in(陷于)、rot(腐烂)、despair(绝望)、disillusion(幻灭、失望)"等词，其实共享"不合意、不舒服、不悦"(unpleasant states of affairs)的语义韵。洛伍(Louw, 1993：157)认为，语义韵算是"一种持续的语义气氛/氛围，一个语词形式往往沾染上其搭配语词的此种气氛/氛围"①。洛

---

① "Consistent aura of meaning with which a form is imbued by its collocates."（原文）

伍(Louw，2000：60)又改进其说法，语义韵是"一种语义形式，该语义形式通过一系列或褒或贬的搭配语词的临近共现而建立，该语义形式的基本功能是表达言说者对某种语用情景的态度"①。结合二者的论述，如果某个词是 node(节点、叉点)，相关的一组语义韵词语就是其 collocates[搭配(语词)，参见张红(Zhang)，2020：2-3]。

后来的研究者多有异议，但对语义韵的关注是与日俱增了。在近义词辨析方面，语义韵可以发挥很大的作用。人们往往以为近义词可以互换使用。high 和 tall 应该是近义词，语料库显示，除了相同之处，high 属于积极意义的语义韵，tall 则没有或不属积极意义的语义韵。如上所述，"day by day、day after day"是前者积极，后者消极或中性[张红(Zhang)，2020：2-3]。

回头看上面各例，例(1)(3)(4)(6)是积极的，例(2)(5)(7)(8)(9)(10)是消极的——尚且认可这些例句。假如批判地审视，例(2)必须增补"焦虑、惴惴不安"等语用信息以明示其消极语义韵趋向。例(5)似乎应改为"day after day"；反之，若要维持，就要增加积极意义的语用线索/导航。

如此看来，上例犯了语用语言失误，违反了语用修辞原则的准则 3(真实可信)和准则 5(清晰明了、简明扼要)。

案例 71②：曹操一行来到蔡邕庄上。他素爱蔡邕及其女儿的才学。曹操看见"壁间悬一碑文图轴"，背后有蔡邕亲书八个大字："黄绢幼妇，外孙齑臼"。曹操蔡琰和大家，无人能解，只有杨修说"某已解其意"。曹操说，"卿且勿言，容吾思之"。离去后"忽省悟"，笑着对杨修说："卿试言之。"杨修才说，"此隐语耳。'黄绢'乃颜色之丝也：色傍加丝，是'绝'字。'幼妇'者，少女也：女傍少字，是'妙'字。'外孙'乃女之子也：女傍子字，是'好'字。'齑臼'乃受五辛之器也：受傍辛字，是'辤'字。总而言之，是'绝妙好辤'四字。"操大惊曰："正合孤意！"众皆叹服。(摘编于罗贯中《三国演义》沈伯俊评校，2018 年版，第七十一回)

---

① "A form of meaning which is established through the proximity of a consistent series of collocates, often characterisable as positive or negative, and whose primary function is the expression of the attitude of its speaker or writer towards some pragmatic situation."(原文)
② 杨修案例分析初稿即见于《莆田学院学报》2024 年第 2 期。

语用修辞学浅析：

修辞语用标记和社会语用标记凸显，关键是隐语、析字、字谜等。

该例（绝妙好辞事件）和下面若干例都和杨修有关，不妨称为"杨修案例"。

杨修（175—219），字德祖，陕西华阴人，是太尉杨彪之子。杨修是我国三国时代伟大的文学家。杨修品学兼优，学识渊博，建安（196—220）年间举孝廉，后任郎中，直至丞相府仓曹属主簿。作为文学家的杨修著作颇丰，写下了赋、颂、碑、赞、诗、哀辞、表、记等十五篇，如《答临淄侯笺》《节游赋》《神女赋》《孔雀赋》等。杨修是三国的大才子，在曹操军营中担任要职，跟在曹丞相身边，用杨修的话来说，"早晚多蒙丞相教诲，极有开发"（《三国演义》第六十回），常常得到丞相的美誉，岂不得意、如愿？却不幸死于美誉不断的曹丞相之手，何也？窃以为他多次有违语用修辞原则。

曹操偏好卖弄小聪明（如该例的析字），虽然喜欢身边人聪明伶俐却不喜欢他们也卖弄小聪明，尤其是卖弄过头，即压过自己的风头。

据说东汉年间浙江上虞曹娥14岁投江寻觅溺水的父尸，结果自己也淹死了，成了"孝女"典型，故后世有《曹娥碑》颂之。碑文作者据说是一位年仅13岁的少年天才。数年后，著名文学家蔡邕（才女蔡文姬之父）路经此处，在碑背题字"黄绢幼妇 外孙齑臼"，无人能解。根据杨修的解释，这是字谜游戏（文人酷爱的修辞）。"黄绢幼妇，外孙齑臼"的谜底便是"绝妙好辞"。这四个字其实是对正面碑文的赞美。

之所以说是社会语用标记凸显，是因为在这一"绝妙好辞事件"中，杨修的一言一行都符合语用修辞原则，既表现出曹操手下文人谋臣的独领风骚，又没有张扬、张狂，压过领导：曹操先问，杨修才答，回答中有说文解字的阐释，让大家见识了该"隐语、析字"游戏的无穷魅力。另外请注意曹操"大惊"而说出的"正合孤意"，意味着杨修只是说出了曹操想说而没说的话（符合曹操考人的习惯）。其他语效是"众皆叹羡杨修才识之敏"。杨修的回答符合语用修辞原则的准则1（达意达效）、准则4（身份、关系）、准则7（幽默、生动）。

从写字人蔡邕的角度看，其文字博弈符合原则的准则7（个性特色）、准则8（足量的言语行为，如表情）。

书中杨修的语用修辞高效案例只有这一例。另外，语用修辞高效或低效，有时只是咫尺之遥。该例杨修的表现,于曹操内心深处到底有没有或算不算语用修辞失误,犹未可知。下面皆为更显更大的语用修辞失误。比较而言,杨修在他处[如阔门事件、一合酥事件、梦中杀人事件、绢匹事件、丕植出城事件、考试舞弊事件、焚书事件、鸡肋事件(小说第六十回、第七十二回)]所表现出来的小聪明却都是程度不一的社会语用失误。

案例 72:曹操让属下差人建造花园。完工时曹操亲自视察,在门上书写了一个大字"活"。他走后,工匠们面面相觑,"人皆不晓其意"。杨修见状就说:"'门'内添'活'字,乃'阔'字也。丞相嫌园门阔耳。"于是,他们就把门改小了。后来,"操虽称美,心甚忌之"。(摘编自罗贯中《三国演义》第七十二回)

语用修辞学浅析:

该例社会语用标记和修辞语用标记凸显,以析字、字谜和不得体为关键。该例中,杨修之举的含义是,世人皆是碌碌无为之辈,都不明白丞相雅意,只有我杨修例外。曹操得知原委后表面高兴,夸赞其才,内心深处却种下了"忌根"。"操虽称美,心甚忌之"。这就是著名的"阔门事件"(不过,关联地看,应该是"门阔事件、窄门事件")。再者,杨修遵守了语用修辞原则(准则 4、准则 7)等,主要是数量准则、质量准则、方式准则、温文尔雅准则、得体准则等,他遵守了其关联要求:曹操所写的"活"字在门上,既可以解读为希望更阔,也可以理解为嫌它太阔,而事实(曹操的反馈)证明杨修的推理为关联而准确。可惜杨修违背了得体要求等其他准则,也即,他的话语不具有"语境、话语、心理和社会文化"的得体性,被曹操视为不恰当、不适切、不可接受的话语,惹来一身猜忌。违反了语用修辞原则的准则 4(身份、关系),犯了社会语用失误。而曹操所写符合准则 7(文明、乐观、幽默、生动、表现/维持个性特色)、准则 8[足量的言语行为,如阐述、指令(这里实为二合一)]。

案例 73:某日,塞北有人来见曹操,送的是一盒酥。曹操没吃,在盒上书写三个字"一合酥",并且放在桌子上的醒目位置。杨修看见后就召集大家一人一口分吃了。事后,曹丞相问大家缘由,杨修回答说:"盒上明书'一人一口酥',岂敢违丞相之命乎?"小说称"操虽喜笑,而心恶之"。① (摘引改编于《三国演义》

---

① "一合酥事件"着墨不多,可引起诸多臆测。食盒大概为西凉马腾或匈奴所赠,前者可能性更大。马腾居"塞北",据说朝贡给献帝的酥点更多。于是有人理解曹操的想法是"才一合酥! 吾誓必杀汝!"。

第七十二回）

语用修辞学浅析：

该例社会语用标记和修辞语用标记凸显，以析字、字谜和不得体为关键。在这个"一合酥"事件里，曹操写着似乎谁也能懂但谁也不懂的"一合酥"，窃以为实为析字游戏："合"（注意不是"盒"）分开来就是"人一口"，加上前面一个"一"和后面的"酥"，岂非"一人一口酥"的意思或命令？《现代汉语词典》没有"合"的这一用法，虽然记载了"合子"是"类似馅饼的一种食品"。曹操玩的是文字游戏（析字字谜），希望有人能懂，但并不指望或希望杨修能懂，更不指望或希望只有杨修能懂。其实，曹营（不同时期）的能人不少，有郭嘉、程昱、荀彧、荀攸、贾诩、陈琳、司马懿等辈，能读懂猜透丞相心思的肯定不止杨修，可为何只有他一人那样迫不及待地表现已能呢？像上例一样，杨修的推理和言说是关联无碍的，却违背了语用修辞原则的准则6和准则7（不得体）。在该语境，何为得体？他人如此一说也许得体，可杨大人不说或装糊涂才得体。结果是，书上说，"操虽喜笑，而心恶之"。杨修还违反了语用修辞原则的准则4（身份、关系），犯了社会语用失误。

从写字人曹操的角度看，其语言博弈符合准则5（清晰明了、简明扼要）、准则7（文明、乐观、幽默、生动、表现/维持个性特色）、准则8[足量的言语行为，如阐述、指令（这里实为二合一）]。

案例74：曹操树敌太多，故常常疑心有人暗害。某日，他警告身边的侍从晚间不要靠近他，免得他因梦中杀人的习惯而误杀。悲剧发生了，曹操夜间蹬掉了被子，某近侍赶紧拾了起来给他盖好，不料曹操惊醒，跳起来就拔剑杀人，随后还睡过去了。次日醒来"惊问"这是怎么回事，痛哭之余吩咐厚葬近侍。大家都深信曹操梦中杀人的习惯。送葬时杨修对人说，"丞相非在梦中，君乃在梦中耳！""操闻而愈恶之"。（摘引改编于《三国演义》第七十二回）

语用修辞学浅析：

这是社会语用标记凸显，以撒谎和不得体为关键。这是莫须有的"梦中杀人事件"。书中说曹操树敌太多，恐有人趁夜里害命，于是声称自己晚上做噩梦，梦中可能杀人，命手下包括近侍不要靠近。侍从好心帮他，却惨死于曹操的剑下。杨修意欲彰显自己的聪明才智，却违反了语用修辞原则的准则4（关系和位分)、准则 6(礼貌)和准则 7(尊人损己,温文尔雅)。这是尊杨损曹,绝非雅士之雅。而且杨修的行为也不得体,招致"操闻而愈恶之"。曹操的谎言既为保命,又为政治需要,容不得外人(遑论手下人、自己人)揭穿。小说中曹操先后经历了多次被刺险情(如御医毒药行刺),也难怪曹操出此下策。杨修当众揭穿谎言,难道是希望来日有人行刺丞相得逞? 再者,如小说的叙述次序所示,先发生"阔门事件""一合酥事件",再发生"梦中杀人事件",因此该例之误显得更加恶劣,是过后之过,罪上加罪,屡屡犯上,屡"教"不改。该例也违反了准则 1(达旨),即没有达到言者自己的意图。这里的"教"就是隐含的不悦和公开的不说(破),足以让真聪明者适可而止、知错能改。该例也违反了语用修辞原则的准则 4(身份、关系)。没想到杨修连犯三遍类似的错误,真是"聪明反被聪明误",且一误再误。

案例 75:曹操最好三子曹植之才,而曹植又最爱杨修之才,"常邀修谈论,终夜不息"。恰逢曹操有立嗣的犹豫和烦恼。长子曹丕想请教于高人吴质,偷偷地用大簏把他带来,对外说装的是"绢匹"。杨修向曹操告状。吴质叫曹丕次日真的用大簏装载绢匹,结果,曹操手下人没查出异样。"操因疑修谮害曹丕,愈恶之。"(摘编于《三国演义》第七十二回)

语用修辞学浅析:

这是社会语用标记凸显,以不得体为关键。在该例(绢匹事件)中,杨修违反了语用修辞原则的准则 7(得体)。其最大不得体是背离中华文化的"疏不间亲"古训乃至干预立嗣的僭越行为。曹操选拔哪个儿子继承权柄纯属私事、家事甚至是国事,由不得外人(甚至当时的傀儡皇上)干涉。曹操多次询问贾诩等辈,人家坚持"疏不间亲"的寡言少行,礼貌谦让地让曹操独自为此事头痛。该例还违反了准则 1(没有达旨),即没有达到言者自己的意图,以及准则 4(身份、关系):杨修"诬告、谮害"曹操的长子曹丕(大抵出于对曹植的爱惜和偏心),不仅干预立嗣,还不臣不忠,因此也使"操因疑修谮害曹丕,愈恶之"。

案例 76:曹操想测评曹丕和曹植的才干,叫他们各自出城(邺城)。当然,私下里曹操吩咐手下决不可放行。曹丕受阻而退。曹植听说此事就问计于杨修。杨修回答说,"君奉王命而出,如有阻当者,竟斩之可也"。曹植依计而行,杀人出城。曹操以为曹植更有才干。但后来被告发了。"操大怒,因此亦不喜植。"(摘编于《三国演义》第七十二回)

语用修辞学浅析：

这是社会语用标记凸显，以不得体为关键。在这例"出城事件"中，杨修所遵守、所违背者同于上例，尤其是违反"疏不间亲"且涉足立嗣大事而不得体，以及草菅人命的罪恶(有违道德、国法)。倘若此次是出个语言游戏的点子让曹植得逞，还不算严重，可自恃才高的杨德祖也有如此龌龊之建议，着实让曹操恼怒。书上说"操大怒，因此亦不喜植"，也即不仅对杨修暗暗动怒，还迁怒于爱子，杨修岂非"一箭双雕"，两败俱伤，既伤了自己，又伤了朋友。杨修违反了语用修辞原则的准则4(身份、关系)，犯了严重的社会语用失误。

案例 77：曹植等常常受到父亲考问，于是问计于杨修。杨修就根据他的理解模拟考试题十余条，并逐一给出参考答案。"但操有问，植即依条答之"。就算问的是"军国之事"也难不住曹植，他"对答如流"。后来有人举报，曹操"大怒"："匹夫安敢欺我耶！""此时已有杀修之心。"(摘编于《三国演义》第七十二回)

语用修辞学浅析：

该例社会语用标记凸显，以不得体为关键。在这例"考试舞弊事件"中，杨修所从所犯皆如上例。最值得注意的是他又一次栽在"疏不间亲"的得体要求上。曹操考儿子，第一是想尽一尽父教子的义务，如若愚钝就要就地指点一二。第二他是想区分优劣，为立嗣或找接班人、继承人等国家大事做好准备。杨修此举不仅妨碍了曹操教育子女的计划，还不利于为国家选拔高级人才，也即于家是过，于国是罪。再者，杨修所为有违学术道德，即他诱导曹植犯了抄袭、舞弊之罪。曹操最恨此罪，其亲焚《孟德新书》便是一例(见案例78)。书中说："匹夫安敢欺我耶！""此时已有杀修之心"。杨氏违反了语用修辞原则的准则4(身份、关系)，犯了十分严重的社会语用失误。

案例 78：西蜀张松背诵曹操的兵书《孟德新书》，却说是战国时期无名氏所作，被曹操剽窃。杨修向曹丞相一一禀告。曹操虽自知没有剽窃，但不得不怀疑古人同他"暗合"。为了不留骂名于后世，他亲自付之一炬。纵然一旁的杨修开脱说，张松只是有"过目不忘"的特技，丞相不必相信张松之言而自毁十年来呕心沥血之作，但曹操还是果断地烧毁兵书。(摘编于《三国演义》第六十回)

语用修辞学浅析：

这是社会语用标记凸显，以不得体为关键。在此例(焚书事件)中，杨修遵守了其他准则,但违背了语用修辞原则的准则 1(达意达旨)和准则 4(身份、关系、位分、辈分、距离、需求以及中国语境的损己尊人),而显得不得体。杨修当着曹操的面夸赞对曹操不恭因此也不受其待见的张松,还利用张氏的言辞(间接地)贬损了上级曹丞相,致使后者气急败坏地焚书,造成千古遗憾。损己尊人要求的是损己而尊他,这里的"他"就是曹操,因为他是当时最高权力机关的最高掌权者。杨修选择了"损己尊人",所损者却是己方的领导,所尊者是从遥远西蜀来进贡,但对曹操多有言语冒犯的张别驾,此乃极其不得体之举。也许杨氏认为其所为正是损己尊人,其实他的损己尊人不具有"语境、话语、心理和社会文化的关联性以及得体性"(和顺原则准则 1,见§5.1.2)。他在社会关联性和切当性方面吃了大亏还懵懂不知。除了准则 1(达意达旨)和准则 4(语境、身份、关系),杨修还违反了准则 3(真实可信),算是巨大的社会语用失误。

案例 79:曹操领大军在汉中和西蜀大军对峙,屡屡败北。又受到蜀军深夜侵扰之累,苦不堪言。曹操下战书,对阵中吃了大亏。"操屯兵日久,欲要进兵,又被马超拒守;欲收兵回,又恐被蜀兵耻笑,心中犹豫不决。"曹操吃饭时看到碗中的鸡肋,"有感于怀"。夏侯惇来询问当夜的口令,曹操随口说:"鸡肋!鸡肋!"行军主簿杨修听说后叫手下"收拾行装,准备归程"。当夏侯惇来问时,杨大人说魏王随时会退兵,不如早点准备。结果夏侯惇命令军士收拾东西。曹操本来心情不好,巡夜中发现大家准备行装。曹操了解真相后震怒道:"汝怎敢造言,乱我军心!"命令刀斧手处死杨修。(摘引改编于《三国演义》第七十二回)

语用修辞学浅析:

这是社会语用标记凸显,以不可信和不得体为关键。在该例(鸡肋事件)中,杨修违反了语用修辞原则的准则 3(不真实可信)以及准则 4(没注意自己的身份,有僭越之嫌)。妄自揣测魏王将令,造成军心动乱。心里暗自推测也就罢了,怎么能对大将夏侯惇说及此事?夏侯惇无战心,其士兵岂有斗志?没有传达正面信息而是相反,其言行近乎最恶毒的奸细。关键是违反了准则 7(不够得体),所想所言的确是基于其语境的关联性,如同丞相肚子里的蛔虫,能洞察其内心的微弱变化。然而,杨修的所言所行极不得体。军旅之事,岂可儿戏?自己收拾行李已有不妥,让手下收拾行装更是失察,而让夏侯惇令其手下部卒依葫芦画瓢岂非大罪?但就这条所造成的扰乱军心(操大怒曰:"汝怎敢造言,

311

乱我军心！"），杨修就是自取死罪了，何况还有上述诸例的未结"旧账"。假如杨修因"疏却间亲"酿造和参与了学术剽窃，妨碍了魏王的立嗣大事，曹操已经忍无可忍："匹夫安敢欺我耶！"书中说"此时已有杀修之心"，那么，新仇旧恨累加，此次涉及军国大事，从严治军也好，公报私仇也罢，杨修必死无疑。此情此景，曹操哪里会退军？而进军后又节节败退，牺牲了不少军士和两颗门牙。虽然"方忆杨修之言，随将修尸收回厚葬，就令班师"（《三国演义》第七十二回），但一代英才不再，"修死年三十四岁"（同上），读者无不扼腕叹息。作者罗贯中认为杨修的死表面因扰乱军心，实则因屡次（包括最后一次）的以才误事、以才误国、以才误己，是中国历史上最典型的"聪明反被聪明误"。该例中杨修违反了语用修辞原则的准则3（真实可信）、准则4（身份、关系等），犯了足以抵命的社会语用失误。有趣的是，《现代汉语词典》除了收入"鸡肋"的本义，还有这个源于《三国志》的贬义："没有多大价值、多大意思的事物或事情。"

杨修案例小结：

三国大文学家杨修何以招来杀身之祸？学界基于小说、戏剧、相关历史记载和注疏普遍认为，杨修屡屡在曹操面前耍小聪明，并卷入魏王的立嗣之争，以致惨死。本书从语用修辞学视角，运用"语用修辞原则"（八准则）及其"语用修辞分析模式"（认知语用标记性凸显、社会语用标记性凸显和修辞语用标记性凸显），分析了小说《三国演义》的杨修案例，认为杨修所言所为表现为语用修辞失误，且为连续、连环的语用修辞失误，招致身消道殒。

杨修案例多属修辞语用标记和社会语用标记凸显，经浅析发现，杨修多次卖弄小聪明，就修辞语用标记性凸显即语言文字游戏而言，他取得了一定的语用修辞效果甚至高效，但在社会语用标记性凸显（为官、为人尤其是为属下、臣下、秘书）方面，则是社会语用连环失误。正如三国的王允巧施"连环计"而成功除掉董卓，杨修则不自觉地为自己打造了语用修辞失误"连环计"，即连环语用修辞失误。

如案例71（绝妙好辞事件）、案例72（阔门事件）、案例73（一合酥事件）、案例74（梦中杀人事件）、案例75（绢匹事件）、案例76（丕植出城事件）、案例77（考试舞弊事件）、案例78（焚书事件）、案例79（鸡肋事件）所示，曹操偏好卖弄小聪明，却被卖弄小聪明的杨修压过了风头，后者的小聪明还涉及政治和军事机密。如果说案例 71—73 只是聪明盖主,惹得主子魏王不那么开心,那么,案例 74—79 就更为严重:案例 74 算是泄露曹操个人隐私乃至国家政治机密;案例 75 有诬告曹操长子和干预立嗣的嫌疑;案例 76 同案例 75,且算测试舞弊(干涉立嗣),还有残忍无道;案例 77 和案例 76 都属考试舞弊从而以疏间亲干涉立嗣大事;案例 78 是杨修损己(曹丞相)尊人(张松),传话失真(等化了张松的剽窃诬告和非凡记忆力),导致主子颜面尽失,以至于孟德焚书,天下失去了一部兵书;案例 79 则是越级施政,泄露最高军事机密并动摇军心。

总之,如诸多案例所示,杨修的言行表现出较高的认知语用高效和修辞语用高效,难怪曹操在人前人后也赞扬杨修,说"正合孤意",以至于"众皆叹羡杨修才识之敏"(案例 71)。只是后来"操虽称美,心甚忌之"(案例 72),"操虽喜笑,而心恶之"(案例 73)。鉴于《三国演义》以忠义为经纬(贾勇星,2010:59),杨修对曹操之言行可谓有悖应有的忠义(特别是义)。以语用修辞原则观之,杨修一般遵守了一些准则,如准则 2(满足信息差需要)、准则 3(真实可信)、准则 5(清晰明了)、准则 7(幽默、生动、个性等)、准则 8(足量语为),但关键是违反了准则 1(达意达旨)、准则 4(考虑身份、关系、位分、辈分、距离、需求等)、准则 6(文明礼貌价值)。在杨修的相关语境中,以上遵守和违反的一对矛盾,往往以违反更为凸显,这才招致杨修的身亡名裂,也酿造了曹操的千古骂名。本书无意辨析杨修的客观死因,只是基于小说《三国演义》有关杨修之死的叙述,考察杨修的语用修辞失误,以为今人之镜。

案例 80:《西游记》第五十三回有这些字句:① 孙行者对猪八戒:"都是你这尊嘴尊舌的夯货,弄师父遭此一场大难! 着老孙翻天覆地,请天兵水火与佛祖丹砂,尽被他使一个白森森的圈子套去。如来暗示了罗汉,对老孙说出那妖的根原,才请老君来收伏,却是个青牛作怪。"② 孙行者对道人:"人情大似圣旨,你去说我老孙的名字,他必然做个人情,或者连井都送我也。"③ 孙行者对沙僧:"你将桶索拿了,且在一边躲着,等老孙出头索战。你待我两人交战正浓之时,你乘机进去,取水就走。"④ 孙行者对"真仙/妖仙":"你听老孙说,我本待斩尽杀绝,争奈你不曾犯法,二来看你令兄牛魔王的情上……老孙若肯拿出本事来打你,莫说你是一个甚么如意真仙,就是再有几个,也打死了。"⑤ 孙行者对唐僧:"好了! 好了! 师父放心,待老孙取些水来你吃。"

语用修辞学浅析：

这是社会语用标记凸显，以失礼为关键。由于小说里的孙悟空源于天生地造的石猴，不论是年龄、资历还是本事都在众人之上，因此，他人前人后自称"老孙"一般无虞。但是，小说以中华文化为预设文化背景，而在这个语境中，年龄服从辈分，辈分服从位分。例如，30 岁者称 50 岁为叔叔，但假如 30 岁者是长辈（叔叔辈、爷爷辈），50 岁者则要称前者为"叔叔、小叔叔、叔爷、小爷"之类。位分的重要性最好的例证莫过于皇宫尤其是后宫。皇上哪怕只有 3 岁，也是万人朝拜。皇后、皇贵妃等哪怕年轻，年长的答应、贵人等也得行礼。话说孙悟空无数次对师傅自称"老孙"，违反了语用修辞原则的准则 4（身份、关系），犯了社会语用失误。窃以为应自称"徒儿、小徒"或"悟空（我）、我孙悟空"。

8.2　翻译的语用修辞学批评[①]：语用修辞学翻译原则

8.2.1　从语用翻译学到翻译修辞学的构想

笔者从语用学角度研究翻译问题和修辞问题有多年历史，并写就多篇论著。关于前者，即语用地解释翻译，如 §2.5 所述，笔者有《语用学大是非和语用翻译学之路》《语用翻译学：寓意言谈翻译研究》《文学翻译的语用变通》等图书和《语用标记等效值》《作品名翻译的"关联省力语效原则"——以 Helen Chasin 的诗歌"The Word Plum"为例》《翻译研究的语言派和文化派之间的调停》等论文。笔者从语用角度研究修辞（格）翻译的论文有：《双关的认知语用解释与翻译》《拈连的语用修辞学解读和"拈连译观"》《轭配的语用翻译观》《TS 等效翻译的语用变通》。此外，以本书的语用译观翻译了几百首诗歌，见之于五本诗集：《侯国金诗萃》《巴山闽水楚人行　英汉诗歌及互译》《金笔侯译诗集》《楚国金言诗话江海河》《中国古典名诗英译 100 首》。

综观上述论著，本书的语用翻译观基本思想可浓缩为以下几点（侯国金，2014a：195 - 209）：

---

① 本小节局部见之于《中国翻译》2023 年第 2 期第 144—151 页。

（1）熟悉原文角色（以及作者）的认知环境（认知水平、文化水平、出身、职业、身份、性情、心态、秉性、近况等）。

（2）了解原文的命题意义，并区分概念意义和程序意义。

（3）考虑原文的语音效果、正字法/书写效果，洞察其标记性。

（4）考虑原文措辞（词义和风格），洞察其标记性。

（5）考虑原文句式，洞察其标记性。

（6）考虑原文的语篇结构和连贯效果，洞察其标记性。

（7）考虑原文的修辞风格，洞察其标记性。

（8）考虑原文的文体风格，洞察其标记性。

（9）对原文深入理解。

（10）尽量"等效"，即"语用标记"价值上"等效"地再现原文的上述各方面〔（3）—（8）〕；翻译时形式相似第二，意义等效第一。

（11）当意义丰富复杂时，以话语意义或说话人的意义为重。

（12）若因语言和文化的差异无法完美移植原文的标记性，就要寻找标记性最接近原文的译法。翻译时假如标记性特征出现较大遗漏或损失，就要适度调整：要么以注释说明，要么在上下文的比邻处补救。

以上即"语用标记等效原则"的 12 条准则，其最高标准是："译文完全再现原文的标记性，译文标记项的数目与程度和原文的完全对等，结果是，原文读者是如何理解的，译文读者就应该如何理解。具体一点，原文若有三个强标记项，译文也应如此"（侯国金，2014a：202）。"原文若为无标记式，译文最好是无标记式，否则，至少要使译文的语用标记价值相当，即弱标记式，最好不要采用中标记式，杜绝强标记式。相反，原文若为强标记式，译文最好与之匹配，否则就是语用标记价值相差甚远的译文。原文和译文的标记价值不得不悬殊时，要么给予注解，要么在译文的其他处，弥补前一译文的不足。例如，原文这里有一个双关，翻译时无法再现，结果在下文不远处没有双关的地方以双关或其他类似标记程度的修辞格翻译之"（侯国金，2014a：202）。

我们可根据（若干）译文（版本）的某些参数（如措辞、称谓、结构、修辞、否定、含义、预设、拼写等）与原文的标记价值之间的差异，计算出译文的"（语用）标记等效值"〔numerical （pragmatic markedness） equivalence value，简称

NEV]。在翻译大意无虞、语法无碍的前提下，假如原文在措辞上是无标记式[U]，译文的措辞也是无标记式，就给满分 10 分；译文的标记价值与原文的标记价值相隔不远便适当扣分(1—2 分)，相隔越大，扣分越多。若是对比若干译文，则可分出伯仲(侯国金，2014a：203)。

翻译的对象是交际文本所代表的语用修辞行为(pragma-rhetorical act)链，而语用修辞行为链由各不相同又彼此关联的语用修辞行为组成，所求自然是语用修辞效果，即语用修辞者借助语义(以及语形)着意于施为，即语用修辞行为，如礼貌的嗔怪、虚假礼貌、虚假失礼、断然拒绝、礼貌谢绝、以问答问、以问指令、回声问、夸张隐喻、隐喻、转喻、隐转喻、委婉隐喻、不委婉的委婉、形正义反的詈骂、形正义反的指令。正因如此，译者不仅求意，还要求效，尤其是非真诚话语中的语用修辞行为，因为它不在乎真或真值，而在乎语用修辞效果(简称"语效")。但译者如何求效呢？

任何话语分析和处理的根本是语言符号的分析和处理，而语言符号又是语用的和修辞的或语用修辞的，翻译自然也不例外。

论修辞和翻译的关系，二者息息相关且十分相似，都是面向受众的语言象征活动，学界对二者的广泛共识存在于共享的符号性、语言性、行为性、象征性、意向性、交际性、受众性、语境性、社会性、互动性、洽商性、心理性、现实性、跨学科性、多媒体性等(见陈小慰，2013，前言 XⅢ)。"修辞翻译学"(rhetoric translatology)应运而生。最早提及的是科米萨罗夫(Комиссаров，1980，2004/2006)。最早论述的则是罗宾逊(Robinson，1991/2006：127 - 230)、斯皮瓦克(Spivak，2000/2004)、弗朗斯(France，2005)、卡洛斯(Carlos，2009)、杨莉藜(2001)、冯全功(2016)等。罗宾逊(Robinson，2006)运用伯克的"(戏剧)五价体"[(dramatic) pentad]，隐喻性地描述翻译的隐喻性、转喻性、讽喻性、夸张性，以及翻译行为被诱导激发的特性。斯皮瓦克指出，译者只有构建修辞和逻辑的互动话语模式才算是在做翻译(Spivak，2000：398 - 399)。弗朗斯认为，"译者如同演说家，不停地在话题和受众之间协调以寻求适合情境的最佳修辞表达"(France，2005：268)。卡洛斯认为"面对很可能带有抵触情绪的受众，译者采取的策略与修辞者相同"(Carlos，2009：335)。杨莉藜认为该新学科要研究文学翻译中词语选择问题、句式选择问题和文体选择问题。冯全功也认为该学科的研究应走文学(修辞)翻译的路径(见陈小慰,2019:45)。

尤其值得介绍的是陈小慰的研究。首先是其国家社科项目"服务国家对外话语传播的'翻译修辞学'学科构建与应用拓展研究"(17BYY201,刚出版),其次是其一系列作品(2013,2017,2018,2019)。陈小慰认为,修辞翻译学就是"采用(新)修辞学视角或途径进行的翻译研究"(2019:44),重点考察"翻译行为的修辞特点和体现修辞意识的翻译实践"(2019:45)。宏观地看,修辞翻译学是"对翻译活动认识的升华",也是"对重大(翻译)理论问题的新认识"(2019:46);中观地看,修辞翻译学给翻译研究规范、准则和模式带来全新的认识(2019:50);微观地看,修辞翻译学可为具体的翻译实践提供新认识和新方法(2019:52)。

本书认为,在研究中须注意:① 修辞翻译学包含但不囿于积极修辞和消极修辞的翻译研究。② 修辞翻译学包含但不囿于翻译的修辞性研究。③ 不能把修辞翻译学理解为只是将修辞作为一种翻译手段的研究(陈小慰,2019:44)。④ 修辞翻译学的默认核心是翻译学,但允许各个研究者有各异的翻译比重和修辞比重。⑤ 若称为"翻译修辞学"(translational rhetoric),其核心是修辞学,但也允许不同的翻译比重和修辞比重。

8.2.2 语用修辞学翻译原则拟构

何谓语用修辞学翻译观?最早的类似论述,即"语用修辞翻译"方法、观念、原则的讨论,大抵为林大津(2019),如其论文标题所示,是讨论"宏观意图与微观策略"的"语用修辞翻译观"。林大津认为,翻译的忠实指的是忠实于原文的"语用意图"。有两种语用意图:① 聚焦性意图/即时聚焦性意图——指的是"简短话语"中的单一语用意图,如"言实意图、言情意图、言理意图"(分别意为告诉一件新事,抒发一种情感,阐述一个道理)。② 离散性综合意图/延时离散性意图[①]——指的是"较长语篇"的"各种次意图"所构成的一个"综合性总意图"。林大津文中的"修辞"既有辞格运用,又有广义修辞学的"表情达意手段"即消极修辞。文中没有提供具体的语用修辞翻译观或者相应的分析模式,而其

---

① ①②的第二个名称是林大津、谭学纯(2007)提出来的。他们在名称前分别冠之以定语"日常生活中的、文学作品中的"。本书认为,不论哪类,单句的意图属前者,双句、多句、语段、语篇的意图属后者。

下文运用韩素音翻译比赛的译文例句进行的分析似乎只有修辞和普通翻译常识的考量，而全无语用修辞翻译观（也许受到文章栏目"汉译英译文评析"的约束）。

中国作为翻译大国和翻译研究大国，"应创立自己的译学话语系统，在国际译学发出响亮的声音"（方梦之，2017：100）。为此目的，译论者必须经历三"体"历程：① 体验（experiencing）翻译的"何物"（what）即内容。② 体认（knowing）翻译的"如何"（how）即规律。③ 体悟（apprehending）翻译的"为何"（why）即理念（方梦之，庄智象，2016：5，稍改）。由笔者多年的译诗"体验"，对语用翻译学译观、上述"翻译修辞学""语用修辞翻译"的构想，以及语用修辞学的语用修辞原则之八准则（见§5.4.2）等的"体认"，笔者"体悟"出如下"语用修辞学翻译原则"（八准则）：

准则1：洞察原文的语用修辞行为是否关联于语境和语用目的，是否达意达旨，并竭力保值翻译。

准则2：洞察原文的语用修辞行为所含信息量是否满足信息差需要，并竭力保值翻译。

准则3：洞察原文的语用修辞行为的信息值是否真实可信，并竭力保值翻译。

准则4：洞察原文的语用修辞行为是否关联于有关语境素尤其是交际双方的身份、关系、位分、辈分、距离、需求以及本次语用修辞事件的目的，并竭力保值翻译。

准则5：洞察原文的语用修辞行为是否清晰明了、简明扼要且有良构性，并竭力保值翻译。

准则6：洞察原文的语用修辞行为是否含有文明礼貌价值，如慷慨、褒奖、谦逊、赞同、同情等，在程度和方式上是否得体，并竭力保值翻译。

准则7：洞察原文的语用修辞行为是否文明、乐观、幽默、生动、有个性，在程度和方式上是否得体，并竭力保值翻译。

准则8：洞察原文的语用修辞行为是否为足量的言语行为，如阐述、指令、表情、询问、宣告，是否符合相应的构成性规则和相关文化语境（或跨文化语境）的行为规范，是否满足相应的切当条件，并竭力保值翻译。

我们解释语用修辞行为的翻译问题，以语用修辞学翻译原则为主则，其次参考副则,即语用翻译学的思想,如"语用标记等效原则""语用标记等效值"(侯国金,2014a:202-208)。在实际翻译中,译者要具有高度的语用修辞敏感性,捕捉其认知语用标记性(无标记,有标记),即词汇—构式成分的语境化音形义效等(关联于准则2、准则3、准则5),或者社会语用标记性(无标记,有标记),即词汇—构式成分受到社会文化方面的语用修辞制约和语用修辞压制所取得的效果(关联于准则1、准则4、准则6、准则8),或者修辞语用标记性(无标记,有标记),即词汇—构式成分的消极修辞和积极修辞在语篇、语境、文体、题旨等参数上受到语用修辞制约所取得的效果(关联于准则1、准则7)。

正如实施语用修辞行为要么是语用修辞高效(类似较高的语用修辞能力),要么是语用修辞失误,即语用修辞失效或低效——翻译也是如此,或者是语用修辞高效的译法,或者是语用修辞失误/低效的译法。作为跨文化论辩的翻译活动,最好以对方的言语习惯和道理来论证我方的立场[如刘亚猛(1999)的标题所示,另见陈小慰,2018:144]。也即,语用修辞的翻译要求译者洞察各种"语用修辞形势"(pragma-rhetorical situation,见§3.2),相当于"受众及语言文化等修辞局限",做到"灵活因应"和顺势而发(陈小慰,2013:前言XV,110-111;2018:101)。为了获得受众的认同,译者要改成译入语的言语习惯和道理,表达原文作者和文本的故事、事理、诉求;若此,就是达到了语用修辞等效,否则就是不等效,算语用修辞失误或低效。

翻译是文化间的传播者,是(译入)文化的构建者和"社会发展的助推器"(方梦之、庄智象,2016:1)。翻译史中不乏好译文,都可算作语用修辞高效的译例。鉴于文学(研究)的对象是"各种话语究竟产生了什么效果以及它们是如何产生这些效果"[伊格尔顿(Eagleton),1996,转引自陈小慰,2018:144],下文以"语用修辞学翻译原则"为纲领,以文学译例为主,辅之以若干其他类型译例,分别讨论语用修辞高效和低效的翻译。

8.2.3　语用修辞学的译评：语用修辞学翻译原则的应用

下面先举几个例子。

电视剧《井冈山》的主题歌《红军哥哥你慢些走》的同名首句的英语字幕(翻译)的开头是"take care",考虑到后面还有很多话,这个"take care"就不合适,因为它是告别语（为）：违反了语用修辞原则的准则 8（语为等效），应该译为"why hurry?""why such a hurry?"类。

朋友张望来发来一则澳大利亚笑话：

Before setting off on a business trip to Tulsa, I called the hotel where I'd be staying to see if they had *a gym*. The hotel receptionist's sigh had a tinge of exasperation in it when she answered. "We have over 300 guests at this facility," she said. "Does this '*Jim*' have a last name?"

为了说明问题，本书提供以下译文："在去塔尔萨出公差之前，我跟某宾馆打电话，问有没有 *gym*。接待员的回答是近乎不解和恼怒的长叹，'我们宾馆接待 300 多位宾客，您说的吉姆到底姓什么呢？'"这个译法预设了读者了解英语的 gym 和 Jim 的读音和意思。如果认定这个预设不成立，该译文也就不幽默了。该译文违反了语用修辞原则的准则 7（幽默等效）。可改译为："在去塔尔萨出公差之前，我跟某宾馆打电话，问有没有健身之处。接待员的回答是近乎不解和恼怒的长叹，'我们宾馆接待 300 多位宾客，健身支出当然有了，您是问宾客的支出还是董事会的支出？'"这也是利用谐音造就的双关。译文和原文一样，都是修辞语用标记凸显，以歧义和双关为关键，符合准则 7（幽默）。

戈德堡（Goldberg，2019）的"CENCE ME principles"和"Explain me this"怎样翻译呢？谭晓闽（2019）、金胜昔（2020）和牛儒雅（2020）几乎是零翻译的原则："CENCE ME 原则"，而"Explain me this"也完全采用零翻译的方法，不符合语用修辞原则的准则 2（信息差）。房印杰（2020）的译文是"六条原则""解释给我听"，前者语焉不详，后者即"解释给我听"是良构性汉语构式，不等效于英语的"Explain me this"，也即不符合准则 2（信息差）和准则 5［良构性（这里含非良构性）］。换言之，"CENCE ME"是戈氏巧妙的虚拟词语，谐音于也或多或少"谐意"于"sense me"，岂能不译？加上又没有"不翻"的理由（比较玄奘大师的"五不翻"理由①）。而"Explain me this"恰巧是戈氏要讨论的非良构构式［谜题（puzzle）］，岂能不以类似的汉语非良构构式译之？彭志斌②的译法是"'感知我'原则"和"解释我这"，值得赞许，因为符合上述两条准则。笔者的译法是"感

---

① 多义故、神秘故、空缺故、顺古故、生善故。
② 彭志斌的论文《〈"解释我这"：构式的创新性、相互竞争及部分能产性〉述评》，《南开语言学刊》，即出。

觉我原则""解释我这个"。

《红楼梦》第七回里"那焦大"醉酒的一句"不和我说别的还可,若再说别的, 咱红刀子进去白刀子出来!"杨宪益夫妇译为:"Shut up, and I'll overlook it. Say one word more, and *I'll bury a white blade in you and pull it out red*!" 霍克斯的译文是:"Well, I'll tell you something. You'd better watch out. Because if you don't, *you're going to get a shiny white knife inside you*, *and it's going to come out red*!"[①]能否说两个译文都错了?几乎可以。焦大是醉 话甚是不合理且无礼至极,要注意这里的"似不通"(辞格),两个译法似乎都可 回译成无标记的"咱们白刀子进去红刀子出来"。不过,如果看杨译和霍译所依 据的原文,就会发现前者依据的原文是无标记的"白进红出",而后者是有标记 的"红进白出"[②],可见杨译无虞,也就只剩下霍译接受诟病了。

下面看一些个案分析。

案例 81:He lost his coat and his temper.(多个网页解释 syllepsis/ zeugma 的经典例句)

语用修辞学浅析:

这是修辞语用标记凸显,以拈连为关键。原文的 lose(失去)和"his coat" (他的上衣)以及"his temper"(他的脾气)分别搭配都无碍,放在一处则是拈连 辞格,显得经济、俏皮。译为"他丢了上衣,发了脾气",则语用修辞价值不高。 不妨改译为"他丢了衣服和脸面""他丢了衣服也丢了脸面""他不仅丢了衣服, 还丢了人",算是符合"语用修辞学翻译原则"的准则 7(幽默、生动、有个性),其 语用标记程度相当于原文,也即具有很高的语用修辞等效值。

案例 82:有人将"Alzheimer's disease"译为"阿兹海默病",也有译为"脑退 化症、失智症、老年痴呆症"等。

语用修辞学浅析:

这是认知语用标记和社会语用标记凸显,以等效和委婉为关键。英语医学

---

① 绍兴文理学院的《红楼梦》汉英平行语料库。
② 杨译的原语是戚序本(前八十回)加程乙本(后四十回),霍译的原语是程乙本。杨译的原文:"不知 我说别的还可,若再说别的,咱们白刀子进去红刀子出来!"霍译的原语则是"不和我说别的还可,再 说别的,咱们'红刀子进去,白刀子出来'!"

术语"Alzheimer's disease"，其专业译名是"阿兹海默症、阿尔兹海默症、阿尔茨海默症、阿尔茨海默氏病"，无可厚非，是音译兼意译之法，在医护人员之间传播无碍，但对普通读者则显得语义不透明。而且，有没有"尔"，用"滋"还是"茨"，作为术语最好固定下来。据说早在 1901 年 11 月，德国医生阿尔茨海默（Alzheimer，1864—1915）在法兰克福精神病院发现一名叫"德特尔"（Deter）的老年患者为该症患者，表现为失语、听觉和方向感降低等。从此该症以该医生之姓得名。中国内地（大陆）不少人采用"老年痴呆症"译名，语义透明，只是不够委婉，甚至造成无意的冒犯，即翻译中的语言暴力和社会语用暴力。中国香港一般译为"脑退化症"，这是透明的中性表达，即在态度上不偏不倚。中国台湾的译名"失智症"大致相当，只是略显简洁和委婉。我们建议医学界使用"阿兹海默症"，民间则用"失智症、脑退症"。上述善译符合"语用修辞学翻译原则"的准则 7（程度和方式上得体，并竭力保值翻译）。

案例 83：

（1）Seven days without water make one weak.（1 week）

（2）（我发给擅长口译的钱丽谦并请求翻译）Seven days without your interpretation make one week. 其译为"七天无尔口译，听得叫人疲惫"。

（3）（我发给擅长笔译的张雪并请求翻译）Seven days without your translation make one week. 张译为"你七天不翻译，就是荒废了一周"。

（4）（我发给擅长小提琴的陈雪并请求翻译）Seven days without your violin make one week. 陈译为"七日不闻琴，一周不得劲"。

（5）（我发给擅长歌唱的黄浪静并请求翻译）Seven days without your singing make one week. 黄译为"没听到你的歌声，人都不起劲"。

（6）（我发给擅长写抒情诗的马婷婷并请求翻译）Seven days without your poetry make one week. 马译为"一周已过，未得汝诗，蹉跎数日"。

（7）（我发给女儿和外孙女并请求翻译）Seven days without seeing you and Becky make one week. 其译为"七日不见你和贝姬，就是思念的一周"。

语用修辞学浅析：

这是修辞语用标记凸显，以双关和仿拟为关键。例（1）末尾的"one weak"（一个礼拜）具有语音歧义，可以是"一个礼拜"或"一个人虚弱"的意思。其实言者是运用了这个歧义造就了一个谐音/同音双关,可译为"七日无水虚一周",这里的"虚"是"多义双关"(侯国金,2007:119):虚度一周?体虚一周?

例(2)—(7)是近来给一些人的微信,以仿拟的双关幽了一默。除了问候,我的含义是,想听听,想看看等。这些都可译成"七日无 X 虚一周"的样子。这里的 X,根据情况,可能是"你的口译、你的笔译、你的小提琴、你的歌唱、你的诗歌、看到你和贝姬"。当然我都索要译文。可惜少数人的反应比较木讷,算是语用修辞失误。我是语用修辞的表达,人家是非语用修辞的理解。

论翻译,第一,例(2)—(7)的译法表意基本无虞。第二,都没有仿拟"七日无水虚一周"的译法,即"七日无 X 虚一周"构式,丧失了仿拟的语用修辞价值,也即,没有仿拟等效。其实是可以用这个仿拟构式来译的,如:"七日无译/琴/歌/诗/你虚一周",这就和(1)的译法差不多了,只是模糊化了谁的"译/琴/歌/诗",以及谁"虚一周"。此外,把"虚"换为"空/懒/惰/颓/荒/废/疲/倦/惫/萎/靡/怠/钝/困/乏/慵/完/玩/去"等"淡妆浓抹总相宜"。

钱译"七天无尔口译,听得叫人疲惫"有对仗。原文的意思是"七天没有听到你的口译也是一周/让人虚弱",钱译距此有些距离。而且,钱译没有双关。总之,钱译的语用修辞价值偏低。

张译"你七天不翻译,就是荒废了一周"表意(若只看一关)基本无虞。原文意为"七天没有读到你的笔译也是一周/让人虚弱"(这里的"人"暗指"我")。全句的含义是"你的笔译真好","我想看看你的笔译练习"。据此可知张译的含义有瑕疵。再者,没有仿拟。而且,没有双关。因此,其语用修辞价值较低,略高于钱译。

陈译"七日不闻琴,一周不得劲":第一,表意(考虑一关)和相应的含义近乎完美。第二,她有对仗之美。第三,有押韵:"琴、劲"押韵。第四,没有仿拟。第五,没有双关。因此,其语用修辞价值不高不低。

黄译"没听到你的歌声,人都不起劲":首先,除了漏译"一周",表意基本无虞(一关)。其次,前后谐音押韵,但长短有异而无法构成对仗。没有仿拟,没有双关。其语用标记值较低,逊于钱译。

马译为"一周已过,未得汝诗,蹉跎数日":首先,表意(包括含义)基本无碍。其次,切分为三个四字格对仗式,别出心裁。再次,"诗、日"押韵。最后,没有仿拟或双关。其语用修辞价值居中。

犬女以"七日不见你和贝姬,就是思念的一周"(考虑一关):首先,表意无可挑剔。其次,对仗。再次,若把"周"改为"一星期"就押韵了,且上下联都是 8 个字的对仗。最后,没有仿拟或双关。其语用修辞价值居中,低于马译。

以上译法在"语用修辞学翻译原则"准则 7(幽默、个性)的等效翻译周边徘徊。若采取一定的变通手法(除了上面的建议),尽可能地契合该准则,上面的(2)—(7)还可分别改为:"七日不听君口译,耳虚体虚一星期""七日不读君笔译,眼虚脑虚一星期""七日不听君琴艺,耳虚体虚一星期""七日不听君唱功,耳虚体虚一周空""七日不读君诗词,眼虚心虚一星期""七日不见娃和你,何弱何虚一星期"。可惜这些译法也没有很好的双关,多以四字格拈连予以补偿,如"耳虚体虚、眼虚脑虚、耳虚体虚、眼虚心虚"。

案例 84: The presiding judge was John Raulston, a florid-faced man who announced: "I'm just a reg'lar mountaineer jedge." (John Thomas Scopes, *The Trial That Rocked the World*)

语用修辞学浅析:

这是修辞语用标记凸显,以飞白和嘲弄为关键。该例出自张汉熙主编《高级英语》某课,题目是《震惊世界的审判》,作者是斯科普斯(Scopes,1900—1970)。这个"猿猴审判案"(the Monkey Trial)说的是 1925 年,一名教进化论的教师在美国俄亥俄州西南部代顿(Dayton)小镇遭到了审判,因为其教学违反了《圣经·旧约全书》关于人是神造而非进化而来的教义,于是在法庭上有两派律师和听众,作者是被告,属进化论者(evolutionists),文章自然少不了对诉讼方及其律师的讽刺挖苦,其途径之一就是上例的飞白。因为进化论者势单力薄,审判结果可想而知,斯科普斯被罚款 100 美元(相当于如今的几万美元吧)。进化论者认为他们自己虽败犹荣(victorious defeat),这是后话了。即使有 mountain(eer)一词,读者(和当时当地的听众)会以为他是谦虚。可见,作者的飞白起到了嘲弄(ridicule)的语用修辞功效。这样一来,原文的引语就不能翻译成一些参考书所提供的标准英语,如"我是来自山区的普通法官",而应该采取相应的"俺几不过是雷几三区的佛莞",以便取得类似的飞白"嘲弄"之效。网上资料提供的译文是:"主审法官名叫约翰·劳尔斯顿,是一位面色红润的男人。他操着浓重的地方口音高声说道:'我只是个平平常常的山区法官。'"译文没有飞白。比较无标记式："I'm just a regular mountain(eer) judge."笔者把上述飞白式译为有飞白的"……我几系一个从三粗来的法官"或"俺几不过是雷几三区的佛莞"。试图表达"只是、来自、山区、法官"的南方方言(粤闽方言)的飞白表达式"几系、雷几、三粗、三区、佛莞",和原作一样,嘲弄一番这个没有文化的主审法官,应该说基本达到了语用修辞等效。以上不妥的译法偏离了"语用修辞学翻译原则"的准则 7(程度和方式等效)。

案例 85:《新概念英语》第三、四册几篇文章的英语标题和汉译①:

(1) A Puma at Large(一只逍遥的山猫)

(2) An Unknown Goddess(一位不知名的女神)

(3) The Double Life of Alfred Bloggs(艾尔弗雷德·布洛格斯的双重生活)

(4) Science Makes Sense(要尊重科学)

(5) How to Grow Old(怎样做老人)

语用修辞学浅析:

这是认知语用标记凸显,以语法和地道为关键。我们认为,例(1)的译文稍显冗长,若删除"一只、的"就更好,还可以考虑"山猫也逍遥""法外美洲狮"。例(2)可删除"一位"。例(3)过于冗长,不省力,可除名留姓,还可改为"布氏"。例(4)的原标题是讽刺性反讽,嘲讽早期移民把欧洲兔子带入澳洲而又研制出叫作"多发性黏液瘤"的病毒来灭兔的愚蠢行径。汉译"要尊重科学"看不出有什么反讽,难道我们还能不尊重科学? 此外,原标题两个词以[s]开头,算头韵法(以及五个[s]音的重复法的修辞语效),译文里没有。原标题的语义其实是"科学有道理/有意思",若再现其反讽,便可译为"如此科学""科学有意思吗?"例(5)没有译出"grow/变"来。"养老经、老有所为、暮年指南"等都好过(5),好过"论老之将至"和更加通俗的"如何安度晚年"。我们也知道,英语标题和汉语标题在语法和习惯上有所不同,那么英语标题的冠词、单复数、姓名、地名、数字、时态、体态、情态等如何汉译? 要地道,符合汉语读者对标题的关联期待和阅读审美。以上不妥的译法都偏离了"语用修辞学翻译原则"的准则 2(信息量等

---

① 该案例及其说明改自侯国金(2016b:110)。

效)、准则 3(信息值等效)、准则 7(程度和方式等效)。

案例 86：At noon Mrs Turpin would get out of bed and humour, put on kimono, airs, and the water to boil for coffee. (O. Henry, *Suite Homes and Their Romance*)

语用修辞学浅析[①]：

这是修辞语用标记凸显，以轭配为关键。例中的"get out of"后接 bed 是"起床"，后接 humour 是"情绪欠佳、心情不好"。"put on"这个短语可支配后面的名词 kimono 和 airs(分别是"穿上和服、摆架子")，算拈连，却不可支配"the water"，结果却接上了，意思是"放上(一壶)水"或"烧上(一壶)水"，就构成了轭配。

和拈连一样，轭配也不好翻译。该例的译法如下：

译₁：中午时分(,)特宾夫人从床上起来，心情不好，穿上和服，架子十足地灌上水去烧开冲咖啡。

译₂：特纳波太太总是在晌午时才起床，耷拉着脸，穿上晨褛，摆出一副架势，把水烧上准备做咖啡。

译₃：中午特宾夫人起床了，也不高兴了；穿上和服，装出气派，放上水壶烧水冲咖啡。

译₄：特宾夫人总是在中午从**床上**和**情绪中起来**，穿上和服与**架子**，烧水冲咖啡。

译₅：到了中午，特尔宾夫人**身子**和**脾气**都**起来了**，和服和**架子**都穿上了，然后开始**煮饭和咖啡**。

本书的译法是译₅，第一组搭配是以拈连译拈连，第二组是以轭配译拈连，并搁置原文的第三个搭配(轭点)于末尾——增译"饭"，以拈连译轭配。这个译文的语用标记值高于其他译法。以上不妥和较好的译法分别偏离和符合"语用修辞学翻译原则"的准则 7(程度和方式等效)。

案例 87：

The light of love, the purity of grace,

[①] 该案例分析改自侯国金(2012：30)。

The mind, the Music breathing from her face,

The heart whose softness harmonized the whole —

And, oh! the eye was in itself a Soul!

(George Gordon Byron, *Bride of Abydos*)

语用修辞学浅析：

这是修辞语用标记凸显，以通感为关键。这是英国诗人拜伦（Byron，1788—1824）的长诗《阿比多斯的新娘》中第六部分第二节的末四行，写的是朱莱卡（Zuleika）的美丽。大概可译为这样：

> **译**：爱情之光，优雅洁净的光芒，
>
> 　　怎样的头脑，脸庞溢出的乐章，
>
> 　　怎样的芳心，柔情和谐着一切，
>
> 　　还有，还有双眸，心灵的镜框。

该例的"the Music breathing from her face"是听觉和视觉的结合："面庞溢出（演奏/呼出）的乐章"，好像脸蛋能呼吸，其呼吸声就是奏乐声，刻画了她的美丽。译法契合"语用修辞学翻译原则"的准则7（幽默、生动，程度和方式等效）。

案例88：

But O! too common ill, I brought with me

That, which betray'd me to mine enemy

A loud perfume, which at my entrance cried

E'en at thy father's nose; so were we spied.

(John Donne, *Elegy IV. The Perfume*)

语用修辞学浅析：

这是修辞语用标记凸显，以通感为关键。这是英国诗人多恩（Donne，1572—1631）的诗歌《挽歌4之"香水"》（计72行）中的第39—42行，大概可如此翻译：

> **译**：可是啊，我真的是一身的不是，
>
> 　　我的对手，看一眼便知。
>
> 　　喧嚣的香水，在我进屋时就嚷开了，

连你老爸,对你我一嗅可窥。

例中的"A loud perfume ... cried"是听觉和嗅觉的结合。"喧嚣的香水,在我进屋时就嚷开了",正因为"我"身上的香水味扑鼻而去,"连你老爸(老人鼻子不灵),对你我一嗅可窥"即可以嗅知和监视。如果不这样说,就该说无标记式"a strong perfume from my body met the nose of even thy father",也就暗淡许多了,失却了原文的语用修辞价值。译法契合"语用修辞学翻译原则"的准则7(幽默、生动,程度和方式等效)。

案例 89:

The ice was here, the ice was there,

The ice was all around:

It crack'd and growl'd, and roar'd and howl'd

Like noises in a swound!

(Samuel Coleridge, *The Rime of the Ancient Mariner*)

语用修辞学浅析:

这是修辞语用标记凸显,以拟声为关键。这是英国诗人柯勒律治(Coleridge, 1772—1834)的名诗《老水手之歌》第 15 节,请看笔者的译文:

译: 左也是冰右也是冰,

我的四周全是冰。

崩裂、咆哮、吼鸣、号啸,

昏迷之声忽远忽近。

第三行四个拟声词 cracked、growled、roared、howled,分别译成了拟声词"崩裂、咆哮、吼鸣、号啸",旨在接近原文的语用修辞效果。译法契合"语用修辞学翻译原则"的准则7(幽默、生动,程度和方式等效)。

案例 90:

The curfew tolls the knell of parting day,

The lowing herd wind slowly o'er the lea

The ploughman homeward plods his weary way,

And leaves the world to darkness and to me.

(Thomas Gray, *Elegy Written in a Country Churchyard*)

语用修辞学浅析：

这是修辞语用标记凸显，以押韵和元韵为关键。这是英国诗人格雷(Gray，1716—1771)的《乡村墓园之哀歌》的首节，笔者翻译如下：

宵禁的钟，送走了逝去的一天，

哞哞哞哞，牛群踩着草地的悠闲。

耕夫回家，步履一步比一步沉重，

别了大地，留给我的唯有这静这暗。

这四句是隔行押韵，abab，day 和 way 押韵，lea 和 me 押韵。除此之外，论元韵，[əu]音单词有 tolls、lowing、slowly、o'er、homeward；[əː]音单词有 curfew、herd、world；[iː]音单词有 lea、leaves、me[lea 和 me 还是押韵（尾韵）]。还有[ei]的元韵，如 day、way；[ɑː]的元韵，如 parting、darkness。这些有利于"写真"作者的感伤美，也即达到了很高的语用修辞效果。不说其他，仅说这些，笔者为了表现其诗意和诗学效果，才如此翻译。除了尾韵，也有行内韵（兼作元韵）：发 ong 音的有："钟、送、重"，发 ian 音或喻指押韵的有"天、闲、暗"，发 yi 音的有"逝、一、地、的、一、比、一、的"（包括重复的字）。译法契合"语用修辞学翻译原则"的准则 7（幽默、生动，程度和方式等效）。

案例 91：Peter Piper picked a peck of pickled peppers. A peck of pickled peppers Peter Piper picked. If Peter Piper picked a peck of pickled peppers, where's the peck of pickled peppers Peter Piper picked?

语用修辞学浅析：

这是修辞语用标记凸显，以反复、头韵、绕口令等为关键。论表意，也即没有头韵和反复，大概就是

变体：Ted Johnson picked a little sour peppers. Where are they?

或可译为："泰德·约翰逊夹起一些酸辣椒，在哪儿呀？"无论如何算不上绕口令。其实这是一条著名的英语绕口令，主要考验或训练人们的[p]音——以[p]音开头的单词有 24 个（含重复），其次是[k]音和[t]音，也即充分利用了头韵法和反复法。可（直）译。

译₁：彼得·派珀挑起一点酸辣椒，一点酸辣椒彼得·派珀挑起了，如果说

　　　　彼得·派珀挑起了一点酸辣椒，那么彼得·派珀挑起的酸辣椒的那

　　　一点在哪个点儿？

　　当然，由于这个绕口令是围绕[p]等来做的游戏，我们可以用相应的 p 音汉

语绕口令来译，不求译意，只求译味：

　　译₂：乒乒乓乓瓶碰盆盆碰瓶，瓶碰盆盆碰瓶乒乒乓乓，乒乓瓶碰乒乓盆碰

　　　瓶，乒乓碰盆碰瓶乒乓乒乓，瓶碰盆盆碰瓶乒乒乓乓。①

　　如果说原文绕口令既朗朗上口又富于挑战性，因此经久不衰，那么我们借

用汉语某绕口令发挥而译的版本，效果类似：全发 p 音，只是元音有别，更兼很

多反复，因此也有挑战性，远胜过上述直译法。新译法契合"语用修辞学翻译原

则"的准则 7（幽默、生动，程度和方式等效），却偏离了准则 3（信息值及其

等效）。

案例 92：

Whose woods these are I think I know,

His house is in the village though;

He will not see me stopping here

To watch his woods fill up with snow.

(Robert Frost, *Stopping by Woods on a Snowy Evening*)

语用修辞学浅析：

这是修辞语用标记凸显，以谐音/辅韵和押韵为关键。这是弗罗斯特

(Frost，1874—1963)的四节短诗《雪夜驻林间》的首节，这里的韵式是 aaba。

大概可译为这样：

　　译：前方谁家小林近，

　　　　遥看林边屋两间。

　　　　旅人不速何所意，

　　　　林深皑皑立马观。

　　原诗的 whose、woods、these、his、house、is 等其尾音不乏摩擦音，形成谐

音，打造出树林的绵延不断、难分东西以及"我"犹豫踟蹰的状态。译文为了等

──────────

① 本书根据网上的"乒乒乓乓瓶碰盆盆碰"虚构。

效于原文,除了押韵(间、观),还启用了谐音手段,如"前、方、林、近、看、林、边、两、间、人、林、深、观"。译法契合"语用修辞学翻译原则"的准则 7(幽默、生动,程度和方式等效)。

案例 93:

Is it for fear to wet a widow's eye

That thou consum'st thyself in single life?

Ah! if thou issueless shalt hap to die,

The world will wail thee, like a makeless wife;

(William Shakespeare, *Sonnet 9*)

语用修辞学浅析:

这是修辞语用标记凸显,以押韵为关键。此乃莎士比亚(Shakespeare, 1564—1616)的这首十四行诗的前四行,隔行押韵:一三行是 eye 和 die 押韵,二四行是 life 和 wife 押韵,都是阳韵。阳韵铿锵有力。笔者译为:

> **译:** 莫非不让寡妇她伤悲,
>
> 　　才孑然孤身不思婚配?
>
> 　　试想哪年哪月要蹬腿,
>
> 　　膝下空空望世人垂泪?

译文每行押 ei 音韵。笔者译过十几首莎诗[①],除了音韵效果的再现,还要着意等效,再现其诗意。译法契合"语用修辞学翻译原则"的准则 7(幽默、生动,程度和方式等效)。

案例 94:

The ostrich roams the great Sahara.

Its mouth is wide, its neck is narra.

It has such long and lofty legs,

I'm glad it sits to lay its eggs.

(Ogden Nash)

---

① 侯国金(2020a:103-120)。

语用修辞学浅析：

这是修辞语用标记凸显，以押韵和顺口/打油诗为关键。这是美国幽默诗人纳什（Nash，1902—1971）的顺口或打油诗，采用英雄双行体的形式（aabb）。注意作者不用 narrow 而用 narra 这个俚语词，一是为了押韵，二是为了童趣，很适合儿童、保姆或幼师吟诵。请看笔者的译文：

鸵鸟鸵鸟，住在撒哈拉，

多窄的脖子，多宽的嘴巴？

一双秀腿究竟有多长？

幸亏不是站着把蛋下。①

译文各方面尤其押韵和顺口的语用修辞效果上都尽力贴近原文，注意"拉、巴、下"的押韵，"鸵鸟鸵鸟"的反复，"多……?"的反复和设问。笔者译过三四十首童谣②，多用此法。该译法契合"语用修辞学翻译原则"的准则7（幽默、生动，程度和方式等效）。

案例 95： Two mountaineers reached a huge, deep fissure in a glacier. "Careful here," says one of them. "My mountain guide fell down there last year." "I bet you felt bad about that," says the other. He quips, "Not really, it was pretty old and missing a few pages."（张望来发来的澳大利亚笑话）

语用修辞学浅析：

这是修辞语用标记凸显，以歧义或双关等为关键。笔者译如下：

译： 两个登山队员接近一处冰山深深的峡谷。"当心！"甲对乙说。"我的
　　登山导游去年就是在这儿掉下去的。"乙说："太可悲了！"甲打趣道：
　　"哪跟哪呀？是缺页的旧导游手册。"

原文是甲有意使用花径歧义句，致使乙方把"My mountain guide"理解为一个人（登山导游），待他上当，适时纠偏，以博一乐。原来是一本叫"登山导游"的旅游手册。笔者在翻译中采用同样的语用修辞手段，取得了同样的语用修辞

---

① 朋友项成东译为："鸵鸟漫步撒哈拉，/脖子窄细嘴巴大；/四肢修长亭亭立，/趴地产蛋苦也喜。"我的理解和回复是"韵文无误，七绝。只是作为童谣的童趣，似乎少些，向你学习"。

② 侯国金（2020a：225－245）。

效果。笔者让华侨大学外国语学院 2018 级的一个"专题口译"班的学生（35人）翻译,4 人缺席/缺作业,把"mountain guide"译成"导游"的有 3 人(含夹注),译成"向导"的 14 人,译成"指导"的 6 人——这些都有幽默。译成"指南"的 6 人(最不幽默),译成"小册子"的 1 人(算失误),译成"指南针"的 1 人(严重误译)。我们提供的译法契合"语用修辞学翻译原则"的准则 7(幽默、生动,程度和方式等效)。

案例 96："Danny," began Mrs. Waters, "What's usually used as a conductor of electricity?" "Why- er. . ." "Correct, wire. Now tell me, what is the unit of electrical power?" "The what???" "That's absolutely right. The watt."(张望来发来的澳大利亚笑话)

语用修辞学浅析：

这是修辞语用标记凸显,以歧义或双关等为关键。笔者译文如下。

译₁ 瓦特斯太太对丹尼说："一般用什么作电流的导体?""现——"(本想说"现在谁还在乎这个?")"对呀,是线,电线。再问你,电力的单位是什么?""哇——"(本想说"哇噻,你懂得真多!")"对对对,就是瓦。"

原文是女子误解男子的措辞,因为其语音歧义性："Why- er. . ."表示质疑和犹豫,但和 wire(电线)谐音;而"The what???"(那什么?)表示极大的疑问/询问,同"The watt."[瓦/瓦特(数)]谐音。当然,会话本身也许本无幽默,但转述者(如我友张望来)发来该桥段意在逗乐。笔者在翻译中,两处采用岔断的方法,也即塑造一个说话慢吞吞的男子形象和一个性急而易于打断他人的女子形象。译文的幽默也只是叙述者(此处等同于翻译者)的逗乐幽默。

笔者让上述班级(35 人,缺 4 人的作业)的学生翻译,多数没有译出幽默,少数用夹注解释原文的幽默,但下列三位似乎译出了原文的幽默,方法各异：

译₂(刘东源) 沃特丝老师点丹尼起来回答问题。"丹尼,电通常用什么传导?"丹尼倒吸一口气："嘶……""没错,就是电丝,那告诉我,电功率的单位是什么?"丹尼无奈道："我……""完全正确,就是瓦。"(岔断、曲解、谐音——旁注为笔者所添,下同)

译₃（高宇婷）　"丹尼，"沃特斯太太开始说，"通常用什么作电导体？""电
什么毛线？""没错，就是电线。现在告诉我，电力的单位是什么？""我
吐了！""完全正确。就是瓦特"。（异语、谐音）

译₄（蔡清花）　"丹尼。"沃特斯太太开始说，"通常什么是用来充当电导体
的？""电虾米①？"丹尼一脸懵。"对，就是电线。现在告诉我，电力单
位是什么？""我，他（妹的）……""没错！瓦特！"（异语、谐音）

译₁—译₄契合"语用修辞学翻译原则"的准则7（幽默、生动，程度和方式
等效）。

案例97：

Rose is a rose is a rose is a rose.

Loveliness extreme.

Extra gaiters，

Loveliness extreme.

Sweetest ice-cream.

Page ages page ages page ages.

(Gertrude Stein，*Sacred Emily*)

语用修辞学浅析：

这是修辞语用标记凸显，以呵成和押韵等为关键。出自美国诗人斯泰因
（Stein，1874—1946）的《神圣埃米莉》中间的几行，"Rose is a rose is a rose is a
rose"就是一气呵成，没有逗号类标点相隔。二、四、五行押[iː]韵，末尾一行是
ages 的反复和行内韵['eidʒiːz]。这些正是斯泰因的风格。笔者斗胆试译
如下：

罗斯是玫瑰是玫瑰是玫瑰。

可人至于极致，

超大的长筒靴子，

可人至于极致，

冰激凌甜到心田。

---

① "虾米"是闽南方言，意为"什么"。

佩奇侍老气男侍老气男侍老气。

译文第一行也是呵成，二、三、四、六行押"i"韵。末尾一行也用反复和呵成。这样再现斯泰因风格，应该说是努力了的。译法契合"语用修辞学翻译原则"准则7（幽默、生动，程度和方式等效）。

案例 98： I say to you today, my friends, so even though we face the difficulties of today and tomorrow, I still have a dream. It is a dream deeply rooted in the American dream. I have a dream that one day this nation will rise up, live up to the true meaning of its creed："We hold these truths to be self-evident that all men are created equal. " I have a dream that one day on the red hills of Georgia the sons of former slaves and the sons of former slave-owners will be able to sit down together at the table of brotherhood. I have a dream that one day even the state of Mississippi, a state sweltering with the heat of injustice, sweltering with the heat of oppression, will be transformed into an oasis of freedom and justice. I have a dream that my four children will one day live in a nation where they will not be judged by the color of their skin but by the content of their character. I have a dream today. I have a dream that one day down in Alabama with its governor having his lips dripping with the words of interposition and nullification, one day right down in Alabama little black boys and black girls will be able to join hands with little white boys and white girls as sisters and brothers. I have a dream today. I have a dream that one day every valley shall be exalted, every hill and mountain shall be made low, the rough places will be made plain, and the crooked places will be made straight, and the glory of the Lord shall be revealed, and all flesh shall see it together... (Martin Luther King Jr. , *I Have a Dream*)

语用修辞学浅析：

这是修辞语用标记凸显，以反复和排比为关键。这是 1963 年 8 月 28 日美国黑人领袖马丁·路德·金（1929—1968）的演讲词的后半部分。笔者如此翻译：

朋友们，尽管我们今天和明天面临重重困难，我仍有个梦想，是深植于"美国梦"的梦想。我梦想着有朝一日，这个国家兴旺升腾，坚守我们无须证明的真理即"所有的人都是生来平等的"的信条。我梦想着有朝一日,佐治亚州的红山之上,以往的奴隶和奴隶主的子孙们能够亲如兄弟一般,坐在同一张饭桌的边上,我梦想着有朝一日,哪怕是密西西比州这么一个缺乏人间正义、充满剥削的令人窒息的地方,蝶化为自由和正义的绿洲。我梦想着有朝一日,我的四个孩子将来所居住的国度不会以肤取人,而是以德取人。因此今天我有个梦想。我梦想着有朝一日,阿拉巴马州州长嘴巴里能说出"干预、取消"类词语,终于能够让黑人小朋友们和白人小朋友们携手共进,亲如家人。因此今天我有个梦想。我梦想着有朝一日,山不再那么高,谷不再那么低,沟壑化通途,丘陵变平原,神祇的光辉普照大地,恩泽所有的血肉之躯……

在这个演讲片段里,"梦想"(dream)出现 12 次,"我有一个梦想"(I have a dream)出现 9 次。前者是词语的反复,后者是语句的反复,构成了排比,有排山倒海之势。在他的眼里,民权或黑人的权利平等是理所当然的,刻不容缓的。整个演讲尤其是这段话,之所以广为流传,除了不可或缺的隐喻,反复和排比的巧用也功不可没。本书的译文也是尽量做到了这些,符合"语用修辞学翻译原则"的准则 7(幽默、生动,程度和方式等效)。

案例 99:

枯藤老树昏鸦,

小桥流水人家,

古道西风瘦马。

夕阳西下,

断肠人在天涯。

(马致远《秋思》)

语用修辞学浅析:

这是修辞语用标记凸显,以列锦为关键。出自元代词人马致远(约1251—1321 后),前三行都是名词短语的排列,即列锦,自有其内在逻辑,更有解读的空间。由于认识到列锦的语用修辞价值,笔者曾以列锦来英译这一列锦诗[①]:

---

① 侯国金(2020a:44)。

The Thoughts I Thought in Autumn

Those poor dry branches' tails

With aged tendrils that are blue

And crows thereon towards nightfall;

A tiny wood bridge o'er a stream small

Ever going, by a country home so crude;

An ancient path, beaten by the northwestern gales,

Less traveled by men than a lean nag —

At sunset, how far the unlucky with a bag!

译文只有末尾一行是无标记语句。据说元曲有很多类似的列锦（谭学纯等，2010：120），英译能否如此保值，值得研究。译法契合"语用修辞学翻译原则"的准则 7（幽默、生动，程度和方式等效）。

案例 100：Helen Chasin 写的诗歌 ***The Word Plum***[①]

The word plum is delicious

pout and push, luxury of

self-love, and savoring murmur

full in the mouth and falling

like fruit

taut skin

pierced, bitten, provoked into

juice, and tart flesh

question

and reply, lip and tongue

---

① 改自侯国金（2016b：111 - 113）。

of pleasure.

语用修辞学浅析：

这是修辞语用标记凸显，以头韵、谐音/辅韵等为关键。

这是美国女诗人蔡辛（Chasin，1938— ）的一首短诗。不难看出这是一款文字游戏，是对英文 plum（李子、杏、梅）这个果子和这个单词的文字游戏。plum 这个词的开口圆唇中低舌位后元音[ʌ]"象似于"（iconise，意味/象征着）嘴含李子/梅子的样态。这个果子好吃，连这个词也"通感地"（synaesthetically）好吃（delicious，第 1 行）。"pout and push"的连续双唇爆破清音[p]（头韵法）和复合元音[ɑu]与圆唇后元音[u]搭配起来，象似于唇舌半闭的推拿动作。"self-love，and savoring murmur"的两个舌尖（前）清擦音[s]，两个双唇鼻（浊）音[m]，与非圆唇（较）高舌位前元音[e]、复合元音[ei]、圆唇开口中低舌位后元音[ʌ]、半圆唇半开口中舌位中元音[əː]、[ə]等搭配，象似于李子/梅子摩擦舌头、牙床和舌根（口腔的前中后）以及不断玩味的姿态。"mouth and falling like fruit"的 3 个唇齿清擦音[f]和舌齿摩擦清音[θ]象似于唇舌齿相加。"plum、pout、push、murmur、mouth、pierced、bitten、provoked、reply、lip、pleasure"的双唇辅音，[p]、[m]和[b]，搭配以不同的元音，象似于双唇各种姿态的舔尝琢磨。"taut skin pierced，bitten，provoked into juice，and tart flesh"的很多爆破音，如[t]、[k]、[b]，以及舌尖（前）摩擦清辅音[s]和唇齿摩擦清辅音[f]和[v]，象似于唇齿之间的继续捉弄直至用口腔挤压乃至牙咬，即日常语言的"吃相"。末尾的"reply、lip、pleasure"连续三个（舌）边音[l]，一个舌叶摩擦浊音[ʒ]，搭配以唇、舌、乐的单词和意义，这是天衣无缝的慢品水果之悠闲之乐。

单说题目，若译为"李子/杏/梅子"，就必须像原文对 plum 这个词一样，对"李子/杏/梅子"进行文字游戏的演绎，而本书认为这是不可能等效于原文的。因此，本书大胆变通，译之为"葡萄"。

译："葡萄"这个词

"葡萄"这个词儿美味十足

撅嘴，前推，自恋

般的奢靡，品味品位的吞吐自语

满腔之感，赶它下垂，

噗噗吐吐的回味

绷紧的皮皮

扎破，咬碎，挤出

甘汁以及酸瓤

一个疑问

一个答案，唇和舌

乐融融

该标题的译法应该是直译、意译和重命名译法。"李子/杏/梅子"变为"葡萄"，有何道理或理据？全译诗除了词义和语用意义以外，单说口腔各器官的玩味游戏，本书启用的爆破音单字有："葡、萄、个、推、般、品（2 次）、位、吞、吐（3 次）、感、赶、它、噗（2 次）、绷、皮（2 次）、破、甘、答"。擦音和塞擦音有"词、十、足、撅、嘴、自（2 次）、腔、垂、紧、扎、碎、挤、出、汁、及、酸、瓤、唇、舌"。舌尖（中/后浊）音有"儿（颤/闪音）、恋（边音）、乐（边音）"。双唇音有"葡、美、般、靡、品（2 次）、位、满、噗（2 次）、味、绷、皮（2 次）"。不难看出，译文的爆破音也罢，擦音也罢，双唇音也罢，远远多于原文，更能折射出品尝 plum 的状态，或者说，适合李子/杏/梅子，更适合葡萄。单就语词而论，适合"葡萄、plum"，而不适合"李子/杏/梅子"。能否说该作品名的汉译除了不太关联于原作之名（关联度偏低），其他方面的关联度、省力度和语效度都接近原作之名？

论标题，本书同意"从名做起，名正言顺"。老一辈翻译家和外语工作者在翻译作品标题时一般比较认真和细心。他们一般不会乱译、滥译或改译。也即他们一般比较求真、求质、求信，唯恐字面意义和显义有所遗漏。陶洁（1994/1997）收录了 42 篇英语短文以及 20 多个老一辈译者（如张禹九、王岷源、黄源深、李文俊、姚乃强、王义国等）的译文，都是上述类型的译法，我们看不出有什么不妥。例如,张禹九把斯泰因(见案例 97)的"*The Winner Loses*"译为"胜者败",黄梅把凯瑟(Cather,1873—1947)的"*The Hundred Worst Books and They That Wrote Them*"译为"百本最劣书及其作者"。当然,在当今的一些信奉后现代解构主义的年轻译者看来,这些老先生过于保守或字面主义(literalism),那么上述两篇可能译为"赢家小败、胜者也败北、千里马失蹄、马有失蹄"等以及"百本拙作及其作者、上百坏书及其作者、糟书和糟作者"等,不难嗅到些许"重命名"的气味。

一部作品的名称是其灵魂的窗户,创作者无比认真地对待,译者也理应如此。然而,即使同一部作品其名称的译法(重译时)也各有方法。回到老问题上来,"作品名应该如何翻译?""有没有一个准绳使之趋于标准化?"作品名翻译应该注重关联、省力、语效这 3 个方面。自古有"名不正言不顺、名正言顺"的说法,作品命名如此,作品名翻译亦然。若仿拟严复的话则可说"译名之立,旬曰踟蹰"。虽然(和原作名称一样)未必能使之名如其人,名如其文,但至少可以名正言顺,不至于让译入语的读者"望名兴叹"。

该法契合"语用修辞学翻译原则"的准则 7(幽默、生动,程度和方式等效)。

案例 101:

卡明斯诗歌"l(a"的原文[①]:

l(a

le

af

fa

ll

s)

one

[①] 本案例及其批评大部改自王才英、侯国金(2022:225-237)。

l

iness

语用修辞学浅析：

表 8-1　卡明斯"l(a"的 5 个汉译本一览表

l(a	孤(一	孤(1	寂	子(口	草木一
cummings	译₁： 邹仲之译	译₂： 叶洪译	译₃： 黄宗英译	译₄： 杜世洪译	译₅： 笔者译
l(a	孤(一	孤(1	寂	子(口	草木 一世
le	片	片	(一	十	之子
af	叶	树	片	卄	风之
fa	飘	叶	口	氵	票之
ll	飘	落	十 阝	攵	雨之
s)	落)	地	人	口)	令瓜
one	零	了)	土	瓜	娃子
l	零		土 也)	禾	口口
iness	孤零零	独	寞！	火心	甲

这是修辞语用标记凸显，以拆字游戏为关键。（汉译见表 8-1）

原作出自美国现代诗人卡明斯（e. e. cummings①，1894—1962），不好懂，更不好译。

诗在何处？这是很多读者第一眼的感觉，但细品之后才发现它的精美绝伦：新颖别致的"l(a"诗恰似一幅流动的落叶图，虽然小巧，但洋溢着诗情画意。

从整体来看：首先，本身是画家的诗人考虑了字母的视觉性，也即具有"视觉修辞"（visual rhetoric）。陈汝东（2011：36-40）认为有 5 类视觉修辞：① 语

---

① 诗人素来喜欢小写自己的姓名，连出版社都尊重他的这一做法。

言视觉修辞，② 表演视觉修辞，③ 图像视觉修辞，④ 综合视觉修辞，⑤ 建筑视觉修辞。卡明斯"尽可能多地从视觉艺术中借鉴手法"[基德尔(Kidder)，1979：257]，充分利用字母的本质进一步创造真正的表意字[皮格纳塔里和托尔曼(Pignatari & Tolman)，1982：190]，属语言视觉修辞自不必说，但诗行的切分、词语的切分，加之做成动画的动感，便是图像视觉修辞。该诗包括空行合计13行，是这几个单词"loneliness，a leaf falls"(孤独，一片叶子掉下)的变异排列，其中 loneliness(孤独)分列这首诗的头、中、尾。整个诗歌落叶的视觉意象为：即将掉落(第一行)，被风吹(第三行)，随风翻转(第四、第五行)，继续下落(第六、第七、第八行)，横亘空中(第九行)，形影相吊、漂泊凋零(第十、第十一行)，一切皆空(第十二行)，归于尘土(第十三行)。其次，1—3—1—3—1 个诗行的诗节排列和空行丰富了 fall 所蕴含的各种下落状态。这种排列犹如一片落叶缓慢飘下时的情境。再次，细长窄小的诗行排版与其所留空白形成鲜明对比：诗中大量的空白向读者展示了宇宙的浩大喧嚣，也衬托出了人类的渺小和落寞！凄凉之人与孤独之叶通过诗人对单词的分解和排列以及留白弥漫出来。最后，全诗都用小写字母，无字母的大小写变化，更加深了绵绵的落寞之意。正是如此，更加关联了诗歌主题：loneliness(孤独)。科恩(Cohen，1987：187)认为留白和字母形式是卡明斯诗歌创作的最关键写法。正如蔡其矫在其诗中所言，"以豪华的寂寞/粗犷的寂寞/向苍穹论证大地的悲伤"。这不正是暮年诗人卡明斯通过"l(a"诗要"向苍穹论证落叶的悲伤"和诗人内心无限的孤寂?！

从细节来看：诗中括号的运用也匠心独特，隐喻着"庭院深深锁清秋"的意境，直戳这份来自内心深处、与世隔绝的孤独与源于灵魂深处的寂寥。支离破碎的英语字母，形如零落飘下的孤叶，孤独的意境和落叶的视觉相结合，加深了孤独的感受。这首诗垂直向下排列，表明"叶落"这个动作和"向下"的方式特点，从而通过这种视觉形象实现"a leaf"和 fall 的概念/意义和动态意象。多次出现字母"l"和不定冠词"a"，以及倒数第三行特意出现完整的一个单词 one (一、人)，五个字母"l"既像大写字母"I"(我)，又像阿拉伯数字"1"，以及"la，le"在法语分别表示单数(阴性)和单数(阳性)。再者，卡明斯当时用的打印机上的键盘字母"l"与数字 1 同键。可以说，整个视觉形象都是"1"，无论其形其意，都会使人联想到一人一叶一孤秋的孤独、寂寞，让全诗的寂寥之意喷薄而出。

每行的字母形象会意,每行解读如下:第一行"l(a"一片树叶脱离树枝,其中字母"l"可看成树枝,半边括号"("表示树叶即将脱离,"a"可代表一片树叶。第二行是空行,表示树叶对天空和树枝的留恋。第三行的"le"表示一片(法语中该词表单数)树叶在空中翻转。第四和第五行的"af"和第五行的"fa"模拟叶子下落过程中随风忽左忽右的样子。第六行空行表示落下的速度变慢。第七行的"ll"表示垂直落下,也表示一人和一叶同样孤独。第八行空行表示树叶下落的速度再次变慢。第九行的"s"暗示树叶随风大幅旋转,反括号表示该小节语篇的结束,与第一行的括号形成呼应,完成 loneliness(孤独)与"a leaf falls"(一片树叶掉落)之间的逻辑和语义联系。第十行 one 的视觉效果可表示树叶随风平移,它本身表示"一、一个、人"的孤独义。第十一行"l"从视觉上表示直落。从语义上来说,这两行都是强调"1"。接下去又是一空行,表示树叶下落前的减速与滑翔。最后一行"iness"是 loneliness 的后五个字母,它是 loneliness 的结尾,呼应了诗开头的"l"和诗中间的 one 和"l",一则说明"形单影孤"的主题,二则"i"是"I"的小写形式,"ness"通常是抽象名词的后缀形式。从字母数来看,该行最多,说明了此行的信息最重要,一叶落于此,叶落终归根,也完成了从开头到结尾的孤独(loneliness)旅程。质言之,诗人运用绘画中的立体主义和未来主义,立体且动感地表达了年老的诗人对"孤独"的感受,读者身临其境,仿佛可以感受孤独,犹如这片树叶时急时缓地孤单落下,生成叶落孤愁的意象。

从标点来看,全诗除了小括号,无任何标点。小括号在此属于语用标记语,隐喻着无边的孤独和寂寞。许多印刷体式符号(如字母的形状、字母的大小写、标点符号等)都可实现其语篇功能[范·鲁文(Van Leeuwen),2006:139-155]。英文标点小括号的作用:一是补充说明,在本诗中"a leaf falls"(一片树叶掉落)被放在小括号内,说明诗人要突出的主题是 loneliness。二是使本诗具有了多义性。因为正是诗人使用了括号,把代表现实的动作(一叶落地)和抽象的概念(寂寞孤独)置于同一时空。使诗文有了多种解读方式:"孤独犹如树叶落地""孤叶落地孤独""诗人看见孤叶落地不由得觉得孤独"。三是小括号的形状也象征一片(片)落叶的形象。

用"诗歌韵律学"(poetic prosody)分析如下:从诗的字母语音来看,字母

"f"的辅音模拟风儿吹拂而过的声音,两个"f"(af,fa)是摩擦音,犹如一阵寒风袭来,吹打着落叶哗啦哗啦地左右摇曳。最后一行的"i"其音[i]"与小而轻的意念相联系"(高新霞等,2011:106);两个"s",齿龈擦音[s]模拟树叶飘落在地与地面摩擦的"嘶";同时,"s"读起来像慢慢消失的声音,孤独感也随之扩散。从诗行的朗读效果来看,第一节"l(a"中的"a"是元音字母,读起来声音较长,表示树叶慢慢从树枝剥离的过程。第二节的三行读音分别是长—短—长,与落叶时急时缓下落的情形相吻合。第三节是"ll",读音平缓,暗示落叶缓缓飘落。第四节的读音是短—长—短,落叶落地前的最后挣扎形象跃然纸上。最后一节的读音短之又短,但"iness"中的两个"s"又突出落叶最终落地的无奈。以上英文字母和每节诗行的发音实现了以音传情传意的效果,给读者呈现了视听甜点。

作为功能诗的一种,这首具象诗强化了功能线,甚至将其意义延伸到了极致,使每个字母、每个符号、每个空格都流动着诗的灵魂。正因如此,加大了该诗的翻译难度。

1. 关于邹译

在音效方面,邹仲之译本通过对"飘飘、孤孤零零"中叠音的使用,关联了原诗绵绵的孤独意境。通过垂直排列字符严格地模仿了原诗的形式。译诗也由两部分组成:括号内的字符(一片叶飘飘落)和括号外的字符(孤零零、孤零零)。括号中的"一片叶飘飘落"译出了原诗的字母拆分所表现出来的树叶下落的意境,第二个"孤零零"与"iness"形状相似。因此,在诗形方面,邹译本保留了原诗的节奏和标点,高度还原了原诗的形状。"飘飘落"也关联了原诗中落叶时急时缓下落的情形。在义效方面,译诗通过叠字和重复"孤零零",等效了原文的孤单寂寞的内涵。但译文过于直白,让诗性有所流失。另外,原诗拆解单词的创作手法也没有保留。

2. 关于叶译

在音效方面,叶洪译本的"孤独、一片叶落地了"并未关联原诗字母分离带来的节奏感。"片叶落地"四个字都是去声,与诗中叶子下落的情景等效。在诗形方面,诗头的"孤"字和诗尾的"独"字合起来是"孤独",与原诗中拆分的loneliness相契合,"一片树叶落地了"是"a leaf falls"的译文。叶文在形式方面关联了原诗风吹落叶的意境：以斜排的形式超越了原诗中的形状，临摹了树叶下落的过程，把握了原诗的视觉性。标题用了粗大的黑体排印"1"代替"一"，关联了标题中的"a"及全诗中多次出现的"a, l, one"。译文采用形体单薄的仿宋体不规则斜排，而不是"厚实、僵硬、四平八稳的宋体，以体现树叶下落时的飘零状"（叶洪，2003：141），保留原诗中蕴含的树叶随风翻滚飘落的情形（表 8 - 1 为统一故而没有体现）。在诗意方面，该译文译出了原诗的意思，但仅停留在形式上的简单模仿，因其未再现原诗的用词数量和拆词方法（杜世洪，2007：48），更重要的是未能挖掘原诗字母所表达的深意。虽可说"流变的诗体"，但更重要的是"不变的诗性"。诗之所以成为诗就是因为"诗歌语言内涵的多义性、含混性和情感性"（刘德岗，2009：302），诗性是诗歌的灵魂所在，叶文虽保留了情感性，但直白译文使诗歌的多义性和含混性缺失，使读者联想和想象的空间显得有限。这是译作中重图案构形轻意境构造的结果，也就是偏离了诗歌语言靠词语内涵创造意境的特征。质言之，该译文译出了原诗的视觉性，但忽视了诗人的语言手法。

3. 关于黄译

在音效方面，译诗的"入、土"押 u 音韵，给人苍凉悲伤的感觉，译出了落叶的无奈和留恋，关联了原诗的意境。但"阝"在朗读时无法读出，因此在音效方面有些许瑕疵。在诗形方面，垂直排列也关联了原诗的形状。在诗意方面，该译也强调了原诗的主题"寂寞"，括号里的字合起来就是"一片叶坠地"，但"坠"字疏离了原诗的意美，因为"坠"字让人联想到树叶直接掉落到地面，就像重物坠地一样。显然这不是原诗想传达的意境，因为原诗"a leaf falls"，除了有单词的分割，更重要的是里面有疏离（有空行），也就意味着叶子并非垂直坠落于地面，它时急时缓，随风翻飞，因为它留恋在树上的荣光，也嗔恨时光的无情。原诗完美诠释诗人在晚年写该诗的情景，诗人走过桃李灿烂，盛极韶华，到人生晚年正如诗中落叶的情形。"坠"字突出了落叶毅然落地的情形，却无法还原叶子对天空、对树枝的留恋，所以在语用等效方面应属欠缺。该译文对等了原诗的拆字、小括号等语言手法和视觉性，也保留了原诗的趣味性，但却疏离了原诗意境（即叶子时急时缓落下的意境）。

4. 关于杜译

在音效方面，杜译是"叶落孤愁"的拆字，其中的"落"字拆解为"艹、氵、夂、口"，译文中的这些偏旁不能像字母一样读出来，是否关联了原诗中的读音也需商榷。在诗形方面，与以上译本一样，也关联了原诗的形状。同时，该译本也再现了文本中的拆字和分节（留白）。但卡明斯作为画家和诗人拆词成诗的做法并非随意而为，是在恪守语言常规的基础上对字母层次大胆"陌生化"，以取得诗画一体的效果。莱恩（Lane，1976：29）解释如下，这首诗实际上是一个等式："1＝i＝lonely"。因此，杜译疑似为拆字而拆字。所拆开来的单行并不能等效原诗的内涵，无法取得原诗每行的形美和意美，丢失了原诗中的小意象和节奏。虽然"叶落孤愁"契合原诗的意境和内涵，但是汉语偏旁与英文字母分属不同的表征，"刻意在形式上追求西化的诗句，反而常有东施效颦的恶果"（简政珍，2006：200）。

5. 关于侯译

在音韵方面，侯译中的"一、世、子、之"押了"i"音韵，其音在汉语与"噫"相似，表示"悲痛或叹息"，又契合原诗中的字母"i"。"之"字属赘言，但使译文押韵；"草、票""瓜、娃、甲"中的汉语拼音"a"音又与原文中多次出现的"a"契合。

侯译采用的主要是析字法。在诗形方面，基本保留原诗中叶子飘落的形状，也基本保留原文两字一行的排列，实现形式的等效。译文中的 4 个"之"字表现了原诗中树叶随风飘落的情形；"雨"字中的竖笔和下雨的情形也形似且神似原文的"ll"。

在表意方面，"草木一世"是"叶"字的繁体字（葉），"风之、票之"可以合并成"飘"，也隐喻出"风之票"或"飘"的意思。"雨之令"合并成 "零"，"瓜、子"合并成"孤"，而"瓜娃子"在川方言意为"傻孩子"（"瓜"作为形容词意为"傻、笨"）。"口口、甲"合并起来是"单"的繁体字"單"（《现代汉语词典》说"甲"意为"天下的第一位、居第一位"）。所以，全诗的拆字和重构合并起来就是"叶子飘零孤单"，再生了原诗的拆字创作方法和全诗的意境。更重要的是，"口口、甲"看起来就像孤单失意互不认识的两口人"路人甲、路人乙"站在苍茫大地仰天长叹的样子：毫无依靠，风吹就倒。正如陈望道（1997：31－32）所言，汉字的形体有表征意义的功能。因此，"口口、甲"强化关联了诗中的"ll"。原诗的绝妙之处是诗人把自己的绘画技巧用于诗歌创作，把 4 个单词拆分成"叶落孤愁"的画面。译诗也通过繁体字的拆解、合并,完美再生了原诗的形意张力。

侯译通过繁体字的拆解,更兼有意的空行,钝化语言,使诗性指向变得含混丰腴。每个繁体字形成单独意象,与原诗高度等效。这些小意象(树叶不同状态的掉落)和通篇的意象化(人、叶和宇宙)就克服了该诗不可译的语言局限性。无论是意象还是节奏,无论是物质(语言)还是意识(诗性),在侯译中都得到较完美的演绎。笔者素来提倡以诗译诗,虽然具象诗采用视觉手段,但文字性和视觉性之间的张力才使作品脱颖而出,使其成为成功的诗歌。译诗也应如此,尽可能从语音、形象、语义和创作手法等方面与原诗关联等效(见表 8-2)。

表 8-2　卡明斯诗五译本音形义关联度对比一览表

译　本	特　征			
	音韵特征	形式特征	语义特征	创作手法
邹译	中度关联	高度关联	高度关联	零关联
叶译	中度关联	中度关联	高度关联	低度关联
杜译	中度关联	中度关联	中度关联	中度关联
黄译	低度关联	中度关联	高度关联	高度关联
侯译	高度关联	中度关联	高度关联	高度关联

卡明斯通过字母的狂欢,陌生化了"l(a"这个诗篇。艺术倾向于使艺术形式陌生化,使读者的期待陌生化,以此增加感知难度和长度,也即阅读张力,因为感知本身就是一个有必要延缓、延长的美学过程[艾金斯(Eggins),2004:25]。"l(a"诗初看外形杂乱无章,但正是这种刻意的陌生化,赋予了这首诗独特的艺术魅力。

语言的魔力,节奏的狂欢。字母素描似的一首小诗却让无数译者竞折腰。以上五译本从不同角度关联等效了原诗的音、形、义、意象、节奏和诗歌内外的一些元素,也有稍许欠缺。这些译本对具象诗翻译至少有以下启示:

第一,英语表音,汉语表意。译具象诗要打通两种语言的藩篱,关联顺应原诗中的音。原诗中的有些音是有标记用法,如"af,fa",读起来像风吹"呼啦呼啦”的声音，翻译最好能再现之。

第二，具象诗的翻译不能忽视译形。具象诗的形式会说话，这类诗的形式极大地左右或导航了诗歌的意义，空间在意象诗歌中表示形象[隆德(Lund)，2018：19]，具象诗往往把"空间"作为一种节奏功能[格罗斯和麦克道尔(Gross & McDowell)，1996：120]，留白也能对节奏产生一定的影响[布拉德福(Bradford)，2007：20]。上文的五译本都兼顾了一叶落下的形状。如叶译还通过书法的方式处理，属于特殊译法。对有标记字形的处理，如"af，fa"，侯译为"风之、票之"，"之"和合起来的"飘"仿真了原诗中落叶在风中左右摇晃下落的情景。邹译中的"iness"译为"孤零零"，也是特殊译法。另外，英文的小括号有解释和补充说明的意思，而且原诗中的括号还旁注地表示两个意象同时发生。除了侯译，其他4个译本都用了该标点符号。因此，是否要依葫芦画瓢保留小括号也是该诗汉译时需要考虑的。

第三，具象诗的翻译不能光译形，更要注重译意。诗人通过描述现实中一片树叶掉落，表达了人类孤单的情感以及工业化时代人与人之间的疏离。因此，译文在表达方式上需体现原诗中表达孤独情感的委婉方式，如侯译就属这种。

深谙写作和绘画的卡明斯创作的诗歌是诗画完美交融出类拔萃的代表。因其诗体新奇、语言狂欢，卡明斯被誉为"语言魔术师"。卡明斯诗歌是对源于中世纪的形体诗的继承和创新，他的具象诗是美国20世纪诗歌实验和革新的一种特殊模式，不仅震撼了文坛，还引起了语言学家和翻译界的密切关注。作为一个诗人兼画家，由于深受当时立体主义绘画思潮的影响(张洪亮，2019：118)，卡明斯通过拆解、重构和拼贴等手法创造了自己的诗体——立体主义诗歌形式。该视觉修辞模式通过语言的大胆革新、诗行的独特排列和空间的版面布局，深度追求诗、画和音的完美融合，类似的诗还有写蚱蜢的rpophessagr，写老鼠的"Me up at does"①，写比尔的"Buffalo Bill's"等多首。

这首叫"l(a"的诗是卡明斯最有名的诗歌之一，为诗人晚年(1958)所作。

---

① 卡明斯有意"乱写"grasshopper和"(The rat) does (look) up at me"。侯国金(2020a：139；2014g：133)分别译其标题为《虫乍之歌》《干吗盯我你》。

该诗发表在卡明斯诗集的《95首诗》的首篇,曾被称为"卡明斯所创作的最为精致而美丽的文学结构"[肯尼迪(kennedy),1980:463],算得上"卡诗"之魁。李冰梅(2006:87)认为该诗是卡明斯诗歌中陌生化最多、连贯性最难识别的一首诗。贾瑞尔(Jarrell,1969:82)宣称,"没有人能使先锋和实验性诗歌对普通读者和特殊读者都如此有吸引力"。

卡明斯的"l(a"诗是一首简短但精美绝伦、意蕴深远的具象诗。它以字母的创意安排、拆解和重构,小括号的使用,留白以及形或意相似的"l,i,one"不断出现等创作手法吸引了读者和译者。正是以上这些层层"机关陷阱"使"l(a"诗在众多具象诗中脱颖而出。卡明斯的诗歌创作技巧对后来者影响可谓深远,值得后人仔细研究。

本书对比了5个中文译本。根据以上分析可知,由于该诗通过字母的拆解、重构、分节和留白,加上中英两种语言的不同表征系统,翻译中的损失不可避免。

汉字的象形和会意等"六书"功能以及繁体字的拆解功能为翻译卡明斯的具象诗及其他诗人的现代诗提供了一个突破口。侯译就是使用繁体字的拆解组合呼应原诗单词拆解创作手法的一个示范。偏旁虽能呼应原文的创作手法,组合后也能呼应原诗的整体孤独意境,但无法朗读及呼应原诗局部的诗意效果,是否完全适合翻译具象诗有待商榷。中国汉字的六书、繁体字的可拆解优势和中文特有的书法艺术可高度再现具象诗的形义功能,为现代诗(尤其是具象诗)的翻译提供了一个新模式。

上述译法,译$_1$和译$_2$逊色于译$_3$—译$_5$。译$_3$和译$_4$都只是偏旁类析字,译$_5$则还有字词和词组的析字和押韵。译$_3$—译$_5$契合"语用修辞学翻译原则"的准则7(幽默、生动,程度和方式等效)。

8.2.4 语用修辞学译评小结

修辞是凭借说理以达到认同的说服,即以高效的修辞策略和方式达到解决分歧和构建和谐的目的。如果修辞是论辩,翻译则是特殊的"跨文化论辩"[刘亚猛(Liu),1999(如其标题所示);陈小慰,2018:144]。如上述(§8.2.2),译者是交际双方的语用修辞行为链的听读者、解读者、解构者、建构者、再现者、协调者,因此译者的语用修辞素养不可或缺。难以想象不懂原文隐喻、转喻、双关等的译者碰巧译出等效的隐喻、转喻、双关等。现实的问题是,即便理解原文诸如此类的语用修辞价值,也难以处处如愿地等效再现,译者往往望词兴叹、望文兴叹。值得研究的就有语用修辞的翻译可能和翻译的语用修辞性。因此可以说,谋取语用修辞等效是译者尤其是文学译者、广告译者、公示语译者等的不二追求。

对语用修辞凸显的原文,译者应有高度的语用修辞敏感性和语用修辞再现能力。根据"语用修辞学翻译原则"的八准则,译者要在 8 个方面敏感地"洞察",采用各种方法包括一定的语用变通,在诸方面达到等效。翻译必须求意,就文学类文本而言更要求效。效,是翻译者、翻译研究者以及翻译家和翻译史研究者都要涉及的共同课题。如上述(§8.2.2),方梦之、庄智象(2016:4)认为翻译史编写要涉及 5 个问题,即"何许人、为何译、译什么、怎么译、译效何"。当然,求什么效、如何求效、如何等效等问题,是涉及诸多因素的复杂问题。本节基于先前的语用翻译学尝试,尤其是笔者的语用翻译学译观,参考了"翻译修辞学""语用修辞翻译"构想,还有笔者的"语用修辞原则",提出了"语用修辞学翻译原则",旨在说明何以达到语用修辞等效的翻译。

上述案例的翻译讨论,不同的(语用或其他)翻译学研究者所能提供的解释自然会有所差别,本书因篇幅限制,也没有顾及关联—顺应译观等的考评,甚至连语用标记等效译观的考评也不多。上述原则的八准则,涵盖 8 个方面的"洞察"和"竭力保值翻译",旨在打通语用、修辞和翻译的经脉,阐释译者如何才能达到语用修辞等效。本书指出,译者要具有高度的语用修辞敏感性,捕捉话语的 3 种标记性(之一),即认知语用标记性、社会语用标记性、修辞语用标记性,以便探索相应的语用修辞等效翻译手段,其中含一定的语用变通。例析涉及诗歌等类型的翻译,皆以上述原则为指南予以阐释,但这并非说明只有这一种语用修辞译观,也不是说只有诗文等才有语用修辞价值,才值得进行上述的语用修辞"洞察"和"等效"再现。其实语用修辞价值无所不在,包括政治话语、学术论文标题、影视名称、人名地名、公厕的告示等,那么其语用修辞价值的翻译再现势在必行。

8.3　语篇的语用修辞学分析

8.3.1　语篇分析为何需要语用修辞学?

　　语用学界也有语用(学)批评,不少人以语用学尤其是社会语用学分析广告、公示语、翻译等的语用失误(如吴春容、侯国金,2015;侯国金,2008,2020b),没有统一的模式,这里从略。

　　修辞学传统之一是"修辞(学)批评"(rhetorical criticism),就是"运用修辞学理论对修辞篇章(rhetorical discourse)进行分析和鉴赏"(蓝纯,2015:345)。较早的修辞批评框架是坎贝尔和伯克霍尔德(Campbell & Burkholder,1997)拟构的。他们关注的修辞语篇,主要是"面对面交流或电子媒体口笔头交往的旨在影响他人态度或行动的劝说类语篇"[坎贝尔和伯克霍尔德(Campbell & Burkhdder),1997:2]。其修辞批评框架包括描述、分析、阐释、评价4个部分,大致是:① 对修辞行为和修辞语篇进行细致描述,尽量发掘其修辞手段、修辞策略。② 对修辞行为和修辞语篇的历史—文化背景进行描述和分析,尽量发掘与修辞者的目的和动机相关联的因素。③ 选定一个合适的批评视角(理性视角、心理视角、情感视角或语言符号视角),对发现的修辞手段、策略、背景因素等进行全面评述。④ 从选定的批评视角出发,对该修辞行为和修辞语篇做出尽可能客观公允的评价,以供其他受众参考[坎贝尔和伯克霍尔德(Campbell & Burkhdder),1997:15①]。蓝纯指出,修辞批评不一定总要按照从①到④的次序展开,而可以逆序或融合地分析(例析从略)。请参看蓝纯(2015:354 - 381)及其书中介绍的诸多弟子的修辞批评案例,如段明妍等对《奥巴马胜选演讲》的分析(2015:400 - 405)、莫茵茵等对《恩格斯在马克思墓前的讲话》的分析(2015:405 - 411)、赵洁等对《希拉里退选演讲》的分析(2015:411 - 415)、张超等对《奥巴马就职演讲》的分析(2015:415 - 420)。至于多媒体大数据时代的"大修辞"的语篇分析,早已超越辞格分析,基本撇开一般意义的积极修辞和

---

① 　上述4条译文改自蓝纯(2015:353)。

消极修辞，而更多涉及社会、政治、法律、军事、卫生、媒体等语篇的目的、动机、策略、方法、效果、得体性等的分析。如华侨大学的"语用修辞研究创新团队"有若干课题如下："基于非对称博弈的弱势群体话语反操控案例库建设与理论体系建构研究""应对突发公共事件舆情的官方话语研究""弱势群体话语反操控研究""国防危机管理与国家形象建构导向的国防话语体系研究"等。若干论文如下：《日本反腐新闻标题跨版块互文分析——基于〈朝日新闻〉新闻标题语料库》《突发公共卫生事件官方媒体报道的隐喻架构分析》《基于修辞情境的对外报道编译传播效果优化模型建构研究》等①。再比如，《国际修辞学研究》第二辑(2021)共有 23 篇论文，只有 4 篇属"小修辞"，也即，19 篇属"大修辞"。如果说《修辞学习》每期有较多的辞格、准辞格的讨论，但后来越来越倾向于非辞格的论述，甚至是纯语言学的论文，尤其是改版为《当代修辞学》以来尤为突出。

8.3.2　何以进行语用修辞学的语篇分析？

既有语用修辞学，就应有语用修辞（学）批评（pragma-rhetorical criticism）。本书认为，语用修辞学的批评应该主要沿用语用修辞原则及其分析框架，以及上述的诸多修辞分析范式中的一些相关范式，如范式 2"大语言学视域下的小修辞学范式"，范式 3"语体修辞学范式"，范式 9"接受修辞学范式"，范式 10"语义和谐律范式"，范式 11"语言信息结构范式"，范式 12"宏观—微观结构范式"，范式 13"主位—述位信息范式"，范式 14"负熵流信息范式"，范式 15"语言结构效能量化范式"，范式 16"认知修辞与语篇叙述范式"，范式 17"言思情貌整一范式"，范式 18"伯克新修辞范式"，范式 19"言语行为范式"。条件是关联和效率。当然，范式不封顶，方法更开放。

8.3.3　语用修辞学的语篇分析案例

上面诸多短诗语篇的分析，虽伴有译文及翻译讨论，总归是语篇的语用修辞分析。下面增补些许案例。

---

① 上述课题的负责人为毛浩然，论文作者是毛浩然及其合作者(陈臻渝、张薇、汪少华、许雅缘、杨家勤、薛婷婷等)。

案例 102：犹记得 1961 年，林语堂定居于阳明山，有一回应邀至文化大学参观，事先与文大创办人张其昀约定，没有充分准备，不能演讲。但是当幽默大师出现在学校餐厅时，师生蜂拥而至，争睹风采，并一再要亲聆"幽默"，林氏难违众意，只好说了一个故事："古罗马时代，有一个人犯法，依例被送到斗兽场，他的下场不外两种，第一是被猛兽吃掉，第二是斗胜而免罪。罗马皇帝和大臣都在壁上静观这场人兽搏斗的精彩好戏。不料，当狮子进场后，这犯人只过去在狮子耳边悄悄说了两句话，狮子就夹着尾巴转身而去。第二回合老虎出来，依然如此。罗马皇帝问他：'有什么魔力使狮子老虎不战而退？'他从容不迫地说：'没有什么，我只告诉它们，要吃掉我不难，不过最好想清楚，吃掉我之后必须要演讲！'"（改自沈谦《林语堂的"风流"与"诙谐"》）

语用修辞学浅析：

这是修辞语用标记凸显，以讽喻为关键。作者欲凸显林语堂的特殊幽默风格，就叙说了林语堂"没有充分准备，不能演讲"的约定/规定。由于很多人慕名而来"亲聆"幽默，林语堂只得勉强讲讲，结果他讲了一个故事：古罗马时代的那个犯人关在斗兽场"斗"了狮子斗老虎，结果只是在它们耳边说了一句话就吓退了猛兽，这不仅是故事中的罗马皇帝和观众好奇的，也是林语堂身边的小观众们纳闷的。最后揭晓了秘密，那个犯人要求两只野兽吃人后做演讲。狮子和老虎的撤退，隐含了演讲之难，正好和上面拒绝（在无准备的前提下）演讲是呼应（关联）的，也就不需要议论了。普通人看到相声演员、小品演员和演说家就要他们即兴说一段相声，演一段小品，做一个报告，却不知艺术家通常也不能"打无准备之仗"。林语堂奇妙地运用"讽喻"故事（未必真实），隐含了以下意思：① 演讲不易。② 即兴演讲更难。③ 你们逼我进行幽默的演讲比罗马人逼迫犯人斗兽还狠毒。④ 你们不该为难我。⑤ 既然我讲了这段，就不要得寸进尺了。这个"讽喻"不仅幽默，而且十分委婉含蓄地拒绝了继续"幽默"，符合语用修辞原则的准则 1（达意达效）、准则 7（幽默、生动）。

案例 103：

上司₁：贵处风土如何？

下级₁：并无大风，更少尘土。

上司₂：春花如何？

下级₂：今春棉花每斤二百八。

上司₃：绅粮如何？

下级₃：卑职身量，穿三尺六的衣服。

上司₄：百姓如何？

下级₄：白杏只有两棵，红杏倒不少。

上司₅：我问的是黎庶。

下级₅：梨树很多，但结的梨都很小。

上司₆：我问的不是什么梨杏，我问的是你的小民！

下级₆：卑职小名狗儿。

（改自石道人《嘻谈续录》，另见谭学纯等，2010：85）

语用修辞学浅析：

这是修辞语用标记凸显，以飞白和嘲讽为关键。这个下级是个"捐班"（在清代是指不通过科举考试而向官府捐纳银钱换取官职的人），怎么听得懂上级的官话？"风土"指风俗习惯与地理环境，"春花"指越冬后的鱼种，"绅粮"指地方上有地位有财势的人①，"黎庶"指民众百姓。捐班似乎对答如流且毕恭毕敬，但答问无关，因为他全是谐音误解，令问者不知所云而烦恼，而故事的叙事者采用这一连串的"语义飞白"却达到了"啼笑皆非"的嘲笑效果。叙事人可能想表达以下意思：① 嘲讽"捐班"的文化水平和捐官事实。② 嘲讽其谐音误解。③ 嘲讽上司的文绉绉。④ 嘲讽上司在第一轮交际失败后还继续文绉绉以致失败连连。⑤ 嘲讽上下级都是草包官员。当然，故事终归是故事，若是现实，这个上司也未必每句都如此文绉绉吧。这个故事符合语用修辞原则的准则1（达意达效）、准则7（幽默、生动）。故事中的官员则违反了语用修辞原则的准则1（关联于语境和语用目的、达意达旨），捐班在理解方面不契合准则2（信息量）、准则3（信息值）。

案例104：最近有人虚拟了一个叫《豆腐》的微信段子：

顾客₁：豆腐多少钱？

---

① 《现代汉语词典》和百度没有"春花"词条，自然只能表"春天的花"。该词典说"绅"意为"古代士大夫束在腰间的大带子"，没有"绅粮"一说。百度百科倒说它在某方言里意为"绅士和粮户、旧社会有势力的地主"。

老板₁：两块。

顾客₂：两块一块啊？

老板₂：一块。

顾客₃：一块两块啊？

老板₃：两块。

顾客₄：到底是两块一块，还是一块两块？

老板₄：是两块一块。

顾客₅：那就是五毛一块呗！

老板₅：去你的，不卖你了！都把老子整糊涂了！

语用修辞学浅析：

这是修辞语用标记凸显，以移形(同形不同义的字词共现一处)为关键。

中国人买卖豆腐多半是论块的，也即一块豆腐多少钱。另外，一元钱俗称"一块(钱)"。那么假如你去买一块豆腐，价格是一块豆腐需要一块钱，你若问卖主，他就可能说"一块一块"，意思是"一块豆腐一块钱"。要注意通常是商品(数量名构式)在前，价格在后。不过，在日常交际中，人们也许(也可以)先说价格再说商品(数量名构式)，如"一块钱一块豆腐"，如此一来，一经省略便剩下貌似重复的"一块一块"了，该例的误会也就源于此。且看第一回合，老板明确说明是"两块(钱一块豆腐)"，第二回合即顾客₂却追问"两块(钱)一块(豆腐)啊？"由于省略"豆腐、钱"，更要紧的是他颠倒了买卖语境惯用的"商品(数量名)＋价格"的位置，老板₂只好明确地重复了"一块"，含义是(按照这个语境的说法)"一块(一块豆腐两块钱，不是两块豆腐一块钱)"。结果，顾客₃还是没明白："一块两块啊？"可解读为"一块豆腐两块钱啊？"(当然是这个意思)，也可以解读为"一块钱可以买两块豆腐呀？"(你想得美！)老板₃只说了两个字"两块"，这是模棱两可的答案。因此顾客₄再次追问，"到底是两块一块，还是一块两块？"问题是，他到底是先说商品还是先说价格？老板₄的"是两块一块"也模糊不清。顾客₅"那就是五毛一块呗！"就是根据老板₄的有利于顾客的意思，显然不对，于是老板₅彻底崩溃了："去你的，不卖你了！都把老子整糊涂了！"

要消除误解，首先要理解语境和行话(jargon)。这个买卖语境的行话是先说商品名(数量名构式)，如"一桌三百块、一台 4000"。不过也有例外，如"一块(钱)三个(枣子)、五块(钱)一把(青菜)"。若使用量词"桌、台、个、把"等，多半能消除误会。此外，消除歧义的最大功臣应该是百科知识。在电脑城的"联想"等品牌面前，买主说"一台 4000"已经很清楚了。即使只说"4000"或伸出四根手指，也是清楚无误的。回到"豆腐"例，"罪魁祸首"是"块"的歧义。这个字的使用在这里造成了交际和买卖的失败，自然算不得什么修辞，但编写这个桥段的人倒是利用这个移形好好地修辞了一把，其语用修辞价值极高，符合语用修辞原则的准则 7(幽默、生动)。

案例 105：魏巍的报告文学散文《谁是最可爱的人》最初刊于《人民日报》(1951 年 4 月 11 日)，感动了全国军民，据说毛主席批示"印发全军"。该文选入中学语文教材，影响了几代人。结尾处本来是这样写的：

亲爱的朋友们，当你坐上早晨第一列电车走向工厂的时候，当你扛上犁耙走向田野的时候，当你喝完一杯豆浆，提着书包走向学校的时候，当你安安静静坐到办公桌前计划这一天工作的时候，当你向孩子嘴里塞着苹果的时候，当你和爱人悠闲散步的时候，……朋友，你是否意识到你是在幸福之中呢？

语文教材的编辑做了些许修改，请比较：

亲爱的朋友们，当你坐上早晨第一列电车驰向工厂的时候，当你扛上犁耙走向田野的时候，当你喝完一杯豆浆、提着书包走向学校的时候，当你坐到办公桌前开始这一天工作的时候，……朋友，你是否意识到你是在幸福之中呢？

语用修辞学分析：

这是修辞语用标记凸显，以消极修辞为关键。

我们忽略个别字词的改动，只看编辑为何删去"当你向孩子嘴里塞着苹果的时候，当你和爱人悠闲散步的时候"。王希杰先生认为可能是因为编辑觉得这两句有"小资"情调，对当时的青少年读者而言是不健康的东西，因此王先生认为这一修改是那个时代的政治意识形态的产物(2004：9)。王先生认为这种语言加工不是修辞行为(2004：9)，而马睿颖、林大津(2008：67)认为是。1978年后重新选入语文教材，几经更改(有的是作者亲笔修改)，多逾 100 处。例如，"稍高的个儿"改为"高高的个儿"，王伟认为此等改动大多数"完全是不必要的”,应该尊重原稿"历史的本来面目"①。

　　此外又据说,魏巍的原稿交给多人评阅,大家在称赞之余指出了"堆砌英雄事迹"等偏差,于是作者忍痛割爱,删掉了多数例证。再者,从 2001 年开始,该文从教科书中"下野",教材编委会的理由,一是所描写的战争场面过于残酷,二是那种革命英雄主义有点"陈旧过时",三是年轻人应该有自己的价值观。这些修改,不论好坏,都算作"大修辞"的修辞行为。

　　可以说,修改版是更好地契合语用修辞原则的准则 1(关联于语境和语用目的、达意达旨)、准则 2(信息量不高于也不低于需要)、准则 3(信息值真实可信)、准则 5(清晰明了、简明扼要)、准则 6:(文明礼貌价值、褒奖、同情)、准则 7(文明、乐观、幽默、生动、个性特色,在程度和方式上显得得体)。

　　案例 106：吕加美的《我的公司要倒闭了》。

　　我的公司要倒闭了
　　不要急着同情以眼泪手帕
　　恻隐的叹息　或真或假
　　或者施舍车薪杯水　员工们
　　纷纷炒了我的鱿鱼　不是回家
　　不是放假也不是再找下家

　　再苦也要雄起　咬着牙
　　不能摇摇摆摆松松垮垮
　　陪我教书育人咬文嚼字
　　为我干活五十多年呐
　　包括咬过唇和线头
　　无数黑妹　何止两把刷
　　尽管我对伊人重复 n 遍 西伯利亚
　　牙溜不溜洁癖牙
　　还是要沙扬娜拉

---

① 王伟:《谁是最可爱的人》修改得失. [EB/OL]. [2021 - 03 - 01]. https://www.doc88.com/p-0069749302667.html.

先左后右后小先大　我好怕

饭局中课堂上 飞出一个它

直到那日　总会来的某天

无齿的生活　莫非镶金嵌银的假

语用修辞学分析：

这是修辞语用标记凸显，以押韵、节奏、花径、隐喻、转喻、拟人、异语等为关键。

形式上，这是一首现代诗，分为两节，基本上是押 a 音韵，押韵的有"了（念'啦'）、帕、假、家、家、牙、垮、呐、刷、亚、牙、拉、怕、它、假"。每行长短不一。另外，一行之内有断句，但不用标点，行与行或句与句之间都没有标点，其间的逻辑语义关系全靠读者领会。

内容上，这是一首写将近暮年之人第一次拔牙（先后拔两颗）的故事，扯去了讳疾忌医的遮羞布，剩下的只有一半忐忑和一半坦荡。除此，我们还能读到对卓有贡献的旧牙、对没有牙病的往昔的些许眷恋。

修辞上，这是一个花径语篇。题目和开头并没有较强的语义或中心指向性，也即没有点题：读了好几句，也不知所云，或者说，知其所云但不够确切，因为作者在思想上有些游弋不定。什么"我的公司要倒闭了"，那就是开公司的濒临破产吧。还谈到"树倒猢狲散"的"员工们"。不奇怪的是，他们不是因为回家或放假才离开"老板"，奇怪的是他们"不再找下家"，难道他们不养家了？这里出现了员工炒老板鱿鱼的张力。以悬念手段搁置这个老板—员工关系。再看作者叙述"咬着牙"干啥，要"雄起"（川渝方言的"加油"），原来"他们"为"老板"打工 50 多个春秋了。这就意味着他们早该"退休"，而一直在"返聘"扛活。这样说来，"员工们"不是辞职，不是罢工，不是撂挑子，是老了，干不动了。再往后读，又联系到第二节前几行，读者从员工告别或告别员工的主题，"再思"而找到了第二个也许是真正的主题，我的嘴巴，不，我的头部，不，我的身体，整个身心，是所说的公司或"老板"，两排牙齿是我的全部员工，给他们不同的位置，担当不同的职责，做出了不同的贡献。所以才要"咬着牙"，不让"摇摇摆摆松松垮垮"。"咬过唇"，不小心咬破自己的唇，唇齿相依偶尔不和谐；或者是咬过情人的唇，那可是浪漫的故事。咬过"线头"，那是帮母亲或老婆做针线活。看得出其出身和背景有点"六〇后"或"七〇后"的样子。正因为有牙,说的是牙的故事,才会有"无数黑妹"(借代"黑妹牙膏"或转喻任何牙膏),以及"何止两把刷"(牙刷无数,但"两把刷子"是赞扬的代名词,大概是夸耀牙口好、咬功大、能说会道)。"对伊人重复 n 遍"的话是什么话? 这里运用了异语,即利用外国话来打哑谜,一方面是说他或他老婆常常刷牙,有护牙的好习惯甚至洁癖,故有"洁癖牙"一说;另一方面,"西伯利亚"转喻苏联或俄罗斯,而"牙溜不溜洁癖牙"是俄语"我爱你"的拟音。如今,接近耳顺之年,常担心和人家说话时一不小心"飞出一个它"(转喻假牙),而且迟早会——脱落凋零,"沙扬娜拉"(日本语"再见"拟音),过上一个"无齿的生活"(谐音"无耻的生活"),隐含着作者对一些旧习、恶习(不及时刷牙,咬过甘蔗、猪蹄、瓶盖)的忏悔。掉了可能会补,于是就有一口假牙,末尾的"镶金嵌银的假"大概是暮年的示现或隔写。前后出现了"教书育人咬文嚼字""课堂上"等字眼,逐渐地,读者似乎看到了叙述者的毕业证、职业证、结婚证、身份证、性格证等,一个退休前因拔牙而恐惧的教师形象跃然纸上,好不可怜。

无标记的写法,即记叙文的写法,大概是说某某老了,牙不行了,多少松了,多少得拔。于是就有第一次拔牙的记叙,第二次乃至更多拔牙的想象,想象着这些帮自己吃了几十年饭的牙,不久掉的掉,拔的拔,直到不剩一颗真牙,不免郁闷、惆怅、害怕。此时想跟老婆诉诉苦,或者撒撒娇,她却不在身边。即使在身边,也不好意思让她知道一切。如此写法自然不是诗歌,达不到上述语用修辞效果。原诗的以上手法,尤其是修辞手法和花径,契合语用修辞原则的诸多准则,尤其是准则 7(生动、幽默、个性)。

案例 107:"When you have prayed for victory you have prayed for many unmentioned results which follow victory. ... He commandeth me to put it into words. Listen! ... O Lord our God, help us to tear their soldiers to bloody shreds with our shells; help us to cover their smiling fields with the pale forms of their patriot dead; help us to drown the thunder of the guns with the shrieks of the wounded, writhing in pain; help us to lay waste their humble homes with a hurricane of fire; help us to wring the hearts of their unoffending widows with unavailing grief; help us to turn them out roofless with their little children to wander unfriended the wastes of their desolated land in rags and hunger and thirst, sports of the sun flames of summer and the icy winds of winter, broken in spirit, worn with travail, imploring Thee for the refuge of the grave and denied it — for our sakes who adore Thee, Lord, blast their hopes, blight their lives, protract their bitter pilgrimage, make heavy their steps, water their way with their tears, stain the white snow with the blood of their wounded feet! We ask it, in the spirit of love, of Him who is the Source of Love, and Who is the ever-faithful refuge and friend of all that are sore beset and seek His aid with humble and contrite hearts. Amen. "(Mark Twain, *The War Prayer*)

语用修辞学浅析：

这是修辞语用标记凸显，以反讽为关键。出自美国作家马克·吐温（Mark Twain，1835—1910）之笔。作者用很浓重的"重反讽"（heavy irony），狠狠地讽刺了祈祷者的伪善（实际是残忍至极）。比较"神啊，帮助我们拯救敌人的士兵吧"，这个祈祷者说的是"神啊，帮助我们用炸弹把他们的士兵炸成血浆肉片吧"。比较"神啊，帮助我们协助他们种田吧"，这个祈祷者却说："神啊，帮助我们用他们爱国士兵的尸首填满他们（微笑）的田地"。

比较：

① 神啊，帮我们为他们救死扶伤，免得他们痛苦地哀号。

② 神啊，帮我们用他们痛苦的哀号掩盖隆隆炮声。

比较：

① 神啊，帮我们为他们重建家园。

② 神啊，帮我们用战火的飓风烧毁他们的家园。

比较：

① 神啊，帮我们宽慰烈士的遗孀。

② 神啊，帮我们无情地折磨那些烈士的遗孀。

比较：

① 神啊，帮我们援助那些无家可归的孩子，给他们衣食和庇护……

② 神啊，帮我们把那些孩子摧残，让他们无家可归，衣不蔽体，食不果腹，

让他们流泪滴血,绝望至死⋯⋯

从以上反讽的手法,可见马克·吐温对以仁慈的上帝(或上帝的仁慈)的名义穷兵黩武、屠杀外国兵民的假慈悲真暴行的无情揭露和辛辣鞭笞。符合语用修辞原则的准则 1(达意达效)、准则 7(幽默、生动)。比较而言,那些无标记式的语用修辞效果就相形见绌了。

案例 108: 在 2021 年春晚的相声表演中,金霏和陈曦谈起孩子的幼儿教育、家教和作业辅导问题。金霏说,一切好说,唯独不敢提辅导作业,陈曦问个究竟。金、陈二人分别扮演儿子和爸爸。假如某天放学后,爸爸指导儿子数学的减法,100－70 等于多少? 爸爸说,十位数是 0,比 7 小,得借,向百位数借。孩子还是不会,因为此时的他老想着向爷爷借,因为在他的印象中,爸爸总是向爷爷借钱且不还。爸爸只能告诉他答案是 30。后来爸爸把同一道题改为应用题:王叔有海鲜 100 斤,卖了 70 斤,还剩多少斤? 孩子怎么也不会。爸爸说,跟刚才的题目一样,就多了"海鲜"两个字,怎么就不会? 原来是孩子老想着自己的爷爷奶奶也是卖海鲜的,若是爷爷,卖了 70 斤准能剩下 50 斤,若是奶奶,剩的就更多了。结果辅导失败。爸爸垂头丧气,埋怨自己孩子的爷爷卖东西偷秤。

语用修辞学浅析:

这是社会语用标记凸显,以讽刺为关键。在这里,数学辅导问题演变成了职业道德问题。其社会语用修辞含义为,做家长的倘若做人失败,辅导孩子也会失败。表演当中,金霏一副幼稚无辜、害怕无能的幼儿模样,陈曦一副认真投入、痛苦无助的父亲模样,配合得天衣无缝。两人通过出神入化的角色扮演,表演出父子家教场景,唤起观众的经验共鸣,使受众"认同"父子角色及其特点、任务、困难等,即"共场",随后顺理成章、自然而然地推理出一个作为主题的社会语用修辞隐含即"家教者需要自身正"。这样的修辞表达,观众更能接受。而假如相反,两位演员一开头就说我们想说服你们的是"家教者需要身正",随后讲一番苍白的大道理,则很难说服受众,就算说服了,观众也不是被说服的,而是口服心不服。从这一点看,该相声的语篇结构属语用修辞高效,其主题思想含蓄地寓于"父子"博弈之中,需要听众在欢笑声中冷静地思考和推理。与其说该相声的成功在于其理质(思想、语言、语法、语音等),还不如说更在于其气质(特色)和情质[对局中父子的同情,以及对偷秤行为(贪欲和欺诳)的讽刺和针砭]。

如果说偷秤行为是语用修辞失误，那么，金、陈二人的表演则是语用修辞高效，符合语用修辞原则的准则 1(达意达效)、准则 7(幽默、生动)。

8.3.4　语用修辞学语篇分析小结

以上语篇案例都是短小语段(事件)的语用修辞分析，一是可以做更长更复杂语篇或事件的语用修辞学分析，二是可以增补其他类型，如上述 20 个范式中的某个/某些范式的语篇分析，至于分析的精细度和洞见，则不尽相同。

上述的案例 108(春晚相声)，能否进行正误对比范式、近义词对比范式、炼字择句范式、接受修辞学范式、语义和谐律范式等的分析？能。该例孩子的表达就可勘误，而孩子的长辈的社会行为，如借钱不还、缺斤少两等，更是可以纠正。案例的各种话语表达都有近义词的选择问题，小品中的遣词造句也不是天衣无缝。案例中各种人物以及两位演员的言语修辞、行为修辞等能否被他人或观众理解、接受、欣赏？里面的词句等是否达到了音、形、义、效诸方面的和谐(率)？再如，能否以言语行为范式或言思情貌整一范式予以分析？能。个中角色及其语言和非语言行为实施以何种手段？是否成功实施？取得了何种语用修辞效果？里面的言、思、情、貌是否整一和谐？分析者原则上都可以这样追问而循序分析。若用其他范式，原则上都是可行的，视关联度而定。

在上述语用修辞学分析中，往往抓住某个方面的凸显，如案例 108 的社会语用标记凸显，且以讽刺为关键，而读者可能会发现其他语用标记凸显和关键抓手，所谓智者见智。至于语用修辞分析中，语用和修辞各占多大比重，这取决于研究者的语用修辞分析立场是 3 种研究范式中的哪一个，即：① 语用和修辞兼有且难分轩轾的语用修辞研究。② 运用语用学的修辞学研究。③ 运用修辞学的语用学研究(见 § 5.3)。

9. 全书结论

从绪论的例子（国庆例、地铁例），以及本书各部分的诸多例句，可以看出：① 人是语用修辞的动物。② 人的语用修辞行为都要追求高效。③ 语用修辞行为可能涉及语言手段或非语言手段（如手势、图片、音乐、视频、表情符号）。因此④ 语用修辞行为可能涉及音、形、义、效等，或者言、思、情、貌等。⑤ 上述涉及的手段或方面有可能一致或和谐，也有可能不一致或不和谐。因此⑥ 语用修辞行为可能出现语用修辞高效或失误/低效。

至少可以说，说写不仅是语法问题（质、说对），还是语用和修辞的考究（文、效、巧说、机巧）。

单说修辞，我们常说，说写需要"文附质""质附文"，而且有时候是"宁质毋华""宁拙毋巧"（陈望道，1997：5）。这就需要积极修辞（华、巧）和消极修辞（质、真）的配合。

过去有人区分正负辞格，所谓正辞格是"有意识地偏离常规的，有利于表达效果的提高"的做法，而负辞格相反，是"无意识地偏离常规的，降低了语言表达效果"（王希杰，1996b：12）。后来，学界多半不认可此论，不再区分正负辞格，就剩下"辞格"。

上述"常规"，在修辞界，也叫"零度"。零度指的是"语言的和语用的规律规则"（王希杰，1996c：25），具体说来就是语言表达的"常规格式、规范和标准"（王希杰，1996c：26）。相反的则是"偏离"。说绝对点，一切实际话语都是偏离，那么我们必须区分"可忽略性偏离、不可忽略性偏离"，而在修辞研究中把重点放在后者（王希杰，1996c：26），于是派生出"正负偏离"。顾名思义，"正偏离"产生语用修辞效果/高效，而"负偏离"是语用修辞失误/低效（无效可言）。

再说辞格,虽然定义众多,不外乎"为了特定效果而偏离常规的固定格式或特定模式"(王希杰,1996c:26)。从语用修辞学视角看,用不用修辞或辞格取决于修辞者(或使用者、语用修辞行为者)的使用或行为是否驱动于较高的语用修辞意识,因为至少在理论上我们不承认:① 无意识或潜意识的修辞。② 乱写乱说的修辞(上述"负修辞")。我们把人理解为常规的人、理性的人或理想的人,就是王希杰(1996c:26)所说的"理想语境、理想语言环境"中的"理想的说话人、理想的听话人"(ideal speaker/hearer)。积极修辞是常规人偏离常规或常规偏离,而其消极修辞则是常规人遵守常规或偏离常规,常规遵守或常规偏离。二者都以良构性为条件,即不能有明显的语音、形态、语法、语义错误(飞白除外)。

修辞学,作为古代西方和中国的"显学"和如今的"灰姑娘"(见§3.3),如何升腾为新时代的显学,是值得研究的元学科问题。宗廷虎(1995:108-109)提出一个使汉语修辞学成为显学的措施"提纲":① 理论的拓宽。② 方法的深入。③ 多角度的成果。④ 学术团体的建立和学术队伍的壮大。⑤ 认清和战胜危机。他认为关键在于:① 抓住外部和内部的良机。② 有理论突破。③ 有实践上的重大贡献。④ 方法上有重大革新。⑤ 多维地发展出不同系列。⑥ 几代修辞工作者不懈努力。关于④的方法革新,宗廷虎建议"引进自然科学和其他社会科学的研究方法,使修辞学研究呈现出崭新面貌"(1995:109)。

窃以为,修辞学可以借力语用学和其他语言学学科,而此时,语用学和修辞学的融合学科,语用修辞学,上应天时,下应地利和人和,而且还能推进语用学和修辞学的发展。

因此,本书建立语用修辞学,提出语用修辞原则和语用修辞分析框架,并可达成以下目标:① 呈现积极修辞的要义或基本修辞格(百余种,因篇幅故,本书略去)。② 分析一些消极修辞手段或(语法)构式。③ 对一些语用修辞实例(迷你个案、语篇个案、翻译个案等)进行语用修辞学的批评(分析)。

学界素来有诸多的"两张皮"(见前言):东西方"两张皮"、古今"两张皮"、汉语界和外语界"两张皮"、文学界和语言学界"两张皮"、修辞学和其他语言学学科"两张皮"。本书努力"去皮",联结了诸多方面,那么也就适合诸多方面的参考和批评。

　　语用修辞学正如一个在襁褓中的婴儿，未来 50 年内都大有可为。此时的语用修辞学自然是开放的，语用学和修辞学的任何新发现、新概念、新理论都可投入其中，而且其他社会科学和自然科学的有用成分都可随时"进口"。而拙著的消极修辞（及少许积极修辞）分析和批评，所借用的修辞分析范式（范式 1—20）多少不一，厚薄不均，所依仗的语用修辞原则的 8 条准则也不能确保每次分析都缜密统一，算是本书抛砖引玉的个性分析和批评。

　　愿大众的语用修辞能力大幅度提高，语用修辞失误大幅度减少。

　　愿语用学、修辞学和语用修辞学繁荣昌盛。

主要参考文献

(一) 英文部分

Ädel A. Metadiscourse in l1 and l2 english[M]. Amsterdam: Benjamins, 2006.

Austin J L. How to do things with words[M]. Oxford: OUP, 1962. Beijing: Foreign Language Teaching and Research Press, 2002.

Bach K. Seemingly semantic intuitions[C]//Campbell J K, et al. Meaning and truth. NY: Seven Bridges Press, 2002: 21 – 33.

Bach K. Minding the gap[C]//Bianchi C. The semantics/pragmatics distinction. Chicago: CSLI, 2004: 633 – 656.

Benz A, et al. Game theory and pragmatics[M]. Oxford: Palgrave Macmillan, 2006.

Birner B. Introduction to pragmatics[M]. Oxford: Blackwell, 2013.

Bitzer L F. The rhetorical situation[J]. Philosophy and rhetoric, 1968, 1: 1 – 14. Reprinted in John L, et al. Contemporary rhetorical theory: a reader[C]. NY: Guilford, 1998: 217 – 225.

Blommaert J. Discourse: a critical introduction[M]. Cambridge: CUP, 2005.

Bradford R. "Cummings and the brotherhood of visual poetics" in words into pictures: e. e. cummings' art across borders[M]. London: Cambridge Scholars Publishing, 2007.

Brown K, et al. Encyclopedia of language & linguistics[C]. Vol. 1 - 14, Oxford: Elsevier Ltd. , 2006. Shanghai: Shanghai Poreign Education Press, 2008.

Burke K A. Counter(-)statement[M]. NY: Harcourt, Brace, 1931.

Burke K A. Permanence and change: an anatomy of purpose[M]. NY: New Republic, 1935/1984a.

Burke K A. A grammar of motives[M]. Berkeley: The University of California Press, 1945/1966a.

Burke K A. A rhetoric of motives[M]. Berkeley: The University of California Press, 1950/1969.

Burke K A. Mysticism as a solution to the poet's dilemma: addendum[C]// Hopper R H. Spiritual problems in contemporary literature: a series of addresses and discussions. NY: Institute for Religious and Social Studies, 1952: 105 - 115.

Burke K A. The rhetoric of religion: studies in logology[M]. Boston: Beacon. Berkeley: The University of California Press, 1961/1970.

Burke K A. Language as symbolic action: essays on life, literature, and method[M]. Berkeley: The University of California Press,1966b.

Burke K A. Rhetoric — old and new[C]//Steinmann M Jr. New rhetorics. NY: Scribner's Sons, 1967: 59 - 76.

Burke K A. Attitudes towards history[M]. Berkeley: The University of California Press, 1984b.

Burke K A. On symbols and society[M]. Chicago: The University of Chicago Press, 1989.

Carlos C. Translation as rhetoric: Edward Jerningham's "Impenitence" (1800)[J]. Rhetoric review, 2009, 4: 335 - 351.

Carston R. Pragmatic enrichment: beyond Gricean rational reconstruction — a response to Mandy Simons[J]. Inquiry, 2017, 60(5): 517 - 538.

Chen J, Wu Y. Less well-behaved pronouns: singular they in English and plural ta "it/he/she" in Chinese[J]. Journal of pragmatics, 2011, 1: 407 - 410.

Chen X. Politeness processing as situated social cognition: a RT-theoretic account[J]. Journal of pragmatics, 2014, 71: 117 - 131.

Chen X. "You're a nuisance!": "patch-up" jocular abuse in Chinese fiction [J]. Journal of pragmatics, 2019, 139: 52 - 63.

Cohen M A. Poet and painter: the aesthetics of e. e. cummings' early work [M]. Detroit: Wayne State University Press, 1987.

Cole P, Morgan J L. Syntax and semantics (3): speech acts[C]. NY: Academic Press, 1975.

Coulthard M. An introduction to discourse analysis[M]. London: Longman, 1985.

Culpeper J, Haugh M. Pragmatics and the English language[M]. London: MacMillan, 2014.

Dascal M, Gross A G. The marriage of pragmatics and rhetoric [J]. Philosophy and rhetoric, 1999, 2: 107 - 130.

Dasenbrock R W J L. Austin and the articulation of a new rhetoric[J]. College composition and communication, 1987, 3: 291 - 305.

Eagleton T. Literary theory: an introduction[M]. Oxford: Blackwell, 1996.

Eggins S. An introduction to systemic functional linguistics[M]. 2nd ed. London: Continuum, 2004.

Fairclough N. Critical discourse analysis: the critical study of language[M]. 2nd ed. London: Longman, 1995.

France P. The rhetoric of translation [J]. Modern language review, supplement: one hundred years of "MLR" general and comparative studies, 2005, 100: 255 - 268.

Gao Z. L2 learning of opaque Chinese compounds through elaborative encoding[J]. Chinese as a second language, 2002, 1: 1 - 23.

Gee J P. An introduction to discourse analysis: Theory and method[M].

Beijing: Foreign Language Teaching and Research Press, 2000.

Gibbs R W Jr, Moise J F. Pragmatics in understanding what is said[J]. Cognition, 1997, 62: 51 - 74.

Goddard C. The ethnopragmatics and semantics of active metaphors[J]. Journal of pragmatics, 2004, 7: 1211 - 1230.

Goldberg A E. Explain me this: creativity, competition and the partial productivity of constructions [M]. Princeton: Princeton University Press, 2019.

Green G M. Pragmatics and natural language understanding[M]. NJ: Lea Publishers, 1989/1996.

Grice H P. Logic and conversation[C]//Cole P, Morgan J L. 1975: 43 - 58.

Gross H, Mcdowell R. Sound and form in modern poetry: a study of prosody from Thomas Hardy to Robert Lowell[M]. Ann Arbor: The University of Michigan Press, 1996.

Gu Y. The impasse of perlocution[J]. Journal of pragmatics, 1993, 5: 405 - 432.

Gu Y. Pragmatics and rhetoric: a collaborative approach to conversation[C]// Parret H. Pretending to communicate. Berlin: Walter de Gruyter, 1994: 173 - 195.

Habermas J. Communication and the evolution of society[M]. Tr. McCarthy T. Boston: Beacon Press, 1979.

Halliday M A K. Spoken and written language [M]. 2nd ed. Oxford: OUP, 1989.

Han D. Utterance production and interpretation: a discourse-pragmatic study on pragmatic markers in English public speeches [J]. Journal of pragmatics, 2011, 11: 2776 - 2794.

Harris Z S. Discourse analysis[J]. Language, 1950, 1: 1 - 30.

Hopper P J. Linguistics and micro-rhetoric: a twenty-first century encounter [J]. Journal of English linguistics, 2007, 3: 236 - 252.

Horn L R. Pragmatic theory[C]//Newmeyer F J. Linguistics: the Cambridge survey (I). Cambridge: CUP, 1988: 113 - 145.

Horn L R. Towards a new taxonomy for pragmatic inference: Q-based and R-based implicature[C]//Schiffrin D. Meaning, form and use in context (GURT '84). Washington: Georgetown University Press, 1984: 11 - 42.

Horton W S, Keysar B. When do speakers take into account common ground [J]. Cognition, 1996, 59: 91 - 117.

Hou G. Puzzles for pragmatics and rhetoric and advent of pragma-rhetoric [J]. International review of pragmatics, 2020, 12: 246 - 271.

Huang Y. Pragmatics[M]. Oxford: OUP, 2007.

Huang Y. Unarticulated constituents and neo-Gricean pragmatics [J]. Language and linguistics, 2018, 19(1): 1 - 31.

Hymes D H. On communicative competence [M]. Philadelphia, PA: University of Pennsylvania Press, 1971.

Hymes D H. Language in culture and society: a reader in linguistics and anthropology[C]. NY: Harper & Row, 1974.

Ilie C. Strategies of refutation by definition: a pragma-rhetorical approach to refutations in a public speech[C]//Van Eemeren F H, Garssen B. Pondering on problems of argumentation. Dordrecht: Springer, 2009: 35 - 51.

Jarrell R. The third book of criticism [C]. NY: Farrar Straus & Giroux, 1969.

Kasher A. Foundations of philosophical pragmatics[C]//Butts R, Hintikka J. Basic problems in methodology and linguistics: Part III. Dordrecht: D. Reidel, 1997: 225 - 242.

Kempson R M. Presupposition and the delimitation of semantics [M]. Cambridge: CUP, 1975.

Kennedy G. A hoot in the dark: the evolution of general rhetoric[J]. Philosophy & rhetoric, 1992, 1: 1 - 21.

Kennedy G A. Comparative rhetoric[M]. NY: OUP, 1998.

Kennedy R S. Dreams in the mirror: a biography of E. E. Cummings[M]. NY: Liveright, 1980/1994.

Kidder R M. Cummings and cubism: the influence of the visual arts on Cummings' early poetry[J]. Journal of modern literature, 1979, 2: 255 – 291.

Lakoff R T. The logic of politeness: or minding your p's and q's[C]. Corum C, et al. Papers from the ninth regional meeting of the Chicago linguistic society. Chicago: Chicago Linguistic Society, 1973: 292 – 305.

Lane G. I am: a study of E. E. Cummings' poems[M]. Lawrence: The University Press of Kansas, 1976.

Larsson S. Ancient rhetoric and modern pragmatics. Course paper in the history of linguistics[D]. Göteborg: Göteborg University, 1998.

Leech G N. Principles of pragmatics[M]. London: Longman, 1983.

Leech G N. Politeness: is there an east-west divide? [J]. Journal of foreign language, 2005, 6: 3 – 31. Journal of politeness research, 2007, 3: 167 – 206.

Leith D. Linguistics: a rhetor's guide[J]. Rhetorica, 1994, 2: 211 – 226.

Levinson S C. Pragmatics[M]. Cambridge: CUP, 1983.

Levinson S C. Pragmatics and the grammar of anaphora: a partial pragmatic reduction of binding and control phenomena[J]. Journal of linguistics, 1987, 2: 379 – 434.

Levinson S C. Presumptive meaning[M]. Cambridge & Mass: The MIT Press, 2000.

Li Z. Reflexive metadiscourse in Chinese and English sociology research article introductions and discussion[J]. Journal of pragmatics, 2020, 159: 47 – 59.

Li Z, Xu J. The evolution of research article titles: the case of Journal of Pragmatics 1978 – 2018[J]. Scientometrics, 2019, 121: 1619 – 1634.

Lindemann E C, Anderson D. A rhetoric for writing teachers[M]. NY: OUP, 1982/2001.

Liu Y. Justifying my position in your terms: cross-cultural argumentation in a globalized world[J]. Argumentation, 1999, 13: 297 – 315.

Liu Y, Zhu C. Rhetoric as the antistrophos of pragmatics: toward a "competition of cooperation" in the study of language use[J]. Journal of pragmatics, 2011, 43: 3403 – 3415.

Louw B. Irony in the text or insincerity in the writer? the diagnostic potential of semantic prosody[C]//Baker M, et al. Text and technology: in honour of John Sinclair. Philadelphia: Benjamins, 1993: 156 – 176.

Louw B. 2000. Contextual prosodic Theory: bringing semantic prosody to life[C]//Heffer C, Saunston H. Words in context: in honor of John Sinclair. Birmingham: ELR, 2000: 48 – 94.

Lyons J. Semantics[M]. Vols. 1 & 2. Cambridge: CUP, 1977.

Macdonald M J. The Oxford handbook of rhetorical studies[C]. NY: OUP, 2017.

Macmahon B. Relevance theory: stylistic applications[C]//Brown K, et al. 2008, 10: 519 – 522.

Martin J R. English text: system and structure[M]. Philadelphia/Amsterdam: Benjamins, 1992.

Mey J L. Pragmatics: An introduction[M]. Oxford: Blackwell, 1993. Beijing: Foreign Language Teaching and Research Press, 2001.

Mey J L. Pragmatic acts[C]//Brown K, et al. 2008, 10: 5 – 11.

Комиссаров В Н. Лингвистика перевода[M]. Москва: Международные Отношения, 1980.

Комиссаров В Н. Современное переводоведение[M]. Москва: Международные Отношения, 2004.

Morris C W. Foundations of the theory of signs[M]. Chicago: The University of Chicago Press, 1938.

Nicolescu B. Manifesto of transdisciplinarity[M]. Tr. Voss K C. Albany: State University of New York Press, 2002.

Nir B, Berman R A. Complex syntax as a window on contrastive rhetoric[J]. Journal of pragmatics, 2010, 42: 744 – 765.

Perelman C, Olbrechts-Tyteca L. The new rhetoric: a treatise on argumentation [M]. Tr. Wilkinson J, Weaver P. South Bend: University of Notre Dame Press, 1969.

Perelman C. The realm of rhetoric[M]. Tr. Kluback W. Notre Dame: University of Notre Dame Press, 1982.

Pignatari D, Tolman J M. Concrete poetry: a brief structure-historical guideline[J]. Poetics today, 1982, 3: 189 – 195.

Pilkington A. Poetic effects[J]. Lingua, 1992, 87: 29 – 51.

Prelli L. A rhetoric of science: inventing scientific discourse[M]. Columbia: The University of South California Press, 1989.

Récanati F. Literal meaning[M]. Cambridge: CUP, 2004a.

Récanati F. Pragmatics and semantics [C] // Hornl R, Ward G. The handbook of pragmatics. Oxford: Blackwell, 2004b: 442 – 462.

Ribeiro A C. Relevance theory and poetic effects [J]. Philosophy and literature, 2013, 1: 102 – 117.

Richards I A. The philosophy of rhetoric[M]. (A Galaxy Book). NY: OUP, Routledge, 1965/2001.

Robinson D. The translator's turn[M]. Baltimore & London: The Johns Hopkins University Press, 1991.

Sadock J M. On testing for conversational implicature [C]. In Cole P, Morgan J L. Syntax and semantics. Vol. 9: Pragmatics. NY: Academic Press, 1978: 281 – 298.

Sarangi S K, Slembrouck S. Non-cooperation in communication: a reassessment of Gricean pragmatics[J]. Journal of pragmatics, 1997, 17: 117 – 154.

Schiappa E. Second thoughts on the critiques of big rhetoric[J]. Philosophy and rhetoric，2001，3：260－274.

Schiappa E. The development of Greek rhetoric[C]//Macdonald M. 2017：
33－42.

Searle J R. Speech acts：an essay in the philosophy of language[M].
Cambridge：CUP，1969. Beijing：Foreign Language Teaching and
Research Press，2001.

Shi X. A cultural approach to discourse[M]. London：Palgrave Macmillan，
2005.

Shu D. Chinese xiehouyu（歇后语）and the interpretation of metaphor and
metonymy[J]. Journal of pragmatics，2015，86：74－79.

Simons M. Local pragmatics in a Gricean framework[J]. Inquiry，2017，
60(5)：466－492.

Sinclair J. The search for units of meaning[J]. Texus，1996，9：75－106.

Sperber D，Wilson D. Relevance：communication and cognition[M]. 1st & 2nd
ed. Oxford：Blackwell，1986/1995. Beijing：Foreign Language Teaching
and Research Press，2001.

Sperber D，Wilson D. Rhetoric & relevance[C]//Bender J，Wellbery D E.
Ends of rhetoric：history，Theory，practice. Stanford：Stanford University
Press，1990：140－155.

Spivak G. The politics of translation[C]//Venuti L. The translation studies
reader. London & NY：Routledge，2000/2004：398－416.

Stemmer B. An on-line interview with Noam Chomsky：on the nature of
pragmatics and related issues[J]. Brain and language，1999，3：393－
401.

Stemmer B，Schönele P W. Neuropragmatics in the 21st century[J]. Brain
and language，2000，1：233－236.

Thomas J. Cross-cultural pragmatic failure[J]. Applied linguistics，1983，4：
91－112.

Thomas J. Meaning in interaction：an introduction to pragmatics[M].

London & NY: Longman, 1995. Beijing: Foreign Language Teaching and Research Press, 2010.

Van Dijk T A, Kintsch W. Strategies of discourse comprehension[M]. NY: Academic Press, 1983.

Van Dijk T A. Text and context: explorations in the semantics and pragmatics of discourse[M]. London: Longman, 1977.

Van Dijk T A. Macrostructures: an interdisciplinary study of global structures in discourse, interaction, and cognition [M]. Hillsdale: Erlbaum, 1980.

Van Leeuwen T. Towards a semiotics of typography [J]. Informational design journal, 2006, 2: 139 – 155.

Verschueren J. Understanding pragmatics[M]. London: Edward Arnold, 1999.

Wilson D. Relevance and lexical pragmatics[J]. Italian journal of linguistics/ Rivista di linguistica, 2003, 2: 273 – 291.

Wittgenstein L. Philosophical investigations[M]. Tr. Anscombe G E M. NY: Macmillan Publishing Co. , Inc. , 1953/1958.

Wu Y. The interfaces of Chinese syntax with semantics and pragmatics[M]. London & NY: Routledge, 2017.

Xiang M. Toward a neo-economy principle in pragmatics [J]. Journal of pragmatics, 2017, 107: 31 – 45.

Yao J, et al. Performance of face-threatening speech acts in Chinese and Japanese BELF emails[J]. Journal of pragmatics, 2021, 178: 287 – 300.

Yule G. Pragmatics[M]. London: OUP, 1996.

Yus F. Cyberpragmatics[M]. Amstrdam: Benjamins, 1999.

Yus F. Relevance theory[C]//Brown K, et al. 2008, 10: 512 – 519.

Zhang H, et al. ERP correlates of compositionality in Chinese idiom comprehension[J]. Journal of neurolinguistics, 2012, xxx: 1 – 24.

Zhang H. "What do you know about semantic prosody?" teaching and

evaluating implicit knowledge of English with corpus-assisted methods
[J]. English in education，2000，4：337 - 350.

Zhou W. Ecolinguistics：towards a new harmony[J]. Language sciences，
2017，62：124 - 138.

Zhou W，Huang G. Chinese ecological discourse：a Confucian-Daoist inquiry
[J]. Journal of multicultural discourses，2017，3：272 - 289.

Zienkowski J，et al. Discursive pragmatics[M]. Amsterdam：Benjamins，
2011.

(二) 中文部分

伯克,等. 当代西方修辞学：演讲与话语批评[M]. 常昌富,顾宝桐,译. 北京：中
国社会科学出版社,1998.

曹德和. 关于修辞理论的深度思考——从修辞学基本概念的界定谈起[J]. 学术
界,2008(5)85 - 87.

曹德和,刘颖. 修辞学和语用学关系的回眸与前瞻[J]. 外语与外语教学,2010
(4)31 - 36.

曹玉萍. 试论功能修辞学和语用学的关系[J]. 社会科学战线(学术论丛),2013
(3)270 - 280.

陈晨. 语用学和修辞[J]. 扬州师范学院学报(人文社会科学版),1985(2)
33 - 36.

陈光磊. 对外汉语的语用修辞教学[J]. 修辞学习,2006(2)6 - 10.

陈丽霞. 戏剧话语语用修辞学研究[D]. 上海：上海外国语大学,2011.

陈汝东. 言语行为理论的修辞学价值取向[J]. 修辞学习,1996(4)6 - 8.

陈汝东. 当代汉语修辞学[M]. 北京：北京大学出版社,2004.

陈汝东. 修辞学论文集[M]. 哈尔滨：黑龙江人民出版社,2009.

陈汝东. 新兴修辞传播学理论[M]. 北京：北京大学出版社,2011.

陈望道. 修辞学发凡[M]. 上海：上海大江书铺,上海教育出版社,上海人民出
版社,复旦大学出版社,1932/1976/1979/1997/2001/2008/2017.

陈望道. 陈望道语文论集[C]. 上海：上海教育出版社,1980.

陈望道.陈望道修辞论集[C].合肥:安徽教育出版社,1985.

陈望道.修辞学发凡 文法简论[M].上海:复旦大学出版社,2015.

陈小慰.翻译与修辞新论[M].北京:外语教学与研究出版社,2013.

陈小慰."认同":新修辞学重要术语 identification 中译名辩[J].当代修辞学,2017(5)54-61.

陈小慰.当代修辞学发展与翻译研究[J].天津外国语大学学报,2018(5)143-145.

陈小慰."翻译修辞学"之辨与辩[J].中国翻译,2019(3)44-54.

成文,田海龙.多模式话语的社会实践性[J].南京社会科学,2006(8)135-141.

池昌海.也谈修辞与语用学——与袁毓林同志商榷[J].修辞学习,1989(1)38-39.

戴仲平.语用学与中国现代修辞学的比较及其合作前景[J].广州大学学报(社会科学版),2007(2)62-67.

丁言仁.语篇分析[M].南京:南京师范大学出版社,2004.

杜世洪.从个案出发看"不可译现象"的可译潜势[J].外语研究,2007(1)48-52.

范开泰.语法分析三个平面[J].语言教学与研究,1993(3)37-52.

范晓.语法的句式和修辞的关系[J].当代修辞学,2011(1)1-11.

方梦之.翻译大国需有自创的译学话语体系[J].中国外语,2017(5)93-100.

方梦之,庄智象.翻译史研究:不囿于文学翻译:《中国翻译家研究》前言[J].上海翻译,2016(3)1-8,93.

房印杰.《解释给我听:创新、竞争与构式的部分能产性》(2019)述评[J].外国语,2020(3)126-128.

冯全功.翻译修辞学:多维研究与系统构建[J].语言教育,2016(3)61-67,72.

高群.对消极修辞问题的几点思考[J].修辞学习,2004(1)31-33.

高万云.简论修辞学与语用学的关系[J].修辞学习,1993(2)6-8.

高万云.语用分析与修辞分析[J].韩山师范学院学报,1997(1)78-85.

高新霞,陈红平,雷荣媚.卡明斯诗歌的映像象似性研究[J].时代文学(上半月),2011(11)105-106.

顾曰国. 西方古典修辞学和西方新修辞学[J]. 外语教学与研究,1990(2) 13 - 25.

顾曰国. 礼貌、语用与文化[J]. 外语教学与研究,1992(4)10 - 17.

顾曰国. 论言思情貌整一原则与鲜活话语研究：多模态语料库语言学方法[J]. 当代修辞学,2013(6)1 - 19.

郭颖颐. 中国现代思想中的唯科学主义(1900—1950)[M]. 雷颐,译. 南京：江苏人民出版社,2005.

郝荣斋. 广义修辞学与狭义修辞学[J]. 修辞学习,2000(1)3 - 4.

何伟棠,王希杰. 修辞学论集[M]. 广州：广东高等教育出版社,2000.

何雅文. 语用学与修辞学源流及发展方向的研究[J]. 牡丹江大学学报,2009(5) 81 - 83.

何兆熊. 语用学概要[M]. 上海：上海外语教育出版社,1989.

何兆熊. Study of politeness in Chinese and English cultures[J]. 外国语, 1995(5)2 - 8.

何兆熊. 90 年代看语用[J]. 外国语,1997(4)1 - 4.

何兆熊,等. 新编语用学概要[M]. 上海：上海外语教育出版社,2000.

何自然. 语用学概论[M]. 长沙：湖南教育出版社,1988.

何自然. 近年来国外语用学研究概述[J]. 外国语,1995(3)60 - 62.

何自然,陈新仁. 英语语用语法[M]. 北京：外语教学与研究出版社,2004.

侯国金. 语用含糊的标记等级和元语用意识[J]. 外国语,2005a(1)41 - 47.

侯国金. 语用标记理论与应用：翻译评估的新方法[M]. 成都：四川大学出版社,2005b.

侯国金. 言语合作性的语用标记关联模式：兼评新老格赖斯主义[J]. 外语教学,2006(3)6 - 12.

侯国金. 双关的认知语用解释与翻译[J]. 四川外语学院学报,2007(2)119 - 124,134.

侯国金. 语用学大是非和语用翻译学之路[M]. 成都：四川大学出版社,2008.

侯国金. 语言学术语翻译的系统—可辨性原则：兼评姜望琪(2005)[J]. 上海翻译,2009a(2)69 - 73.

侯国金. 语言学百问和硕博指南[M]. 成都：四川大学出版社,2009b.

侯国金. 语用学精要：语用能力对阵语用失误[M]. 北京：世界图书出版公司,2014a.

侯国金. 语用能力及其发展方案[J]. 浙江外国语学院学报,2014b(2)24 - 31.

侯国金. 评"语法构式、修辞构式"二分法[J]. 华侨大学学报(哲学社会科学版),2016a(1)119 - 128.

侯国金. 作品名翻译的"关联省力语效原则"——以 Helen Chasin 的诗歌"The Word Plum"为例[J]. 解放军外国语学院学报,2016b(2)106 - 114.

侯国金. 金笔侯译诗集[M]. 武汉：武汉出版社,2020a.

侯国金. 语用翻译学：寓意言谈翻译研究[M]. 北京：北京大学出版社,2020b.

侯国金. 语用修辞学翻译原则[J]. 中国翻译,2023(2)144 - 151.

侯国金,邢秋红. "不可推导性"作为标准的虚妄：兼评"修辞构式观"[J]. 外语教学,2017(2)33 - 38.

胡丹. 多模式话语的社会符号学分析——一则香水广告赏析[J]. 华东交通大学学报(哲学社会科学版),2007(3)126 - 130.

胡范铸. "修辞"是什么？"修辞学"是什么？[J]. 修辞学习,2002(2)2 - 3.

胡范铸. 从"修辞技巧"到"言语行为"——试论中国修辞学研究的语用学转向[J]. 修辞学习,2003(1)2 - 5.

胡范铸. 汉语修辞学与语用学整合的需要、困难与途径[J]. 福建师范大学学报(哲学社会科学版),2004(6)8 - 13.

胡曙中. 现代英语修辞学[M]. 上海：上海外语教育出版社,2011.

胡习之. 辞规的理论与实践：20 世纪后期的汉语消极修辞学[M]. 北京：中国文史出版社,2002.

胡习之. 核心修辞学[M]. 北京：中国社会科学出版社,2014.

胡裕树. 现代汉语[M]. 上海：上海教育出版社,1997.

胡裕树,范晓. 试论语法研究三个平面[J]. 语言教学与研究,1993(2)4 - 21.

胡壮麟. 语用学[J]. 国外语言学,1980(3)1 - 10.

胡壮麟. 社会符号学研究中的多模态化[J]. 语言教学与研究,2007(1)1 - 10.

胡壮麟. 语言学教程[M]. 北京：北京大学出版社,2011.

黄伯荣，廖旭东．现代汉语：下［M］．北京：高等教育出版社，2007．

黄国文．生态语言学的兴起与发展［J］．中国外语，2016a(1)9-12．

黄国文．语言生态研究笔谈：生态语言学研究与语言研究者的社会责任［J］．暨南学报(哲学社会科学版)，2016b(6)10-14．

黄国文．外语教学与研究的生态化取向［J］．中国外语，2016c(1)9-13．

黄国文．论生态话语和行为分析的假定和原则［J］．外语教学与研究，2017(6)880-889．

黄浩森．消极修辞与积极修辞——学习《修辞学发凡》札记［J］．修辞学习，1982(1)25-26．

黄衍(Yan Huang)．Reflections on theoretical pragmatics［J］．外国语，2001(1)2-14．

霍四通．日本近代修辞学的建立与日中现代化进程［J］．当代修辞学，2015(1)9-21．

贾勇星．论《三国演义》之"义"与情节的关系［J］．莆田学院学报，2010(3)59-63．

简政珍．当代诗与后现代的双重视野［M］．北京：作家出版社，2006．

姜望琪．语用学——理论及应用［M］．北京：北京大学出版社，2000．

姜望琪．当代语言学的发展趋势［J］．外国语言文学，2003a(3)12-18．

姜望琪．当代语用学［M］．北京：北京大学出版社，2003b．

姜望琪．语用推理之我见［J］．现代外语，2014(3)293-302．

姜望琪．格赖斯语用学再探——《逻辑与会话》翻译心得三题［J］．当代修辞学，2020(3)1-10．

蒋庆胜，陈新仁．语用修辞学：学科定位与分析框架［J］．外语教学理论与实践，2019(4)1-7．

蒋严．关联理论与汉语修辞研究［M］//陈汝东．修辞学论文集．哈尔滨：黑龙江人民出版社，2009：76-84．

金立鑫．形式、意义和"三个平面"刍议［J］．语文研究，1993(1)46-51．

金胜昔．《Explain Me This：构式的创新性、竞争性及部分能产性》评介［J］．外语教学与研究，2020(2)309-313．

金子惜,等.应对突发公共事件舆情的官方话语研究:梳理与突破[J].天津外国语大学学报,2019(6)44-55.

鞠玉梅.肯尼斯·伯克新修辞学理论述评——戏剧五位一体理论[J].外语学刊,2003(4)73-77.

鞠玉梅.语篇分析的伯克新修辞模式[M].长沙:湖南人民出版社,2005.

鞠玉梅.当代西方修辞学哲学传统和中国修辞学研究的学科思考[J].外语教学,2008(5)18-22.

鞠玉梅.伯克修辞思想及其理论建构的哲学基础[J].外语研究,2009(2)21-25.

鞠玉梅.通过"辞屏"概念透视伯克的语言哲学观[J].现代外语,2010(1)39-45.

鞠玉梅.社会认知修辞学:理论与实践[M].北京:外语教学与研究出版社,2011.

鞠玉梅.伯克修辞学的核心思想研究:兼与现代汉语修辞学思想比较[J].解放军外国语学院学报,2012(4)1-6.

鞠玉梅.伯克受众观的后现代性解析[J].中国外语,2013(4)51-54.

鞠玉梅,彭芳.伯克的教育哲学观与外语专业学生修辞能力的培养[J].外语界,2014(2)76-82.

康家珑.交际语用学[M].厦门:厦门大学出版社,2000.

柯春梅,毛浩然.突发自然灾害事件舆情引领的政务微博话语策略研究——以九寨沟地震为例[J].天津外国语大学学报,2019(6)78-87.

况新华,谢华.国内语用学研究概述[J].外语与外语教学,2002(6)6-8.

蓝纯.修辞学:理论与实践[M].北京:外研社,2010.

黎运汉.汉语语用修辞学建立的背景[J].浙江师范大学学报(哲学社会科学版),2002(2)94-97.

黎运汉,盛永生.汉语修辞学[M].广州:广东教育出版社,2006.

李安光,黄娟."诗性效果":论施文林(Wayne Schlepp)的元散曲语言分析[J].燕山大学学报(哲学社会科学版),2016(2)9-15.

李冰梅.肯明斯诗歌中的偏离与连贯[J].国外文学,2006(2)84-89.

李发根.语用学研究和定义分析[J].外语与外语教学,1995(4)16－21.

李光莉.新世纪看中国语用学现状及发展[J].太原城市职业技术学院学报,2015(5)201－203.

李贵如.现代修辞学[M].北京：经济科技出版社,1995.

李国南.辞格与词汇[M].上海：上海外语教育出版社,2001.

李国南.英汉修辞格对比研究[M].北京：外语教学与研究出版社,2018.

李军.语用修辞探索[M].广州：广东教育出版社,2005.

李军.话语修辞理论与实践[M].上海：上海外语教育出版社,2008.

李克.数字媒介语境下英语专业学生的修辞能力现状探究[J].外语电化教学,2019(1)51－56.

李民,陈新仁.国内外语用能力研究特点与趋势对比分析[J].外语教学理论与实践,2018(2)1－8.

李文星.略论语用平面与修辞学的差异[J].语文学刊,2003(3)67－68,73.

李小博.科学修辞学研究[M].北京：科学出版社,2010.

李鑫华.博克新修辞学认同说初探[J].外语学刊,2001(1)54－58.

李志君.中外应用语言学论文中的非人称元话语[J].华侨大学学报(哲学社会科学版),2019(1)149－160.

廖美珍.目的原则与法庭互动话语合作问题研究[J].外语学刊,2004(5)43－52.

廖美珍.目的原则与语篇连贯分析[J].外语教学与研究,2005a(5)351－357,400.

廖美珍."目的原则"与目的分析(上)：语用话语分析新途径[J].修辞学习,2005b(3)1－10.

廖美珍."目的原则:与目的分析(下)：语用话语分析新途径[J].修辞学习,2005c(4)5－11.

林大津.宏观意图与微观策略：语用修辞翻译观[J].中国翻译,2019(6)185－189.

林大津,毛浩然.不是同根生,聚合皆因缘——谈修辞学与语用学的区别与联系[J].福建师范大学学报(哲社版),2006(5)34－39.

林慧珍,黄兵."消极修辞的现代认知"学术研讨会暨第九届望道修辞学论坛述评[J].当代修辞学,2019(1)90-91.

刘大为.言语行为与修辞学的体系构想[J].修辞学习,1992(1)7-10.

刘大为.从语法构式到修辞构式(上,下)[J].当代修辞学,2010(3)7-17.2010(4)14-23.

刘德岗.论具象诗诗性的缺失[J].中州学刊,2009(5)301-302.

刘根辉.从语用学发展历程看中国语用学研究的发展方向[J].外语学刊,2005(1)18-23.

刘焕辉.修辞学纲要[M].南昌:百花洲文艺出版社,1993.

刘姬.合作原则及其准则研究中的两个问题[J].外国语文,2002(5)105-107.

刘思.实验语用学研究综述[J].当代语言学,2008(3)246-256.

刘颂浩.对外汉语教学研究[M].北京:教育科学出版社,2005.

刘小红,侯国金.双关何以为构式:词汇—构式语用学视角[J].北京第二外国语大学学报,2022(6)148-162.

刘亚猛.当代西方修辞学科建设:迷惘与希望[J].福建师范大学学报(哲学社会科学版),2004a(6)1-7.

刘亚猛.关联与修辞[J].外语教学与研究,2004b(4)252-256.

刘亚猛.西方修辞学史[M].北京:外语教学与研究出版社,2008.

刘亚猛.当代西方修辞研究的两个特点及其缘由[J].当代修辞学,2010(2)12-21.

刘瑜.反语的语用修辞学解读[J].外国语文,2013(3)50-53.

陆丙甫,于赛男.消极修辞对象的一般化及效果的数量化:从"的"的选用谈起[J].当代修辞学,2018(5)13-25.

陆稼祥.文学语言研究的前景与展望[J].锦州师范学院学报(哲学社会科学版),1996(1)74-76.

陆俭明.修辞的基础——语义和谐律[J].当代修辞学,2010(1)13-20.

陆俭明.消极修辞有开拓的空间[J].当代修辞学,2015(1)1-8.

陆俭明.重视语言信息结构研究 开拓语言研究的新视野[J].当代修辞学,2017(4)1-17.

陆文耀. 消极修辞和积极修辞之"对立统一"辩[J]. 修辞学习,1994(2)21-23.

吕凡,等. 俄语修辞学[M]. 北京：外语教学与研究出版社,1988.

吕叔湘. 吕叔湘语文论集　文言与白话[M]. 北京：商务印书馆,1983：57-76.

吕叔湘. 吕叔湘全集　第四卷　语法修辞讲话[M]. 沈阳：辽宁教育出版社,
　　2002.

马睿颖,林大津. 从表达效果到交际效果：现代汉语修辞观的语用学转向[J].
　　福建师范大学学报(哲社版),2008(4)66-72.

马真. 病句、偏误句给我们的启示——消极修辞研究还可另辟蹊径[J]. 当代修
　　辞学,2019(2)1-10.

毛利可信. 英语语用学[M]. 何自然,等,译. 北京：世界图书出版公司,2009.

牛儒雅.《Explain Me This：构式的创造性、竞争性与部分能产性》述介[J]. 重
　　庆交通大学学报(社会科学版),2020(3)99-103.

潘庆云."消极修辞"研究大有可为[J]. 淮北煤师院学报(社会科学版),1991(1)
　　100-105.

彭雪梅. 话语分析视域下高校网络舆情引导思路探析[J]. 六盘水师范学院学
　　报,2019(5)94-97.

戚雨村. 修辞学和语用学[C]//复旦大学语言研究室.《修辞学发凡》与中国修
　　辞学. 上海：复旦大学出版社,1983：377-384.

戚雨村. 再谈修辞学和语用学[J]. 修辞学习,1986(1)5-7.

钱冠连. 言语功能假信息：兼论 Grice "合作原则"的拯救[J]. 外国语,1987a
　　(5)：19-23.

钱冠连. 会话不合作选择：再论 Grice 合作原则的拯救[J]. 鄂西大学学报(社会
　　科学版),1987b(5)：63-74.

钱冠连."不合作"现象[J]. 现代外语,1989(1)16-21.

钱冠连. 语用学在中国：起步与展望[J]. 现代外语,1990(2)23-28,35.

钱冠连. 汉语文化语用学[M]. 北京：清华大学出版社,1997b.

钱冠连. 翻译的语用观——以《红楼梦》英译本为案例[J]. 现代外语,1997a(1)
　　32-37.

钱冠连. 向世界贡献出原本没有的东西——外语研究创新略论[J]. 外语与外语

教学,2000a(1)10 - 14.

钱冠连.语用学:统一连贯的理论框架——J. Verschueren《如何理解语用学》述评[J].外语教学与研究,2000b(3)230 - 232.

钱冠连.语用学:中国的位置在哪里?——国内外语用学选题对比研究[J].外语学刊,2001(4)7 - 16.

钱冠连.语言全息论[M].北京:商务印书馆,2002.

钱冠连.语言:人类最后的家园——人类基本生存状态的哲学与语用学研究[M].北京:商务印书馆,2005.

冉永平.当代语用学的发展趋势[J].现代外语,2005(4)403 - 412.

冉永平.语用学:现象与分析[M].北京:北京大学出版社,2006.

饶琴.语用学与修辞学关系小议[J].内蒙古农业大学学报(社会科学版),2006(2)232 - 234.

邵敬敏.关于语法研究中三个平面的理论思考:兼评有关的几种理解模式[J].南京师大学报(社会科学版),1992(4)65 - 71.

沈家煊.语用学和语义学的分界[J].外语教学与研究,1990(2)26 - 35,80.

沈家煊.我国的语用学研究[J].外语教学与研究,1996(1)1 - 5.

沈家煊.语用法的语法化[J].福建外语,1998(2)1 - 8,14.

沈家煊.复句三域:"行、知、言"[J].中国语文,2003(3)195 - 204.

沈家煊.谈谈修辞学的发展取向[J].修辞学习,2008(2)6 - 9.

施发笔.新论语用平面和修辞学的界限[J].泰安师专学报,2002a(4)84 - 87.

施发笔.语用平面和修辞学的界限新论[J].南京社会科学,2002b(6)70 - 74.

施关淦.关于语法研究的三个平面[J].中国语文,1991(6)411 - 416.

施关淦.再论语法研究的三个平面[J].汉语学习,1993(2)4 - 9.

宋振华,王今挣.语言学概论[M].长春:吉林人民出版社,1979.

苏义生.语用学与修辞学"亲密有间"的契合点探微[J].楚雄师范学院学报,2011(8)27 - 30,45.

孙建友.修辞语用学是语文教学强有力的支点[J].修辞学习,1999(1)45 - 46.

孙汝建.接受修辞学[J].外国语,1994(1)40 - 43.

谭晓闯.《给我解释:构式的创新、竞争与局部能产性》评介[J].现代外语,2019

(6)870 - 874.

谭永祥.修辞新格[M].福州：福建教育出版社,1983.

谭永祥.消极修辞的专著在哪里？[J].当代修辞学,1987(6)8 - 9.

谭永祥.汉语修辞美学[M].北京：北京语言学院出版社,1992.

谭永祥.消极修辞不是客观存在,而是"皇帝的新衣"[J].当代修辞学,1993(6)
　　30 - 32.

谭学纯.国外修辞学研究散点透视——狭义修辞学和广义修辞学[J].三峡大学
　　学报(人文社会科学版),2002(4)8 - 11.

谭学纯."这也是一种 X"：从标题话语到语篇叙述——以 2009 年福建省高考
　　优秀作文为分析对象[J].语言文字应用,2011(2)13 - 21.

谭学纯."这也是一种 X"补说：认知选择、修辞处理及语篇分析[J].语言教学
　　与研究,2012(6)95 - 101.

谭学纯,朱玲.广义修辞学[M].合肥：安徽教育出版社,2001/2008/2015.

谭学纯,等.接受修辞学[M].上海：上海教育出版社 1992.合肥：安徽大学出
　　版社,2000.

谭学纯,等.汉语修辞格大辞典[M].上海：上海辞书出版社,2010.

唐钺.修辞格[M].上海：商务印书馆,1923.

陶洁.二十世纪英文观止[M].天津：天津人民出版社,1994.

汪国胜,吴振国,李宇明.汉语辞格大全[Z].南宁：广西教育出版社,1993.

王才英,侯国金.文学翻译的语用变通[M].北京：光明日报出版社,2022.

王德春,陈晨.现代修辞学[M].南昌：江西教育出版社,1989.

王德春,等.修辞学词典[Z].杭州：浙江教育出版社,1987.

王建华,周明强,盛爱萍.现代汉语语境研究[M].杭州：浙江大学出版社,
　　2002.

王力.王力文集　第一卷.中国语法理论[C].济南：山东教育出版社,1984.

王铭玉.从符号学看语言符号学[J].解放军外国语学院学报,2004(1)1 - 9.

王伟.修辞学与其他学科的交叉融合[J].运城学院学报,2010(2)80 - 82.

王吾堂.一道修辞能力考查题解析[J].中学文科,2002(11)10.

王希杰.修辞学新论[M].北京：北京语言学院出版社,1993.

王希杰. 修辞学通论[M]. 南京：南京大学出版社，1996a.

王希杰. 谈修辞研究中的几个问题（代序）[C]//李晋荃. 修辞文汇. 南京：江苏教育出版社，1996b：1－17.

王希杰. 略论修辞学的基本概念[C]//李晋荃. 修辞文汇. 南京：江苏教育出版社，1996c：18－37.

王希杰. 汉语修辞学[M]. 北京：商务印书馆，2004.

王欣. 九十年代语用学研究的新视野——历史语用学、历时语用学和文学语用学[J]. 外语教学与研究，2002(5)317－323.

魏晖. 试说消极修辞观[J]. 当代修辞学，2019(6)21－27.

魏纪东. 信息修辞学[M]. 北京：外语教学与研究出版社，2017.

温科学. 20 世纪西方修辞学理论研究[M]. 北京：中国社会科学出版社，2006.

温锁林. 语用平面跟修辞学的区别[J]. 语文研究，2000(3)35－39.

文炼，胡附. 汉语语序研究中的几个问题[J]. 中国语文，1984(3)161－165.

文旭. 中国语用学 20 年[J]. 解放军外国语学院学报，1999(4)9－12.

吴春容，侯国金. 仿拟广告的语用修辞学解读和仿拟译观[J]. 当代修辞学，2015(1)70－77.

吴克炎."消极修辞"之内涵新解[J]. 重庆邮电大学学报（社会科学版），2012(2)129－133.

吴礼权. 现代汉语修辞学[M]. 上海：复旦大学出版社，2006.

吴士文. 现代汉语修辞手段研究中的几个问题[J]. 辽宁师范大学学报（社会科学版），1982(5)42－48.

吴士文. 修辞格论析[M]. 上海：上海教育出版社，1986.

吴士文. 应该继承和完善"两大分野"的修辞学说[J]. 华东师范大学学报（哲学社会科学版），1993(6)92－96.

夏中华. 关于修辞学和语用学学科渗透与借鉴问题的思考[J]. 广西民族大学学报（哲学社会科学版），2007(1)186－190.

向明友. 语用学研究的新进展[J]. 中国外语，2007(2)23－28.

熊学亮. 简明语用学教程[M]. 上海：复旦大学出版社，2008.

徐翠波. 论消极修辞对语言形式的要求——以汉语为例[J]. 外语学刊，2014(6)

85－87.

徐峰. 韵律能力作为一种重要的修辞能力[J]. 修辞学习,2008(6)45－50.

徐海铭. 论语用学研究的趋向[J]. 四川外语学院学报,1997(2)60－63.

徐赳赳. 现代汉语篇章语言学[M]. 北京：商务印书馆,2010.

徐鹏,等. 修辞和语用：汉英修辞手段语用对比研究[M]. 上海：上海外语教育
    出版社,2007.

许钟宁. 语用修辞研究[M]. 银川：宁夏人民出版社,2011.

杨莉藜. 翻译修辞学的基本问题[J]. 外语研究,2001(1)71－73.

杨平. 关联—顺应模式[J]. 外国语,2001(6)21－28.

姚春林,王显志. 语用学综述[J]. 河北理工大学学报(哲学社会科学版),2007
    (5)137－141.

叶洪. 卡明斯诗歌中的非常规因素及其翻译[J]. 湘潭大学社会科学学报,2003
    (3)138－141.

俞东明. 语用学定义与研究范畴新探[J]. 浙江大学学报(人文社会科学版),
    1993(4)104－115,122.

袁毓林. 从语用学和修辞学的关系论修辞学的理论目标、对象范围和研究角度
    [J]. 齐齐哈尔师范学院学报(哲学社会科学版),1987(3)41－46.

岳方遂. 三个平面：语法研究的多维视野——黄山语法修辞座谈会发言摘要
    [J]. 语言教学与研究,1992(1)4－27.

曾文雄. 修辞语用学思想与研究取向[J]. 现代语文(语言研究版),2006(1)
    31－33.

曾文雄. 语用学翻译研究[M]. 武汉：武汉大学出版社,2007.

张伯江,郭光. 消极修辞的灵活度[J]. 当代修辞学,2019(3)1－10.

张大毛. 浅析语用学中修辞学的应用[J]. 西南民族大学学报(人文社会科学
    版),2008(5)11－13.

张弓. 现代汉语修辞学[M]. 天津：天津人民出版社,1963.

张洪亮. 阿波利奈尔与卡明斯图像诗对比研究[J]. 北京航空航天大学学报(社
    会科学版),2019(4)118－123.

张会森. 修辞学与语用学[J]. 修辞学习,2000(4)24－25.

张静.实用现代汉语[M].郑州：河南人民出版社,1996.

张炼强.汉语语法修辞结合问题[J].北京师范学院学报(社会科学版),1990(1)
　　28－35.

张天雪,张冉.当前网络教育舆情的话语分析——以人民网和新浪教育论坛为
　　例[J].宁波大学学报(教育科学版),2011(4)37－42.

张志公.修辞是一个选择过程[C]//张志公.张志公文集：第2册.广州：广东
　　教育出版社,1991：209－214.

张宗正.理论修辞学——宏观视野下的大修辞[M].北京：中国社会科学出版
　　社,2004a.

张宗正.修辞学语境与语用学语境的异同[J].修辞学习,2004b(5)65－68.

章衣萍.修辞学讲话[M].上海：天马书店,1934.

赵冰,邓燕.文学的诗性效果——艾德里安·皮尔金顿新作《诗性效果》评述
　　[J].湖北社会科学,2013(1)149－151.

赵英玲.汉语冲突话语语用修辞研究[D].长春：东北师范大学,2008.

赵元任.汉语口语语法[M].吕叔湘,译.北京：商务印书馆,1979.

郑荣馨.得体修辞学[M].广州：暨南大学出版社,2014.

郑颐寿,袁晖.修辞学研究(第9辑)[M].南宁：华星出版社,2002.

郑运汉.语法、语用、修辞[J].修辞学习,2005(5)1－5.

郑远汉.消极修辞的研究——《消极修辞有开拓的空间》读后[J].当代修辞学,
　　2015(6)23－27.

郑运汉,肖沛雄.迈向21世纪的修辞学研究[M].广州：广东人民出版社,
　　2001.

钟福连.语用学的发展：与修辞学的交汇[J].赤峰学院学报(哲学社会科学
　　版),2011(8)185－186.

周健,彭彩红.中高级汉语教学应突出修辞能力培养[J].汉语学习,2005(3)
　　53－60.

周巧玲,刘亚猛.西方修辞学对合作原则的审视[J].福建商业高等专科学校学
　　报.2012(2)87－90.

朱德熙.现代汉语语法研究的对象是什么?[J].中国语文,1987(5)8－23.

朱广成. 刘勰的消极修辞论[J]. 修辞学习,1990(1)36－37.

祝敏青. 重在消极修辞规律的探索[J]. 修辞学习,1988(4)3.

宗世海,刘文辉. 论修辞学与语用学的关系及二者的发展方向[J]. 暨南学报(哲学社会科学版),2007(5)119－126.

宗廷虎. 汉语修辞学 21 世纪应成"显学"：读伍铁平《语言学是一门领先科学》札记[C]//李晋荃. 修辞文汇. 南京：江苏教育出版社,1995：108－109.

宗廷虎,李晋荃. 修辞文汇[M]. 南京：江苏教育出版社,1995.

宗廷虎,陈光磊. 修辞史研究的几个问题[J]. 江汉大学学报(人文社会科学版),2007(2)65－68.

宗廷虎,赵毅. 修辞学与语用学的成功联姻——读刘凤玲、戴仲平《社会语用艺术》[J]. 修辞学习,2003(5)27.

宗廷虎,等. 修辞新论[M]. 上海：上海教育出版社,1988.

邹洪民. 消极修辞与积极修辞的辩证统一：谈阐释性通俗科技语体的语言特点[J]. 修辞学习,1993(5)7－8.

索引

后记

本书(项目)从立项、获批、购书、取证、分析、设计、论证,历经数年,预设了我们对(构式)语法、语用学和修辞学的把握,老实说,这样大胆的预设只是斗胆预设,诚惶诚恐。在国家课题和学校社科处的资助和鼓励下,我们几经风雨,直至今天成稿,实在是边研边学,受益良多,感触良多,感恩无限。

感谢国家社会科学基金的直接支持[国家社科项目:"构式语法的语用修辞学研究"(18BYY216)Pragma-rhetorical Studies of Construction Grammar],以及中央高校基本科研业务费专项资金的间接资助。

感谢莆田学院科研处的实际资助(国家课题经费的几次预算都因各种原因而难以实际资助本书的出版)。

感谢国家的信任和错爱,感谢哲社办前前后后的诸多评审专家,包括结项书审核专家(他们的肯定和褒奖使之结题,其批评和建议使之改善)。感谢课题团队成员徐国珍教授、冯梅博士、蒋庆胜博士、刘小红博士、侯复旦(在读博士)、澳大利亚的传播学教授克拉克(Clark)教授。感谢福建省、泉州市和华侨大学各级相关机构和领导的扶持和提携,尤其要感谢华侨大学给我们一个创立"语用修辞研究创新团队"的机会,故而得到了我们团队(毛浩然、黄文溥、王雪瑜、李志君、万婉、叶惠珍、杨敏敏、刘碧秋、郭木兰、吴国向、黄佳丽、陈臻瑜、徐歌、李竞、卢利、黄娟娟等教授/博士)的帮助。感谢莆田学院科研处和外国语学院给予开展学术论坛"果香读赏会"的机会及相关团队的协助。

书稿写作前后得到了很多人士的直接或间接的帮助,这里尤其感谢何自然教授、李国南教授、钱冠连教授、王寅教授、廖七一教授、冯亚玲教授、刘丹青教授、刘大为教授、张辉教授、陈小慰教授、王文斌教授、余卫华教授、赵彦春教授、党争胜教授、项成东教授、廖巧云教授、周领顺教授、陈新仁教授、魏在江教授、石毓智教授、印世海教授、鞠玉梅教授、王和平教授、王永祥教授、祝克懿教授、黄忠廉教授、黄清贵教授、黄锐教授、吴淑琼教授、陈丽萍教授、张宏教授、姚鸿琨教授、于秀金教授、蒋勇教授、陈玉珍教授、罗迪江教授、金学品博士、彭志斌博士等。感谢华侨大学外国语学院的三任领导（黄小萍教授、毛浩然教授、陈文革教授）、诸多同事及八级众多学生，以及莆田学院的领导和同仁（尤其是陈碧娟老师），有些议题在"果香读赏会"上得到讨论、质疑、提升。还要感谢校对者谢海芳、刘小红、蒋庆胜、吴春容、冯梅、马婷婷、骆漓丽、刘观园、陈磊、王美芳等，她们知道我闻过则喜，于是"吹毛求疵"。感谢把我领进学术园地的何兆熊教授。感谢林大津教授作序，其实他还赏了我不少宝贵意见。

最后感谢确保后方粮草无虞的 Rose（罗斯）和猴子猴孙。